JN375199

문화와
역사를
담 다
0 5 8

중국 옛 여성들의 인생과 예술

문화와 역사를 담다 058

중국 옛 여성들의 인생과 예술

Women and Femininity in Ancient China

남경박물관 엮음
김보경·황지연 옮김

민속원

서문

박물관의 전시는 기획자의 창조적 노동을 바탕으로 한다. 우리 박물관의 고대예술연구소 차오칭曹清 선생이 남경박물관에 소장된 유물들을 이용해 여성과 예술을 테마로 하는 전시회를 기획하고 싶다는 뜻을 밝혔을 때 나는 흔쾌히 수락하는 한편 많은 기대를 걸었다.

우리가 살고 있는 오늘날의 시대는 다원적이고 다극화된 고속성장의 시대다. 지난날 같은 사회구조 하에서도 서로 다른 배경을 가지고 있었던 '남'과 '여'는 이제 그 거리와 격차를 끊임없이 줄여가고 있다. 점점 더 많은 중성적인 언어와 행위들이 사회의 구석구석을 채워나가는 중이다. 그리하여 여성들에게 가해지던 전통적인 요구(속박)는 점차 풀리고 있거나 완전히 풀렸다. 여성들은 화려하게 빛나는 세상 속에서 자신의 재능과 능력을 거리낌 없이 펼치고 기여할 수 있는 충분한 여건을 갖추게 되었다.

그런데 지난날을 돌이켜보면 우리에게는 아직 기억할 것들이 남아있다. 오늘날 여성들이 정상적으로 수행하는 사회적 활동이나 개체로서의 행위는 오랜 세월 끝없이 이어졌던 봉건시대의 중국에서는 상상도 할 수 없는 일들이었다. 또는 사회적으로 수용되거나 허용되는 일이 아니었다고 해야 할 것이다. 지난 세기 초에 발생한 '오사五四' 신문화운동은 전통 예교의 통치적 지위를 뒤흔들고 중국 여성들에게 사상의 해방을 안겨주었다. 시대의 진보와 더불어 여성들은 점차 독립과 자주를 추구하게 되었다. 그녀들은 타고난 지혜와 식견, 뛰어난 능력과 경험, 몸에 밴 신중함과 성실함으로 아름다운 꿈과 이상을 좇았다. 생활과 사회 속으로 뛰어들어가 남성들에게만 허용되었던 영역에 발을 들인 그녀들은 사회의 진보와 발전을 위해 없어서는 안될 중요한 역량으로 자리잡았다. 자신이 원하는 모든 일을 충분히 해낼 수 있었던 여성들의 능력은 역사적 사실에서도 증명된다.

그리하여 오늘 우리는 남경박물관의 여성 기획자가 기획한 '여성' 전시회를 만나볼 수 있게 되었다. 이 전시회는 전통적 생활과 예술을 보여주는 동시에 오늘날 지식인 여성들이 가진 지혜와 안목을 확인시켜 줄 것이다. 전시회에서 우리는 끝없이 길었던 역사의 길을 되돌아보며 중국 여성들이 그 기나긴 길을 어떻게 견디고 이겨왔는지를 생각하게 될 것이다."따뜻하고溫 아름다운婉 — 고대중국 여성유물대전"이 우리에게 답을 알려줄 지도 모르겠다.

10여 년 전, 타이베이 고궁박물관에서 고대 여성들의 얼굴과 패션, 그녀들이 했던 역할과 예술적 재능을 테마로 "꽃들의 족보 — 여성의 이미지와 예술적 재능群芳譜 — 女性的形象與才藝"이라는 이름의 전시회를 열었다. 부용婦容, 부직婦職, 부재婦才 세 개 테마로 이루어졌던 이 전시회에서는 고궁박물관에 소장된 풍부하고 다채로운 여성 관련 유물과 그 예술적 아름다움을 보여주었다. 이번에 남경박물관에서도 새로운 시대와 삶에 대한 사람들의 기대에 부응하기 위하여 여성을 소재로 한 테마전을 열게 되었다. 이번 전시회는 유물의 종류도 많고 그 범위 또한 넓다.

대아재大雅齋(원명원 내에 있었던 서태후의 화실) 도자기, 황제가 후궁에게 하사한 금책金冊 고명부인誥命夫人(당, 송, 명, 청 시대에 고관대작의 어머니나 아내에게 주던 봉작)의 복식 등 궁중 여인들의 기물이나 작품도 있고, 민간에서 사용하던 대야 받침대, 방직기, 가마 등의 일상 용품도 있다. 회화 작품으로는 〈방직사녀도紡織仕女圖〉, 〈고대사녀행락도古代仕女行樂圖〉, 〈춘일사녀한거도春日仕女閒居圖〉 등 여성의 삶과 노동 현장을 보여주는 작품들도 있고 여인들의 초상화나 미인도 등 남성들의 눈에 비친 여성 이미지를 보여주는 작품들도 있다. 이 같은 작품들은 일종의 '시각화된 환영幻影'이라 할 수도 있는데 대부분 남성들의 붓 끝에서 생겨났다. 당연히 여성들이 직접 창작한 서화 작품도 포함되어 있다. 여성들의 능력을 확인하는 데는 여성들의 작품들이 더 큰 실질적인 의미를 가질 것이다.

고대 중국에서는 여성들에게 '삼종사덕三從四德'을 요구했다. '삼종'이란 출가 전에는 아버지를 따르고 출가 후에는 지아비를 따르고, 지아비가 죽은 후에는 아들을 따른다는 것이다. '사덕'이란 덕德, 용容, 언言, 공工을 포함하는데 여성이 갖추어야 할 첫 번째는 몸과 마음을 바로 세우기 위한 덕이다. 두 번째는 집 안팎에서 예절에 어긋나지 않는 단정하고 품위 있는 용모다. 세 번째는 상대의 뜻을 잘 헤아리는 신중하고 우아한 언어다. 네 번째, 남편 내조, 어른 공양, 자녀 교육, 근검절약 등 가정과 집안에서 해야 할 도리는 물론 일상에 필요한 생활용품을 생산하는 방직과 자수 등의 기술까지 요구되었다. 이 같은 '삼종사덕'을 두루 갖추어야 전통적인 범주의 훌륭한 여성이라 할 수 있었다.

역사의 수레바퀴가 돌고 돌아 오늘에 이르렀다. 여성에 대한 사회의 요구와 여성 자신에 대한 스스로의 요구는 더 많고 다양해졌다. 그러나 시대가 어떻게 달라졌건, 여성의 이미지가 어떻게 달라졌건, 여성들은 전통성과 시대성을 공유하며 여성 특유의 우아함과 부드러움, 뛰어난 지성과 재능으로 자신의 이미지를 더욱 매력적이고 더욱 빛나는 모습으로 만들어가고 있다.

이른바 '신식 여성'과 '전통 여인'은 타고난 기질과 용모, 예술성, 능력 등에 있어서 어떤 차이가 있을까? 이번 전시회에서 어떤 깨달음을 얻을 수 있을지도 모르겠다. 옛 여성들은 엄격하고 가혹한 신분제도와 사회적 무관심 속에서도 빛나는 예술적 재능을 한껏 펼쳤다. 이번 전시회에서 현대 여성들과는 전혀 다른 삶 속에서도 결코 뒤지지 않는 지성과 예술성을 보여줬던 과거의 여성들을 만날 수 있기를 바란다. 전시된 유물 저 너머에 존재했던 아름다운 순간의 편린들을 모아 온전한 이야기를 엮어 낼 수 있기를, 이미 오래 전에 사라져버린 바람과 꽃, 물과 달이 전해주는 깊고 그윽한 속삭임을 들으며 우아하고 섬세했던, 따뜻하고 순수했던 그녀들의 멋과 아름다운 사랑에 빠져들기를 바란다.

전시회의 성공을 기원하며!

龔良 공량龔良

장쑤성 문화청 부청장江蘇省文化廳副廳長

남경박물관 원장南京博物院院長

2015년 3월 8일, 여성의 날에

Foreword

Museum exhibitions are creative works of curators. When Cao Qing, curator of ancient Chinese art, came to me with the proposal of an exhibition focusing on women and art, I gave her my immediate consent.

We are living today in an era with thrilling development and great diversity, in which the gap that used to lie between men and women is narrowing and the words and behaviors with no gender implications are increasingly seen in the society. The requirements or restrains that were exerted by traditions on women are loosening or vanishing, which provides space and freedom for women to contribute their talents to the society.

It is still, however, important for us to understand that the social activities or individual behaviors that women are basically conducting today were completely impossible, or not accepted or allowed, in the long feudalist past of China. The May Fourth Movement, or New Culture Movement, taking place in the beginning of last century shook the dominating position of traditional code of ethics and liberated women from being restrained by old ideologies. With the development of the society, women are more and more independent. They are pursuing their dreams with their virtues, talents, wisdoms, and diligence. They are active in life and society, having entered the areas that used to be dominated by men, and become an essential force of social development. They are capable of doing anything.

Thus, we are brought with the chance today to enjoy an exhibition which is centered on women and femininity and curated by a female curator from Nanjing Museum. This exhibition showcases women's life and art in ancient China. Showcased is also the talent of modern Chinese women through the exhibition curation. With this exhibition, we will be able to see the historical journey that Chinese women have walked through with their diligence and perseverance.

About ten years ago, the Palace Museum in Taipei held an exhibition on ancient Chinese women with the title Blossoming through the ages. Supported by the museum's rich collection, that exhibition depicted ancient Chinese women through their appearances, duties, and talents. Going along with the modern perception of Chinese women, Nanjing Museum developed this exhibition, also on women, with a more broad and diverse range of exhibits. The exhibited objects include not only the fine artifacts owned by court ladies, but also the daily utensils of civilian women, not only the paintings depicting women's life, but also portraits of beautiful ladies made by men artists. The exhibition also includes a range of works by women artists, good examples of their great talents.

Women in the old times of China were required to follow a certain rules of behavior, best described as "san cong si de", or Three Obediences (obedience to the father before marriage, obedience to the husband after marriage, and obedience to the son after the husband's death) and Four Virtues (proper manner, decent appearance, graceful speech, and diligent work). Today, the social code of conduct prescribed to women has changed, so have their self-expectations, which is more diverse and multiple angled. Despite the shifting of times and the changing standards toward femininity, women, with their respect to both tradition and modernity, their distinct feminine characters, as well as their wisdom and talents, are starring in the sky of human civilizations.

What has changed on women in terms of talent, appearance and aesthetics? This exhibition may bring us some enlightenment. In the exhibition, you may notice the completely different social conditions and environments faced by women in history and present days; you may disclose the intellectual beauty of women in old times, which had been long ignored and was by no means inferior to that of modern times; you may be surprised to see the talents shown by these women against the severe social conditions and restrained cultural rules exerted on them. We hope the exhibition will help you image the life of women in the ancient times through the displayed objects and provide you with the opportunity to appreciate women's talents and femininity through the representation.

Wish the exhibition a great success.

GONG Liang

Vice Director of the Ministry of Culture of Jiangsu Province

Director of Nanjing Museum

March 8, 2015, International Women's Day

상보도尚寶圖

채색 벽화 Mural painting

송宋 Song

높이Height 124cm | 너비Width 130cm | 두께Thickness 6.5cm

산서박물관山西博物院 소장 Loan of Shanxi Museum

사도청운仕途青雲

채색 벽화 Mural painting

송宋 Song

높이Height 118cm | 너비Width 143cm

산서박물관山西博物院 소장 Loan of Shanxi Museum

목차

004 서문

008 Foreword

Part 1
옛 여성들의 형상
018

021 규수들의
후원後園과 금기서화琴棋書畫 | 랴오원(廖雯)

027 명청시대 강남지역
규방 이야기 | 후이란(惠藍)

Part 2
여성의 일상
108

111 한대의 칠렴합漆奩盒과
고대 중국 여성들의 화장 문화 | 장샤오판(張小帆)

123 경대鏡臺 소고小考 | 리우팡팡(劉芳芳)

Part 3
여성의 재능
270

273 명말청초 여성들의 문화적 풍경 | 차오칭(曹清)

Part 4
남성들의 눈에 비친 여성의 얼굴과 성취
386

389 남경박물관 소장 청대 원씨 정절당 화상 문한袁氏貞節堂畫像文翰에 관한 연구 | 마오원팡(毛文芳)

429 번기樊圻와 오굉吳宏의 《구미상寇湄像》 그림과 글 해설 | 양둔야오(楊敦堯)

Part 1

Women in art

옛 여성들의 형상

중국 옛 여성들의 형상은 어떠했을까? 왕조가 교체될 때마다 그녀들에게는 어떠한 변화가 나타났을까? 각 조대 별 여성 소조상 및 다양한 소재와 형식으로 제작된 초상화를 통해 역사의 긴 강물 위에 떠오른 여성들의 아름다운 얼굴과 자태를 확인할 수 있다. 늘씬하고 아리따운 한대漢代 여성들, 풍만하고 온화한 당대唐代 여성들…… 생동감과 세련미를 바탕으로 기세가 넘쳤던 양한兩漢의 문화가 당나라로 이어져 최고의 전성기를 누렸다. 이 가운데 토우土偶, 목우木偶 등 소형 예술 작품들도 날이 갈수록 완벽해졌다. 정교한 조각, 부드럽고 아름다운 자태에서 번영한 성당의 기상이 뿜어져 나온다. 그러나 대당大唐 이후 더 이상의 번성은 없었다. 남당, 송 등 시기에는 기본적으로 만당 이래의 예술적 풍모를 이어가면서 당시의 정서와 생활을 반영하는 가볍고 명랑한 분위기를 유지했다. 원, 명, 청 시기에는 서화가 크게 성행했다. 여성들이 직접 창작하는 경우도 있었지만 대부분의 창작자는 남성 체제 하의 문인과 묵객들이었다. 그들이 만들어낸 여성 형상에는 그들에게 익숙한 심미적 꼬리표가 달리기 마련이었다. 그래서 명청시기 여성 형상은 대부분 유약함과 우울함, 우아함과 청순함으로 대변되었다.

Ladies and Their Talents in Ancient China

규수들의 후원後園과 금기서화琴棋書畵

랴오원廖雯

옛 여성들의 생활상을 탐구하기란 결코 쉽지 않다. 방대한 범위에 비해 자료는 극히 드물기 때문이다. 문자로 기록된 3천여 년의 중국 역사에는 다양한 형태의 시대가 존재했다. 시대에 따른 여성들의 사회적 상황도 크게 보면 크고 작게 보면 작은 차이가 있었다. 또 같은 시대라고 해도 계층과 지역에 따라 여성들의 생활 방식은 크고 작은 차이가 있었을 것이다. 그러나 근본적인 공통점이 하나 있는데 그것은 여성들의 사회적 지위를 한 마디로 요약할 수 있는 '부속附屬'이라는 말이다. 다시 말해, 그녀들은 개별적으로 역사에 흔적을 남길 기본권도 없었고 공식적인 역사에 집단적으로 기록될 자격도 없었다. 대체적으로 고대 중국에서는 기록하거나 기록되어질 권력은 귀족 계층에 집중되어 있었다. 이른바 '달관귀인達官貴人', '문인아사文人雅士'라고 불렸던 사람들이다. 문헌 기록 외에도 현존하는 실물로서 유물과 유적에 남아 있는 기록 역시 그들의 전유물이었고 오래된 역사일수록 더욱 그러하다. 예를 들어 송대宋代 농촌 여성들의 생활 방식을 연구하기 위해 도서관(문헌)이나 박물관(실물)에서 증거를 찾고자 하는 경우, 찾아낼 수 있는 사실적인 자료가 그다지 많지 않을 것이다. 귀족 계층의 중요한 '부속'이었던 옛 규방 여인들은 생활 방식을 통해 자신들이 속했던 시대와 계층의 특징을 보여준다. 예술비평의 관점에서 옛 여성들의 생활 방식을 연구하는 필자가 가고자 하는 종착점은 오늘날 여성들의 생활 방식에 대해 옛 여성들의 생활 방식이 가지는 가치다. 이번 전시회의 문헌과 실물 자료는 옛 규방 여인들이 남긴 생활의 흔적들로서 오늘날과 상대적으로 가까운 시대인 원, 명, 청의 자료들이 대부분일 것이다. 이 자료들을 옛 여성들의 생활 방식을 논의하는 본 연구의 출발점으로 삼고자 한다.

'규수閨秀'라는 말은 내실內室에 달린 작은 문을 의미하는 '규각閨閣'에서 생겨났다. 옛 역사를 살펴보면, 시대별로 엄격함의 정도는 각각 달랐지만 여성들의 생활은 기본적으로 가정을 중심으로 한 폐쇄된 범위로 제한되었다. 규閨, 각閣, 위闈, 곤閫, 폐閉, 민悶, 한閑 등 여성들의 생활과 밀접한 관련이 있는 글자들의 형태만 봐도 옛 여성들은 거의 대부분 '문' 안에 갇혀 있었다는 사실을 알 수 있다.

'규수'의 개념이 처음으로 등장한 것은 위진魏晉 무렵이었다. 《세설신어世說新語》 현원賢媛 편에 두 남자가 등장하는데, 한 남자는 누나를 자랑하고 다른 한 남자는 여동생을 자랑했다. 둘 중 누가 더 나은지 궁금했던 사람들이 두 남자와 친분이 있는 비구니에게 물었다. 비구니는 "왕씨 가문 부인은 성정이 느긋하고 시원하여 숲 속의 기운이 있고, 고씨 가문 며느리는 마음이 옥처럼 맑고 빛나니 규방의 으뜸이다.王夫人神情散朗, 故有林下風氣 ; 顧家婦清心玉映, 自是閨房之秀."라고 대답했는데 여기에 나오는 '閨房之秀(규방지수)'라는 표현이 '규수'가 되었다. 위진시대는 중국 문화사에서 가장 중요한 시대였다. 위진 이전의 시대에는 사람을 평가하는 기준으로 '도의道義'를 중시했지만 위진 때부터는 다양한 '기질'적 요소가 추가되었다. 이같은 흐름은 여성에 대한 평가에도 영향을 미쳤다. 비구니의 대답에 등장하는 '神情散朗(신정산랑)'이나 '清心玉映(청심옥영)' 역시 도덕, 외모, 행위를 뛰어넘는 정신과 심성을 직접적으로 묘사하는 표현이다. 이때문에 '규수'는 재물과 권세, 덕성과 재능 외에 멋과 여유까지 갖춰야 했다.

규방 여인들의 생활상을 연구하기 위해서는 최소한 해당 사회의 생존환경과 일상생활, 당시 사람들의 생각을 보여주는 다양한 형식의 '작품'들을 이해할 필요가 있다. 고대 사회에서는 '남자는 바깥을 주관하고 여자는 안을 주관한다男主外, 女主內', 여자의 바른 자리는 안에 있다正位於內'라는 관념이 양성兩性에 대한 기본 규범으로 자리잡고 있었다. 그런데 '안內'이라는 말에는 몇 가지 층위의 의미와 규범이 있다. 첫째, 신체적으로 거주 공간의 범위를 벗어날 수 없었다. 둘째, 행위적으로 집안일의 범위를 벗어날 수 없었다. 셋째, 정신적으로 가문의 법도를 벗어날 수 없었다. 이 점은 다양한 측면에서 증명될 수 있다. 현존하는 옛 건축물들을 살펴보면, 궁궐의 경우 조정을 앞에 배치하고 침전을 뒤에 배치하는 '전조후침前朝後寢'의 구조다. 또 귀족이나 고관대작의 저택은 외부인이 드나드는 공간은 앞에 배치하고 폐쇄된 공간을 뒤에 배치하는 '전당후실前堂後室'의 구조다. 사회적 신분과 지위에 따라 건축 규격을 제한했지만 기본적으로는 안과 밖(또는 앞과 뒤) 두 개 영역으로 나누고 중간에 있는 '중문中門'을 경계로 맨 뒤쪽에 후원後園을 뒀다. 예를 들어, 자금성은 앞쪽의 오문과 뒤쪽의 신무문 사이에 '전조후침'의 경계를 나누는 건청문이 있고 맨 뒤쪽에 어화원이 있다. 이 구도는 송대 이후 성리학적 규범의 엄격한 발전과 함께 고정된 양식으로 자리잡았다. 송대의 사마광司馬光이 《속수가의涑水家儀》[1]에서 구체적으로 밝히고 있는데 옛 여성들은 거의 대부분 '안(뒤)'에 갇혀서 생활했다는 사실을 확인할 수 있다.

> 凡為宮室, 必辨內外, 深宮固門內外不共井, 不共浴室, 不共廁。男治外事, 女治內事。男子晝無故, 不處私室, 婦人無故, 不窺中門。 男子夜行以燭, 婦人有故出中門, 必擁蔽其面。男僕非有繕修, 及有大故, 不入中門, 入中門, 婦人必避之, 不可避, 亦必以袖遮其面。
>
> 女僕無故, 不出中門, 有故出中門, 亦必擁蔽其面。
>
> "무릇 궁실은 안과 밖을 엄격하게 구분해야 하므로, 심궁深宮의 문을 굳게 잠그고 안과 밖이 우물을 공유하지 않고 목간을 공유하지 않고 측간을 공유하지 않는다. 남자는 바깥일을 다스리고 여자는 집안일을 다스린다. 남자는 낮에 연고없이 침실에 거하지 않고 부인은 연고 없이 중문을 엿보지 않는다. 남자는 야행夜行할 때 촛불을 들고, 부인은 중문을 나설 일이 있으면 얼굴을 가린다. 사내종은 수선할 것이나 큰 변고가 있지 않으면 중문을 출입하지 않는다. 사내종이 중문을 출입할 때 부인은 그 자리를 피해야 하고 피할 수 없으면 소매로 얼굴을 가린다. 계집종은 연고 없이 중문을 나서지 않고 연고가 있어 중문을 나설 때는 얼굴을 가린다."

현존하는 고대 회화, 특히 명청 때 유행했던 긴 두루마리나 화첩 중에는 여성들의 생활을 그린 작품들이 많다. 고대사회에서 회화는 귀족 계층의 전유물이었기 때문에 그림 속의 여성들도 대부분 귀족일 수밖에 없는데 이 점은 옛 규방 여인들의 생활을 확인할 수 있는 열쇠가 될 수 있다. 그림 속 규방 여인들이 머무는 '장면'은 규방과 후원을 벗어나지 않는다. 그림의 '내용'을 살펴보면 자녀 교육을 하거나 길쌈, 자수 등 집안일을 하고 있다. 또 더 많은 경우에는 몸단장, 놀이, 꺽다, 음주, 탄금彈琴, 바둑, 독서, 그림, 시작詩作 등 여가생활에 관한 것이다. 심지어 난간에 기대서 허공을 응시하는 모습까지 있다. '등장 인물'은 수가 많건 적건 모두가 여성이다.

1 역주: 《속수가의(涑水家儀)》는 유가 사상을 가르치기 위한 고대 여성들의 필독서로서 집안에서 지켜야할 법도를 담고 있다. 사마광의 호 속수선생(涑水先生)에서 제목을 따왔다.

집안일은 당연히 필요했지만 사치스러운 물질 생활을 누리는 규방 여인들의 경우에는 상당 부분 하는 척에 불과했다. 그녀들은 물질적 사치와 향락 속에서 풍부한 문화적 교양을 갖추고 있었지만 결코 '후원'을 벗어나지 못했다. 이로써 한가로우면서도 쓸쓸하고 폐쇄적인 생활 방식이 정해졌고 이 특별한 삶의 경험을 통해 그녀들은 정신적 활동, 특히 공허와 권태의 감정이나 섬세하고 유약한 정서가 극단적으로 강화되었다. 그런데 규수들은 '후원'에 갇혀 있을 뿐 '후원'의 주인은 될 수 없었다. 고대의 사가私家 후원은 애당초 남성들이 스스로의 휴식을 위해 만들어 놓은 공간이었다. 남성에게 부속된 여인들은 화초나 정원석처럼 후원을 구성하는 고급스럽고 심미적인 필수 요소에 다름아니었다. 여성들의 섬세하고 풍부한 내면은 어느 누구도 궁금해하지 않았다. 그녀들은 견딜 수 없이 긴 시간과 쏟아지는 감정들 속에서 적절한 표정을 지을 수 없었다. 그래서 온갖 심심풀이와 놀이들로 마음을 달래며 일상을 채워 나갔다.

송대 이후, 문인들의 사회적 지위가 올라가면서 규수들도 '금기시화琴棋詩畵'를 기본 교양으로 갖춰야 했다. 심지어 명대 중엽 이후에는 규수들에게 다양한 예술 교육을 시키는 것이 일종의 트렌드가 되었다. '금기시화'는 규수들에게 가르쳤던 다양한 예술을 대표하는 말이다. 청대 여악厲鶚의 《옥대서사玉臺書史》와 탕수옥湯漱玉의 《옥대화사玉臺畵史》에 따르면 많은 규수들이 경사經史, 사부辭賦, 문장에서 서화, 악기, 음률에 이르기까지 다양한 교육을 받았고 자신의 재능과 취향에 따라 한 두 가지를 특출하게 갈고 닦았다.

그러나 그녀들이 마음대로 재능을 펼칠 수 있었던 것은 아니다. 규방의 시문詩文을 밖으로 유출하지 못한다는 '내언불출內言不出', 자신의 재능을 뽐내지 않는다는 '불이재현不以才炫' 등등 상당히 많은 금기가 있었다. 규방 여인들 스스로도 자신의 작품이 바깥으로 흘러 나가는 것을 금기시했다. 왜냐하면 바깥 세상에서 예술적 훈련을 받을 수 있었던 여성들은 대부분 '명기名妓'였기 때문이다. 규방 여인들은 자신의 작품이 잘못 흘러 나가게 되는 경우를 막기 위해 스스로 작품을 없애기도 했다. 그런데 '금기시화'는 결국 내면과 대응 관계에 있는 예술형식이기 때문에 자연스럽게 규방 여인들의 시간과 마음을 달래는 중요한 수단이 되었다. 그리하여 오늘날의 우리가 옛 여성들의 심리와 감정을 파헤칠 수 있는 저본底本을 확보할 수 있게 되었다.

옛 규방 여인들이 남긴 작품들은 주로 시사詩詞와 서화書畵다. 필자는 개인적으로 그녀들이 남긴 최고의 성취는 서화가 아닌 시사라고 생각한다. 우선, 서화는 보존이 어렵고 여성들의 작품을 중요하게 여기지 않았다는 사실을 전제하면 여성들의 서화가 후세에 전해지기는 더더욱 어렵다. 오늘날 우리가 접할 수 있는 진품 원작들, 특히 오래된 서화 작품들은 극히 드물어서 하나의 계통을 이루기가 어렵다. 또한, 갈피를 잡을 수 없도록 섬세하고 감각화된 여성적 정서에 접근할 수 있을 정도의 표현력을 가진 것은 서화보다는 시와 사다. "꽃은 홀로 스러지고 물은 홀로 떠돈다.花自飄零水自流(이청조李清照)" 이 시구는 가슴 깊숙한 곳에 고독과 외로움을 새겨 넣은 옛 규방 여인들이 얻어낸 삶의 깨달음을 집약하고 있다.

최근 '라이프 스타일'이라는 말이 사회적으로 이슈가 되었다. 중국인들이 '럭셔리'를 추구하면서 빠르게 성장하고 있는 소비 문화와 직접적인 관계에 있다. 안타깝게도 '귀족'적인 라이프 스타일 대한 이해는 물질적 사치를 추구하면서 시작되었다. 서구 사회의 사치스러운 소비문화뿐만 아니라 중국 고대의 소비문화도 트렌드가 되었다. 그래서 옛 여성들의 사치스럽고 호화로운 생활을 다룬 책들도 상당수 출간되었다. 옛 규방 여인들이 사용했던 사치품을 부러운 시선으로만 바라본다면 그녀들의 생존환경을 간과하기 쉽다. 그녀들의 내면은 고통 그 자체였다.

Talented Women in Jiangnan Area in the Ming and Qing Dynasties

명청시대 강남지역 규방 이야기

후이란惠藍

1. 장막

"庭院深深深幾許, 楊柳堆煙, 簾幕無重數。"
"깊고 깊은 정원 얼마나 깊던가, 버드나무 안개에 휩싸이고, 겹겹의 장막들 헤아릴 수 없네."[1]

오늘날을 사는 우리가 수백 년 전 규방에서 벌어진 일을 제대로 알 수 있을까? 설사 동시대에 살고 있었다 해도 후원 깊숙한 곳에 위치한 규방은 쉽게 노출되지 않았다. 어쩌다 바람이 가려진 장막을 흔들 때면 아름답고 쓸쓸한 그림자[2]가 비치기도 했지만 미처 확인하기도 전에 바람은 무심하게 스쳐 지나고 말았다.

어떻게 하면 그녀들을 만날 수 있을까? 우리 앞에 놓인 그 거대한 시간의 다리 앞에서 스

1 歐陽修, 〈蝶戀花〉. "片光片影皆麗。"
2 簡文帝, 〈倡樓怨書〉. "只靈飆一轉, 未許端詳。"

멀스멀 피어나는 '단절'의 감정을 극복하는 길은 어디에 있을까? 대개의 경우, 흔히 접할 수 있는 복식이나 기물이 아닌 서책이나 화첩에서 그 가능성을 찾을 수 있지 않을까. 서책이나 화첩은 상대적으로 열려 있기 때문에 더욱 많은 생각과 행위들을 서술하고 암시한다. 이를 바탕으로 우리는 상상하고 추론하고 분석하면서 더 생생하고 논리적인 구성을 시도한다. 그런데 우리가 접해온 그간의 연구들은 대개 타자의 상상력으로 추론하고 분석한 타자의 서술과 기술이다. 우리의 시간과 공간 속에 놓인 언어와 도상은 겹겹이 둘러쳐진 장막을 방불케 한다. 그리하여 우리가 처음 만나게 되는 여성은 해석된 역사 속에 둘러쳐진 겹겹의 장막들 사이에서 복잡하게 중첩되고 교직된 '영상影像'일 수밖에 없다. 그러나 또 한편, '겹겹의 장막'을 걷어내려고 하면서 새로운 '장막'을 한 겹 더 만들어내는 것은 아닐까 두려울 뿐이다.

조설근曹雪芹은 《홍루몽》에서 "내가 반평생 동안 직접 보고 직접 들은 이 몇 명의 여자들我半世親見親聞的這幾個女子"이라는 표현을 사용했다. 그런데 과연 그의 상상력이 전혀 없을 수 있을까? 그는 소설 곳곳에서 실상과 환상 양극단의 허구성을 암시했다. 아주 사소한 부분, 예를 들어 행락도行樂圖의 탄생과 관련한 에피소드를 보면, 대관원을 그림으로라도 가져가고 싶다는 유노파의 말을 듣고 노마님이 실행에 옮긴다. 노마님은 '그림 잘 그리는 손녀' 석춘에게 대관원을 그림으로 그리라고 시킨다. 그리고 또 이틀 후에는 행락도에 걸맞게 사람들까지 그려 넣으라고 한다. 그냥 마음 가는 대로 대충 그리는 시늉이나 하던 석춘이 난처한 상황에 빠지게 되자 가보옥과 여러 자매들이 모여서 대책을 세운다. 가장 진지하고 어른스러웠던 설보채는 필요한 재료를 하나하나 목록으로 정리한 다음 대관원을 어떻게 그림에 담아낼 지 밑그림까지 그려가며 설명한다. 가보옥은 누각을 잘 그리는 첨자량詹子亮과 미인을 잘 그리는 정일흥程日興에게 도움을 청하자고 말한다. 임대옥은 유노파를 떠올리며 '암메뚜기'도 그려 넣어야 한다고 농담을 한다. 그러자 이환이 풀벌레는 없어도 되지만 새는 꼭 한 두 마리 곁들여야 된다고 나선다. 묘하게도 조설근은 그림에 무엇을 넣고 무엇을 뺐는지, 첨자량과 정일흥을 찾아갔는지 후일담을 밝히지 않고 대신 다른 에피소드를 추가했다. 한 번은 노마님이 눈 속에서 매화를 꺾고 있던 설보금의 모습을 보고 석춘에게 꼭 그림에 넣으라고 한다. 석춘이 보금을 그려 넣었는지, 또 행락도가 완성되었는지에 대해서도 조설근은 아무런 언급을 하지 않았다. 중요하지 않은 부분이라서 생략했을 수도 있지만 생략 그 자체에 중요한 의미가 있다. 〈행락도〉는 유노파의 말에 노마님이 화답하면서 시작된다. 겨우 난초 정도나 그리던 석춘이 과연 행락도를 완성할 수 있었을까? 만약 첨자량과 정일흥에게 도움을 청했다면 두 사람이 상상한 대관원의 모습은 어떠했을까? 대관원의 여인들과 생활은 또 어떻게 그려졌을까? '암메뚜기' 이야기가 없어도 시골에서 온 먼 친척 유노파가 그녀들의 일상에 동참할 수 있었을까? 유노파는 집안의 어른으로 대접받을 수 있었을까? 그림에 새가 있었다면 새는 누가 그렸을까? 새는 또 정말로 대관원에 존재했던 새일까?! 또 매화를 꺾는 설보금까지 그려 넣었다면 동떨어지는 장면을 병치한 것 같지는 않았을까? 보금이 걸친 야생오리 갖옷(노마님이 그림에 넣으라고 강조)은 노마님이 어쩌다(비일상) 선물한 것이다.[3] 이런 식으로 행락도가 완성되어 가는 과정을 조설근이 밝혔다면, 우리는 도상圖像의 생성 초기에 온갖 요소들이 상호 침투된 '겹겹의 장막'이 미리 장치되었다고 받아들이지 않았을까?

지각知覺의 역사 외에도 우리의 지각 대상들이 생존했던 공간 속에도 묵직하게 드리운 붉은 장막 — '남과 여를 가르는 경계선'이 이어졌다. 그 경계선은 좁은 '성性'에만 국한되지 않고 정치, 경제, 문화 등 모든 지식과 행위의 영역을 아우르며 마치 하나의 사회를 '안'과 '밖' 두 개의 영역으로 뚜렷하게 양분하는 듯했다. 그래서 중국 고대 여성들에 대한 연구도 이분법적 관점에서 벗어날 수 없었다. 초기의 연구들은 여성들의 가내 공간과 남성들의 정치 공간을 두 개의 단절된 구역으로 간주했다. 그러나 최근 몇 십년 간의 연구에서는 그같은 절대적인 단절은 부권제도의 이상이었을 뿐 실재했던 사회현실은 아니라고 보는 경향이 강하다.[4] 고대의 정교하고 아름다운 규방 세계는 망망대해에 고립된 채 허구의 번영을 누리는 호화 유람선과는 다르다. 규방세계와 남성이 주도했던 공공公共의 세계는 배와 바다처럼 이질적이지 않았다. 오히려 이형적異形的이면서 동질적이었고, 연결되고 대체될 수 있었다. 심지어 같은 계층 내의 남과 여는 '공모共謀'의 관계에 있었다. 많은 연구에 따르면, 더 본질적인 문제는 사회 계층 간의 경계다. 예를 들어, 사대부 계층의 남/여는 많은 측면에서 이익과 특권을 함께 누리는 공유자들이었다. 따라서 계층 간의 '장벽'과 비교하면, 같은 계층에 속한 남/녀 사이에 있는 경계는 '벽'의 이미지도 '병풍'의 이미지도 아닌 성근 '발'의 이미지다. '발'은 경계인 동시에 연결의 통로다. 또 그것은 넘어갈 수 없는 것은 아니었지만 뚜렷하게 실재하는 것이기도 했다. 명청시기 강남지역에서는 육중한 모직으로 된 낡은 장막을 광택이 있는 붉은 비단으로 만든 가볍고 부드러운 가리개로 바꿔 달았다. 시대의 바람이 불어오자 규중 여인들의 예술적 재능과 자대도 가벼운 가리개를 뛰어넘고 사뿐사뿐 공공의 세계에 모습을 드러냈다.

3 曹雪芹,《紅樓夢》41, 42, 50回.

4 高彦頤(Dorothy Ko) 著, 李志生 譯,《閨塾師—明末清初江南的才女文化(Teachers of the Inner Chambers)》, 南京: 江蘇人民出版社, 2005, 1-28쪽.

2. 맑고 그윽한 종이의 향기

음성중심주의 전통을 가진 서구에서는 말이 글보다 우위에 있다고 생각했다. 예를 들어 플라톤은 "말은 의미의 현전現前이요, 글은 의미에 대한 자기소외로서 부친살해죄를 범하는 것이다"라고 했다. 그런데 중국에서는 정반대다. '글文'— 죽간과 비단에 남긴 글은 예부터 '말'보다 훨씬 더 숭고한 지위에 있었다.

『문심조룡文心雕龍』은 "글은 덕이 크도다. 천지와 더불어 태어난 것은 무슨 까닭이던가?文之爲德也大矣, 與天地並生者何哉"라는 말로 첫 문장을 시작한다. '글'을 하늘, 땅과 동일 선상에서 논한 것은 글을 삼재三才 중의 하나인 '사람'으로 보았기 때문이다. 또 말은 뜻을 채우고, 글은 말을 채운다言以足志, 文以足言. 성인의 뜻은 문사에서 드러난다聖人之情, 見乎文辭. 도는 성인에 의해 글이 되고, 성인은 글로써 도를 밝힌다.道沿聖以垂文, 聖因文而明道[5] 등의 주장도 자기수양에서 글이 차지하는 중요성을 강조하기 위한 것이다. 만약 고대 중국의 공공 세계를 인문과 사회로 양분한다면, 기록 문자는 인문의 정수이며 글에 담긴 '도'는 사회의 주춧돌이라고 표현해도 전혀 과장이 아니다.

그런데 전통적으로 글을 통해 수신修身을 하는 방식은 남성의 전유물이었다. '글'의 세계 역시 남성의 세계였던 것이다. 한대의 반소班昭가 제시한 여인의 네 가지 행위 규범 '덕德, 언言, 용用, 공工'에도 낮은 층위의 말言만 있을 뿐 글文은 없다.[6] 그리고 '말' 역시 '내언불출內言不出'을 요구하는 것일 뿐이었다.[7] 그래서 송대의 여류 시인 주숙진朱淑眞은 이렇게 한탄했다.

> 女子弄文誠可罪, 那堪詠月更吟風 磨穿鐵硯非吾事, 繡折金針卻有功。
>
> 아녀자의 글이 죄가 된다면, 무슨 수로 달을 그리고 바람을 노래할 수 있으리오.
>
> 이 몸 쇠벼루가 뚫어지도록 글은 못 써도, 금바늘이 부러지도록 수 놓는 재주는 있다오.[8]

유서 깊은 문인 집안에서 태어난 명대의 왕봉한王鳳嫺은 뛰어난 시문詩文으로 『송강부지松江

5 劉勰,《文心雕龍》〈原道〉,〈徵聖〉.
6 班昭,《女誡》, 陳弘謀,《五種遺規》卷上, 67쪽.
7 《禮記》〈曲禮上〉.
8 周朝俊,《紅梅記》卷上, 北京: 學苑出版社, 2003, 3쪽.

府志』에 이름을 올렸다. 그녀는 말년의 어느 날 "아녀자의 법도에 글은 없다. 진시황에게나 바쳐야겠다."라며 시를 쓴 원고를 불태우려고 했다. 그때 다행히 남동생 헌길獻吉이 "시경에 실린 시 삼백편도 대개 부녀자들에게서 나왔다"며 강력하게 만류했다. 덕분에 『분여초焚余草』가 세상에 전해질 수 있었다.[9] 왕봉한이 특별한 사례는 아니었다. 규방의 작품은 세상에 내놓지 않고 완성된 원고를 불태운다는 것이 당시의 보편적 관념이었다. 호문해胡文楷의 『역대부녀저작고歷代婦女著作考』를 보면, 상당수의 여성 시집에 '분여焚余'라는 제목이 달려 있다.[10] 그렇지만 여성들에게도 '글'의 세계는 분명하게 존재하는 세계였다. 다만, 겹겹의 장막 뒤에 가려서 외현적으로 존재하는 글의 세계에 참여하고 영향을 미칠 기회가 없었을 뿐이다. 그러나 또 바로 이러한 이유 때문에 공공의 영역에 드러난 여성의 글이나 여성의 이름은 규중 여인들의 '장막으로부터의 탈출'을 알리는 가장 가시적이면서도 가장 유의미한 시그널이라고 할 수 있다.

수잔 만Susan Mann은 청대 고증학의 겉텍스트를 중심으로 고대 여성들의 활약상과 지위를 연구했다. 구체적으로 《시경》, 《예기》, 《춘추》에 달린 주注와 소疏를 통해 고대 여성 지식인들이 공공 영역에서 어떻게 활약했는지, 사회적으로 어떤 대우를 받았는지, 당시 문인과 학자들이 관습적으로 가지고 있었던 여성관에 어떠한 충격을 가했는지를 고찰했다. 예를 들어, 여자들에게 교육이 필요한가 필요하지 않은가와 관련된 '재'와 '덕'의 문제가 있다. '고지현녀古之賢女, 귀유재야貴有才也'[11]라는 말에서 보듯, 여자들에게도 '재才'가 중요했다는 사실에는 의심의 여지가 없다. 여기서 진일보한 문제가 도출된다. — 어떠한 '재'가 중요한가? 이 문제는 두 가지 재녀才女 전통 또는 재녀 이미지를 둘러싼 정의와 논쟁을 이끌어냈다. 장학성章學誠[12]의 부학婦學과 원매袁枚의 여교女敎를 두고 벌어진 논쟁이 가장 대표적인 사례다. 장학성이 추종한 것은 경사經史를 중시하는 부학婦學으로서 반소班昭의 이미지가 전형적이다. 널리 알려진 그의 부학은 과거 성인과 현인들의 시대에 있었던 여성 학문의 근원을 밝히는 것에서 출발했다. 사서오경과 관찬官撰 사서(시가詩歌가 아닌)를 엄밀하게 고증한 장학성은 주周 왕실의 전성기에는 학문이 뛰어난 여자들이 조정의 교도자로 관직을 가졌다는 사실을 밝혀냈다. 주왕실이 쇠락한 후 그녀들은 가학家學의 수호자이자 전승자로 돌아갔다. 특히 전란의 시대에 가정의 남

9 王獻吉, 《焚餘草》 序, 《女中七才子蘭咳集》, 上海: 上海古籍出版社, 2002, 166쪽.

10 胡文楷, 《歷代婦女著作考》, 北京: 商務印書館, 1957 초판;上海: 上海古籍出版社, 1985, 수정판. 한위漢魏에서 청대淸代까지의 여성 작가 4,000여 명의 작품을 수록했다.

11 章學誠, 《文史通義》 〈婦學〉.

12 역주: 여제자를 양성하고 그녀들의 시선집을 펴낸 원매(袁枚, 1716-1798)는 당시 많은 비판을 받은 바 있다. 청대의 사학자 장학성(章學誠, 1731-1801)은 청대의 〈부학(婦學)〉에서 관련 문제를 집중적으로 다루면서 원매와는 다른 관점을 피력했다.

성 구성원들이 사라지면 여성들은 가학을 이어가는 사명을 부여받았다. 장학성에 따르면, 주대와 한대의 제도 하에서 확립된 여성들의 전통이 불행하게도 육조, 당, 송을 거치면서 사라지고 대신 두 갈래의 곁길이 생겨났다. 첫째, 《여논어女論語》와 《여효경女孝經》의 출현이다. 경전의 수호자였던 여성들이 원시 경전을 졸렬하게 모방한 것을 보면 전통 부학이 어떤 수준으로 전락했는가를 짐작할 수 있다. 둘째, 학식 있는 여성들은 경사학자가 아닌 시인으로 간주되는 경우가 많았다. 장학성이 가진 정통 관념에서 보면, 여성들이 시가를 통해 자신의 내면을 토로하는 행위는 경박하고 방탕한 행위였다. 그에게서 고전적 여성들의 학문은 순수한 정통 경사학으로서 도통의 전파가 목적이었다. 그래서 설사 장막에 둘러싸인 가정 내에서만 전파되었다고 해도 여전히 공공의 영향력을 가진 '공기公器'였다. 그가 애써 부흥하고자 했던 것은 사라져버린 고전 부학이었다. 동시에 그는 자신의 어머니나 다른 비슷한 여성들에게 부흥의 희망이 있다고 믿었다. 장학성이 〈부학〉을 쓴 것은 확실한 목표가 있었기 때문이다. 건륭 연간에 여성들의 시작詩作 활동이 극도로 성행했는데[13] 이러한 풍조를 조장하고 힘을 보탠 것은 원매였다. 원매는 '성령설'을 주장하며 "시인은 적자지심赤子之心을 잃지 않는 것이다"[14]라고 했다. 그리하여 어떠한 공명심도 없이 진실한 개인의 감정만을 표현하는 여성들의 시, 특히 소녀들의 시에 엄청난 호소력이 있다고 생각했다. 그는 "여자들이 시에 적합하지 않다는 세간의 말은 전혀 이치에 맞지 않는다! 성인이 삼백편 가운데 으뜸으로 꼽은 〈관저關雎〉, 〈갈담葛覃〉, 〈권이卷耳〉 모두가 여자들의 시다."[15]라고 외치며 세인들의 시선은 아랑곳하지 않고 여제자들을 받아들이고 《수원여제자시선隨園女弟子詩選》을 펴냈다. 그가 생각하는 전형적인 재녀는 사도온謝道韞이었고 그가 추종하는 '재'는 '시를 짓는 재능'이었다. 그의 '여교女敎'는 개인의 성性과 정情을 주로 표현하는 시문 전통이었다. 이 같은 논의 과정에서 수잔 만은 통찰력 있는 두 가지 문제를 제기하거나 암시했다. 첫째, 장학성과 원매의 논쟁은 오랜 과거에만 매달려 명말 이후 재녀문화의 발전을 간과하고 말았다는 것이고, 둘째는 장학성과 원매의 두 가지 전통관을 둘러싼 논쟁은 남성의 세계에서 여성의 문제에 대해 벌이는 문자적 논쟁에 불과한 것으로 진실된 여성세계에서 소위 '재才'나 '문文'은 분명하게 선을 그을 수 있는 것이 아니라는 주장이다.[16]

13 《역대부녀저작고(歷代婦女著作考)》에 수록된 청대 여류시인은 3,761명으로 역대 총합보다 많은 수다.

14 袁枚,《隨園詩話》卷3, 74쪽. "詩人者,不失其赤子之心者也。"

15 袁枚,《隨園詩話·補遺》卷1, 臺北: 長安出版社, 1978, 590쪽.

16 이 단락은 수잔 만의 Precious Records: Women in China' s Long Eighteenth Century(孫立 譯,《綴珍錄 — 十八世紀

명말청초 강남지역 재녀문화의 탄생과 번영에 대해서는 다양한 분야의 연구자들이 관심을 가졌기 때문에 엄청난 양의 연구성과들이 나와있다. 나는 이곳에서 수많은 학자들이 이미 깊이 있게 연구하고 치밀하게 분석한 여러 원인들, 예를 들어 자본주의의 맹아, 도시문화의 탄생, 완화된 계층·성별 간의 경계, 출판과 방각坊刻의 발달, 명문세가의 전통과 교양, 강남지역의 교육열, 여교서女教書의 유통 등등까지 일일이 거론할 생각은 없다. 그러나 여성 인식과 관련한 사대부들의 자아 반성과 인식 제고는 빼놓을 수 없다. 대표적으로 명대의 이지李贄(1527-1602)가 있다. 그는 "아녀자는 식견이 좁고 학문을 모른다", "남자의 식견은 한없이 넓고, 여인의 식견은 한없이 좁다"는 등등의 관습적 편견을 반대했으며[17], 여자의 '재'는 여자의 '색'보다 훨씬 얻기 어렵다며 "용모가 아름다운 여자는 수도 없이 많지만 글이 훌륭한 여자는 새벽하늘의 별처럼 드물다."고 한 사조제謝肇淛(1567-1624)도 비판했다.[18] 세태가 달라지면서 지난날 유일하게 숭상되었던 '덕'과 함께 여자들의 '재'도 (강남지역 또는 더 많은 지역에서) 가문과 고장을 빛내는 영광이 되었다. "벼슬하는 가문 규수들은 여공女紅 대신 글과 그림을 배우면서 자신을 가꾸었으며 시를 짓고 읊는 것을 자랑으로 여겼다. 옛 사람들이 오동나무와 눈을 노래한다고 말했듯이 규수들에게 시는 매우 일상적인 것이었다."[19] 문화적 소양이 뛰어난 여자가 대가족 살림을 더 잘 건사할 수 있고 현모양처의 역할을 더 잘 할 수 있다는 인식도 자리잡기 시작했다. 이와 관련하여 절강浙江 전당錢塘 사람 진조륜陳兆崙이 〈재녀설才女說〉에서 잘 설명하고 있다.[20]

> 誠能於婦職餘閒, 流覽墳素, 諷習篇章, 因以多識故典, 大啟性靈, 則於治家相夫課子, 皆非無助. 以視村姑野媪, 惑溺於盲子彈詞, 乞兒說謊, 為之啼笑者, 譬如一龍一豬, 豈可以同日語哉! 又經解雲 : '溫柔敦厚, 詩教也.' 柔與厚皆地道也, 妻道也. 由此思之, 則女教莫詩為近, 才也而德即寓焉矣.
>
> 진실로 재능 있는 여자가 아내의 본분을 다하고 남은 시간에 옛 전적을 훑어보고 글을 익힘으로써 전고를 많이 알고 성령을 크게 깨우치는 것은 집안을 다스리고 지아

及其前後的中國婦女》, 南京: 江蘇人民出版社, 2005) 104-121쪽에서 많은 부분 참고하였다.

17 李贄,《焚書》卷2. "婦人見短,不堪學道。" , "男子之見盡長,女人之見盡短。"

18 謝肇淛,《五雜俎·人部四》卷8, 合肥: 黃山書社, 2008, 152쪽. "以容則接踵,以文則落落晨星。"

19 天花藏主人,《兩交婚小傳》, 第二回, 臺北: 天一出版社, 1985, 28쪽. "故仕宦人家的小姐, 皆不習女紅,盡以筆墨生香奩之色, 題詠為蛾眉之榮, 若古人所稱題桐詠雪, 皆尋常事也。"

20 陳兆崙,《紫竹山房詩文集》, 乾隆 陳桂生 刻本, 7卷, 6쪽.

비를 도우며 자식을 가르치는데 도움이 되기 때문이다. 시골 아낙들이 맹인의 탄사나 걸인들의 거짓말에 미혹된 것을 보고 비웃는 것과는 하나는 용이고 하나는 돼지인 것처럼 다른 것이니 어찌 함께 논할 수 있겠는가!《예기》경해經解 편에서 "온유하고 돈후한 것은 시의 가르침이다"라고 일렀다. 온유와 돈후는 땅의 도道이며, 아내의 도다. 이 점에서 생각하면, 시보다 여교女教와 더 가까운 것은 없다. 그 안에 재才와 덕德이 담겨 있다.

당시 고관대작들은 명망 있는 가문의 규수를 집안에 들이려고 했고 첩을 들여도 강남 여자를 우선적으로 고려했다.[21] 어느 정도 사회적 신분이 올라간 상인들도 재녀를 선호했다. 양주의 출판상 석성금石成金의 경우, 상처 후에 재녀를 후처로 맞이했다. 새로운 부인 주씨周氏는 결혼 전 주씨 집성촌에서 지혜롭고 현명하다는 소문이 자자했는데 결혼 후 과연 순종적인 동반자이자 내조자가 되었다.[22] 무재無才가 덕이라는 생각에서 '재'가 있으면 '덕'도 있다는 생각에 이르는 관념의 변화 과정에서 명말청초 재녀문화가 했던 추동작용을 간과할 수 없다. 그러나 수잔 만이 암시한 것처럼 이러한 관념의 변화 역시 외현적(장막 바깥) 남성세계의 사상적 맥락을 보여줄 뿐이다. 여성을 바꿔 놓은 세계는 상대적으로 알려져 있지 않고, 포착하기 어렵고, 심지어 탐험할 수 없는 세계이기도 하다.

규방 여인들의 '글'의 세계는 '겹겹의 장막' 안에서 펼쳐지는 여성들의 영혼과 내면의 세계다. 아주 극소수의 경우에만 '겹겹의 장막'을 벗어나 외현적으로 존재하는 역사적 문맥 깊숙한 곳으로 파고 들었다. 명말청초에 일어난 전칠자, 후칠자, 당송파, 공안파, 경능파 등 일련의 문학운동에서도 여성의 그림자는 찾아볼 수 없다. 원매袁枚가 수원隨園에서 서른 명이 넘는 여제자들을 거느렸다고는 하지만 그가 '규중의 3대 지기知己'로 칭하며 가장 아꼈던 석패란席佩蘭, 김일金逸, 엄심주嚴蕊珠마저도 같은 시기 독일의 카롤리네Caroline(1763-1809)와 같은 자리에 오르지는 못했다. 예나학파 슐레겔August Wilhelm Schlegel(1767-1845)의 아내였던 카롤리네(훗날 셸링과 결혼)는 낭만파 그룹의 중심에서 명실상부한 진정한 뮤제로 추앙받았다. 또 많은 연구자들이 '남/여', '내/외'의 경계를 깨부순 대표적 인물로 보는 황원개黃媛介의 경우도 마찬가지다. 명

21 당시 여자를 첩으로 두고 후원하는 것을 '수마(瘦馬)를 기른다'고 했다. 광릉지역의 '수마'가 특히 유명했는데 외모도 아름다웠지만 대가집 규수처럼 교양도 있었기 때문이다. 상등급은 서화금기에 능한 여인들이었고 그 다음은 자수에 능한 여자들이었다. 왕사성(王士性)의《광지역(廣志繹)》권2, (北京: 中華書局, 1997) 29쪽 참고.

22 《규숙사(閨塾師)》194-95쪽 참고.

말청초 가흥嘉興의 여숙사女塾師이자 시인이었던 그녀는 생계를 위해 각지에서 글을 가르쳤기 때문에 보통 여자들과 활동 공간이 전혀 달랐다. 그녀의 문장력은 사림에서도 아낄 정도였지만 스탈부인Madame de Stael(1766-1817)에는 미치지 못했다. 스탈부인은 프랑스 낭만주의 문학과 비평의 선구자이자 권위자로서 나폴레옹도 두려워하는 정치적 힘을 가지고 있었다. 다시 말해, 명청시대 규방여인들은 사회와 문화의 발전이라는 측면에서 영향을 주는 쪽이 아닌 영향을 받는 쪽에 속했다.

모친에게서 '도통道統'의 기운을 느낀 장학성은 모친의 학문이 자신에게 영향을 미친 후 자신을 통해 '공기公器'가 될 수 있다고 생각했을 가능성이 높다. 그러나 뒤집어서 설명하면, 여성이 직접 참여하는 영역은 여전히 가정 내부로 제한되었다. 여성 학문의 현실적 용도와 가치는《홍루몽》에서 설보채가 한 말에서 어느 정도 확인된다. 탐춘이 잠시 대관원의 살림살이를 맡았을 때, 보채가 정원의 꽃과 나무를 다른 사람에게 맡겨서 수익을 내보자고 제안한다. 찢어진 연잎이나 마른 풀뿌리까지 다 돈이 될 수 있다는 사실을 뒤늦게 깨달았다는 탐춘에게 보채는 주희의 〈부자기문不自棄文〉을 인용한 후 이렇게 덧붙인다. "중요한 건 다 학문 속에 있어. 지금도 학문을 가지고 말하니 사소한 일도 수준이 한 단계 더 높아지잖아. 학문을 끌어오지 않으면 너무 세속적으로 흘러 가버린다구."[23] 아마 그 시대 가정에서 제대로 교육을 받고 상대 집안에서 소문을 듣고 모셔가는 이상적인 규수들은 설보채처럼 절차와 법도에 따라 처신하고 집안일을 관장하는 과정에서 내면에 숨겨진 지혜를 드러냈을 것이다. 그런데 그녀들이 남긴 글을 보면 오히려 '임대옥'을 더 많이 닮은 듯하다. 그녀들은 예민한 영혼과 가슴 가득한 그리움으로 평온과 안정을 갈구하지만 끝끝내 안식처를 찾지 못했다. 그 허구적인 이미지와 우연한 사건들, 자질구레한 사연과 곡절들, 언급할 필요도 없이 사소한 것들마저도 온갖 상념을 불러일으키며 끊임없이 말을 건넸기에 그녀들의 글은 온통 슬픔과 감상에 젖어 있다. 이때문에 규방의 언어는 발전 궤적을 분명하게 그려 내기가 어렵다. 우리가 할 수 있는 것은 '조각과 파편들'을 찾아내고 그것들을 연결하는 일뿐이다. 마치 보일 듯 말 듯 흩어져 있는 밤하늘의 별들을 엮어서 별자리를 그리듯이.

간혹 한 권의 책/하나의 이미지에 대한 다수의 관심들을 하나로 엮어낼 수도 있는데《모란정牡丹亭》[24] 두여낭杜麗娘을 예로 들 수 있다. 탕현조湯顯祖(1550-1616)의《모란정》은 명청시대에

23 《紅樓夢》56回. "學問中便是正事, 此刻於小事上用學問一提, 那小事越發作高一層了。不拿學問提著, 便都流入市俗去了。"

24 역주: 명대 탕현조가 쓴 희곡《모란정환혼기(牡丹亭還魂記)》는 중국 4대 고전 희곡 중의 하나로서 태수의 딸 두여낭과 가난한 서생 류몽매의 사랑 이야기를 그리고 있다. 약칭으로《모란정(牡丹亭)》,《환혼몽(還魂夢)》,《모란정몽(牡丹亭夢)》이 있다.

수많은 여성 독자들이 장기간 열광했던 작품으로 루소(1712-1778)의 《신新 엘로이즈》에 비견된다.[25] 일화나 야사로 전해오는 이야기들 가운데, 중국 최초의 여성 문학비평집 《오오산 삼부 합평 모란정환혼기吳吳山三婦合評牡丹亭還魂記》[26]에 관한 이야기가 가장 흥미롭고 감동적이다. 오인吳人은 항주의 명망 있는 시인으로서 희곡작가 홍승洪昇(1645-1704)의 친구였다. 그의 첫 번째 정혼자였던 황산黃山의 규수 진동陳同(1650-1665년경)은 시집을 오기 직전에 요절하고 말았다. 생전에 책을 유달리 좋아했던 진동은 당시의 다른 여자들처럼 두여낭의 러브스토리에 탐닉했다. 그녀는 열두개나 되는 서로 다른 판본의 《모란정》을 비교한 후 탕현조 소유의 인쇄소에서 나온 판본까지 구해서 페이지 여백에 비평과 주석을 일일이 적어 넣었다. 진동은 병상에서도 책을 내려놓지 않았다. 그래서 어머니가 조용히 요양이나 하라고 그녀의 장서들을 모두 불태워 버렸다. 그 속에는 그녀가 평석을 단 《모란정》 제2권도 있었다. 제1권은 다행히 유모가 건져내서 보관하고 있다가 진동이 죽은 후 오인에게 유품으로 전달했다. 오인은 진동이 남긴 비평을 매우 좋아했다. 청계淸溪의 재녀였던 오인의 두번째 부인 담칙談則(1655-1675)도 진동의 뜻을 이어받아 제2권의 평석 작업을 마쳤다. 그녀는 자신과 진동의 비평과 주석을 원판 《모란정》에 일일이 손으로 필사했다. 그런데 담칙도 결혼 삼 년 만에 요절하고 오인은 고탕古蕩의 재녀 전의錢宜를 후처로 맞이했다. 전의는 두 '언니'가 남긴 《모란정》 평석評釋을 무척이나 아끼며 세상에 전하고 싶어했다. 또 "어둑한 창문을 두드리는 차가운 빗소리 견딜 수 없어, 등불을 밝히고 홀로 모란정을 읽노라. 세상에 나처럼 어리석은 이 또 있었네, 상심한 가슴 소청만이 아니었네."[27]라고 노래한 소청小青의 명구를 잇는 《모란정》 비평이 나오지 않고 있어서 안타깝게 생각하던 차였다. 전의는 패물을 팔아서 돈을 변통한 후 남편 오인에게 세 부인의 이름으로 《오오산 삼부 합평 모란정환혼기吳吳山三婦合評牡丹亭還魂記》(1694년)를 출판하자고 설득했다. 항주 여성 시사 초원칠자蕉園七子 가운데 한 명이었던 임이녕林以寧(명말청초에 등장한 소수의 여성 희곡작가)과 홍승洪昇의 딸이 서문과 발문을 쓴 책이 출판되자 당시 문단에 엄청난 반향이 일었다[28] 탕현조는 《모란정》에서 '정情'을 특히 강조했다.

25 청대 초기 휘주(徽州)의 재녀 정경(程瓊)은 《모란정》의 흥행과 잇단 독서 열풍에 대해 "새로운 석류 문양은 규각 여인들의 필수품이었다. 책 주머니를 사용하지 않는 이가 없었으며, 문양을 재단하고 남은 시간에는 하나같이 《모란정》을 읽었다 …… 규방 여인들은 자신의 총명함이 미치지 못함을 탓하며 경서와 사서를 통달하고 싶어하고, 시사詩詞와 악사樂府를 보지 않는 이가 없었다."라고 했다.

26 역주: 오오산(吳吳山) 삼부(三婦)는 오인吳人(吳儀一)의 요절한 약혼녀 진동, 첫 번째 부인 담칙, 두 번째 부인 전의를 가리킨다.

27 "冷雨幽窗不可聽, 挑燈閒看牡丹亭。人間亦有癡於我, 不獨傷心是小青。"

28 역주: 홍승(洪昇, 1645-1704)은 임이녕의 외사촌 오빠이자 첫사랑이다. 홍승의 딸은 홍지칙(洪之則)이다.

> "情不知所起, 一往而深, 生者可以死, 死可以生. 生而不可與死, 死而不可複生者, 皆非情之至也. 夢中之情, 何必非眞, 天下豈少夢中之人耶?"
> 정은 어디서 생겨나는 지 알 수 없으나 갈수록 깊어만 가는 것이다. 살아서도 죽을 수 있고 죽어서도 살아날 수 있으니, 살아서 죽지 못하고 죽어서 살아나지 못하면 지극한 정이 아니다. 꿈 속의 정은 어찌하여 진정한 정이 아니라고 하는가. 천하에 몽중지인이 그토록 드물다는 말인가.

세 부인도 온 몸과 마음으로 이야기에 빠져들어 극도의 슬픔과 고통을 체험하며 "여낭은 천고千古의 정치情癡"라는 평어評語를 남겼다. 도로시 고高彦頤[29]는 'love-struck'이라는 말로 명말 청초의 글쓰기와 독서 분위기를 설명하면서 이 이야기를 가장 전형적인 사례로 꼽았다. 그녀는 교육을 받은 젊은 여성들의 낭만적 감수성이 정점에 이르게 되면 현실 속의 생활까지도 '정'으로 충만한 몽환적 세계로 바꾸어 버린다며 다른 두 가지 일화를 소개했다. 첫째, 책을 판각하기 전 전의와 오인이 담칙의 원고와 필사본을 대조하다가 우연히 촛불이 쓰러져 원고가 불에 타버렸다. 두 사람은 불탄 재를 비단주머니에 넣고 정원에 있는 매화나무 옆에 묻는다. 그후 신기하게도 나무에 불탄 흔적이 생겨났다는 것이다. 두번째 이야기는 책이 출판된 후다. 전의가 정원에서 제단 위에 두여낭의 초상화와 붉은 매화(류홍매柳紅梅[30]), 인쇄된 책, 술, 과일을 올리고 제사를 지냈다. 그때 오인이 두여낭을 실존했던 인물로 여기는 것은 지나치다고 나무랐다. 그러자 전의는 "돌 하나, 나무 한 그루에도 영靈이 있다. 상군湘君과 무산巫山의 신녀도 나중에 사당이 생겼는데 여낭은 없으리라는 법이 있냐고 응수했다. 그런데 제사를 지낸 그날 밤, 오인과 전의 두 내외는 같은 꿈을 꾸게 된다. '유원경몽遊園驚夢'[31]과 비슷한 내용의 꿈에서 두여낭으로 추정되는 사람을 만난 것이다. 그래서 오인도 생각을 바꾸고 전의처럼 두여낭을 실재했던 사람으로 믿게 되었다. 도로시 고에 따르면 당시의 젊은 재원들은 두여낭을 자아의 재현으로, 극본을 자기 삶에 대한 은유로 받아들이며 읽기를 수행했다.[32]

29 역주: Dorothy Ko(高彦頤), 1957년 홍콩 출생,중국계 미국인. 컬럼비아대학교 바너드컬리지 역사학과 교수. *Cinderella' s Sisters: A Revisionist History of Footbinding, Teachers of the Inner Chambers: Women and Culture in Seventeenth-century China, The Social Life of Inkstones: Artisans and Scholars in Early Qing China* 등의 저술이 있다.

30 역주: 모란정의 남자 주인공.

31 역주: 모란정에 나오는 곡명.

32 단락은 《규숙사(閨塾師)》 상권 제2장을 많은 부분 참고하였다. "情教的陰陽面：從小青到《牡丹亭》(The ecnchancement of Love in the 'the peony pavillion')" , 72-123쪽.

드러난 현상을 상세하게 기술한 도로시 고와 달리, 롤랑 바르트Roland Barthes(1915-1980)는 해부도를 보여주듯 소설 〈그라디바Gradiva〉에 나오는 연인의 우상 이미지를 분석함으로써 심리구조에 대한 해부를 가능하게 했다. 빌헬름 옌센Vilhelm Jensen(1837-1911)의 이 소설에서 주인공인 젊은 고고학자 노르베르트는 극단적인 연인이었다. 그는 자신도 모르게 고대 그리스 부조에 있는 여인 형상 그라디바Gradiva를 사랑하게 되었다. 그리고 그 형상은 그에게서 온전한 현실 속의 사람이 되었다. 한편 노르베르트를 사랑하는 조에는 사랑을 얻기 위해 거짓으로 그라디바를 연기한다. 조에는 조금씩 노에베르트의 망상 속으로 들어가 그가 망상에서 벗어날 수 있도록 돕는다. 프로이트의 이론에 따르면 이 같은 연애방식은 어느 정도 정신분석요법 기능을 한다. 이와 관련하여 바르트는 프로이트가 직접 시도했던 방법과 연결시켰다. 프로이트는 어린 아들 마틴이 스케이트를 타다가 의기소침해지자 아들의 말을 들어주고 그 감정에서 벗어나게 한다. 이처럼 친절하고 미시적인 방식에 대해 바르트는 "밀렵군의 그물에 걸린 작은 동물을 풀어주는 것과 같다. …… 작은 동물은 도망칠 수 있고 결국 위기를 깨끗하게 잊어버린다."고 했다. 여기서 핵심은 자신을 '살짝 밀어 넣는' 단계에 있다. 그런데 바르트는 조에의 모순된 심리구조에 더 큰 관심을 가졌다. 그녀는 어떻게 사랑에 빠진 채로, 스스로를 조종하는 능력과 자신을 꾸미고 숨길 수 있는 능력까지 가질 수 있었던 걸까? 그는 그 안에서 '사랑'을 찾아내고 순수한 '집착'과 구분했다(전자는 고상하고 후자는 병적이다). '집착' 속에 조금의 '사랑'은 있기 마련이다. 나는 모든 것을 가지고 싶지만 자발적으로 나누겠다. 그렇다면 누가 이 같은 변증법적 관계를 감당할 수 있을까? 여인이 아니면 또 누가 있을까? 여인은 주는 것 외에 그 어떠한 다른 목적을 추구하지 않는다. 그래서 만약 이런 연인이 있다면 그는 마침내 '사랑'할 수 있게 된다. 그리하여 그는 여성화된 범위 안에 놓이게 되고 그 위대한 정녀情女, 진정한 선녀善女와 동반자가 된다. 이것은 왜인가-아마도-노베르트의 망상, 조에의 사랑때문일 것이다.[33] 다시 말해, 조에가 스스로를 통제하며 그라디바로 위장할 수 있었던 것은 사랑에 담긴 '자발적인 주기'의 특성에서 비롯된다. 어떤 측면에서 두여낭은 수많은 재녀들의 그라디바였다. 다만 그녀들은 노베르트이자 조에였으며, 망상과 사랑을 동시에 가지고 있었을 뿐이다. 그녀들은 노베르트처럼 자신도 모르는 사이에 두여낭이라는 가공의 형상을 현실 속에 실재하는 사람으로 여기게 되었다. 그러나 그것은 연애의 대상이 아니라 자애

33 Roland Barthes, 汪耀進·武佩榮 譯,《一個解構主義的文本(fragments d' un discours amoureux)》, 上海: 上海人民出版社, 1997, 26-129쪽.

自愛의 대상이었다. 정확하게 말해서 부지불식간에 두여낭이라는 가공의 형상과 자신을 일체화한 것이다. 그러나 만약 의식적으로 자신을 통제하면서 두여낭이라는 역할 속에 들어가기만 했다면, '살짝 그 안으로 들어가기'만 했다면' 오히려 자신을 분리시키고 '망상적 자아'에서 벗어날 수 있었을 것이다. 평석評釋을 한다는 것은 안으로 들어가는 것(능동적 개입)이기도 하면서 밖으로 나오는 것(거리의 통제 또는 분리감의 조정)이기도 하다. 이것은 이중적 위안의 일종이다. '노베르트'로서 그녀들은 모든 것을 무릅쓰고 현실에 존재하지 않는 그 형상을 붙잡고(따라 붙고) 싶어한다. '조에'로서 그녀들은 살짝 그 형상 속으로 들어감으로써 그녀들을 잡아가둔 그물 속에서 '망상적 자아'를 구해내고 싶어한다. 심지어 그녀들은 서로가 서로에게 낮은 수준의 조에가 되어 능동적으로 경청하고 위로해주면서 상호 간에 '사랑'이 존재하게 되었다. 바르트가 지적한 것처럼 이것은 일종의 여성적 방식이다. "주는 것 외에 그 어떠한 다른 목표를 추구하지 않는 것", 이는 강남 규수들의 읽기와 쓰기에서 특히 두드러지는 특징으로서 남성들이 읽기와 쓰기에서 추구했던 목표와는 전혀 다르다. 세 부인의 이야기는 현실적인 표상으로 보면 남녀 간의 상호작용(오인/담칙, 오인/전의의 관계, 도로시 고가 말한 동반자식 부부의 조화로운 관계)만 존재하는 듯하다. 그러나 실질적인 진정한 교류는 여성들 사이에서 이루어졌다. 그것이 비록 문자文字를 통해 이루어지는 세대 간의 정신적 교류였다 할지라도. 수많은 인문적 배경과 경제적 번영을 누렸던 강남지역은 곳곳에 명문세족들이 자리잡고 있었다. 명말에는 다양한 형태의 모임이 장강 남북에 걸쳐 성행했다. "선비들도 사社를 만들었지만 여자들도 시사詩社, 주사酒社, 문사文社를 결성해서 시가 낭송과 창작 활동을 했다."[34] 이에 따라 명말청초의 강남 여성들은 주로 문자적 교류와 전파를 통해 자신들의 활동공간과 교류 범위를 넓혀갔다. 이 점은 여성시사가 '가족형'에서 '친목형'으로, 또 '공공형'으로 발전한 사실에서 드러난다.[35] 섭소원葉紹袁(1589-1648)과 심의수沈宜修(1590-1635)의 결혼은 소주 오강吳江의 양대 사족士族이었던 심씨와 섭씨 간의 통혼이었다. 심씨 가문은 유서 깊은 학자 집안이었기때문에 심의수도 비공식적인 여성시사를 이끌었는데 '가족형' 시사의 전형적인 예로 자주 기론된다. 주의할 것은, 심의수의 모임은 섭씨 가문이 아닌 심씨 가문이 중심이었다는 사실이다. 심의수의 세 딸 외에 친자매, 올케, 사촌 자매, 질녀, 고모, 친정에서 데리고 온 몸

34 謝國楨, 《明清之際黨社運動考》, 瀋陽: 遼寧出版社, 1998, 7쪽. "不但讀書人要立社, 就是女士們也要結起詩酒文社, 提倡風雅, 從事吟詠。"

35 도로시 고는 《규숙사(閨塾師)》에서 '家居式(Domestic), '社交式(Social)' , '公衆式(Public)'을 사용하였다. 이 단락에서 《규숙사(閨塾師)》 5장과 6장의 내용을 많은 부분 참고하였다.

종 등 친정쪽 여자들이 구성원이었다. 활동 형식은 《홍루몽》에서 여자들이 비정기적으로 모여 해당화나 국화를 소재로 시를 짓던 것과 매우 비슷했는데 함께 바깥나들이를 하거나 시를 지어서 서로 주고받았다. 심의수의 모임은 전겸익錢謙益(1582-1664)도 "중정中庭의 시가 가문에 누를 끼치지 않고, 아름다운 여인들의 글이 좌씨전을 넘어선다"라고 찬사를 보냈고 "시어머니, 언니, 동생, 위아래 동서할 것 없이 바느질과 길쌈을 팽개치고 글을 짓는데 몰두했다. 송릉과 분호에 있는 규수들이 앞을 다투어 붉은붓으로 쓴 글을 주고받고"[36] 할 정도로 영향력이 있었다. 류기질柳棄疾(1886-1958)은 《송능여자시징松陵女子詩徵》에서 심씨와 섭씨 두 가문이 4대에 걸쳐 배출한 '불세출의 뛰어난 재주'를 가진 여성 스무 명을 일일이 거론하며 4대에 걸쳐 계승되면서도 초심을 잃지 않고 지역뿐만 아니라 명청 양대를 통틀어도 가장 뛰어나다고 할 수 있다며 감탄했다.[37]

도로시 고는 '가족형'과 '공공형' 여성시사 사이에 '사교형'이라는 범주를 추가하고 상경란商景蘭(1605-1676)을 중심으로 한 여성 모임을 예로 들었는데 일리가 있는 듯하다. 소흥의 저명한 문학자 집안 출신인 상경란의 남편 기표가祁彪佳(1602-1645)는 스무 살에 진사가 된 후 관직에서 승승장구하다가 전쟁에서 순국하여 충명열사가 되었다. 심의수와 달리 상경란은 고향에만 있지 않고 남편의 부임지를 따라 북경과 복건 등지에서도 거주했다. 부부가 서로 존중하며 사이가 좋았지만 상경란은 자신의 벗들과 만나며 사교활동에 열중했다. 남편과 세 아들이 차례로 순국한 후 상경란은 기씨 집안의 가장으로서 절개를 지켰다. 30년 동안 미망인으로 홀로 지내며 주변의 여성들을 모아 오랫동안 긴밀한 관계를 유지하는 시사를 만들었다. 상경란이 만든 시사의 구성원을 살펴보면, 두 부류로 나뉘는데 네 딸, 두 며느리, 자매, 조카딸 외에 다른 집안의 여성들도 있다. 완원阮元은 "상부인의 두 며느리와 네 딸 모두 시를 잘 지었다. 시간이 날 때마다 붓과 벼루를 챙겨서 뒤따르게 하고 함께 시를 지었으니 일시에 성대한 모임으로 알려졌다."라고 밝혔다.[38]

사람들은 또 "매시梅市 일문의 규수들이 나라 안에서 으뜸이다"[39]라고 칭송했다. 매시는 소흥 기씨의 집성촌이었다. 또 소흥에 온 규방 여인들은 가까이에서 왔건 먼 곳에서 왔건 모

36 錢謙益, "閏集", 《列朝詩集小傳》, 卷4, 3121쪽. "中庭之詠, 不遜謝家;嬌女之篇, 有逾左氏。" "於是諸姑伯姊後先娣姒, 靡不屏刀尺而事篇章, 棄組紝而工子墨, 松陵之上, 汾湖之濱, 閨房之秀代興, 彤管之詒交作矣。"

37 赫麗霞, 〈吳江沈氏女作家羣的家族特質與成因〉, 《山西大學學報》, 2003, 第6期, 50쪽을 참고.

38 阮元, 《兩浙輶軒錄》 卷40, 1655쪽. "商夫人又二媳, 四女鹹工詩, 每暇日登臨, 則令媳女載筆牀硯匣以隨, 角韻分題, 一時傳為盛事。"

39 陶元藻, 《全浙詩話》, 《續修四庫全書》 卷52, 761쪽. "閨秀則梅市一門, 甲於海內。"

두가 상견란을 방문하고 친구가 되었다. 또 이 친구들이 각자의 친구들과 함께 시문을 필사하고 돌려보는 방식으로 관계가 계속 확장되어 갔다. 존경받는 가장이었던 상경란은 매시에 있는 기씨 마을에 우산寓山 원림과 친정 아버지가 설계한 밀원密園에서 각지의 친구들을 자유롭게 만났다. 예를 들어, 다른 친구의 소개로 절친한 사이가 된 황원개黃媛介를 매시로 초청하여 일 년간 의기투합하며 교류했다. 심의수의 모임과 비교하면, 상경란의 시사는 사회적인 성격의 단체는 아니었다고 해도 집안과 지역의 경계를 훌쩍 넘어서는 사교형 모임으로서 자유롭고 적극적인 분위기로 충만했다. 명대 최초의 '공공형' 여성 시사는 안휘 동성桐城 방유의方維儀가 결성한 '명원시사名媛詩社'다. 훗날 곤산崑山 서건학徐乾學(1631-1694)의 딸 서소화徐昭華도 강소성과 절강성의 명망가 출신의 재녀 열 명을 모아서 '전시루傳是樓'에서 시사를 결성했다. 건륭연간에는 서원徐媛 등 소주의 여류 시인 열 명이 모여 '청계음사淸溪吟社'를 결성하고 자신들을 '오중십자吳中十子'라고 불렀다. 원매가 남경 수원隨園에서 받아들였던 여제자들도 자주 시회詩會를 소집했다. 《수원시화隨園詩話》의 기록에 따르면, 한 번은 호숫가 누각에서 모임을 가지고 있었는데 우연히 태수 명희철明希哲이 방문했다. 태수는 자신이 타고 온 호화로운 놀잇배를 규수들에게 내주고 자신은 말을 타고 돌아갔다. 그리고 또 사람을 보내 연회를 마련하고 붓과 종이, 향, 염주 등 선물을 나누어 주기도 했다.[40] 당시의 시사 활동의 분위기를 엿보기에 부족함이 없는 일화다. 또 가장 유명했던 시사는 항주의 '초원시사'일 것이다. 당시 시정의柴靜儀 고계희顧啟姬, 임이녕林以寧, 전봉륜錢鳳綸, 장차운張槎雲, 모안방毛安芳 풍한馮嫻을 '초원칠자蕉園七子'라고 부르기도 했다. 이 가운데 고씨, 전씨, 임씨는 항주의 명문세족(임이녕과 전봉륜의 남편은 오월왕吳越王 전류錢鏐의 직계 후손들) 출신이었다. 초원시사의 시인들은 고씨 집안의 여성 족장族長 고약박顧若璞[41]의 정신적 후계자라고 할 수 있다. 그녀들은 정기적으로 돌아가며 각자의 정원에서 술과 시를 즐기며 그림도 교환했다. 가장 열중했던 것은 서호西湖의 시회詩會였다. 그림 같은 풍광의 서호에 일엽편주를 띄우고 즉석에서 시를 짓는 활동이었다. 구경하는 사람들조차 속세를 잊어버릴 정도였던 그녀들의 멋과 운치는 서호의 미담으로 전해졌다. 이러한 규방 여인들의 풍류는 지역의 자랑이 되기도 했다. 고약박의 남동생이 누나의 책 서문에 당시 항주 여성시인들의 계보를 정리하며 '마선생이 말씀하시길 굽이굽이 기운이 충만한 전당의 산수는 벼슬하는 사람이나 학문하는 사람이 독점할 수 있는 것이 아니다'라고 덧붙였다.[42]

40 袁枚,《隨園詩話·補遺》卷5, 72쪽.

41 역주: 고약박이 만든 초원시사는 전후기로 나누어 전기에는 초원오자, 후기에는 초원칠자가 있었다.

42 顧若璞,《臥月軒稿》序, 마선생은 마원조(馬元調)를 가리킨다.

후인의 연구에서도 "청대를 통틀어 전당문학은 동남 부녀들이 으뜸이다. 終清之世, 錢塘文學爲東南婦女之冠"[43]라고 칭송되었다. 당연히, 여성 시인들이 항상 서로를 아끼며 뜻과 취향이 일치했던 것은 아니다. 예를 들어, 방유의方維儀의 큰 언니 방맹식方孟式은 시에 구어체를 사용하는 서원徐媛에게 엄청난 반감을 가지고 "어쩌다 글을 깨우치긴 했으나, 손 가는 대로 글을 써대니 형편없는 것들만 가득하다. 천하에 재주 없던 사람이 모임에 끼여 행세를 하는구나. 오吳 지역 사람들이 명성만 좇고 학식은 없다더니, 남자만 그런 것이 아니었구나."[44]라고 폄훼했다. 이같은 시사들은 밤하늘의 별자리처럼 몇몇 문장세가를 중심으로 정확하게 정의 내릴 수 없다고 알려진 '강남'의 윤곽을 흐릿하게 그려낸다. 문자 기록과 시집 발간이 없었다면 아마도 — 특히 가족형 시사는 아주 오래 전에 역사의 밤하늘 속에 파묻혀 버렸을 지도 모른다. 심의수는 딸의 유작시를 정리하다가 고금의 규방 작품들이 대부분 소실되어 남아있는 경우가 드물다는 데 생각이 미쳤다. 그녀는 남편의 도움을 받아 여자들의 시고詩稿를 수집한 끝에 여류 시인 46명의 시 241수를 엮은 《이인사伊人思》를 펴냈다. 당시 세상에 글을 전하겠다는 여성들의 자각적 의식이 이미 매우 강렬했다. 호문해胡文楷의 《역대부녀저작고歷代婦女著作考》에 따르면, 청대에 여성들이 펴낸 출판물은 3,500여 종으로 그 이전에 나온 전체 여성 출판물의 3배에 달하는 숫자다. 이 가운데 운수평惲壽平의 후손 완안完顔 운주惲珠(1771-1833)가 엮은 《국조규수정시집國朝閨秀正始集》에는 3천 수가 넘는 여시인들의 시가 수록되어 있다. 또 그녀의 손녀가 엮은 속집에는 1200여 편이 수록되어 있다. 인쇄와 출판을 통해 여성들의 언어는 마침내 역사적인 '글'의 세계로 들어서게 되었다. 그리하여 시간의 흐름과 함께 조금씩 안과 밖의 경계를 지워 나갔다. 여성들의 글이 진정한 의미에서 중국문학사의 '정사正史'에 들어간 경우는 드물지만 인쇄를 통해 존재를 분명하게 드러낼 수 있었다. 그리하여 여성들의 작품은 오늘날까지 '맑고 그윽한 종이의 향기幽香紙上分'[45]를 내뿜고 있다.

43 梁乙眞, 《中國婦女文學史綱》, 《民國叢書》 제2편, 上海: 上海書店出版社, 1990, 385쪽.

44 方孟式, 〈讀徐媛詩與妹維儀〉. 汪淇, 《二編》에 수록.

45 왕단숙이 황원개를 칭송하는 시를 지었다. "竹花吹墨影, 片錦貯雄文, 抹月含山谷, 披雲寫右軍。擊音秋水寂, 空響遠煙聞, 脂骨應人外, 幽香紙上分。대나무꽃 묵영墨影을 흩날리고, 비단조각 웅문을 담고 있네. 세월을 지우고 산곡(황정견)을 품고, 구름을 헤치고 우군(왕희지)를 그리네. 전장의 부딪히는 소리에도 강물 고요하고, 텅빈 골짜기에서 먼 곳의 전란 소식 울려온다. 붉은 연지의 글이 속세 밖에서 응하니, 그윽한 종이의 향기가 으뜸이어라." 《閨塾師》, 138쪽에서 재인용.

3. 담장 안에서 그네를 타는 소녀들

규방에서 쓰여진 글보다 더 많은 상상력을 불러 일으키는 것은 규방 여인들의 실루엣이다. 이같은 상상력을 채우기 위해 역대로 수많은 '여자행락도'가 그려졌다. 사람들은 문자 기록보다는 그림을 통해 여성들의 다채로운 자태를 눈으로 직접 확인하기를 좋아한다.

규방에 대한 신비감은 전족을 통해 여자들의 활동 공간을 제한했기 때문에 더욱 강화된 측면이 있다. 전하는 바에 따르면, 전족은 남당의 무녀舞女 요낭窅娘에게서 시작되었다. 그후 주희朱熹가 복건성에서 관 주도로 전족을 추진하면서 점차 풍속이 되어갔다. 그의 의도는 전족을 이용해 남녀의 내/외 경계를 강화하는 것이었다. 명말청초의 강남에서 전족은 일찌감치 양갓집 여자 아이들의 가장 중요한 행사로 자리잡았다. 보통 6, 7세부터 시작하는 전족은 특유의 의식과 복잡한 과정 속에서 가혹한 고통이 수반되었다. 현대적인 관점에서 전족을 바라보는 태도는 부정적일 수밖에 없다. 전족은 여성을 학대하고 속박하는 폐습으로 간주된다. 또 작은 발을 가진 여자들이 안타까우면서도 저항하지 않는 그녀들에게 화가 나기도 한다. 도로시 고는 선도적으로 전족에 대한 관념의 '장막'들을 걷어 내고자 당시 여성들의 자아 감수성을 바탕으로 새로운 관찰을 시도했다. 그 결과 그녀는 전족 속에 담긴 자부심과 만족감, 가치와 존엄성을 발견하게 되었다. 우선, 작고 아름다운 두 발은 스스로 통제할 수 있는 아름다움으로서 개인의 의지와 노력에서 비롯된 성공을 대변했다. 못생긴 얼굴은 타고 난 것이지만 잘못된 전족은 온전히 게으른 탓이라는 것이 당시의 보편적인 생각이었다. 다음으로, 전족이 잘 된 작은 발은 계층을 구분하는 표지였다. 명기 류여시柳如是는 전겸익錢謙益과의 첫 만남에서 문인들이 입는 긴 겉옷을 걸친 후 전족한 작은 발을 옷 아래로 드러냈다. 그것은 자신을 다른 일반 기생들과 구분하려는 의도였다. 중년에 집안이 쇠락한 호석란胡石蘭은 생계를 위해 어쩔 수 없이 숙사塾師로 떠돌게 되었는데, 과거 규중 생활을 그리워하며 전족한 모습을 노래했다.

> 小鬟扶我傍花陰 어린 여종이 나를 부축해서 꽃그늘로 데려갔었지.
> 弓鞋怕溜苔痕翠 고운 궁혜 행여나 푸른 이끼 물들세라 마음 졸였네.

셋째, 전족은 여자들만의 독특한 수공예의 일종이었다. 전족한 발은 여자들에게 있어 자랑스러운 수공예 작품으로서 정교하고 아름다운 수혜繡鞋도 포함되었다. 그래서 수혜는 여성들의 우정을 다지는 선물로 널리 사용됐다. 마씨 집안의 한 부인이 신발을 선물한 친구에게 보답하는 시를 썼다.

> 金蓮小瓣墜瑤池, 想像深閨結繡時, 無限巧心勞遠寄, 露多不忍下階墀.
>
> 서왕모의 연못에 떨어진 황금빛 작은 연꽃, 깊은 규중에서 한땀 한땀 수놓는 자태 떠오르네.
>
> 끝없이 피어나는 생각들 먼 곳을 향해 나아가고, 섬돌을 적시는 이슬 견딜 수 없네.

연꽃처럼 생긴 작은 발과 궁혜弓鞋, 우아한 걸음걸이는 남성들에게는 충만한 성적 매력으로 작용했으며 여성들에게는 자신의 매력을 수줍게 드러내는 핵심 수단이었다. 여성들이 쓴 시 가운데도 전족을 찬미한 작품들이 적지 않다. 심의수沈宜修의 딸 섭소란葉小鸞이 〈발足〉이라는 제목으로 연주시聯珠詩[46]를 지었는데 신체적 아름다움에 도취된 소녀의 감수성이 자연스럽게 드러난다.

> 蓋聞步步生蓮, 曳長裙而難見, 纖纖玉趾, 印芳塵而乍留.
>
> 故素縠蹁躚, 恆如新月, 輕羅約婉, 半蹙瓊鉤.
>
> 是以遺襪馬嵬, 明皇增悼, 淩波洛浦, 子建生愁.
>
> 걸음걸음 발자국마다 연꽃이 피어난다.
>
> 긴 치맛자락 아래서 보일 듯 말 듯.
>
> 작고 고운 옥 발가락, 향기로운 흔적 남기고 사라지네.
>
> 갸우뚱 갸우뚱 하얀 비단 발, 새로 뜬 초승달을 닮았네.
>
> 가벼운 비단에 싸인 고운 발, 구슬 갈고리처럼 구부러졌네.
>
> 마외馬嵬[47]에 떨어진 양귀비의 버선, 명황明皇[48]을 울렸고,
>
> 물결 따라 사뿐대던 낙신洛神[49]의 버선, 자건子建을[50] 울렸네.

46 후구(後句)의 첫 머리에 전구(前句)의 끝 글자를 사용하여 이어 나가는 연주체로 쓴 시.

47 역주: 양귀비가 죽은 장소. 지금의 섬서성 흥평현(興平縣).

48 역주: 당 현종.

49 역주: 낙수(洛水)의 여신. 조식의 형수였던 견황후(甄皇后)라는 일설도 있다.

50 역주: 조식(曹植)의 자(字).

심의수는 딸의 시에 찬사를 보내며 시를 이어갔다.

> "蓋聞淺印蒼苔, 只爲沈吟獨立, 繞聞環佩, 卻因微動雙纏.
> 故窄窄生蓮, 東昏於斯娛美, 纖纖移襪, 陳思賦其可憐……"
> 걸음걸음 발자국 소리마다 푸른 이끼 물들고,
> 나지막이 읊조리며 홀로 멈춰선다.
> 치맛자락에 찰랑이는 노리개 소리, 갸우뚱 거리는 작은발때문이리.
> 자그만 연꽃이 피어날 때마다 동혼후東昏侯는 어여쁘다 좋아했고
> 가냘픈 버선이 움직일 때마다 진사왕陳思王[51]은 가련하다 슬퍼했네

서원徐媛도 자신과 가까웠던 명기와 가녀들에게 친근한 마음을 표현하기 위해 그녀들의 아름다운 발을 노래했다.

> "楚楚妖娥肌勝玉, 蓮花步步香飄縠"
> 희고 고운 살결 옥보다 아름답고, 걸음걸음 연꽃향 비단처럼 날린다.
> "雙彎嬌襯步蓮生, 一束蠻腰舞掌輕。"
> 아름답게 구부러진 두 발에서 연꽃이 피어나고, 한줌 잘록한 허리로 가벼운 손바닥
> 춤을 춘다.

도로시 고의 일별一瞥에서 그녀들에게 동정과 응원을 보낼 만한 무언가를 찾아볼 수 없다. 오히려 그녀들은 '연족蓮足'을 창작하고 소유하는 과정에서 아름답고 멋진 세계를 누리고 있었다.[52]

사람들은 아름다운 여성들의 꾸밈새에 가장 먼저 눈길을 주게 된다. 명나라 초기에는 주원장이 근검절약을 숭상했기 때문에 복식과 관련된 금지령이 상당히 많았다. 그러나 말기에 이르러 경제적인 풍요 속에서 나라가 망하자 사람들은 겉치레와 사치 풍조에 빠져들기 시작했다. 강남지역의 명문세족과 부호들, 관료들은 의식주행衣食住行 각 측면에서 경쟁적으로 부

51 역주: 진왕(陳王) 조식의 시호 사(思)를 병기해서 진사왕이라고 한다.

52 이 절의 내용과 인용문은 《閨塾師》 179-183쪽을 참고하라.

를 과시했다. 사치스러운 소비는 문인, 관료, 상인을 막론하고 사회적 지위와 집안의 재력을 과시하는 방식이 되었다. 이에 따라 부인들의 복식도 화려하고 정교해졌다. 특히 상인 계층의 부인들은 집안에서 아무 일도 하지 않고 화려한 옷과 금은보석으로 치장을 하는데만 몰두하여 사치가 극에 달했다.[53] 또 호주湖州 지역에서는 일반적인 금이나 옥에 만족하지 못하고 온갖 특이한 모양의 장신구를 만들기도 하고 진주, 비취, 산호 같은 희귀한 패물들을 사용했다.[54] 이러한 사치풍조를 타고 여염집 부녀자들까지 사치품에 대한 강렬한 욕망을 가지게 되어 가난한 형편에도 비단과 패물을 사들였다.[55] 금과 옥, 비취는 사용이 금지되고 은만 허용되었던 명나라 초기의 검소한 분위기는 흔적도 없이 사라졌다. 또 유행의 교체 속도도 빨라졌는데, 남경에서는 10년에 한 번 정도 변하던 유행이 2, 3년마다 한 번씩 바뀔 정도였다.[56] 심지어 동남 지역에서는 부자들은 물론 지방관리나 사대부들까지 여자들처럼 붉은 옷을 입고 다녔다.[57]

그런데 이같은 사치와 낭비 풍조 속에서도 학식과 교양을 갖춘 명문가 여인들은 전혀 다른 모습을 보였다. 당시 '초원칠자'는 단정한 머리와 소박한 옷차림으로 서호에서 유유자적 일엽편주를 즐겼는데 옆에서 놀잇배를 타고 놀던 화려하고 세속적인 보통 여자들을 부끄럽게 만들었다.[58] 시정의柴靜儀는 며느리 주유칙朱柔則에게 다음과 같은 시를 지어 보냈다.

> "偶來香閣裡, 看爾試新妝, 雲髻偏宜小, 春衫不用長.
>
> 病猶勤組繡, 貧不廢詞章, 尤喜能操作, 依依井臼旁."[59]
>
> 어쩌다 내실에 들렀다가 곱게 단장한 너를 보았다.
>
> 구름처럼 틀어 올린 머리는 작은 것이 좋고, 봄 적삼은 굳이 길지 않아도 된다.

53 《江都縣誌》,《四庫存目叢書》, 史都地理類 202冊, 卷7, 81쪽. "婦人無事, 居恆修冶容, 鬥巧妝, 鏤金玉為首飾, 雜以明珠翠羽, 被服綺繡, 袒衣皆純採, 其侈麗極矣!"

54 李樂,《見聞雜記》卷26, 臺北: 新興書局, 1987, 199쪽. "以前富貴家, 女妝止重金寶, 今仍制巧樣, 金寶卻束之不用, 別用珠翠珊瑚奇巧等物。"

55 顧起元,《客座贅語》卷2, 北京: 中華書局, 1985, 67쪽. "家才擔石, 已貿綺羅;積未錙銖, 先營珠翠。"

56 위의 책, 卷9, 293쪽. "留都婦女衣飾, 在三十年前猶十年一變, 邇年以來, 不及二三歲。"

57 屈志仁(James Watt), 〈文人學士環境〉. 李楚清, 屈志仁編《中國學者的書齋：晚明的藝術生活》, 紐約: 亞洲學會畫廊, 1987, 9쪽. "在東南地區, 生員, 富裕人家和士大夫都像女人一樣, 穿著紅色和紫色的衣服。"

58 施淑儀,《清代閨閣詩人徵略》, 吳振棫,《國朝杭郡詩輯》, 上海: 上海書店出版社, 1987년, 129쪽. "是時,武林(今杭州)風俗繁侈, 值春和景明, 畫船繡幕交映湖漘, 爭飾明璫, 翠羽, 珠髾, 蟬縠, 以相誇炫。季嫻獨漾小艇,馮又令, 錢雲儀, 林亞清, 顧啟姬諸大家, 練裙椎髻, 授管分箋. 鄰舟遊女望見, 輒俯首徘徊, 自愧弗及。"

59 吳顥,《國朝杭郡詩輯》,《閨塾師》, 257쪽.

병이 나도 길쌈과 자수에 힘을 쓰고, 궁핍해도 시와 글을 멀리하지 말아라.

무엇보다 즐거운 마음으로 일을 하고, 우물과 절구 옆을 떠나지 마라.

며느리에게 직접적이고 분명한 언어로 소박하고 간소한 차림새에 대해 말하고 있다. 또 죽은 아내를 회고하는 섭소원의 글에서도 여류시인 심의수가 전혀 화장을 하지 않았다는 사실을 알 수 있다.

"濃眉秀目, 長身弱骨, 生平不解脂粉, 家無珠翠, 性亦不喜豔妝, 婦女宴會, 淸鬢淡服而已. 然好笑談, 善詼諧, 能飮酒."[60]

짙은 눈썹에 맑은 눈, 큰 키와 가느다란 뼈대. 평생 지분을 쓰지 않고 집에 패물도 없었다. 본시 치장을 좋아하지 않는 성정이라 부녀들 모임에서도 단정한 머리와 검소한 옷차림이었다. 그러나 담소를 좋아하고 우스갯소리와 술에도 능했다.

《홍루몽》에도 꽃 장식과 화장품을 싫어하는 설보채를 두고 그녀의 어머니가 '고괴古怪'하다고 말하는 장면이 있다. 또 어느 날, 설보채는 값비싼 옥 장신구로 치장한 예비 올케 형수연邢岫烟에게 남들 좇아가지 말고 분수를 지킬 줄 알아야 한다고 나무라며 자신은 패물이 몇 상자나 있어도 꾸미지 않는다고 말한다. 사실 설보채의 성향은 그녀가 지은 해당화[61] 시에서 이미 드러났다. "꽃잎 빛깔이 끝까지 옅어 지면 비로소 그 꽃의 아름다움을 알 수 있다淡極始知花更艶." — 이것이야 말로 대갓집 규수의 지체에 가장 어울리는 아름다운 자태芳姿다. 화첩 속에서 보여지는 곱게 단장한 사녀仕女들은 대부분 화가 자신의 경험과 상상에서 비롯된 것이다. 상상은 종종 편차를 무시하거나 특수한 사례를 일반화해버리는 경향이 있는데, 이것이 바로 우리가 그녀들을 바라볼 때 걷어내야 할 두꺼운 '장막'이다.

명말청초 강남지역의 규방 여인들은 대부분 담장 안에서 생활했지만 결코 무미건조한 일상을 보내지는 않았다. 오히려 그녀들의 규방은 향락의 빛깔로 가득했다. 보통 대갓집에서는 여자아이가 전족을 하고 나면 편안하고 쾌적한 규방이나 수루繡樓를 마련해줬다. 그곳에서 여자아이는 금기서화琴棋書畫를 연습하고 시녀들의 시중을 받으며 편안하게 지낼 수 있었

60 葉紹袁, 〈亡室沈安人傳〉, 沈宜修, 《鸝吹集》, 155쪽.

61 역주: 해당화는 꽃사과나무의 꽃을 이른다. 처음 피어났을 때 짙은 분홍빛을 띠다가 점점 하얗게 빛이 바래는 모습을 형용한 시다.

다. 또 명청 양대에 걸쳐 관료와 부호들이 즐겼던 취미 가운데 가장 주요한 두 가지였던 '원림園林'과 '가악家樂'도 규방 여인들의 생활을 풍부하고 다채롭게 했다. 당시 많은 사람들이 사가私家에 원림을 조성해 놓고 춤과 노래를 즐기는 연회를 벌였다. 이러한 세태는 강남지역에서 특히 성행했고 덕분에 강남지역 곳곳에 유명한 원림들이 등장하게 되었다. 예를 들면, 추적광鄒迪光(1550-1626)이 무석無錫에 만든 우공곡愚公谷, 완대성阮大鋮(1587-1646)이 남경에 만든 석소원石巢園, 전대錢岱(1541-1622)가 상숙常熟에 만든 소망천小輞川이 있다. 청대에는 소주蘇州 원림이 시대를 풍미했다. 그 규모는 크지 않지만 걸음을 옮길 때마다 대자연의 변화무쌍한 모습이 펼쳐지는 소주 원림은 지척지간에 천지를 재현했다고 말해질 정도로 고상한 정취가 강남 제일이었다. 그래서 강남 원림은 천하의 으뜸이고, 소주 원림은 강남의 으뜸江南園林甲天下, 蘇州園林甲江南이라는 말까지 생겨났다. 명말에는 시대부들이 사가의 원림에서 유유자적 편안하게 경치를 즐기며 수시로 벗들을 초대하여 연회를 벌였다. 음주, 끽다, 시창詩唱, 공연 감상, 서화 평론 등이 그들의 일상이었다. 그래서 집안 여자들도 그 즐거움을 함께 누릴 수 있었다. 그런데 여성들이 누릴 수 있었던 것은 여성들의 범위 안에서였다. 명나라 초기에는 지방 관원들의 가족들이 함께 모여 교류하는 '회음會飮'이 성행했는데, 훗날 등장한 사가 원림은 '회음'의 가장 이상적인 장소가 될 수밖에 없었다. 이같은 사교 모임은 본질적으로 남성에 속하는 것이었지만 당시 여성들에게도 남편에게서 독립된 별도의 사교 모임이 적지 않았다. 예를 들면, 기표가祁彪佳의 일기에 자신은 하루 종일 집안에 갇혀 있는데 '내자內子' 상경란商景蘭은 친구들을 불러모아 숲에서 술을 즐겼다는 일상의 장면들이 여러 차례 등장한다. 관직생활을 마치고 귀향한 기표가 부부는 소흥 시골마을에 직접 설계한 별장을 짓고 우산寓山이라는 당호堂號를 붙였다. 어느 한 해에는 상경란이 자신의 생일을 축하하기 위해 세 명의 선사禪師와 여러 친구들을 별장으로 초대해서 등불놀이를 즐긴 적도 있다. 상경란은 미망인이 된 후 시사詩社의 멤버들을 더욱 빈번하게 초대했는데 숲속에서 풍광을 즐기며 노닐거나 연회를 벌였다. 그녀들의 시작詩作에 탁본 뜨기, 복숭아 따기, 모리화와 매화 감상하기, 비 오는 날 장서각에 틀어박혀 책 읽기, 이웃인 오부인의 초대로 멤버 전체가 등회燈會에 갔던 에피소드 등등이 묘사되어 있다.[62]

명청 시대의 규방 여인들은 아침에 일어나면 단장을 하고 한밤에는 향을 태웠다. 하루 종일 자수, 시 읊기, 그림, 꽃 구경, 물고기 구경, 두백초斗百草[63], 바둑, 쌍륙雙六, 투호投壺, 검무

62 《閨塾師》, 241-45쪽.

63 역주: 꽃과 풀을 많이 뜯은 사람이 이기는 내기를 하거나 꽃과 풀의 이름을 맞추는 놀이.

劍舞 등등을 하며 시간을 보냈다. 또 그 시대 특유의 몇 가지 활동들도 있는데 첫째는 설창說唱 예술이다. 보통 관료나 부호들은 가기歌妓와 악사樂師를 소유하고 있었는데 원대 잡극이 성행한 후 명청시대의 대부호들은 사가私家에 극단을 두기도 했다. 이와 함께 규방 여인들도 설창에 뛰어난 경우가 많았는데 함께 모이면 피리, 거문고, 비파 등을 연주하며 가무를 즐겼다. 심지어 직접 희곡과 탄사彈詞를 쓰기도 했다. 곡률曲律에 정통했던 심의수의 2녀 섭소환葉小紈은 잡극《원앙몽鴛鴦夢》을 창작하여 최초의 여류 희곡 작가가 되었다. 명말 무석의 여류 탄사 작가 도정회陶貞懷는 대작大作《천우화天雨花》를 남겼다. 정진탁鄭振鐸은《중국속문학사中國俗文學史》에서 탄사 한 작품을 완창하는데 한 달에서 반년까지도 시간이 걸리기 때문에 규방에 은거하는 중산층 이상의 여자들에게 특히 적합했다고 했다.[64] 희곡과 탄사 감상은 명청시대 규방 여인들 특유의 여가 활동이었다. 둘째, 축국蹴鞠도 명대에 성행했던 놀이다. 궁정에서 민간에 이르기까지 여성 축국 고수들이 쏟아져 나왔다. 왕예창王譽昌의《숭정궁사崇禎宮詞》주석註釋에 후비들이 축국 놀이를 좋아했다는 내용이 나온다.[65] 또 궁중에 '제운사齊云社'라고 하는 축국팀도 있었다. 진계유陳繼儒의《태평청화太平清話》에도 팽운수彭雲秀의 축국 실력에 관한 기록이 남아있다. 희곡작가 이어李漁는 〈미인천태도美人千態圖〉에서 축국을 하는 여인들을 생생하게 묘사했다.

> 蹴鞠當場二月天, 香風吹下兩嬋娟. 汗沾粉面花含露, 塵拂蛾眉柳帶煙.
> 翠袖低垂籠玉筍, 紅裙曳起露金蓮. 幾回蹋去嬌無語, 恨煞長安美少年.[66]
> 축국을 하던 그날은 2월이었다. 향기로운 바람이 아리따운 두 여인을 훑고 지나갔다.
> 땀에 젖은 얼굴은 이슬을 머금은 꽃처럼 아름다웠고, 먼지가 내려앉은 눈썹은 안개에 쌓인 버들가지 같았다. 가느다란 손 위로 옥빛 소매가 드리웠고, 붉은 치마 아래로 전족한 작은 발이 살짝 드러났다.
> 몇 차례 말없이 수줍게 공을 주고받자 장안의 미소년들이 애를 태웠다.

명대에는 화조절花朝節처럼 여성적 색채가 농후한 명절도 등장했다. 세상 모든 꽃들의 생일인 화조절에 소녀들은 성년의 의례로 머리에 비녀를 꽂는 계례笄礼를 올리거나 나비잡기를

64 鄭振鐸,《中國俗文學史》, 上海: 上海人民出版社, 2006.
65 王譽昌,《崇禎宮詞》,《金元明清詞曲鑑賞辭典》, 南京: 江蘇古籍出版社, 1989. "宮眷喜蹴鞠之戲, 田貴妃風度安雅, 眾莫所及。"
66 翁士勳,《二十五史體育史料匯續》, 北京: 北京體育大學出版社, 1997.

했다. 숭정 연간의 《오정현지烏程縣志》에는 화조절에 "사녀들이 연잎을 뜯어 머리에 꽂았다. 士女皆摘蓬葉插於頭"는 기록이 있다. 청명절에도 화려한 빛깔의 옷을 입고 그네를 타는 여자들만의 놀이가 있었다. 당 현종은 그네를 뛰는 궁녀들을 보고 즐거워하며 '반선지희半仙之戲'라고 표현하기도 했다. 많은 지방지의 기록에서 보듯, 청명절에 특히 그네를 많이 탔기 때문에 원명청 3대에는 청명절을 추천절鞦韆節이라고도 불렀다. 소식의 〈접련화蝶戀花〉에서도 청명절에 그네를 타는 소녀들의 모습을 만날 수 있다.

花褪殘紅青杏小.
燕子飛時, 綠水人家繞.
枝上柳綿吹又少, 天涯何處無芳草.
牆裡鞦韆牆外道.
牆外行人, 牆裡佳人笑.
笑漸不聞聲漸悄, 多情卻被無情惱.
스러지는 붉은 꽃, 푸릇한 살구알.
때때로 제비들 날아오르고, 초록빛 강물 마을을 안고 흐르네.
버들가지 솜털 또 다시 바람에 실려가지만, 세상 어디엔들 향기로운 풀 없으리.
담장 안 그네 담장 밖을 넘나드네.
담장 밖 나그네 길을 가고, 담장 안 아름다운 이들 웃음꽃 피우네.
무정한 웃음소리 잦아들고, 다정한 마음 고요한 시름에 빠져든다.

꽃이 지고 푸른 살구가 맺히는 때는 청명절 무렵이다. 담장 안에 있는 아름다운 여인들이 담장 밖 나그네로 이어진다.

강남지역은 '오인호유吳人好遊'라는 말이 있을 정도로 놀이문화가 특히 발달했다. 오 지역 사람들이 놀기를 좋아했던 것은 《청가록清嘉錄》에 기록된 바와 같이, 아름다운 자연환경과 풍부한 인문환경 때문이었다.[67] 전겸익도 오중吳中에는 아름다운 산수가 있어 유람하기 좋고, 서책과 경전들이 넘쳐나 독서하기 좋고, 금석문이나 뛰어난 서화작품이 많아서 식견을 높일 수

67 顧祿, 《清嘉錄》 卷3, 台北: 東方文化出版社, 1977, 32쪽. "吳人好遊, 以有遊地, 有遊具, 有遊伴也. 遊地則山水園亭, 多於他郡 ; 遊具則旨酒嘉餚, 畫船簫鼓, 咄嗟而辦 ; 遊伴則選伎聲歌, 盡態極妍, 富室朱門, 相引而入, 花晨月夕, 競為勝會, 見者移情。"

있고, 봄가을의 풍광, 좋은 향과 차가 있어 성정性情을 도야하기에 적합하다고 했다.[68] 그래서 봄이면 산으로 답청을 갔고, 여름이면 배를 타고 연꽃을 즐겼고, 가을이면 중양절에 산을 오르고, 대보름에 달구경을 했다.[69] 명나라 육집陸楫(1515-1552)에 따르면, 소주와 항주 사람들은 때마다 매우 호화스럽게 유람을 했는데 유람 노선을 따라 관련 서비스업이 발달하게 되었다.[70] 그런데 놀기 좋아하는 오 지역 사람들에는 오 지역의 여성들도 포함된다. 무인서巫仁恕의 《사치스러운 여인들奢侈的女人-명청시기 강남여성들의 소비문화明清時期江南婦女的消費文化》에 따르면, 명청시기 여성들에게 벗들과 함께 가는 유람이나 등불놀이 같은 밤나들이는 일상에서 빠질 수 없는 중요한 여가활동이었다.[71] 강남지역에는 유명한 원림들이 많았기 때문에 여성들의 원림 유람도 극성을 이루었다. 원경란袁景瀾은 "꽃이 핀 거리에 먼지가 일고, 유람 나온 여인들이 구름처럼 밀려든다 …… 꽃가마 수백대가 기러기떼처럼 물고기떼처럼 이어지고 시끌벅적한 소리 높아졌다 낮아졌다 물결처럼 술렁인다. 분칠한 얼굴 짙은 눈썹 어여쁜 듯 추한 듯, 눈으로는 분간할 수 없다. 학처럼 목을 길게 빼고 바라보아도 그 끝이 보이지 않는다."[72]라며 매해 봄 강남 원림이 개원할 때마다 몰려드는 여인들을 묘사했다. 물의 고장 강남에는 유명한 호수도 많았다. 항주의 서호西湖, 양주의 수서호瘦西湖와 보장호保障湖, 가흥의 앵택호鶯澤湖 등등 아름다운 풍광이 사람들을 끌어들이면서 자연스레 뱃놀이가 성행했다. "항주성 사녀들은 꽃이 필 무렵 줄줄이 배를 타고 서호를 유람했는데 바람이 불어도 아랑곳하지 않고 술잔치까지 벌이면서 과감하게 놀았다."[73] 앵택호鶯澤湖도 마찬가지였다. "호수 위를 오가는 수많은 배에 아름다운 여인들이 타고 있었다. 여인들은 배에 책과 그림, 차와 술을 싣고 연우루에서 손님을 기다렸다. 손님이 오면 배에 태우고 안개속으로 아득하게 사라졌다. …… 배에서 필요한 것이 있으면 선공교宣公橋나 녹리가甪里街까지 노를 저어 갔다. 그곳에서 과일과 채소, 음식과 술 등을 구입한 다음 서둘러 배로 돌아갔다."[74] 왕사성王士性(1547-1598)은 유람선을 타고 물길을 따

68 錢謙益, 〈石田詩鈔序〉, 《牧齋初學集》 卷4, 2쪽. "吳中有佳山水以供其遊覽, 有圖書子史充棟溢杼以資其誦讀, 有金石彝鼎法書名畫以博其見聞, 有春花秋月名香佳茗以陶寫其性情。"

69 黃省曾, 《吳風錄》, 《續修四庫全書》 史部地理類, 1쪽. "春初西山踏青, 夏則泛舟荷盪, 秋則桂嶺九月登高, 鼓吹沸川以往。"

70 陸楫, 〈禁奢辨〉, 《蒹葭堂雜著摘抄》, 北京: 中華書局, 1985, 3-4쪽. "只以蘇杭之湖山言之, 其居人按時而遊, 遊必畵舫, 肩輿, 珍饈, 良醞, 歌舞而行, 可謂奢矣。而不知輿夫, 舟子, 歌童, 舞妓仰湖山而待爨者, 不知其幾!"

71 巫仁恕, 《奢侈的女人— 明清時期江南婦女的消費文化》, 台北: 三民書局, 2005, 51-54쪽.

72 袁景瀾, 〈春日遊吳郡諸家園林記〉, 《吳郡歲華紀麗》 卷3, 107쪽. "香衢塵張, 遊女如雲……粉輿數百, 雁翼魚貫以進, 喧聲潮沸, 粉黛若妍若媸, 目不給辨, 延頸鶴望, 不見其後。"

73 費元祿, 《鼂採館清課》, 《四庫存目叢書本》, 24쪽. "杭城士女花時遊西湖, 列艦排雲, 斜風而渡, 不避觴客, 頗具遊膽。"

74 張岱, 〈煙雨樓〉, 《陶庵夢憶》 卷6, 上海: 上海遠東出版社, 1996, 38쪽. "湖多精舫, 美人航之, 載書畵茶酒, 與客期於菸

라 남경으로 가는 장면을 이렇게 그렸다. “하수는 어귀가 넓어서 소주와 상주에서 계곡으로 가는 유람선이 백 척에 달했다. 중류에 이르자 피리를 불고 북을 치는 사녀들까지 모여 들었다. 누각에 있는 사람들과 배를 탄 사람들이 서로를 마주보며 풍경처럼 구경했다.[75] 간혹 불공을 드리러 가는 길에 겸사겸사 유람을 하기도 했고, 상업과 거래를 목적으로 나서기도 했다. 예부터 강남지역에는 신령과 부처를 모시는 전통이 있었다. “오吳 지역에는 부처에 미혹되어 제사를 올리는 속된 풍습이 있었는데, 특히 규방 부인들과 안노인들이 서방西方에 귀의했다”[76]는 기록도 있다. 이 같은 문화는 민간에서 성대한 묘회廟會나 향시香市로 발전했다. 묘회나 향시는 명목상으로는 부처를 모시기 위한 활동이었지만 사실상 상품교역, 관광, 유락이 주요 목적이었다. 소주의 묘회, 서호의 향시가 가장 유명했다. 장대張岱(1597-1679)가 《도암몽억陶庵夢憶》에서 묘사한 서호 향시가 대표적인데 마치 그 장소에 있는 듯 생생하다.

> 西湖香市, 起於花朝, 盡於端午. 山東進香普陀者日至, 嘉湖進香天竺者日至, 至則與湖之人市焉, 故曰香市. 然進香之人市於三天竺, 市於岳王墳, 市於湖心亭, 市於陸宣公祠, 無不市, 而獨湊集於昭慶寺. 昭慶寺兩廊, 故無日不市者……有屋則攤, 無屋則廠, 廠外又棚, 棚外又攤, 節節寸寸. 凡胭脂簪珥, 牙尺剪刀, 以至經典木魚, 伢兒嬉具之類,無不集……香客雜來, 光景又別, 士女閒都, 不勝其村妝野婦之喬畫, 芳蘭薌澤, 不勝其合香芫荽之薰蒸, 絲竹管弦, 不勝其搖鼓欱笙之聒帳, 鼎彝光怪, 不勝其泥人竹馬之行情, 宋元名畵, 不勝其湖景佛圖之紙貴……數百十萬男男女女, 老老少少, 日簇擁於寺之前後左右者, 凡四閱月方罷, 恐大江以東斷無此二地.”[77]
>
> “서호의 향시는 화조절과 단오절 사이에 열린다. 산 동편 불타사에 향을 올리는 자들이 찾아오고 가흥부와 호주부에서 천축사에 향을 올리는 자들이 찾아와 서호 사람들과 거래를 했기 때문에 향시라고 불리게 되었다. 사람들은 삼간 천축사나 악왕의 능, 호심정, 육선공(당나라 때 관료이자 학자 육지陸贄(754~805))의 사당에서 물건을 사고 판다. 곳곳에 장이 서지 않은 곳이 없다. …… 집이 있으면 집 앞에 노점을 깔

雨樓。客至, 則載之去,艤舟於菸波縹緲……舟中有所需, 則棹出宣公橋, 甪里街。果蓏蔬鮮, 法膳瓊蘇, 咄嗟立辦, 旋即歸航。”

75 王士性, 〈兩都〉,《廣志繹》 卷2, 15쪽. “夏水初闊, 蘇, 常遊山船百十隻, 至中流, 簫鼓士女闐騈, 閣上舟中者彼此更相覷為景。”

76 袁景瀾, 〈燒十廟香〉,《吳郡歲華紀麗》 卷1, 17쪽. “吳風佞佛, 俗淫於祀, 閨房婦媼尤皈向西方。”

77 張岱,《陶庵夢憶》 卷7, 41쪽.

고, 집이 없으면 정자를 세워 정자 앞에 천막을 치고 천막 앞에 다시 노점을 깔고, 점포들이 한 치의 틈도 없이 빼곡하게 이어진다. 연지, 비녀, 귀걸이 등 화장품과 장신구, 목척木尺, 가위 등 생활용품, 불경과 목어木魚, 아이들의 장난감에 이르기까지 없는 게 없다. …… 각지에서 찾아온 사람들의 모습도 큰 구경거리다. 사녀들의 기품과 위엄은 아름답게 단장한 시골 여인들에 견줄 수 없고, 사녀들에게서 풍기는 은은한 난초향도 시골 여인들의 들풀향을 이기지 못한다. 부귀한 자들의 고상한 거문고소리 피리소리는 떠들썩한 시골 사람들의 북소리 나팔소리를 이기지 못한다. 온갖 기이한 형상의 청동 기물도 토우나 죽마 시세에 미치지 못하고 송과 원의 명화도 서호의 풍광이나 부처를 그린 그림만큼 값지지 않다. …. 남녀노소 수백수만이 물밀듯이 모여드는 날들이 네 달간 이어지니, 장강 동쪽 하구에서 이런 곳은 둘도 없을 것이다."

교육을 받은 대가집 여인들은 불경을 많이 읽었기 때문에 법도를 중시했고 만년에 접어든 노부인들도 집안에 불당을 만들어 놓고 불공을 드렸다. 상류층에서는 불공을 권장하지 않았는데, 청대에는 불공이나 묘회에 부인들의 참여를 엄금하기도 했다. 《대청률大清律》에 관리나 백성의 집안에서 아내나 딸이 절에 불공을 드리러 가면 태형 40대에 처하고 남편에게 죄를 물으며 남편이 없으면 당사자에게 죄를 묻는다若有官及居民之家, 縱令妻女於寺廟燒香者, 笞四十, 罪坐夫男, 無夫男者, 罪坐本婦)는 규정이 있다. 그러나 대부분 일시적 금지였을 뿐, 부유한 집안의 여자들은 여전히 불공을 핑계로 명산보찰로 유람을 갔다. 다만, 《성세항언醒世恆言》에 "대가집 여속들은 아침이 아니면 밤에 불공을 드렸다. 그 이유는 무엇일까? 아침에는 사람들이 도착하지 않았고 밤에는 사람들이 돌아간 다음이기 때문이다."從來大人家女眷入廟進香, 不是早, 定是夜. 爲甚麼? 早則人未來, 夜則人已散"[78]는 기록이 있다. 《홍루몽》에도 가씨 집안 노부인이 집안의 여속들을 이끌고 청허관에서 제사를 올릴 때 청소를 마친 다음 휘장을 쳐서 다른 사람들을 차단하는 장면이 있다.[79]

원소절 등불놀이, 입춘 제사, 청명절 성묘, 단오절 새주賽舟, 중추절 달구경 등등 온갖 명절 마다 …… 여자들은 함께 어울려 외출할 수 있는 기회를 절대 놓치지 않으려 했다. 청명절의 경우 사녀들이 모두 교외로 몰려나가 꽃구경을 하느라[80] 성묘하는 사람이 없을 정도였다. 장대가 양주의 청명절을 매우 생생하게 묘사했다. "양주에서는 청명절이 되면, 성 안의 남녀

78 馮夢龍, 〈蘇小妹三難新郎〉, 《醒世恆言》 卷11, 145쪽.

79 曹雪芹, 《紅樓夢》 29回. "享福人福深還禱福癡情女情重愈斟情。"

80 張翰, 〈時序紀〉, 《松窗夢語》 卷7, 137쪽. "闔城士女, 盡出西郊, 逐隊尋芳。"

노소가 모조리 밖으로 나간다. …… 버슬하는 집안의 규수들이 가마의 가리개를 활짝 열어젖히고 바깥 풍경을 바라본다. 피곤에 지친 시녀들은 산에서 꺾은 꽃을 머리에 꽂고 있다. 거마와 사람들이 꼬리에 꼬리를 물고 앞을 다투어 돌아온다."[81] 또 장대는 단오절에 여자들이 남경 진회하에서 등선燈船을 구경하는 장면도 묘사했다. "경성 사녀들이 떼를 지어 등선燈船 구경에 여념이 없다 …… 사녀들이 난간에 기대어 소란하게 웃어댄다. 시끄러운 소리와 어지러운 모습에 내 눈과 귀를 어찌 할 도리가 없다."[82] 중추절의 달구경은 강남에서도 소주 호구산虎丘山의 밤놀이가 가장 유명했다. 《소주부지蘇州府志》의 기록에 따르면, "중추절에는 월병을 만들어 서로 나누기도 하고, 저녁이면 짝을 지어 외출을 했는데 '주월走月'이라 불렀다. 열여드렛날에는 달구경을 하러 석호에 모여드는 사녀들의 배가 개미떼처럼 이어졌다. 사녀들은 어두워지면 능가산에 올라 멀리 달을 보며 놀았다. 긴 홍예교 뒤에서 달이 떠올랐기 때문에 호수 위에 수십 개의 달이 가로로 길게 이어진 듯했다.[83]

원굉도袁宏道(1568-1610)도 중추절에 호구산으로 오중 여인들의 모습을 다음과 같이 묘사했다.

> 호구산은 성 안에서 7, 8리쯤 된다. 중추절이 오면 성 안의 모든 이들이 어깨를 부딪혀가며 그곳으로 달려간다. 부잣집 사녀들에서 부옥蔀屋에 사는 가난한 이들까지 옷을 곱게 차려 입고 길 곳곳에서 술자리를 벌인다. 천인석千人石에서 산문까지 늘어선 사람들이 물고기 비늘처럼 빽빽하다. 박달나무 박판拍板이 산처럼 쌓여 있고 술통에서는 술이 폭포처럼 쏟아진다. 멀리서 바라보면 기러기떼가 드넓은 모래밭을 뒤덮은 것 같기도 하고, 강물 위에 노을이 펼쳐진 것 같기도 하고, 천둥 소리를 내며 내달리는 수레와 같아 형용할 도리가 없다.[84]

이상의 기록들을 통해 명말청초의 여성들은 "까닭 없이 중문 밖을 내다보지 않는다無故不

81 張岱, 〈揚州端午〉, 《陶庵夢憶》 卷5, 32쪽. "揚州清明, 城中男女盡出……宦門淑秀, 車幕盡開, 婢媵倦歸, 山花斜插, 臻臻簇簇, 奪門而入。"

82 張岱, 〈秦淮河房〉, 《陶庵夢憶》 卷4, 20쪽. "京城士女填溢, 競看燈船……士女憑欄轟笑, 聲光凌亂, 耳目不能自主。"

83 馮桂芬, 〈風俗〉, 《蘇州府志》 卷3, 13쪽. "中秋節做月餅相餉……夕則結伴出遊, 名走月。十八日士女聚於石湖, 舟楫如蟻, 昏時登楞伽遙望為串月之遊。"

84 袁宏道, 〈虎丘記〉(賀復徽, 《文章辨體匯選》 579권, 香港: 迪智文化出版公司, 2007, 4272쪽). "虎丘去城可七八里……每至是日, 傾城闔戶, 連臂而至. 衣冠士女, 下迨蔀屋, 莫不靚妝麗服, 重茵累席, 置酒交衢間。從千人石上至山門, 櫛比如鱗。檀板丘積, 樽罍雲瀉, 遠而望之, 如雁落平沙, 霞鋪江上, 雷輥電霍, 無得而狀。"

窺中門"는 전통 예교를 상당 부분 무시했다는 사실을 알 수 있다. 사회적으로도 어쩔 수 없다는 듯 불만의 소리를 몇 마디 내뱉고 마는 분위기였다. 명말청초의 소설《조세배照世杯》에서도 "우리 오월의 부녀자들을 보면, 하루 종일 산에서 놀고 물에서 놀고, 절에 가서 스님 뵙고, 집에 손님 초대해 놀고, 연희 보러 가서 천명 만명 앞에 분 바른 얼굴을 내보인다. 또 이러쿵저러쿵 남자들의 잘잘못을 따지고, 지나가는 이 얼굴이 밉네 곱네 웃고 떠들어댄다. 집안의 체면은 생각이나 하는지 모르겠다."[85]라고 서술하고 있다.

4. 바느질을 하며 글 읽는 소리를 듣다

'장막' 안에서 풍기는 책향기와 그녀들의 실루엣이 얼마나 낭만적이고 시적이었는 지와 무관하게, 집안일을 관장하고 내조와 양육을 책임지는 그 무겁고 무거운 생활이야 말로 명청시대 규방여인들이 떠맡아야 했던 삶의 진정한 본분이자 정해진 위치였다.

전통 여성들의 휴식과 여유는 바늘이 멈출 때 비로소 주어졌고 시문 창작은 집안일을 하고 남은 시간에만 가능했다. 계층과 빈부를 불문하고 '여공女功' 실력은 '양가良家' 출신의 표지이자 부덕婦德의 현양顯揚이었다. 가장 대표적인 여공지사女功之事는 '남경여직'의 이상적 모델에 부합하는 길쌈과 자수였다. 강남지역의 부녀들에게 여공지사는 확실한 경제적 보장이 되었고 무엇보다도 스스로의 지위를 높여주는 일이었다. 예부터 방직업이 발달했던 강남지역에서 부녀자들은 식상植桑, 양잠, 방사紡絲, 직포에 이르는 각 과정에서 가장 중요한 생산력이었다. 예를 들어, 송강부松江府는 명청 양대에 직물과 자수의 도시로 널리 알려져 '의피천하衣被天下'로 불리기도 했다. 모든 부녀자들이 방직에 종사했는데 밤새 일을 하는 경우도 많았다.[86] 노동에 따른 경제적 이익 또한 풍성했다. 여성들은 방직기술만 있으면 맨손으로 시작해도 입에 풀칠할 정도의 생계는 책임질 수 있었고, 솜씨가 뛰어나면 상당한 수입을 거둘 수 있었다. 여성들의 수입은 일상적인 가정 지출의 주요 원천일 뿐만 아니라 무거운 조세를 부담하는데도 쓰였다.[87] 송강부 뿐만이 아니다.《성세항언醒世恆言》권18에 가정연간 소주부蘇州府 성택진盛

85 酌元亭主人,《照世杯》卷3. "走安南玉馬換猩絨"。"就如我們吳越的婦女, 終日遊山玩水, 入寺拜僧, 倚門立戶, 看戲赴社, 把一個花容粉面, 任千人看, 萬人瞧, 他還要批評男人的長短, 談笑過路的美醜, 再不曉得愛惜自家頭臉。"

86 張應武,《嘉定縣誌》卷2, 上海; 上海書店出版社, 1990, 30쪽. "婦女勤紡織, 早作夜休, 一月常得四十五日焉。"

87 高啓,《蠶婦詞》, 牛若麟修, 王煥如纂《吳縣誌》, 收入《天一閣藏明代方誌選刊續編》15책, 卷10, 895쪽. "簷前繅車急

澤鎭에 사는 유씨喩氏와 시복施複 부부의 이야기가 나오는데, 집에서 겨우 서너 필씩 짜서 팔다가 몇 년 만에 방직기 삼사십 대를 소유한 큰 부자가 되었다고 한다.[88]

대갓집에서는 방직으로 생계로 삼을 필요는 없었지만 기본적인 기술은 필수 교양이었다. 다만, 규수들의 일상적 여공지사는 고된 노동보다는 기교가 필요한 자수에 치중되었다. 명기 유여시도 전겸익과 결혼한 이후, 시와 그림은 제쳐 두고 자수 연습에 열중했다. 그녀는 한번 시작하면 두문불출하다시피 하면서 그림과 시문만큼 뛰어난 자수 솜씨로 이름을 떨쳤다. 그녀가 자수를 선택한 것은 아마도 '예기藝妓'의 이미지를 벗고 '양갓집' 부인이라는 새로운 신분을 보여주기 위한 노력이었을 것이다.

절강성 포강浦江의 절부 예인길倪仁吉(1607-1685)은 편안하고 여유로운 환경에서 소일거리로 자수를 하다가 진정한 예술적 경지에 도달한 경우다. 진사進士의 딸이었던 예인길은 출가 후 2년 만에 남편이 죽고 시가媤家인 장군부將軍府에서 길고 긴 수절 인생을 시작한다. 예인길은 시명詩名과 화명畵名이 지방지에 실릴 정도로 시와 그림에 뛰어났지만 가장 출중한 것은 역시 자수였다. 입신의 경지에 이른 예인길의 자수 솜씨는 "바늘에 신이 있다"[89]는 그녀의 깨달음을 통해 엿볼 수 있을 지도 모른다. 그녀는 여인의 머리카락으로 관음상을 수놓은 독특한 작품을 내놓기도 했다. 시와 그림보다 '자수'와 '불상'이 절부의 이미지에 더 잘 어울리는 듯하다. 이러한 자수 작품은 상층사회에서도 특별하게 취급되었다. 《홍루몽》에 가씨 집안 노마님이 가장 아끼는 열여섯폭 영락문瓔珞紋 병풍이 등장하는데, 혜낭慧娘이 시문과 그림을 수놓은 '혜문慧紋'이었다. 혜낭은 소주 출신의 문관 집안 규수였다. 한림원 선생들이 혜낭의 작품을 직업적으로 수를 놓는 다른 여자들의 자수와 엄격하게 구분하기 위해 그녀의 이름에 '문紋'을 붙여 '혜문'이라는 이름을 만들어냈다.[90]

당연히 권문세가에도 또 다른 종류의 '남경여직' 구도가 존재했다. 사족士族 남성들은 과거시험과 관직생활때문에 인생의 절반을 타향에서 보내야했다. 그에 따라 대가족 내에서 아이들을 보살피고 일상대소사와 가정경제를 관장하는 일은 모두 부인들이 해야 했다. 심지어 가업 경영까지 해야 하는 경우도 있었다. 심의수와 섭소원의 결혼이 일반적인 사례인데, 일

作絲, 又是夏稅相催討。"

88 馮夢龍,《醒世恆言》卷18, 台北, 桂冠圖書公司, 1984, 328-334쪽.

89 洪亮,〈明女詩人倪仁吉的刺繡和發繡〉,《文物參考資》第9號, 1958, 21쪽. "常聞針有神, 不為針痕掩。非指亦非絲, 秀勁全揮染。"

90 曹雪芹,《紅樓夢》53回. "寧國府除夕祭宗祠榮國府元宵開夜宴。"

반적이었기에 또 가장 전형적인 사례가 되었다. 결혼 후 남편 섭소원은 과거시험때문에 거의 집에 있지 않았다. 섭소원은 글공부에 전념하기 위해 결혼 직후부터 6년간 양부養父의 집에서 지냈다. 본가로 돌아온 후에는 여러 차례 장기간의 출타를 했다. 다섯 번은 타지에 있는 선배 문인의 집에서 유숙했는데 한번 가면 수개월이었다. 열두 번은 곤산, 강음, 남경에 과거시험을 보러 갔는데 매번 2주에서 3개월 정도 걸렸다. 경성에서 치른 회시會試 때는 반년 넘게 떠나 있었다. 결혼 후 20년(36세), 섭소원은 마침내 진사가 되었다. 그러나 그때부터 집을 떠나 타지를 전전하는 관직생활을 해야 했다. 1631년(42세) 앞당겨 퇴직을 하고 돌아온 후에 비로소 부부가 한집에서 살 수 있었다. 그런데 4년 후, 심의수는 사랑하는 두 딸이 잇달아 세상을 떠나는 아픔을 겪게 되었다. 심의수는 결혼 후 사망할 때까지 줄곧 섭씨 집안 고택에서 살았다. 그녀는 홀로 새로운 환경에 적응하면서 엄격한 홀시어머니를 조석으로 봉양해야 했다. 이후 조금씩 집안의 재무를 관리하면서 '곳간 열쇠'를 물려받게 되었다. 섭소원의 일기에 "평소의 금전 출입은 모두 아내에게서 나왔다."는 기록이 있다. 심의수는 여러 차례 혼수를 팔아서 남편이 필요한 급전을 변통했다. 부부의 세 딸 환환紈紈, 소환小紈, 소란小鸞도 문학에서 군계일학의 출중한 조예를 보였는데 그것 또한 모두 심의수의 '모교母敎'에서 비롯되었다. 날마다 반복되는 온갖 집안일을 책임지는 아내 심의수에 비해, 섭소원이 집안에서 하는 일은 어쩌다 벌어지는 가족 간의 분쟁을 해결하거나 여식의 혼사를 결정하는 것이었다. 두 사람은 함께 지낸 날보다 떨어져 지낸 날이 더 많았지만 서로 간의 분업과 상호 지지, 정신적 존중이 있었기에 화목하고 원만한 감정을 유지할 수 있었을 것이다. 심의수가 떠나자 섭소원은 몹시 슬퍼하며 제문에서 가장 신뢰했던 지기를 잃었다고 상처喪妻의 아픔을 직접적으로 토로했다. "벗에게는 지나간 한恨을 말하지 못해도 처에게만은 말한다고 했다. 오늘 말할 이가 사라졌다. 그리하여 이르노라. 처를 잃은 후 비로소 나의 처를 알게 되었다. 나와 군은 인륜으로는 부부였으나 인연으로는 벗이기도 했다."[91] 섭소원의 상실감을 위로하려는 듯, 한 영매靈媒가 진관秦觀[92]과 소동파의 여동생이 환생하여 부부가 되었다고 했다. 이 낭만적인 전생의 인연을 굳게 믿은 섭소원은 비로소 위안을 얻을 수 있었다.[93]

부유한 상인 집안에서도 내외의 분업이 존재했다. 전술한 바 있는 출판업자 석성금石成金

91 "所云有今古之慎, 難為友言, 而獨與妻言之。今入而無與言者, 故曰 : 妻亡而予然後知吾妻也。我之與君, 倫則夫婦, 契兼朋友。"

92 역주: 북송의 문인. 소동파의 문하생.

93 《閨塾師》, 199-231쪽.

의 경우도 재녀였던 부인 주씨周氏(1674-1732)가 결혼 후 예술적 재능이 아닌 집안일을 현명하게 처리하는 능력을 보여줬다. 2남 3녀의 어머니이기도 했던 주씨가 집안일을 일사불란하게 처리했기 때문에 석성금은 출판사업을 하는 가운데서도 여가시간을 활용해 저술활동에 집중할 수 있었다. 아내에 대한 만족도가 매우 높았던 석성금은 주씨를 동반자이자 내조자라고 했다. 그는 또 이런 기록을 남겼다. "작은 농지가 몇 군데 있어 매해 여름과 가을에 밀과 벼를 수확하는데, 수입과 지출, 세금 납부까지 한치의 오차도 없이 관리했다. 덕분에 나는 편안하고 여유롭게 지내면서 92부의 책을 쓰고 수십만자나 되는 글을 세상에 전할 수 있었다. 그 사이 규방 훈육은 모두 아내가 알아서 결정하고 나는 그대로 따랐다."[94] 그런데 석성금도 출판업자였고 주씨도 많은 시와 사를 창작했지만 주씨의 작품은 한번도 인쇄된 적이 없었다. 석성금이 여성의 '재才'보다는 '덕德'을 중시했거나, 아니면 '여훈女訓'을 지키려는 아내의 의지에 '복종'한 것이었을 지도 모른다. 이른바 "규방에서 지은 작품은 바깥에 내놓지 않는다"는 것이다. 이유를 불문하고 이와 같은 보편적 사례를 통해 짐작할 수 있는 사실이 하나 있다. 남자는 바깥일을 하고 여자는 집안일을 한다는 전통적 구도 하에서 남성들뿐만 아니라 여성들 역시 편안함을 느꼈을 것이다.

그러나 '뒤바뀐' 사례가 없는 것은 아니다. 내외의 역할이 뒤바뀐 특별한 사례들은 명청시대 여성 연구에서 매우 흥미롭게 다루어지고 있다. 그런데 뒤바뀐 역할에도 정도와 성격의 차이가 있다. '경미'한 사례로 명말 소주의 금석학자 조영균趙靈均(1591-1640)과 문징명의 현손녀 문숙文俶(1595-1634) 부부를 들 수 있다. 문숙은 가학家學을 계승하여 회화에 능했는데 화훼, 벌레, 나비 등을 잘 그렸다. 한 번은 삼년에 걸쳐 《내부본초內府本草》 삽화에 사생화 기법을 결합한 《한산초목곤충상寒山草木昆虫状》 천 폭을 완성한 바 있다. 그녀가 새로운 작품을 내놓을 때마다 가까운 곳에 사는 사람들은 물론 먼 곳에 사는 사람들까지도 경쟁적으로 구입하려고 했다. 그녀가 그림을 판 수입은 생계를 해결하고도 넉넉하게 남을 정도였다. 조영균은 의식주를 위해 힘들게 일 할 필요가 없었다. 그의 유일한 임무는 부인의 그림에 진위를 판별할 수 있는 낙관을 찍는 일이었다. 부인이 실질적인 가장 역할을 했지만 부부 사이는 원만하고 감정적으로도 좋았다. 심지어 전겸익은 조명성과 이청조 부부보다 더 행복하게 지낸다며 부러워했다.[95]

94 《閨塾師》, 194-95쪽. "有小莊數處, 凡夏秋麥稻收支以及錢糧費納, 統掌無訛。予因得閒逸, 怡然樂道, 乃著書九十二部, 不啻數十萬言, 流傳天下, 而其間凡涉閨閫女訓, 俱與氏講論評定, 予深服從。"

95 錢謙益, 《趙靈均墓誌銘》, 《牧齋初學集》 卷55, 上海: 上海古籍出版社, 2003, 566쪽.

한편 뒤바뀐 역할의 전형적인 사례로 자주 거론되는 두 사람이 있는데 유명한 여류 작가 황원개黃媛介와 규숙사 왕단숙王端淑(생졸 미상)이다. 두 사람은 명대 말기에 몰락한 문인 집안 출신으로 남편들 역시 가족을 부양할 능력이 없었다. 그래서 출중한 재능에 의지해 각지를 떠돌면서 글과 그림을 팔거나 숙사塾師로서 가족의 생계를 책임지고 사회적 명성도 쌓았다. 그러나 두 사람의 생활 방식과 신분적 정체성에는 많은 차이점이 있는 듯하다. 황원개는 글과 그림을 팔아 생계를 유지하는 자신의 상황을 변호하기 위해 의식적으로 자신의 '양갓집' 신분을 드러냈다. 그녀는 자주 청백리 집안 출신임을 밝히는 동시에 '은사隱士'로서의 신분을 강조했다. 다시 말해, 그녀는 생계 때문에 어쩔 수 없이 얼굴을 드러낼 수밖에 없지만 정신적으로는 '바깥'에 속한 사람이 아니라는 것이다. 전겸익, 오위업吳偉業(1609-1672), 시우산施愚山(1619-1683) 등 문단의 명사들도 그녀를 변호하기 위한 글을 썼는데, 그녀가 가정에 얼마나 충실했는가를 강조하면서 그녀의 양인 신분을 지켜줬다. 시우산은 "재능이 있는 부인들은 많지만 덕을 갖춘 부인은 드문데, 곧 잘잘못을 따지지 않는 것이 좋다. 이역안[이청조]은 말할 필요도 없고, 주숙진도 어리석은 남자의 짝이 되어 원망을 쏟아냈다. …… 황씨는 명문가 여인으로서 가히 여사女士라 칭할 만하다."고 했다.[96]

가정에 대한 여성의 귀속성은 '양갓집' 여부의 첫 번째 표지라는 사실을 확인할 수 있다. 그렇다면 문숙과 조영균 부부의 자족감과 안정감은 문숙의 그림 그리기를 '가정 내'에서 하는 고상한 취미로 여기는 두 사람의 인식에서 비롯되었을 가능성이 크다. 그림을 파는 것은 취미와 연장선상에 있는 일이거나 취미의 부산물에 불과하다고 여기지 않았을까.

상대적으로 왕단숙은 '뒤바뀐 역할'의 가장 극적인 사례다. 황원개가 행위적인 측면에만 뒤바뀐 역할을 수행하며 전통적인 여성의식을 유지하고 있었다면, 왕단숙은 행위에서 심리까지 모두 남성의 역할을 수행했는데 처녀 때부터 형성되었을 것이다. 학자였던 그녀의 부친 왕사임王思任(1574-1646)은 "아들 여덟이 딸 하나에 못 미친다."는 말을 공공연하게 했다. 이때문에 왕단숙은 일찍부터 남자와 동등한, 심지어 남자보다 우위에 있다는 생각을 가지게 되었을 것이다. 정성조丁聖肇와 결혼한 후에도 왕단숙은 여강남약女强南弱의 구도를 당연하게 여기면서 가정 내 권력구도 속에서 역할을 뒤바꾸고 전통적인 '지아비'의 역할을 대신했다. 그녀가 바깥에서 돈을 벌고 가족을 부양할 때 남편은 그녀의 곁을 지킬 뿐이었다. 그녀는 남편을 대신해 상주문上奏文, 시, 서한, 묘지명 등을 썼다. 심지어 남편을 대신해 시 경연대회에도 나갔

96 《閨塾師》, 125-31쪽.

다. 전통적인 '남재여모男才女貌' 관념 속에서 그녀는 '남재'의 위치를 차지했다. 남편이 첩을 들일 때 필요한 경비를 부담하는 것 같은 '부덕婦德'의 실천도 그녀에게서는 가정 내에서의 권력을 보여주는 행위였다. 그녀는 첩을 들일지 말지를 결정하고 그들이 만나는 시간과 장소까지 결정했다. 심지어 그녀의 동의가 없다면 남편은 죽은 첩을 위한 제시祭詩 한 편 마음대로 짓지 못했다.

왕단숙의 시문은 사대부들처럼 정치적 관심을 표출함으로써 일반 규수들의 작품과 차별화되었다. 그녀의 심리적인 남성성은 그녀의 시 〈규수시를 모방하며 웃음을 짓다效閨秀詩博哂〉에서 확인되듯 유머러스한 방식으로 드러난다. 왕단숙은 황원개처럼 양갓집 부인의 신분을 강조하지도 않았고, 심지어 규수로서의 정체성도 전혀 의식하지 않았던 것 같다. 외부의 비난에 대해서도 그녀는 자신의 바깥 활동이 합리적이라는 사실을 강조하면서 자신을 변호했다. 왕단숙은 확실히 바깥 활동을 만끽했던 것처럼 보인다.

왕단숙의 백부 왕소미王紹美는 《음홍집吟紅集》 서문에서 규중 여인들의 부드럽고 온순한 기질에서 벗어난 '선비士'의 풍모에 찬사를 아끼지 않았다.

> "映然子既得使今古閨中人不代文士受貶. 又使今古文士不爲閨中留恨, 厥功甚偉, 何妨共寶天下乎? 嗟乎, 家有名士, 乃在香奩"
>
> 영연자映然子[97]로 인해 고금의 규방 여인들이 문사들의 폄하를 받지 않게 되었다. 또 고금의 문사들 역시 규방 작품에 유감을 갖지 않게 되었으니 그 공이 심히 위대하다. 어찌 천하의 보물이 아니겠는가? 오호, 가문의 명사가 규방의 향렴에서 나왔구나."

그런데 이에 대해 도로시 고는 "그녀를 극찬하고 영예로운 남성의 관을 씌움으로써 사실상 남성과 여성의 영역을 구분하고 남성의 우월적 지위를 영속화했다."[98]라고 지적했다. 환언하면, 명청시대 '남녀男女·외내外內'의 사상적 모델은 한번도 흔들린 적이 없었으며 현실 속에서 뒤바뀐 역할과 뒤바뀐 역할에 대한 수용 정도의 차이만 있었을 뿐이다.

나의 견해에 따르면, 명청 규수들은 현실적인 압박 때문에 어쩔 수없이 공적 영역에 노출되는 일을 할 수밖에 없었지만 그러면서도 진정한 사회 침투력을 갖추지 못했다. 그녀들은

97 역주: 왕단숙의 호.

98 《閨塾師》, 137-147쪽.

공적 영역에서 가정교육을 통해 간접적으로 행사했던 힘만큼 강력하고 지속적인 힘을 발휘하지 못했다. 이른바 장학성이 말한 '공기公器'가 되기도 어려웠다. 이 점에서 원매에 대한 장학성의 반론에 이의를 제기할 수 없을 듯하다.[99]

고약박(1592-1681)이 모교母教의 전형적 사례다. 도로시 고의 연구에 따르면, 고약박은 항주 명문가 출신의 재녀로서 현지에서 이름난 학자 집안의 자제였던 황무오黃茂梧와 결혼하여 2남 2녀를 두었다. 남편 황무오가 요절하자 시아버지 황여형黃汝亨(1558-1626)은 가학家學의 중단을 막기위해 고약박에게 경사자집經史子集에 대한 체계적인 교육을 실시하며 필생의 학문을 전수했다. 모교를 통해 가문의 학문적 성취를 영속할 의도였다. 황여형은 고약박이 보인 학문에 대한 열정과 함께 집안을 관리하는 능력을 보고 안심할 수 있었다. 고약박은 어머니이자 스승으로서의 본분에 매우 진지했다. 예를 들어, 아이들에게 조용히 책을 볼 수 있는 배船까지 마련해 주고, 밤이 되면 공부한 것에 대해 토론을 하기도 했다. 이 가운데 가장 칭송할 만한 것은, 황여형이 중시했던 '여교女教'의 영향을 받아 고박약도 집안 여성들에 대한 문화교육에 열심이었던 점이다. 비록 가족 중심이기는 했지만, 대상의 범위가 점점 더 넓어졌다. 사실상, 가르침과 배움의 연결고리를 통해 일종의 '문맥' 관계가 혈연관계를 대신해 나갔다. 특히 주목할 만한 것은, 고약박의 '여교'는 여훈女訓과 부덕婦德에 머무르지 않고 상당한 수준의 정통 유가 교육까지 포함했다는 점이다. 고약박은 경사經史에 대한 공부를 중시하고 정치 토론을 장려하는 한편 시문詩文 교육도 소홀히 하지 않았다.

전·후기 초원시사를 조직한 고지경顧之瓊(초원5자)과 임이녕林以寧(초원7자) 및 다른 멤버들도 직간접적으로 고약박의 영향을 받았다. 임이녕(고약박의 질녀의 며느리)은 고약박의 마지막 제자였다. "반소班昭[100]나 좌분左棻[101]이 아닌 대유학자가 되겠다"라고 포부를 밝힌 바 있는 임이녕은 시, 사, 산문, 산곡, 희극 등 다방면의 글을 다작하는 작가였다. 40세에 첫 번째 문집을 출판하고 폭넓은 교우交友 관계로 강남문단에 널리 알려졌다. 고약박이 부친이나 남편의 이름이 아닌 고약박 자신의 이름으로 항주 지방지에 올랐던 것처럼 임이녕도 시가의 족보에 당당하게 자신의 이름을 올렸다. 그녀는 남는 자리에 성씨만 기록되는 통상적인 경우와 달리, 아들 이름 앞에 성과 이름은 물론 자 아청亞清과 작품명까지 기록되었다.[102]

99 袁枚,《隨園詩話》卷2, 江蘇, 江蘇古籍出版社, 1993, 29쪽.
100 역주: 반고와 반초의 여동생. 궁정에서 황후와 귀인을 가르쳤다.
101 역주: 진나라 좌사(左思)의 여동생. 뛰어난 문장력으로 무제의 후궁이 되었다.
102《閨塾師》, 250-62쪽.

고약박의 사례를 살펴보면, 시부이자 스승이었던 황여형의 유훈을 따라 가문 계승의 사명을 다하고자 했던 그녀의 뜻을 쉽게 발견할 수 있다. 첫째, 가학의 계승, 둘째, 가업의 계승, 셋째, '여교'를 중시하는 전통의 계승이 바로 그녀가 품었던 뜻이었다. 가문에 대한 고약박의 소박한 봉사는 조용하게 공적 영향력이 쌓여가는 과정이기도 했다. 그녀는 항주지역 여성교육과 여성문학 분야에서 여러 세대에 깊은 영향을 미쳤다. 소위 '초원시인'은 축소된 모형이나 겉으로 드러난 표면에 불과하다. "전당[103] 문학은 동남 부녀가 최고錢塘文學為東南婦女之冠"라는 명예에 고약박의 실질적 기여가 없지 않다.

5. 흐르는 물처럼

이 글을 쓰기 전에 나는 명청시대 여성 연구와 별 관련이 없었다. 이번에 원고 청탁을 받아들인 것은 절친한 벗의 뜻을 외면하기 어려웠기 때문이기도 하지만, 또 한편으로는 그때마침 읽기와 쓰기가 지나친 전문성에 매몰되어 있지 않은 지 되돌아보고 있던 참이었다. 전문성이 사람과 삶을 모두 잠식해버리고 결국 사람이 사라져버리는 것은 아닌가. 만약 '사람'에서 출발한다면, 스스로가 '여성'이라는 점에서 출발한다면, 명청시대 여성 동지들의 삶을 연구해보는 것도 괜찮지 않을까, 또 재미도 있지 않을까! 다만, 수중에 확보된 자료가 많지 않았다. 잘 알려진 《규숙사閨塾師》[104]와 《철진록綴珍錄》[105]이 있었고, 또 대만 연구자 황펑이黃鳳儀가 쓴 석사 논문 《명말청초 강남 여성 사교활동 연구明末清初江南婦女社交活動之研究》가 있었다. 그러다 전문성에 관한 생각에 변화가 생겼고, 내가 이 영역의 유일한 비전문가가 아닌가하는 생각까지 들었다. 그럴 때마다 나도 모르게 덜컥 겁이 나서 뒤죽박죽 두서없이 마구 글을 써내려 갔다. 아마 그대로 베껴 썼다고 해야 될 부분이 더 많을 수도 있다. 그래서 이 글은 독후감이거나, 아니면 어떤 작품을 읽고 그 배경에 대해 잉여의 해설을 한 것일지도 모르겠다. 그러나 글을 쓰는 과정에서 소소하게 느낀 두 가지가 있다. 첫째, 고대 규방 여인들은 가슴 깊숙

103 역주: 전당(錢塘)은 항주를 가리키는 지명이다. 진시황이 진왕이었던 시절 초나라를 멸한 후 지금의 항주지역에 전당현을 설치했다. '당'과 중복을 피하기 위해 '塘'을 써서 전당(錢塘)이 되었다.

104 역주: 규숙사, *Doroty Ko, Teachers of the Inner Chambers: Women and Culture in Seventeenth-Century China*의 중국어 번역본 제목이다.

105 역주: Susan Mann, *Precious Records: Women in China' s Long Eighteenth Century*의 중국어 번역본 제목이다.

한 곳에 은밀한 지혜를 품고 있었다. 그녀들에게는 만물을 포용하는 대지의 덕이 있었다. 그녀들은 '겹겹의 장막' 뒤에서 하루하루 노동을 반복하면서 견실한 사회의 기반이 되었다. 또 그녀들에게는 물의 덕이 있었다. 그녀들의 영혼은 흐르는 물처럼 부딪힘 없이 경계와 경계를 유연하게 오가며 앞서간 물길을 따라 활발하게 나아갔다. 설령 그 수많은 물길들이 대지 아래 깊숙한 곳에 숨어 있었다고 해도, 누가 감히 부인할 수 있겠는가? 도도하게 흐르는 장강의 거대한 물결을 키우고 만들어 낸 것은 다름아닌 숨어 있는 물길들이었다는 사실을! 둘째, 우리는 언제나 동정의 눈빛으로 그녀들의 삶을 바라보고 있었다. 그러나 또 누가 알겠는가? 우리의 어리석은 고정관념에 오히려 그녀들이 더 큰 동정을 보낼 지! 이 혼란스러운 생각들에 빠져 있는 동안, 땅 속 깊은 곳에서 면면히 흘러가던 물길들이 또 다시 역사 속으로 사라져 버리는 것은 아닐까……

채색한 시녀상Female attendant

한漢 Han
도기 Earthenware with pigment
높이Height 61cm

입상. 쌍운계雙雲髻.*
2단으로 된 요금과 바닥에 끌리는 긴 치마를 입었다.
양손을 모으고 물건을 들고 있다.
소상의 몸과 머리를 분리할 수 있다. (장사오판)

***쌍운계(雙雲髻)** 머리다발을 양쪽으로 나누어 구름처럼 올린 머리 모양.

시녀상Female attendant

한漢 Han
도기 Earthenware
높이Height 51cm

입상. 수계垂髻.
2단으로 된 요금과 바닥에 끌리는 긴 치마를 입었다.
복부 위에 두 손을 모으고 있다. (장샤오판)

무녀상舞女俑 Female dancer

한漢 Han
도기 Earthenware
높이Height 45.5cm

입상. 쌍운계.
허리가 살짝 구부러졌다.
2단으로 된 요금과 바닥에 끌리는 긴 치마를 입었다. 한 손은 아래로 늘어뜨리고 한 손으로 소매춤을 추고 있다. (장샤오판)

시녀상Female attendant

한漢Han
도기Earthenware
높이Height 33.3cm

궤좌跪坐상. 수계.
2단으로 된 요금繞襟과 바닥에 끌리는 긴 치마를 입었다.
소매 밖으로 드러난 손에 물건이 들려있다. (장샤오판)

무녀상舞女俑 Female dancer

한漢 Han
도기Earthenware
높이Height 45.6cm

입상. 쌍운계.
허리가 살짝 구부러졌다.
2단으로 된 요금과 바닥에 끌리는
긴 치마를 입었다. 한 손은 아래로
늘어뜨리고 한 손으로 소매춤을 추고 있다.
(장샤오판)

시녀상Female attendant

한漢 Han
도기Earthenware
높이Height 32cm

궤좌상. 수계.
2단으로 된 요금과 바닥에 끌리는 긴 치마를 입었다.
소매 밖으로 드러난 손에 물건이 들려있다. (장샤오판)

시녀상Female attendant

한漢 Han
도기Earthenware
높이Height 31cm

궤좌상. 수계.
2단으로 된 요금繞襟과 바닥에 끌리는 긴 치마를 입었다.
무릎 위에 두 손을 모으고 있다.(장샤오판)

시녀상Female attendant

남조·송 Liu Song, Southern Dynasties
도기Earthenware
높이Height 37.5cm

입상.
상투 머리가 일부 훼손되었다. 가발을 장착한 비천개飛天紒* 머리로 추정된다. 요금과 바닥에 끌리는 긴 치마를 입었다.
복부에 두 손을 올리고 있다.(장사오판)

***비천개(飛天紒)** 머리다발을 세 개로 나누어 정수리 위로 상투를 틀어올린 모양.

대무對舞를 추는 무녀상 Pair of female dancers

당唐 Tang
도기Earthenware
높이Average height 30cm

춤추는 입상. 쌍계*.
소매가 좁고 긴 치마는 잘록하게 허리를 묶었다.
몸을 둥글게 기울이고 두 손으로 소매를 위아래로 흔들고 있다.
(장샤오판)

***쌍계(雙髻)** 양 갈래로 말아올린 머리모양.

채색한 시녀상 Pair of female dancers

당唐 Tang
도기Earthenware
높이Average height 34.5cm

입상. 단계單髻*.
둥근 깃과 짧은 소매의 유삼襦衫을 입고 어깨에 피백帔帛을 걸쳤다. 허리선이 높은 긴 치마가 바닥에 끌린다. 복부에 두 손을 올리고 있다.(장샤오판)

***단계(單髻)** 머리다발을 하나로 틀어올린 머리 모양.

황색 유채를 바른 시녀상 Female attendant

당唐 Tang
도기Earthenware with yellow glaze and pigment
높이Height 28cm

입상. 단계單髻.
둥근 깃과 짧은 소매의 유삼襦衫을 입고 어깨에 피백帔帛을 걸쳤다. 하반신은 허리선이 높은 긴 치마가 바닥에 끌린다. 복부에 두 손을 올리고 있다. (장샤오판)

채색한 시녀상 Female attendant

당唐 Tang
도기Earthenware with pigment
높이Height 37.5cm

입상. 단계單髻.
둥근 깃과 짧은 소매의 유삼襦衫을 입고 어깨에 피백帔帛을 걸쳤다. 하반신은 허리선이 높은 긴 치마가 바닥에 끌린다. 복부에 두 손을 올리고 있다.(장샤오판)

채색한 시녀상 Female attendant

당唐 Tang
도기Earthenware with pigment
높이Height 36.6cm

입상. 단계單髻.
둥근 깃과 짧은 소매의 유삼襦衫을 입고 어깨에 피백帔帛을 걸쳤다.
하반신은 허리선이 높은 긴 치마가 바닥에 끌린다.
복부에 두 손을 포개고 있다. (장샤오판)

채색한 시녀상 Female attendant

당唐 Tang
도기Earthenware with pigment
높이Height 27cm

입상. 단계單髻.
둥근 깃과 짧은 소매의 유삼襦衫을 입고 어깨에 피백帔帛을 걸쳤다.
하반신은 허리선이 높은 긴 치마가 바닥에 끌린다.
복부에 두 손을 모으고 있다. (장샤오판)

삼채三彩* 시녀상 Female attendant

당唐 Tang
도기Earthenware with three-color glaze
높이Height 25.6cm

입상. 단계單髻.
둥근 깃과 짧은 소매의 유삼襦衫을 입고 어깨에 피백帔帛을 걸쳤다.
하반신은 허리선이 높은 긴 치마가 바닥에 끌린다.
복부에 두 손을 모으고 있다. (장샤오판)

***삼채三彩** 녹綠, 황黃, 백白의 세 가지 잿물을 발라 구워낸 도자기陶瓷器.

삼채三彩 시녀상 Female attendant

당唐 Tang
도기Earthenware with three-color glaze
높이Height 24.9cm

입상. 단계單髻.
둥근 깃과 짧은 소매의 유삼襦衫을 입고 어깨에 피백帔帛을 걸쳤다.
하반신은 허리선이 높은 긴 치마가 바닥에 끌린다.
복부에 두 손을 모으고 있다. (장샤오판)

삼채三彩 시녀상 Female attendant

당唐 Tang
도기Earthenware with three-color glaze
높이Height 19.6cm

입상. 단계單髻.
둥근 깃과 짧은 소매의 유삼襦衫을 입고 어깨에 피백帔帛을 걸쳤다.
하반신은 허리선이 높은 긴 치마가 바닥에 끌린다.
두 손을 가슴 앞에 모으고 있다.(장샤오판)

채색한 시녀상 Female attendantTang

당唐 Tang
도기Earthenware with pigment
높이Height 27cm

입상. 쌍계雙髻.
둥근 깃과 짧은 소매의 유삼襦衫을 입고 어깨에 피백帔帛을 걸쳤다.
하반신은 허리선이 높은 긴 치마가 바닥에 끌린다.
복부에 두 손을 모으고 있다.(장샤오판)

채색한 시녀상 Female attendant

당唐 Tang
도기 Earthenware with pigment
높이Height 39.1cm

입상. 쌍계雙髻.
둥근 깃과 짧은 소매의 유삼襦衫을 입고 어깨에 피백帔帛을 걸쳤다.
하반신은 허리선이 높은 긴 치마가 바닥에 끌린다.
한 손은 아래로 내리고 있으며 앞으로 뻗은 한 손은 긴 소매가 아래로 늘어뜨려져 있다.(장샤오판)

채색한 시녀상 Female attendant

당唐 Tang
도기Earthenware with pigment
높이Height 30cm

입상. 오만계烏蠻髻.
둥근 깃과 짧은 소매의 유삼襦衫을 입고 어깨에 피백帔帛을 걸쳤다.
하반신은 허리선이 높은 긴 치마가 바닥에 끌린다.
두 손을 가슴 앞에 모으고 있다.(장샤오판)

물건을 든 시녀상 Female attendant with hands holding out

남당南唐 Southern Tang
도기Earthenware
높이Height 49cm

입상. 고계高髻*.
소매가 넓은 대금對衿과 긴 치마를 입었다.
앞으로 내민 두 손에 물건이 들려 있고
두 발이 바깥으로 드러나 있다. (장샤오판)

***고계(高髻)** 머리다발을 정수리 위로 높게 틀어올린 머리모양.

물건을 든 시녀상

Female attendant with hands holding out

남당南唐 Southern Tang
도기 Earthenware
높이Height 46.7cm

입상. 고계高髻.
소매가 넓은 대금對衿과 바닥에 끌리는 긴치마를 입었다.
앞으로 내민 두 손에 물건을 들고 있다. (장샤오판)

물건을 든 시녀상 Female attendant with hands holding out

남당南唐 Southern Tang
도기 Earthenware
높이Height 47.9cm

입상. 고계高髻.
소매가 넓은 대금對衿과 바닥에 끌리는 긴치마를 입었다.
앞으로 내민 두 손에 물건을 들고 있다.(장샤오판)

여공양인 목조상 Wood figure of a female offerings provider

북송(1111년) 北宋 Northern Song (AD 1111)
높이Height 61cm

입상. 화관과 권초로 꾸민 고계高髻 머리와 영락瓔珞 목걸이를 했다. 상반신이 앞으로 살짝 기울었다. 오른손 손목에 왼손을 올리고 있다. 얼굴 표정이 고요하고 편안한다. 풍만하고 원숙한 자태에서 당나라의 정취가 느껴진다. (차오칭)

당인唐寅, 《취소사녀도吹簫仕女圖》* Lady playing the flute by Tang Yin

명(1520년) Ming (AD 1520)
족자軸 Hanging scroll
견본설색(비단에 그린 서화)絹本設色 ink and color on silk
세로Height 164.8cm, 가로Width 89.5cm

낙관에 따르면, 이 그림은 당인(1470-1523)이 51세에 그린 작품이다. 당인은 명4대가 가운데 가장 폭발적인 힘을 갖춘 예술가로서 '강남제일의 풍류재자風流才子'로 일컬어졌다. 성장盛裝을 한 사녀仕女가 가벼운 발걸음을 내디딜 때마다 귀걸이와 머리 장식이 찰랑이고 피백披帛 자락이 바닥을 스친다. 머리에는 장식 구슬이 가지런하게 드리웠다. 턱을 내리고 퉁소를 부는 순간의 나아갈 듯 말 듯한 자태가 눈부시게 아름답다. 무겁고 처연한 퉁소 소리가 바람결을 따라 흩어지며 옷고름을 살며시 흔든다. 고요 속에서 묻어나는 희미한 슬픔이 보는 이의 탄식을 불러온다. 규중 여인의 봄시름은 그 끝을 가늠할 수 없지만 걸출한 화가 당인의 붓을 통해 아득한 그리움의 관조로 뒤바뀐다. 그리하여 그림 속 아름다운 여인은 그녀를 부르는 순간 그림 밖으로 걸어나올 듯 생생하다.
이 작품은 '삼백법三白法'으로 여인의 형상과 용모를 그림으로써 곱게 화장한 여인의 아름다움을 부각하고 있다. 여인의 복장과 머리에 두른 구슬띠, 몸에 걸친 장신구들까지도 한 치의 흐트러짐 없이 엄격하고 치밀하다. 정교한 운염暈染 기법으로 단정하고 아름다운 여인의 모습을 온전하게 표현해냈다. 꺾임과 굴림을 이어가며 그려낸 옷 문양과 주름이 거침없이 자유롭다. 색조는 보색이 대비되지만 전체적으로 고상하고 섬세하면서도 화려한 느낌을 준다. (차오칭)

***취소사녀도** 퉁소를 부는 여인

제지(題識) 庚辰三月, 吳郡唐寅畵.(경진 3월, 오군 당인 그림)
인문(印文) 南京解元(주문), 六如居士(주문)
감장인(鑑藏印) 吳湖帆印(주문), 梅景書屋秘笈(주문)

庚辰三月吳郡唐寅畫

무관無款, 《춘일사녀한거도春日仕女閑居圖》 Ladies enjoying the Spring

명明 Ming
족자軸 Hanging scroll
견본 설색絹本設色 ink and color on silk
세로Height 129.1cm, 가로Width 65.6cm

이 작품은 깊은 정원에서 지내는 사녀들의 우아한 일상을 포착하여 전형적인 규중 생활을 그리고 있다. 여인들은 아이를 가르치기도 하고 책을 보거나 생각에 잠기기도 하고 놀이를 즐기기도 하다. 이처럼 동動과 정靜이 조화를 이루고 있는 다채로운 여인들의 모습은 '시각화된 오페라'라고 표현할 수 있다. 옛 귀족 여인들의 생활을 담은 일상의 초상으로서 공필工筆, 중채重彩, 운염渲染 기법을 통해 온화하고 현숙한 여성들의 청신하고 아름다운 형상을 그려냈다. (차오칭)

감장인(鑑藏印) 劉氏寒碧莊印(주문), 寒碧主人(백문)

진홍수陳洪綬,《음매도吟梅圖》Ode to the Plum Blossoms by Chen Hongshou

청(1649년) Qing (AD 1649)
족자軸 Hanging scroll
견본 설색絹本 設色 ink and color on silk
세로Height 125cm, 가로Width 58cm

매화시를 짓는 장면을 재미있게 그려낸 작품이다. 무언가 생각에 빠진 듯 미간을 찌푸린 늙은 선비가 탁자를 앞에 두고 머리를 높게 틀어 올린 사녀를 마주하고 있다. 탁자 위에는 종이가 펼쳐져 있고 어지러운 가운데서도 운치 있게 놓인 골동품 몇 점이 무질서 속의 멋을 보여준다. 태호석에 살짝 기댄 사녀는 언제라도 붓을 집어들 준비가 되어있다. 뒤돌아보는 사녀와 매화병을 받쳐들고 천천히 다가오는 여자의 모습이 대비되며 재미를 더한다. 여자는 머리다발을 가지런히 묶어 뒤로 늘어뜨렸다. 어린 종이 여자를 뒤따른다. 화가는 변형과 과장의 기법으로 인물의 형상을 표현했다. 얼굴은 길고 아래턱을 넓게 그림으로써 남녀를 불문하고 조형적으로 기이한 형태가 강렬한 시각적 충격을 준다. 정확하게 표현된 인물의 표정과 정신에서 고졸한 운치가 짙게 묻어난다. 선명하고 유창한 옷의 주름은 힘있는 구륵선에서 강한 금속성金屬性이 느껴진다. 전반적으로 장중하고 차분한 색조에 단정하고 고상한 화면에서 고고한 격조가 배어난다. (루샨샨)

제지(題識) 吟梅圖爲玄鑒道盟兄仿唐人, 洪綬. 己醜秋暮.
인문(印文) 老蓮(주문), 陳洪綬印(백문)
감장인(鑑藏印) 劉國鈴六四年之後所得(주문), 銕沙沈樹鏞珍藏金石書畵印(백문), 山陰許氏桂□珍藏印(주문)

임웅任熊, 《요궁추선도瑤宮秋扇圖》 Lady Holding a Fan by Ren Xiong

청(1855년) Qing (AD 1855)
족자軸 Hanging scroll
견본 설색絹本 設色 ink and color on silk
세로Height 85.2cm, 가로Width 33.5cm

목단계牡丹髻 모양으로 머리를 틀어올린 아름다운 자태의 여인. 앵무새가 그려진 비단 부채를 흔들며 생각에 잠긴 듯 살짝 고개를 기울이고 있다. 시선은 치맛자락을 향해 있다. 적절한 수준의 변형과 과장으로 머리가 크고 몸은 단신이다. 둥글고 윤택한 얼굴에서 노련老蓮 진홍수의 화풍이 상당하게 느껴진다. 머리 장식과 옷소매 등의 장식 문양이 정교하고 치밀하다. 공필工筆로 그린 부채의 화조가 특히 정교하고 생생하다. 고아하면서도 차분한 색조가 고색창연하다. 정제되고 유창한 선에서 힘이 넘친다. 옷깃의 굳건한 직선과 긴 치맛자락의 둥근 곡선 등 다양한 형태의 선이 함께 어우러져 있다. (루샨샨)

제지(題識) 鹹豐乙卯清明第三日, 渭長熊摹章侯本於碧山樓.

인문(印文) 渭長(주문)

제발(題跋) 銅仙卻露流珠曉, 夢狎瓊人泥蘭笑. 翡帏生綠侵繡檀, 粟粟鈿蟲燭房悄. 珍珠絡帳牽帖犀, 鉤羅茜捻溫纖荑. 腰襦尺六結梔子, 墨花捲空湘雨啼. 鏡屜矍鸾展新浪財經訊屜訊, 泥金小卓青芙暈. 鬟雲膩押象牙梳, 顫起釵茸咽春韻. 冰奁涼雪研指星, 睉蛾眉葉江蘼青. 花題小印約鸳翠, 嬌樹一枝搖水精. 綃宮背人叩箱玉, 紫海圓波染成綠. 纈雲淺折棲桂塵, 凍死夗央三十六. 嬖姬選帳銀河涼, 素煙亭亭來練香. 蕙佩微忪怯蓮液, 璇房避幸題豔薔. 何郎艷歌掩妝夕, 捉艷红心臂紗窄. 蕉魂桂魄不長圓, 吹樹團香抱孤月. 燕支瑤瓷生夕波, 抹麗風軟愁虹拖. 涼簪敲竹戛珧踢, 簇朵瘦瓊螢火多. 早紅接雨丁壘墜, 繰作冰絲藕腸脆. 嬌痕點點沾髓珊, 廿四葡萄泣遙吹. 綺疏隔霧調雌弦, 玫瑰七柱琅霞妍. 玉晨牢騷寫秋恨, 蘭飔不到緋羅天. 綠匣冷熨鵝梨澀, 析發何因織鸾翼. 子夜香台回熇龍, 花宮無限相思碧. 時同治十三年甲戌秋八月, 於吳門, 錄山陰王孟調星新聞發言人題將於10月100年小扇曲.

인문(印文) 笙魚(주문)

제발(題跋) 夢繞璇宮月, 悄西風, 涼生羅袂, 下階私立. 環佩無聲秋宇靜, 閒煞水晶宮闕. 更莫問, 團欒消息. 一握齊紈攜素手. 怕空箱, 容易輕拋擲. 班妤怨, 向誰說. 瓊樓十二回環隔, 記當時, 霓裳奏罷, 舞回涼雪. 翠羽啁啾花底活, 似被個人憐惜. 休認作, 內家標格. 霧鬢風鬟姿綽約. 願情天, 早注鴛鴦牒. 塵世事, 定愁絕. 調寄《金縷曲》, 康甫許等身題, 北溪李嘉福書.

인문(印文) 嘉福(백문), 北溪(주문)

감장인(鑑藏印) 李嘉福辛酉以後所收書畵印(주문)

무관無款, 《방직사녀도紡織仕女圖》 Lady Weaving

청清 Qing
권卷 Hanscroll
견본 설색絹本 設色 ink and color on silk
세로Height 29.5cm, 가로Width 112.5cm

이 작품은 대갓집 여인들이 집안일을 하는 장면을 그리고 있다. 실을 뽑고 감아서 천을 짜는 과정까지 길쌈의 각 장면이 묘사되었다. 대청 마루에 놓은 대형 직조기와 여러 보조 기계가 정교하고 온전한 구조로 그려졌다. 묵필 담운. 주인과 여종을 포함한 16명, 어린 아이 2명까지 공필과 중채 방식으로 표현된 인물의 형상이 살아있는 듯 생생하다. 방직기 앞에서 일을 하는 여인의 동작을 봤을 때 화가는 방직일을 매우 잘 알고 있는 듯하다. 화면에서 생생한 감동이 느껴진다. (루샨샨)

인문(印文) 蔡岡南會觀(주문)

경덕진 민요 오채《서상기西廂記》

A set of ceramic tiles depicting the drama
The Romance of the Western Chamber (Xi Xiang Ji)

청清·강희 Qing (Kangxi Reign)
자기타일 삽입 병풍

《서상기西廂記》의 전칭은《최앵앵대월서상기崔鶯鶯待月西廂記》로서 원대 왕실보王實甫의 작품이다. 주제는 "천하에 부부의 연을 맺을 수 있는 정인에 대한 기다림"이다. 남녀 간의 낭만적인 사랑을 그린 경전적 희곡으로서 중국인들에게 지대한 영향을 미쳤다.《홍루몽》에서 가보옥과 임대옥이 복숭아 숲에서《서상기》를 탐독하는 장면도 경전이 되었다. 모르는 사람이 없을 정도로 유명한 이 이야기는 아름답고 조화로운 사상과 반예교적反禮敎的 의식을 담고 있었기 때문에 다른 장르에서의 인용과 재창작은 일종의 트렌드이자 필연이었다. (차오칭)

《불전전기佛殿傳奇》

길이Length 25.3cm, 너비Width 18.3, 두께Thickness 4.2cm

《당전교변堂前巧辯》

길이Length 25.6cm, 너비Width 16.4cm, 두께Thickness 4.1cm

《장정송별長亭送別》

길이Length 15.3cm, 너비Width 16cm, 두께Thickness 4cm

《초교경몽草橋驚夢》

가로Length 25.5cm, 너비Width 16.1cm, 두께Thickness 4cm

《비단부채를 든 여인을 조각한 구둣주걱》
Ivory shoehorn carved with lady holding a fan

청清 Qing
상아
길이Length 19.6cm, 너비 Width4.7cm

이 기물은 일상용품이지만 정교하고 아름다운 형태가 우리의 마음을 사로잡는다. 손잡이 끝부분에 머리를 틀어올리고 꽃을 꽂은 사녀가 부조되어 있다. 부채를 든 채 베개를 베고 옆으로 누워있는 청신한 얼굴에서 한가로움이 느껴진다. 옷의 문양과 장식도 몸의 방향을 따라 처리되었다. 시원하고 부드럽게 깎인 조각에서 풍기는 은은한 운치가 옛 사람들의 아름다운 일상을 잘 보여주고 있다. (차오칭)

쑤저우蘇州 도화오《연생귀자連生貴子》

New year woodcut Lotus, Panpipes, Osmanthus, and Seeds

청淸 Qing
목판 연화年畵
가로Width 30cm 세로Height 46cm

현전하는 고대 유물들 가운데 목판화와 목각본은 동시에 생겨났을 것이다. 초기 목판화는 '수상화繡像畵'라고도 불렸는데 주로 책에 삽화로 사용되었다. 목판화를 인쇄한 연화를 단독으로 감상하게 된 것은 대략 송대 때부터였다. 쑤저우 연화年畵는 명나라 말기에 독특한 양식이 완성되었다. 당시 '고소판姑蘇版' 연화라고 불렸다. 도화오 연화는 쑤저우성 안에 있던 도화오 일대에서 제작되었기 때문에 붙여진 이름이다. 연간 백만 장까지 제작될 정도로 생산량이 많았다. 길상에 대한 상징과 화면 구도는 주로 시민 계층의 심미적 기준과 취향에 맞추었다.(차오칭)

蓮生貴子

《의와사녀도倚臥仕女圖》 a lady lying on her side

청淸 Qing
자수 족자軸 Silk tapestry(kesi)
길이Height 99cm 너비Width 46cm

이 작품은 청대 중기에 제작된 뛰어난 격시緙絲 작품이다. 침상에 비스듬히 누운 규방 여인이 거문고를 베개 삼아 손을 턱에 괴고 있다. 복숭아 꽃이 만발하고 봄 기운이 넘치는 둥근 창문 밖 풍경이 권태에 빠진 여인의 쓸쓸함을 부각하고 있다. 여인을 보고 있노라면 연민과 사랑의 감정이 절로 생겨난다. 실제처럼 생생하고 섬세하게 제작된 격사 작품으로 인물과 풍경이 자연스럽게 어우러진다. 작은 문양에 구격勾緙 기법을 대량으로 사용하여 공필화의 느낌을 준다. (양하이타도)

《포자부인도抱子婦人圖》 a lady holding a baby

민국民國 Republic
자수 입축편立軸片 Silk tapestry(kesi)
가로Width 43.4cm, 세로Height 83cm

길상을 상징하는 민국 시기의 격사 작품이다. 아기를 안고 탁자에 기대어 선 여인과 바닥에서 놀고 있는 아기를 격사로 만들었는데 아기를 점지해준다는 의미를 담고 있다. 탁자 위에 책과 그림 두루마리가 놓여 있고 감柿과 여의옥如意玉도 놓여 있는데 모든 일事이 뜻대로如意 된다는 의미를 담고 있다. 탁자 옆 받침대 위 화병에 꽂힌 만개한 모란은 평안과 부귀를 상징한다. 명대 인물화 화풍이 느껴지는 여인의 모습은 평격平緙과 구격勾緙 기법이 주로 사용됐다. 옷 문양 등이 섬세하게 처리되었고 꽃잎에 금색을 더했다. (양하이타도)

Part 2

Women's daily life

여성의 일상

여성들은 조용한 집안에서 하루 종일 아무런 원망도 없이 묵묵하게 의식주를 책임지는 가사를 수행함으로써 남성들의 정치와 경제를 보조하고 고대사회의 원활한 유통과 운영을 가능하게 했다. 두 개의 서로 다른 공간에서 남성은 밖을 주관하고 여성은 안을 주관했지만 안과 밖은 이분법적으로 명확하게 구분되는 곳은 아니었다. 관습적인 틀 속에서 여성들이 일상 생활과 관련하여 수행했던 다양한 역할 가운데는 외모를 가꾸는 일도 포함되어 있었다. 이와 관련하여 위영衛泳이《열용편悅容編·연식緣飾》에서 "꾸밈은 지나쳐서도 아니되고 모자라서도 아니된다. 옅은 화장이건 짙은 화장이건 적절하게 어울려야 한다. 빈한한 집안의 여인들이 어찌 시절마다 옷을 다 갖출 수 있겠는가? 싸리나무 비녀, 거친 베로 만든 치마라도 그대로 곱고 아름답다."라고 했다.(飾不可過, 亦不可缺　淡妝與濃抹, 惟取相宜耳　若貧家女典盡時衣, 豈堪求備哉? 釵荊裙布, 自須雅致) 이곳에 전시된 화장 용품과 장신구, 공예 도구 등은 최근에 발굴된 고고학 성과물도 있고 역대로 소장해온 명품들도 있다. 중국 고대여성들의 여가와 일상을 보여주는 이 유물들은 궁중과 규방에서 사용하던 화려하고 사치스러운 용품들이 다수를 차지하고 있지만 민간에서 사용하던 질박하고 간결한 용품들도 포함되어 있다.

Han Lacquer Vanity Cases and the Cosmetic Culture of Ancient Chinese Ladies

한대의 칠렴합漆奩盒과 고대 중국 여성들의 화장 문화

장샤오판張小帆

1949년 호남성湖南省 장사시長沙市 동남쪽 교외에 있는 진가 대산陳家大山 초나라 고분에서 중국 최초로 귀족 여성을 그린 용봉인물백화龍鳳人物帛畵(그림 1)가 출토되었다. 이후 1972년 같은 장사시에 있는 마왕퇴 서한 고분에서도 귀부인을 그린 백화(그림 2)가 출토되었다. 이 두 그림을 보면 전국과 서한 두 시기 모두 머리와 얼굴 구석구석 어느 한 곳도 빠뜨린 곳 없이 정성스럽게 치장하고 있다는 사실을 확인할 수 있다.

고대 중국에서는 여성이 머리와 얼굴을 가꾸고 단장하는 것을 '梳妝(소장)'이라고 했다.

그림 1. 장사 진가 대산 초나라 고분 백화 그림 2. 장사 마왕퇴 서한 고분 백화(부분)

여성이 화장과 단장을 하는 과정은 규방에서 비밀스럽게 이루어졌기 때문에 은밀하고 사적이었으며 약간의 신비감도 있다.

강소성 우이현盱眙縣 대운산大雲山 서한 고분과 동양東陽 한나라 고분군에서 서한의 귀족 여성이 생전에 사용하던 칠렴합이 출토되었다. 염합奩盒은 여성의 화장합을 말한다. 칠렴합에는 고대 여성들의 화장 문화와 규방의 비밀이 담겨 있다. 칠렴합에 담긴 각종 화장 도구와 화장 용품을 통해 고대 여성들의 화장 문화를 이해하고 규방의 비밀을 엿볼 수 있는 풍부하고 상세한 자료를 제공받을 수 있을 것이다.

중국 고대 시문詩文을 살펴보면, 여성들의 화장 문화를 생생하게 묘사한 작품들이 적지 않다. 우아하고 아름다운 이 고대 시문들은 여성 화장문화에 대한 직관적인 주석이라 할 수 있다. 서한 시기의 칠렴합 등 실물 자료와 이와 관련된 고대 시문들은 서로를 비추는 거울로서 중국 고대 여성들의 화장 문화를 공동 구성한다.

1. 염합에 담긴 중국 고대 여성들의 비밀

화장과 단장을 할 때 자주 사용하는 물건에는 머리를 빗는 빗, 얼굴을 비추는 동경銅鏡, 얼굴에 바르는 지분脂粉이 있다. 또 이런 도구와 물건들을 넣어두는 상자를 '염합'이라 한다.

현재 출토된 화장합 가운데 연대가 가장 이른 것은 호북성 조양시棗陽市 구련돈九連墩 1호 초나라 고분에서 출토된 장방형의 칠렴합일 것이다.[1] 원형의 운기문 칠렴합(그림 3)은 주로 한대에 유행했다. 이에 따라 서한 시기는 중국 화장 문화 발전의 첫 번째 전성기였다고 볼 수 있다.

그림 3. 장사 마왕퇴 1호 고분에서 출토된 퇴칠(堆漆) 운기문 염합

서한 때는 남녀 모두가 염합을 사용하였다. 여성의 칠렴합에는 얼굴에 바르는 분과 눈썹을 그리는 먹이 있었고, 남성의 칠렴합에는 지분은 없이 빗과 동경만 있는 것이 일반적이었다. 한대 이후 위진남북조와 수당 때의 여성 화장은 기본적으로 '염합'을 대표로 하는 서한의 화장 문화가 그대로 이어졌다.

1 湖北省博物館,《九連墩 — 長江中游的楚國貴族大墓》, 北京: 文物出版社, 2007; 錢紅,〈淺析九連墩一號楚墓漆奩工藝〉,《江漢考古》, 2014, 第4期.

그림 4. 우이현 한나라 고분에서 출토된 칠렴합과 자합

서한의 귀부인들은 대부분 칠렴합을 사용하였다. 전국 각지에서 서한 시기의 칠렴이 발견되었는데 호북성, 호남성, 산동성, 안휘성, 강소성의 출토량이 많은 편이다. 이 가운데 강소성에서 출토된 칠렴합은 주로 서한 시기의 강도국江都國과 광릉국廣陵國 지역에 집중되어 있는데 오늘날의 양주揚州, 한강邗江, 고우高郵, 의정儀征, 우이盱眙 일대다.

중국 고대에는 칠렴합을 '장렴妝奩'이라고도 불렀는데 북주北周 유신庾信의 〈경부鏡賦〉, 당나라 유우석劉禹錫의 〈태랑가泰娘歌〉, 당나라 백행간白行簡의 〈이와전李娃傳〉, 송나라 서조徐照의 〈청평락淸平樂〉에 '장렴'이라는 말이 등장한다.

칠렴합은 또 '향렴香奩'이라고도 불렸다. 남조陳 서릉徐陵의 《옥대신영玉臺新詠》 서문에 '향렴'이라는 말이 나온다. 이외에 《주서周書》 권47 요승원姚僧垣 편, 당나라 설능薛能의 〈송절동왕대부送浙東王大夫〉, 당나라 이상은李商隱의 〈교아驕兒〉, 남당南唐 이욱李煜의 〈만사挽辭〉, 송나라 하주賀鑄의 〈금조상사인琴調相思引〉에도 '향렴'이 등장한다.

칠렴합은 내부에 정방형, 장방형, 장조형長條形, 원형, 타원형, 마제형馬蹄形 등으로 생긴 작은 상자가 들어있는 경우가 많다. 염합 내에 있는 다양한 모양의 작은 상자들은 '자합子盒'이라 한다. 강소성 우이현 한나라 고분군에서 출토된 운기문 칠렴합에는 다섯개의 자합과 일곱개의 자합이 들어 있다.(그림 4)

자합은 모양에 따라 용도도 각기 달랐는데 다양한 화장 도구와 용품을 보관했다. 한강邗江 요장姚莊 서한 고분에서 출토된 염합은 원형과 타원형 자합 내에 지분을 넣고 마제형 자합 내에는 빗을, 장방형 자합 내에는 비녀를 보관했다.[2] 마왕퇴 1호 고분에서 출토된 채회 쌍층 구자 칠렴彩繪雙層九子漆奩은 아래위 2단으로 되어 있는데, 윗단에는 장갑과 비단 수건 등을 넣고 아

2 揚州市博物館, 〈江蘇邗江姚莊101號西漢墓〉, 《文物》, 1988, 第2期.

그림 5. 한강 감천 서한 고분에서 출토된 2단 칠렴합

그림 6. 산동 일조 해곡 서한 고분에서 출토된 오자렴

그림 7. 양주 호장 서한 고분에서 출토된 칠자렴

그림 8. 장사 마왕퇴 1호 고분에서 출토된 구자렴

랫단에 있는 아홉 개의 자합 안에 백분, 유채油彩(기름 성분의 분장용 색조 화장, Dohran), 연지, 가발, 분첩, 빗, 붓을 넣었다.[3] 대체로 화장 도구와 용품, 머리를 단장하는 도구 등으로 나눌 수 있다.

칠렴합은 대부분 1단으로 되어 있지만 2단으로 된 것도 있는데, 한강邗江 감천甘泉 서한 고분에서 2단 칠렴합[4](그림 5)이 출토되었고 장사 마왕퇴 1호 고분에서 일곱 개의 자합이 있는 2단 칠렴합이 출토되었다.

마왕퇴 1호 고분에서 함께 출토된 수장품 목록 '물소간物疏簡'에 '五子檢一合(오자검 1합)', '九子曾檢一合(구자증검 1합)'[5]이라는 기록이 있다. 일반적으로 염합 내 작은 합의 수에 따라 다섯 개 자합이 있는 경우 '오자렴'이라고 한다. 산동성 일조日照 해곡海曲 서한 고분[6]에서 출토된 칠기 화장렴이 '오자렴'이다.(그림 6) 일곱 개의 자합이 들어 있는 화장렴은 '칠자렴'이라

3 揚州博物館, 中國科學院考古硏究所,《長沙馬王堆一號漢墓》, 北京: 文物出版社, 1973.
4 揚州市博物館,〈揚州西漢"妾莫書"木槨墓〉,《文物》, 1980, 第12期.
5 中國科學院考古硏究所,《長沙馬王堆一號漢墓》, 北京: 文物出版社, 1973.
6 山東省文物考古硏究所,〈山東日照海曲西漢墓(M106)發掘簡報〉,《文物》, 2010, 第1期.

하는데 양주 호장胡場 서한묘[7], 산동 임기臨沂 은작산銀雀山 서한 고분[8]에서 출토된 칠기 화장렴(그림 7)이 있다. 아홉 개의 자합이 들어 있는 것은 '구자렴'이라고 하는데, 장사 마왕퇴 1호 고분에서 출토된 2단 칠렴합[9](그림 8)이 있다. 현재까지 출토된 화장렴 가운데 자합이 가장 많은 것은 자합이 11개인 '십일자렴'이인데, 안타깝게도 고고학 조사 보고서에 나오는 '십일자자렴'에 관한 내용이 상세하지 않다.[10]

2. 중국 고대 여성들의 화장과 일상 생활

'梳'는 쪽진 머리를 빗고 정리하는 것을 가리키는데 《설문》 목부木部에서는 "梳는 머리털을 다듬는 것이다梳, 理髮也"라고 풀이했다. 서한 양웅揚雄의 〈장양부長楊賦〉에 "頭蓬不暇梳(머리가 쑥덤불이 되어도 빗을 겨를이 없다)"라는 구절이 나오고, 《신당서新唐書》 오긍전吳兢傳의 "朝有諷諫, 猶發之有梳(조정의 풍간은 머리빗과 같다)"라는 구절이 나온다.

'妝(장)'은 얼굴을 꾸미고 화장하는 것을 가리키는데 《설문》 여부女部에서는 "妝은 꾸미는 것이다妝, 飾也"라고 풀이했다. 서한 사마상여의 〈상림부上林賦〉에 "靚妝刻飾(정장각식)"이라는 구절이 나온다. 《후한서》 양기전梁冀傳에는 "冀妻孫壽, 美而善為妖態, 作愁眉啼妝(양기의 처 손수는 아름답고 요염한 자태가 뛰어났는데 눈썹을 찡그리고 우는 모양으로 꾸몄다)"라고 했다. 후주後周 왕인유王仁裕의 《개원천보유사開元天寶遺事》에서는 "妃嬪施粉於兩頰, 號淚妝(비빈들이 두 볼에 분을 발랐는데 누장이라고 했다)"라는 구절이 나온다.

머리 단장과 얼굴 화장을 함께 일컫는 말은 '梳妝(소장)' 이다. 당나라 진도옥秦韜玉 〈빈녀貧女〉에 風流高格調, 共憐時世儉梳妝(어느 누가 나의 고상한 품격과 정조를 사랑할까, 모두들 세상에서 유행하는 꾸밈만 좋아하네)"라는 구절이 나오고 송나라 장선張先 〈서강월西江月〉에 "體態看來隱約, 梳妝好是家常(아련하게 보이는 자태, 날마다 아름답게 꾸미네)라는 구절이 나온다.

한대 여성들이 단장과 화장을 할 때 사용했던 물건은 크게 도구류와 재료류 두 가지로 나

7 揚州博物館, 邗江縣文化館, 〈揚州邗江縣胡場漢墓〉, 《文物》, 1980, 第3期.

8 山東省博物館, 臨沂文物組, 〈臨沂銀雀山四座西漢墓葬〉, 《考古》, 1975, 第6期.

9 湖南省博物館, 中國科學院考古研究所, 《長沙馬王堆一號漢墓》, 北京: 文物出版社, 1973.

10 長沙市文化局文物組, 〈長沙鹹家湖西漢曹墓〉, 《文物》, 1979, 第3期.

눌 수 있는데 도구류에는 화장을 할 때 사용하는 도구, 머리를 손질할 때 사용하는 도구 등이 있고 재료류는 주로 화장품이다.

1) 화장 도구

단장이나 화장을 할 때 주로 사용하는 도구에는 빗과 동경이 있다. 빗은 마제형 자합(그림 9) 안에 보관했다. 직경이 큰 동경은 염합 안에 보관하고 직경이 작은 동경은 원형 자합 안에 보관했다.

빗은 빗살이 성긴 소자梳子와 빗살이 촘촘한 비자篦子가 있었다. 《설문》 목부木部와 죽부竹部에서 각각 "梳, 理髮也('소梳'는 머리털을 다듬는 것이다)", "篦, 導也(비는 '도導'다). (그림 10) 今俗謂之篦(오늘날에는 '소篦'라고 이른다)"라고 풀이했다. 동한 최식崔寔의 〈정론政論〉에 "無賞罰而欲世之治, 是猶不畜梳櫛而欲發之治也(상벌 없이 세상을 다스리는 것은 빗질을 하지 않고 머리털을 다스리는 것과 같다)"라는 구절이 나온다. 당나라 두보의 〈수숙견흥봉 정군공水宿遣興奉呈群公〉에 "發短不勝篦(짧은 머리가 촘촘한 빗을 이기지 못한다)"라는 구절이 나온다.

그림 9. 우이 대운산 서한 고분에서 출토된 마제형 자합
그림 10. 우이 대운산 서한 고분에서 출토된 목소(좌)와 목비(우)
그림 11. 우이 대운산 서한 왕비 고분에서 출토된 동경

동경(그림 11)은 화장할 때 얼굴을 비춰 보기 위한 필수 도구였다. 《설문》 금부金部에서 "경鏡은 경景이다鏡, 景也"라고 풀이했다. 남조 시기 양나라 고야왕顧野王의 《옥편玉篇》에서는 "경鏡은 감鑑이다鏡, 鑑也"라고 풀이했다. 《한서漢書》 한안국전韓安國傳에는 "淸水明鏡, 不可以形逃(맑은 물이 밝은 거울과 같아서 모습을 숨길 수 없다)"라는 구절이 나온다. 《악부시집樂府詩集》 〈목란사木蘭辭〉에 "當窗理雲鬢, 對鏡貼花黃(창을 바라보며 구름 같은 머리를 가다듬으며 거울 앞에서 화황을 붙인다)"라는 구절이 나온다. 당나라 이백李白의 〈추포가

그림 12. 〈여사잠도(女史箴圖)〉, 동진 고개지 작
그림 13. 〈궁녀도(宮中圖)〉, 남당 주문구 작

秋浦歌〉 15수에 "不知明鏡裡, 何處得秋霜(밝은 거울 속 백발노인 어디서 가을서리를 맞았는지 모르겠구나)"라는 구절이 나온다.

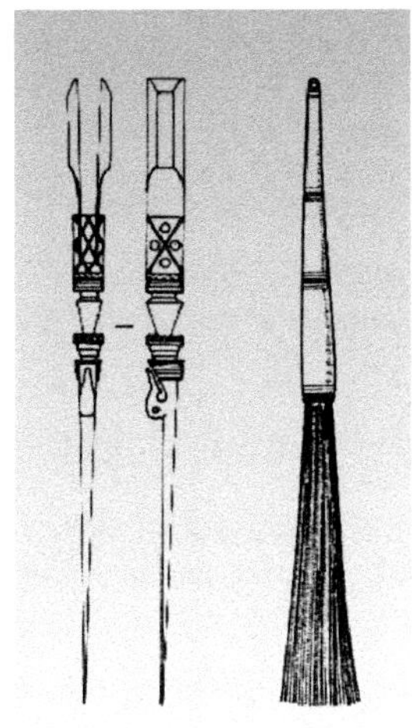

그림 14. 장사 마왕퇴 3호 고분에서 출토된 족집게, 1호 고분에서 출토된 솔

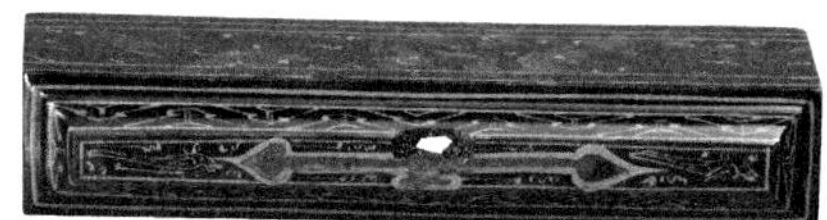

그림 15. 우이 동양 한나라 고분에서 출토된 장방형 염합

그림 16. 우이 동양 한나라 고분에서 출토된 원형 자염합과 타원형 자염합

고대 여성들의 단장과 화장은 매우 은밀하게 이루어졌다. 동진 고개지顧愷之의 〈여사잠도女史箴圖〉(그림 12)와 남당 주문구周文矩의 〈궁녀도宮中圖〉(그림 13)를 보면, 거울을 보면서 얼굴을 꾸미고 단장하는 고대 여성들의 모습이 생생하고 사실적으로 묘사되어 있다.

빗과 거울 외에 서한 시기 여성들이 사용했던 도구에는 분을 바르는 분첩이 있고 눈썹을 가다듬는 족집게와 눈썹칼, 눈썹먹을 가는 대판黛板과 연석研石, 눈썹을 그리는 눈썹 연필, 빗에 붙은 머리털을 청소하는 솔이 있다.(그림 14) 분첩은 보통 원형 자합에 보관하고 대판은 장방형 자합에 보관했다. 눈썹을 정리하는 족집게와 분을 바르는 용도의 솔은 보통 가로로 긴 장조형長條形 자합에 보관했다.(그림 15)

2) 화장 재료

서한 시기의 화장 재료에는 주로 분粉, 대黛, 지脂, 연지胭脂 등이 있다. 이 같은 화장 재료들은 원형이나 타원형 자합(그림 16)에 보관했다.

분은 고대 여성들의 화장품으로 얼굴 전체나 뺨에 바르는 흰색 가루다. 처음에는 쌀가루와 유지로 만들었으나 나중에는 추가로 납가루를 섞었다. 《설문》에서는 "분은 얼굴에 바르는 것이다粉, 傅面者也"라고 풀이했다. 서진 장화張華《박물지》 권4 물류物流 편에는 "납을 태우면 호분이 되는데 같은 종류다.燒鉛錫成胡粉, 猶類也"라는 구절이 있다.

"분粉은 분分인데, 쌀을 갈아서 흩어진게 한다. 호분胡粉의 호胡는 호糊다. 지脂와 함께 얼굴에 바른다. 정분赬粉의 정赬은 적赤이다. 분을 붉게 물들여서 볼에 바른다.粉, 分也, 研米使分散也. 胡粉, 胡, 糊也, 脂和以塗面也. 赬粉, 赬, 赤也, 染粉使赤, 以著頰上也."

"예부터 얼굴에 바르는 것은 쌀가루도 사용했는데 그것을 물들여서 홍분으로 만들고, 훗날에는 납을 태워서 분을 만들었다.古傅面亦用米粉, 又染之為紅粉, 後乃燒鉛為粉"

분이 포함된 말에는 '분대'와 '지분'이 있다.

'대黛'는 고대 여성들의 화장품으로 눈썹을 그릴 때 사용하는 검은색 분말이다. 유지가 함유된 소나무 그을음으로 만든다. 《설문》 흑부黑部에서는 "대黛는 눈썹을 그리는 것이다黛, 畵眉也."라고 풀이했다. 서한 류향의 《석명》 석수식 편에서는 "대黛는 대代다. 눈썹을 없애고 그 자리에 대신 그려넣는다.滅眉毛去之, 以此畵代其處也."라고 풀이했다. 《한비자韓非子》 현학顯學 편에는 "모장과 서시의 아름다움을 찬양한다고 해서 내 얼굴이 아름다워지지 않고, 지택과 분대를 쓰면 처음보다 곱절로 나아진다.故善毛嬙西施之美, 無益吾面, 用脂澤粉黛, 則倍其初."라는 구절이 있다. 《초사楚辭》 대초大招 편에는 "粉白黛黑, 施芳澤只(하얀 분과 검은 대, 아름다운 향기 자취만 남았네)"라는 구절이 있다. 당나라 백거이白居易의 〈장한가長恨歌〉에는 "回眸一笑百媚生, 六宮粉黛無顏色(힐끗 미소를 지으면 온갖 교태가 피어나니, 분과 대를 바른 육궁의 여인들 얼굴빛이 사라졌다)"라는 구절이 있다. 후촉後蜀 고형顧夐의 〈우미인虞美人〉에 "曉帷初捲冷煙濃, 翠匀粉黛好儀容, 思嬌慵(새벽에 휘장을 걷어 올리니 차가운 안개가 짙게 드리웠네. 깃털로 분과 대를 고루 바르고 아름답게 단장한 미인 슬픔과 무기력에 젖어 있네)"라는 구절이 있다.

'지脂'는 《설문》 육부肉部에서 "脂, 戴角者脂, 無角者膏(뿔 달린 짐승의 기름은 지, 뿔 없는 짐승의 기름은 고라 한다)"라고 풀이했다. 소와 양은 뿔이 있는 짐승이고 돼지는 뿔이 없는 짐승이다. '지'의 본 뜻은 소나 양 등 뿔이 있는 동물의 유지, 즉 응고가 되는 동물성 유지이다. 그래서 응고되는 지방 '응지凝脂'라고도 한다. 《예기禮記》 내칙內則 편에 "脂膏以膏之(지와 고로 기름지게 한다)"라는 구절이 있고 공영달孔穎達이 "凝者為脂, 釋者為膏(굳은 것은 지, 녹은 것은 고다)"라고 소疏를 달았다. '지脂'도 고대 여성들이 많이 사용하던 화장품이다. 《시경》 위풍衛風 편 〈석인碩人〉에 "手如柔荑, 膚如凝脂(손은 부드러운 새싹과 같고, 피부는 응지와 같다)"라는 구절이 있다. 남조(송) 류의경劉義慶의 《세설신어世說新語》 용지容止 편에 "面如凝脂, 眼如點漆, 此神仙中人(응지 같은 얼굴, 새까만 눈동자가 신선인듯하다)"라는 구절이 있다. 당나라 백거이의 〈장한가〉에 "春寒賜浴華清池, 溫泉水滑洗凝脂(봄추위에 성은을 입고 화청지에서 목욕을 하네, 온천물이 응지 같은 피부를 미끄러지듯 씻어내리네)"라는 구절이 있다.

'지'는 또 입술에 바르는 순지脣脂와 얼굴에 바르는 면지面脂로 나뉜다. 순지는 적석赤石이나 주사를 섞어서 붉은빛을 띤다. 면지는 향료만 섞고 안료를 섞지 않아 무색으로 투명하다. 서한 류향劉向의 《석명釋名》 석수식釋首飾 편에서 "脣脂, 以丹作之, 象脣赤也.(순지는 단으로 만드는데, 입술처럼 붉다)"라고 했다. 붉은 입술 연지는 고대에 주순朱脣, 강순絳脣, 단순丹脣 등 여러가지 이름으로 불렀다. 초나라 송옥宋玉의 〈신녀부神女賦〉에 "眉聯娟以蛾揚兮, 朱脣的其若丹(가늘고 둥근 눈썹은 누에나비의 더듬이와 같고, 붉은 입술은 단사와 같다)"라는 구절이 있다. 서한 양웅楊雄의 〈촉도부蜀都賦〉에 "眺朱顏, 離絳脣, 眇眇之態, 吡噉出焉(발그스레한 얼굴을 바라보니 진홍빛 입술이 벌어져 있고 아름다운 자태로 손짓을 하며 열광적으로 춤을 춘다)"라는 구절이 있다. 위나라 조식曹植의 〈낙신부洛神賦〉에 "丹脣外朗, 皓齒內鮮(붉은 입술 깨끗하고, 새하얀 이 그 안에서 빛나는구나)"라는 구절이 있다. 남조(양) 비창費昶의 〈춘교망미인春郊望美人〉에 "粉光猶假面, 朱色不勝脣(분가루 빛은 가면과 같고, 붉은색은 입술을 이기지 못한다)"라는 구절이 있다.

중국의 고대 화장품 가운데 가장 중요한 것은 '연지'다. 연지는 또 연지臙脂, 연지燕脂, 언지焉支, 연지燕支라고도 불렀다. 돈황곡자사敦煌曲子詞 〈유청랑柳青娘〉에 "故著胭脂輕輕染, 淡施檀色注歌脣(가볍게 연지를 물들이고, 옅은 단향목색 입술을 바르고 노래하네)"라는 구절이 있다. 두보의 〈곡강대우曲江對雨〉에 "林花著雨臙脂濕, 水荇牽風翠帶長(숲속의 꽃 비에 젖어 촉촉한 연지같고, 물위의 마름풀 바람에 이끌려 푸른띠처럼 나아가네)"라는 구절이 있다. 남조(양) 소통蕭統의 〈미인신장美人晨妝〉에 "散黛隨眉廣, 燕脂逐臉生(검은 눈썹먹 눈썹따라 퍼져가고 연지는 볼위에서 피어난다)"라는 구절이 있다. 남조(진) 서릉徐陵의 《옥대신영玉臺新詠》 서문에 "南都石黛, 最發雙蛾; 北地燕脂, 偏開兩靨(남도의 석대로 아름다운 눈썹을 그렸으며, 북방의 연지로 양쪽 보조개를 만들었다)"라는 구절이 있다. 당나라 원진元稹의 〈이사離思〉에 "自愛殘妝曉鏡中, 環釵漫篸綠絲叢. 須臾日射燕脂頰, 一朵紅蘇旋欲融(이른아침 거울에 비친 화장기 사라진 모습을 좋아했네, 귀걸이와 비녀 검은 머리칼안에 어지러이 뒤섞였네. 잠시 후 해가 붉은 연지처럼 볼을 비추면, 한 떨기 붉은 꽃이 또다시 피어나려하네)"라는 구절이 있다. 당나라 장수절張守節의 《사기정의史記正義》에서는 《서하고사西河故事》를 인용한 "匈奴失祁連, 焉支二山, 乃歌曰, 亡我祁連山, 使我六畜不蕃息, 失我焉支山, 使我婦女無顏色(흉노가 기련산과 언지산을 잃고 노래하기를, 우리 기련산을 잃었으니 가축들은 자랄 수가 없게 되었네, 우리 언지산을 잃었으니 여인들은 얼굴에 빛깔이 사라졌네)"라는 구절이 있다. 서진 최표崔豹의 《고금주古今注》 초목草木 편에 "燕支, 葉似薊, 花似蒲公, 出西方. 土人以染, 名為燕支, 中國亦謂為紅藍. 以染粉為婦人色, 謂為燕支粉(연지는 잎은 엉겅퀴를, 꽃은 포공을 닮았는데 서방에서 난다. 그곳 사람들은 물을 들이는데 사용하였으며 이름은 연지인데 중국에서는 홍람이라고도 한다. 가루에 물을 들여서 부인들이 사용하는데 연지분이라고 한다)"라는 구절이 있다. 당나라 은요번殷堯藩의 〈취생가吹笙歌〉에 "伶兒竹聲愁繞空, 秦女淚濕燕支紅(악공의 슬픈 생황소리 공중을 맴돌고, 진녀의 눈물 붉은 연지를 적시네)"라는 구절이 있다. 송나라 육유陸游 〈신진소연지명일욕유수각사이우부과정범사인新津小宴之明日欲遊修覺寺以雨不果呈範舍人〉에 "風雨長亭話別離, 忍看清淚濕燕脂(비바람 몰아치는 역참에서 이별의 말 나누는데, 맑은 눈물에 젖은 연지 차마 볼 수 없네)"라는 구절이 있다.

연지는 중국 서북 지역의 언지산焉支山이 원산지다. 흉노의 귀족 여성들은 "閼氏(연지)"로 얼굴을 꾸몄다. 기원전 139년, 장건張騫이 서역에 출사를 갔다가 이국풍의 용기와 문화 용품을 대량으로 가지고 돌아왔는데 당시에 연지가 들어왔을 수도 있다. 연지가 유행하면서 한대 여성들은 화장을 할 때 연지 등을 이용해서 붉게 화장하는 '홍장紅粧'을 하는 경우가 점차 늘어났다.

위진남북조에서 수당 때까지 얼굴에 연지를 바른 여성을 홍장紅粧이나 홍안紅顏이라고 불렀다. 《고시 19수》 〈청청하반초青青河畔草〉에 "娥娥紅粉妝, 纖纖出素手(아름다운 여인 홍분으로 단장하고, 새하얀 섬섬옥수를 내미네)"라는 구절이 있다. 《악부시집》 〈목란사木蘭辭〉에 "阿姊聞妹來, 當戶理紅妝(언니가 동생이 온다는 소식을 듣고, 홍장을 하고 이문 앞에 나가네)"라는 구절이 있다. 당나라 왕창령王昌齡의 〈청루곡青樓曲〉에 "馳道楊花滿御溝, 紅妝漫綰上青樓(대군이 치도로 돌아오고 궁궐 밖 개울에 버드나무 꽃 가득하네, 홍장을 한 여인들 누각 위로 올라가네)"라는 구절이 있다. 당나라 동사공董思恭의 〈소군원昭君怨〉에 "斟酌紅顏改, 徒勞握鏡看(홍안을 고치려고 부질없이 거울을 잡고 보네)"라는 구절이 있다.

3) 기타 소품

서한 때는 칠렴합 안에 화장 도구와 화장품 외에 옥잠玉簪, 금채金釵, 은채銀釵 같은 머리 장신구와 이마나 얼굴에 붙이는 종이꽃을 보관해 두기도 했다. 서한 사마상여의 〈미인부美人賦〉에 "玉釵掛臣冠(옥잠을 신하의 관에 꽂았다)"라는 구절이 있다. 《악부시집》 〈목란사〉에 "對

鏡貼花黃(거울을 마주하고 화황을 붙이네)"라는 구절이 있다. 이외에 또 두건, 장신구, 인장 등을 보관하기도 했다.

가발도 서한 시기 칠렴합에서 자주 나타난다. 마왕퇴 1호 고분에서 흑사黑絲 가발이 출토되기도 했다. 고대에는 짙은 색의 머리를 좋아했다. 칠흑같이 검고 빛나는 풍성하고 긴 머리카락은 중국 고대 미녀의 기준이었다. 그래서 당시에 가발이 유행하기도 했다.

가발은 고대에 '체髢'라고 했다. 《시경》 용풍鄘風 편 〈군자해로君子偕老〉에 "鬒髮如雲, 不屑髢也(검게 빛나는 머리 구름과 같아, 가발은 필요도 없다네)"라는 구절이 있다. 이에 공영달이 "髢, 一名髲. 髲, 益發也. 言人發少, 聚他人發益之也.(체髢는 피髲라고도 한다. 피는 머리털을 많게 만든다. 사람의 머리털이 적으면 다른 사람의 것을 모아서 머리털를 늘린다)"라고 주석을 달았다. 《좌전左傳》 애공哀公 17년에 "初, 公自城上見己氏之妻髮美, 使髡之, 以為呂姜髢.(공이 기씨의 처가 머리칼이 아름다운 것을 보고 그것을 깎아 여강의 가발로 만들었다)"라는 구절이 있다. 《후한서後漢書》 마료전馬廖傳에 "城中好高髻, 四方高一尺, 城中好廣眉, 四方且半額(성안에서는 높게 틀어올린 머리를 좋아하여 사방에서 한 자씩이나 높게 틀어올렸다. 성안에서는 넓은 눈썹을 좋아하여 사방의 눈이 이마의 절반을 차지하였다.)"라는 구절이 있다. 서진 좌사左思의 〈교녀嬌女〉에 "鬢髮覆廣額, 雙耳似連璧.(빈발이 넓은 이마를 덮었고, 두 귀는 한 쌍의 벽옥을 닮았다)"라는 구절이 있는데 당시 미녀의 모습을 그린 것이다.

3. 고대 중국 여성들의 화장 문화

고대 중국 여성들의 화장 문화는 신석기시대 때부터 시작되었다. 절강성 가흥 성가돈盛家墩 유적지에서 뼈로 만든 빗이 출토되었고 해염현海鹽縣 주가빈周家浜 M30에서 상아빗이 출토되었다. 하상주시기에도 돌 빗, 상아 빗, 뼈 빗, 구리 빗, 나무 빗 등이 있었지만 당시에 여성들의 화장문화가 형성되었을 지는 현재로서는 성급하게 단정하기 어렵다.

전국시대는 중국 여성들의 화장 문화가 처음 형성되던 시기였으며 서한시대는 화장 문화가 발전을 이루어 가던 시기이자 첫번째 절정기였다. 칠렴합이 서한시대 여성 화장 문화의 물적 산물로서 화장 문화 발달의 매개체이자 증거물의 역할을 하고 있다.

화장 문화는 고대 중국의 예의禮儀 문화를 구성하는 중요한 부분이다. 서한 때 형성된 여성 화장 문화는 찬란한 중국 문화의 유기적인 구성 요소로서 위진남북조와 수당시기 여성 화장 문화에 많은 영향을 미쳤다.

A Study on Mirrored Dressing Tables

경대鏡臺 소고小考

리우팡팡劉芳芳

옛 사람들이 얼굴과 옷 매무새를 가다듬을 때 사용했던 동경銅鏡은 고대의 생활 필수품이었다. 동경은 손에 들거나 벽에 매달거나 탁상 위에 올리거나 세 가지 방식으로 사용되었는데 한대漢代 화상석畵像石에서 동경을 들고 얼굴을 비추는 인물 형상이 다수 발견된다. 강소성 서주徐州 한대 화상석에는 상아嫦娥가 손에 둥근 거울을 들고 얼굴을 비추는 장면이 있다.[1] 거울 뒷면에는 뉴鈕가 있는데 손에 들거나 걸어 두기 좋도록 비단끈이 묶여 있는 경우가 많다. 그러나 머리와 얼굴을 단장하고 옷 매무새를 가다듬을 때 손으로 동경을 들어야 한다면 상당히 불편했기 때문에 동경을 세워 두기 위한 용도로 경대가 등장하게 되었을 것이다.

'경대'라는 명칭이 등장한 최초의 문헌은 남조南朝 류의경劉義慶의 《세설신어世說新語》인데 동진東晉의 장군 온교溫嶠가 결혼 예물로 옥경대玉鏡台를 보냈다는 내용이다. 《설문說文》 지부至部에서는 '臺(대)'자를 "사방을 둘러보는 높은 곳觀四方而高者"이라고 풀이했다.[2] 경대는 동경을 세워 두는 장치로서 받침대 모양도 있어 고고학 보고서에는 경가鏡架라는 명칭을 주로 사용하지만 이 글에서는 옛 문헌을 따라 '경대'라는 명칭을 사용한다.

경대는 동경을 세워 두기 위한 부속 도구로서 거울을 고정하고 높이를 높이기 위해 바닥면보다 높은 보조 받침대를 사용한다. 어떤 경대는 화장 도구를 올려 두기 위해 경대 위에 소

1 武利華,《徐州漢畵像石》, 北京: 線裝書局, 2002, 70쪽, 그림 90.
2 許慎,《說文解字注》, 上海: 上海古籍出版社, 1981, 585쪽.

형 받침대를 따로 만든 경우도 있다. 경대를 사용하게 되면서 화장을 하는 두 손은 완벽한 자유를 얻게 되었다. 또 바닥에 앉아서 얼굴 전면을 똑바로 볼 수 있어서 화장하기가 매우 편해졌다. 그래서 경대의 등장은 동경 발전의 역사에서 중요한 이정표라 할 수 있다. 경대에 대한 연구로는 한대 경대에 관한 손기孫機 선생의 기초 연구가 있고 명청 시대의 경대를 알린 왕세양王世襄 선생의 연구가 있다.[3] 이 외에 학계에서 경대의 발전 역사를 체계적으로 고찰한 연구는 전무하다. 그래서 필자는 비천한 지식을 무릅쓰고 각종 고고학 발굴 자료와 유물 자료, 문헌 자료 등을 바탕으로 경대에 관한 초보적 연구를 시도하고 여러 전문가들의 가르침을 구하고자 한다.

1. 한당漢唐 시기의 경대

구체적으로 경대가 언제 생겨났는지 아직 단정할 수는 없지만 최소한 전국시대에는 이미 경대가 존재했다. 현존하는 최고最古의 경대는 전국시대 중후반에 조성된 호북성 구련돈九連墩 초나라 1호 고분에서 출토된 것이다. 이 경대는 두 개의 나무판을 위아래로 겹쳐서 휴대용 화장합을 만들고 그 안에 거울을 넣는 형태다.(그림 17) 나무판에 동경, 빗, 연지통을 넣을 수 있도록 각각의 크기에 맞춰 구멍을 파낸 후 중하단 위아래에 늘였다 줄였다 할 수 있는 받침대를 장착해 거울을 받칠 수 있게 만든 아이디어가 참신하고 정교하다.[4] 접이식 내장 경대는 한진漢晉 이후에 등장한 독립식 경대와는 다르지만 경대의 주요 기능은 모두 갖추고 있다.

그림 17. 구련돈 초나라 1호 구분에서 출토된 휴대형 화장합

동경은 전국시대에서 양한兩漢에 이르는 동안 직경이 커지면서 무게도 무거워졌다. 특히 동한의 동경은 서한과 전국시대 때보다 직경이 현저하게 커졌다. 또 거울 뒷면 뉴鈕의 크기도 서한 때보다 더 크고 돌출된 형태로

3 孫機,《漢代物資文化資料圖說(增訂本)》, 上海: 上海古籍出版社, 2008, 316쪽; 王世襄,《明式傢俱研究》, 北京: 生活·讀書·新知三聯書店, 2008, 212-217쪽.

4 湖北省博物館,《九連墩 — 長江中游的楚國貴族大墓》, 北京: 文物出版社, 2007, 85쪽.

바뀌었다. 이것은 아마 편리성을 위해 거울을 경대에 삽입하는 형태로 바뀌면서 나타난 변화일 것이다.

서한 초기의 경대는 아직 발견된 실물은 없지만 출토된 다른 동경을 통해 실마리를 찾을 수 있다. 안휘성 소호巢湖 북산 한나라 1호 고분에서 양면으로 된 대형 동경이 몇 점 출토되었는데 각각의 경갑鏡匣에 담겨 있었다. BM 1:3, 삼현뉴三弦鈕와 원형 뉴좌鈕座가 달려 있고 거울면이 매끄럽게 연마되어 있다. 크기는 직경 37cm, 가장자리 두께 0.9cm로 현재까지 한대 고분에서 출토된 동경 가운데 최대 크기다. 같은 고분에서 출토된 또 다른 동경은 직경 33cm, 가장자리 두께 1.5cm다.[5] 이 같은 대형 동경도 두 손으로 들고 사용할 수는 있지만 머리를 빗거나 화장을 할 때는 거울을 지탱해줄 수 있는 장치가 필요했다. 발굴 보고서에 따르면 고분의 조성 시기는 문제文帝와 경제景帝 무렵인데, 이에 근거하여 필자는 서한 초기에 이미 대형 동경을 지탱할 수 있는 장치인 경대가 존재했을 것으로 추정한다.

늦어도 서한 말기에는 소형 거울 받침대가 출현했다. 1985년, 하북성 양원陽原 삼분구三汾溝 서한 9호 고분 남관南棺에서 보고서에 '목경탁木鏡托'으로 기재된 경가鏡架 두 점이 발굴되었다.[6] 이 가운데 칠렴漆奩 안에서 나온 한 점은 호문弧紋 동경에 원형 목경탁이 부착된 형태로 거울 바깥에 견絹, 포布, 초석草席 조각이 층별로 둘러 싸여져 있다. 또 사유사리경四乳四螭鏡에도 목경탁이 달려 있다. 그런데 안타깝게도 보고서에 전술한 목경탁 두 점의 형태와 외관에 대한 언급이 없어서 고증할 방법이 없다.

그림 18. 연운항 관운현 용저성 유적지 한나라 고분에서 출토된 동경과 경가(관운박물관 소장품)

강소성 연운항連雲港 관운灌雲 박물관에 작고 정교한 경가鏡架가 한 점 소장되어 있는데, 용 네 마리가 엇갈려 있는 모양의 장조형長條形 경가다. 경가의 양쪽 끝에는 용 머리 두 개가 등을 맞대고 뻗어 나와 전체적으로 대칭을 이루고 있다. 한쪽 끝의 용 머리 두 개는 뒷부분이 각각 경뉴鏡鈕에 눌려 있다. 또 다른 한쪽 끝은 용 머리 두 개가 거울 가장자리와 함께 거울을 받치는 세 개의 지지점을 이루고 있다.(그림 18) 이 경가

5 安徽省文物考古研究所・巢湖市文物管理所,《巢湖漢墓》, 北京, 文物出版社, 2007, 103쪽.
6 河北省文物研究所·張家口地區文化局, 〈河北陽原三汾溝漢墓羣發掘報告〉,《文物》, 1990, 第1期.

그림 19. 산동성 기남현 한대 화상석. 치장하는 여인들의 모습

는 직경 18cm 동경에 딸린 것으로 용저성龍苴城 유적지에 있는 서한 말기에서 동한초기 사이의 고분에서 출토되었다.

한대 화상석에 나타나는 자료들을 볼 때, 동한 때 입주상立柱狀 경대가 출현했다. 두 가지 형태가 주로 보여지는데 하나는 기둥 중간에 장방형 선반을 가로놓고 기둥 꼭대기에 동경을 세로로 꽂는 형태다. 또 한 종류는 좌대 중앙에 세운 기둥이 꼭대기에서 양쪽으로 갈라져 좌우 대칭의 반원호형을 이루고 그 사이에 있는 홈 안에 동경 가장자리의 절반이 꽂히는 형태다. 편의상 이 글에서는 전자를 '선반식 주상柱狀 경대', 후자를 '삽입식 주상 경대'로 부르고자 한다.

산동성 기남沂南에 있는 한대 화상석에 여인들이 매무새를 가다듬는 장면이 나온다. 그림에 세 여인이 서 있는데, 좌측의 여인이 손에 선반식 주상 경대를 들고 있다. 둥근 돔형 좌대 중앙에 기둥을 세운 이 경대는 기둥에 장방형 선반을 가로 질렀다. 기둥 꼭대기에 권운형卷雲形 장치가 달려 있으며 거울은 달려 있지 않다.[7](그림 19) 이에 대해 필자는 권운형 장치 안에 거울을 삽입할 수 있는 홈이 있었을 수도 있고, 동경을 장방형 선반 위에 놓을 때 권운형 장치가 상부 지지대 역할을 했을 수도 있다고 추정한다.

1984년, 안휘성 마안산馬鞍山에 있는 주연朱然[8]의 무덤에서 귀족들의 일상이 그려진 칠기 쟁반이 출토되었는데 그림 좌측에 경대 앞에 꿇어앉아 화장을 하는 여인의 모습이 있다. 이 그림 에 있는 경대는 주상柱狀 경대로서 동경이 하나 걸려 있고 중간에 장방형 선반이 설치되어 있다. 경대 옆에는 뚜껑이 열린 화장합이 놓여 있다.[9] 이러한 종류의 경대는 역사가 긴 편

7 中國畫像石全集編輯委員會 編,《中國美術分類全集·中國畫像石全集·山東漢畫像石》, 濟南: 山東美術出版社, 鄭州: 河南美術出版社, 2000, 171쪽, 그림 222.

8 역주: 주연(朱然, 182-249). 삼국시대 동오(東吳)의 좌대사마(左大司馬), 우군사(右軍師).

9 安徽省文物考古研究所等,〈安徽馬鞍山東吳朱然墓發掘簡報〉,《文物》, 1986, 第3期.

이다. 동진東晋 고개지顧愷之의 《여사잠도女史箴圖》에 등장하는 경대도 선반식 주상 경대로서 삼국시대 주연의 무덤에서 출토된 칠기 쟁반 그림에 있는 경대와 흡사하다. 《여사잠도女史箴圖》의 여러 그림 가운데 치장하는 장면을 그린 그림에는 우측에 앉아 있는 사람이 왼손에 거울을 들고 얼굴을 비추면서 오른손으로 머리를 매만진다. 좌측에 있는 여인은 거울 앞에 단정하게 앉아 있고 뒤쪽에서 한 여인이 머리를 빗어주고 있다. 두 여인 모두 앞쪽에 경대가 놓여 있고 주변에 화장 도구들이 흩어져 있다. 그림 속의 경대는 시체문柿蒂紋으로 꾸민 둥근 돔형 좌대 위에 기둥을 세운 형태다. 원형 동경에 달린 경뉴에 기둥 끄트머리가 꽂혀 있고 경뉴에 묶인 붉은 비단끈이 보인다. 기둥 중간에 화장 도구를 담을 수 있는 장방형의 얕은 선반이 있다. (그림 20)

그림 20. 동진 고개지의 《여사잠도(女史箴圖)》(부분)

한대의 삽입식 주상 경대는 바닥 좌대 위에 기둥을 세운 다음 다시 홈이 파인 반원형 경탁鏡托을 달고 홈에 거울을 삽입했다. 상해박물관에 소장되어 있는 동한 때의 유금鎏金 용문龍紋 경대는 현재까지 발굴된 경대 실물 가운데 가장 오래 된 것으로 가장 정교하고 아름다운 경대이기도 하다. 이 경대는 몸통 전체를 유금으로 처리하고 홈이 파인 반원형 경탁에 '장의자손長宜子孫'[10] 연호문경連弧紋鏡을 삽입했다. 경탁의 양 끄트머리에는 용머리가 하나씩 달려 있다. 아래에 있는 기둥은 중앙이 비어 있는 사각 기둥이다. 연결부는 사복형四蹼形으로 중간에 곡선으로 갈라진 틈이 있다. 경대 크기는 높이 36.5cm, 너비 36.5cm다. (그림 21).[11] 상해박물관의 경대와 형태가 유사한 경대가 미국 넬슨-앳킨스 미술관에도 소장되어 있다. 쌍룡수 호형弧形 삽입식 유금동鎏金銅 경대로 동한 팔연호문八連弧紋 거울을 착탈할 수 있다.[12] 이 경대는 좌대

10 거울에 자손의 번창을 기원하는 장(長), 의(宜), 자(子), 손(孫) 네 개 글자를 새겼다.

11 胡佳麟, 〈鏡映乾坤 — 羅伊德·扣岑先生捐贈銅鏡精粹展〉, 《文物天地》, 2013, 第1期.

12 Xiaoneng Yang, "A Han bronze mirror and its gilt bronze stand in the Nelson-Atkins Museum of Art", *Oriental Art*, 1996(1).

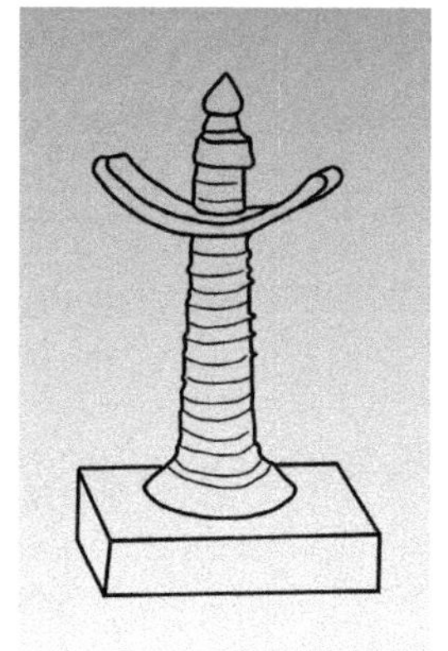

그림 21. 동한 유금 용문 경대
그림 22. 미국 넬슨앳킨스미술관 소장 . 한대 쌍용수 호형 유금 경대
그림 23. 안양 수대 고분에서 출토된 자기 경대
그림 24. 동한 고분에서 출토된 도기 경대

가 돔형이 아닌 납작한 원형이다. 좌대에 약간의 차이가 있는 것을 제외하면 나머지는 두 경대가 거의 같다.(그림 22) 서안西安의 유물보관소에 동한 때의 청동으로 된 용수龍首 경대 부속품들을 모아 놓은 것이 있다. 양 끝에 용머리가 달린 높이 17cm, 길이 30.5cm의 반원형 홈통과 장방형 기둥으로 이루어져 있는데 기둥 속의 빈 공간으로 연결 부품을 장착한다.[13] 이 부속품들은 삽입식 주상 경대의 경탁 부분이다.

구조가 단순한 삽입식 주상 경대는 수나라 때까지 계속 사용되었는데 당시 새롭게 등장한 자기를 도입하여 자기 재질 경대를 만들기도 했다. 하남성 안양安陽 개황開皇 15년(595년) 장성張盛의 무덤에서 삽입식 자기질 주상 경대가 동경과 함께 출토되었다.[14] 이 경대는 장방형 좌대 위에 꼭대기가 보주상寶珠狀인 기둥이 세워져 있고 동경을 올릴 수 있는 호형弧形 선반이 달려 있다.(그림 23)

동한 때는 높이를 조절할 수 있는 삽입식 주상 경대도 있었는데 좌식 생활을 하던 사람들의 앉은키에 맞출 수 있었다. 하북성 탁주시涿州市에 위치한 동한 중후기 고분에서 경대 명기明器가 출토되었다. 도기 재질로 된 이 경대는 상하 두 개 부분으로 이루어져 있다. 경대 하단

13 王長啓, 〈西安地區發現春秋戰國秦漢時期的青銅器〉, 《考古與文物》, 1992, 第5期.

14 이 경대는 발굴보고서에서 '명칭을 알 수 없는 기물' 로 표기되었다. 일부 학자들은 동경과 함께 출토된 점에 비추어 〈여사잠도〉 및 시가 등을 참고하여 경대로 판단하였는데 필자도 동의한다. 고고연구소 안양발굴대의 〈安陽隋張盛墓發掘記〉(《考古》, 1959, 第10期)와 錢柏泉의 〈鏡臺小說〉 (《考古》, 1961, 第2期)를 참고하라.

은 중앙이 빈 형태로 장방형 구멍이 있고 정면에 세 개의 둥근 구멍이 있다. 경대 상단은 T자형으로 횡단면이 장방형이고 아래로 갈수록 살짝 수렴되는 장부[15]를 하단의 장방형 구멍에 끼울 수 있다. 장부에서 위쪽 경가 사이에 네 개의 작은 구멍이 경가 아래 패옥 모양 경탁까지 이어져 있다. 경탁 위에 도경陶鏡이 있다. 도경 후방 경대 위 정중앙에 조금 큰 둥근 구멍이 하나 있고 좌우 양측 각각에 작은 구멍 두 개가 있다. 경대 최상단에 있는 장방형 가로대에 크기가 균등한 둥근 구멍 네 개가 있어 필요에 따라 올렸다 내렸다 할 수 있다. 경대 높이 114cm, 좌대 가로 24.6cm, 세로 24.5cm, 높이 11.6cm다.[16](그림 24)

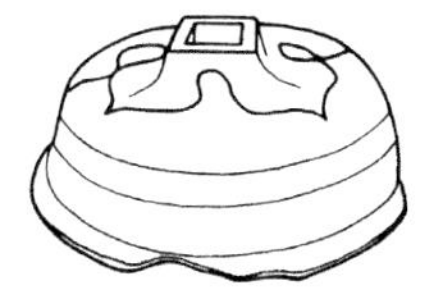

그림 25. 일본 오사카 시립 미술관 목재 칠기 경대 받침

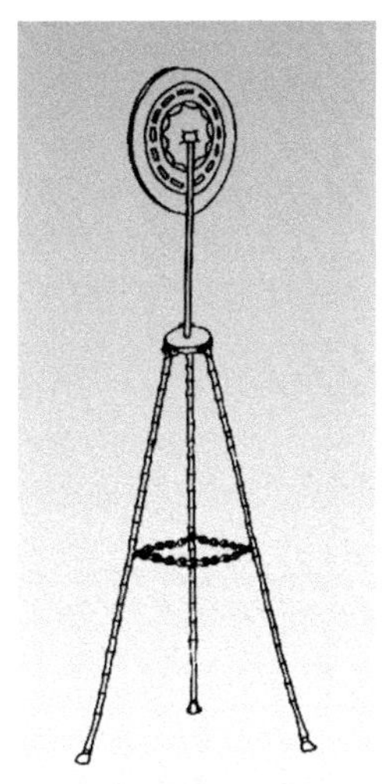

그림 26. 남경시 선학관 동진 6호 고분에서 출토된 유금동 거울 받침대 복원도

주상 경대는 한진漢晉 시기에 유행했다. 경대를 사용하지 않을 때는 좌대, 기둥, 둥근 경탁 등 부속품을 해체해서 보관할 수 있다. 경대 좌대는 청동 재질도 있고 나무 재질도 있다. 일본 오사카 시립 미술관에 칠기 원형 경대 받침이 소장되어 있는데, 직경 24cm로 크기나 조형적인 측면에서 자주 보여지는 경대 좌대와 유사하다.(그림 25) 시체문柿蒂紋이 있고 중앙에 기둥을 꽂을 수 있는 홈이 있는 점을 미루어 보면 경대의 부속품이었을 것이다. 한대에는 칠기가 성행하여 일상적으로 사용하는 경대도 목재로 만들거나 목재와 청동을 함께 사용했을 것이다. 동한 이후에는 전석묘甎石墓가 보급되고 장례 풍속이 바뀌면서 목재로 된 경대가 줄어들었다.[17]

상술한 주상 경대 외에 동진 때는 삼각대형 접이식 경대가 등장했다. 1998년 강소성 남경시 선학관仙鶴觀 동진 6호 고분 여관女棺에서 비교적 온전한 형태의 유금동鎏金銅 받침대가 출토되었다. 사용할 때는 대나무처럼 생긴 세 개의 다리로 바닥을 지탱한 후 중간에 사슬로 고정하고 꼭대기에 있는 장부를 받침판에 끼워 넣는다. 사용하지 않을 때는 다리를 접을 수 있다. 설치한 후의 높이는 60~70cm로 바닥에 앉아 있을 때의 앉은키와 거의 비슷하다. 받침판 중앙에 있는 둥근 구멍에 철경鐵鏡을 고정하는 막대기가 있었을 것으로 추정되나 안타깝게도

15 역주: 건축용어. 한 부재(部材)의 구멍에 끼울 수 있도록 다른 부재의 끝을 가늘게 만든 부분.
16 涿州市文物保管所, 〈涿州凌雲集團新廠東漢墓羣發掘簡報〉, 《文物春秋》, 2007, 第3期.
17 胡佳麟, 〈鏡映乾坤—羅伊德·扣岑先生捐贈銅鏡精粹展〉, 《文物天地》, 2013, 第1期.

그림 27. 돈황 막고굴 제12굴 벽화 만당(晩唐) 혼례도

사라지고 없다.[18](그림 26)

위진 시기 이후, 경대는 귀족 계층의 필수품으로 자리 잡았다. 문헌 기록에 따르면, 당시에 극도로 화려한 장식의 경대가 존재했다. 《초학기初學記》를 보면, "경대를 위나라 궁중에 바치니 순은 띠가 있는 경대 하나, 순은으로 칠자, 귀인, 공주에게 경대 넷"[19]이라는 기록이 있는 《위무집魏武集》 잡물소雜物疏 편이 인용되어 있으며, "황태자가 비를 맞이할 때 대모갑을 이용해 정교하게 만든 경대를 보냈다."[20]는 《동궁구사東宮舊事》의 기록도 인용되어 있다. 경대는 규방에서 일상적으로 사용하는 물품으로서 왕족과 귀족들은 아내를 맞이할 때 값비싼 경대를 예물로 보냈다. 《세설신어》 가휼假譎 편에 온교溫嶠가 고모의 딸을 아내로 맞이할 때 북벌전쟁에서 유총劉聰으로부터 얻어낸 옥경대를 예물로 보냈다는 일화가 있다.[21]

남경 선학관 동진 6호 고분에서 출토된 삼각대형 경대는 당송 시기까지 계속되었다. 돈황 막고굴 벽화 혼인도를 보면 삼각대형 받침대 위에 둥근 거울이 올려져 있다. 결혼을 할 때 동경을 사용하면 잡귀를 물리친다는 믿음이 송대까지 계속되었다. 남송 맹원로孟元老의 《동경몽화록》 민속 편에 "혼례 때 신부가 가마에서 내려오면 한 사람이 거울을 들고 뒷걸음질 치면서 계속 신부를 비춘다."는 기록도 있고 또 "다음날 오경五更, 신부가 탁자에 거울을 올린 경대를 놓고 기도를 올리는데 이것을 배당拜堂이라 한다."[22]는 기록도 있다. 이와 같이 전통적으로

18 王志高・周裕興・華國榮, 〈南京仙鶴觀東晉墓出土文物的初步認識〉, 《文物》, 2001, 第3期.

19 "鏡台出魏宮中, 有純銀參帶鏡台一, 純銀七子貴人公主鏡台四"

20 "皇太子納妃, 服用有玳瑁細鏤鏡臺一." 徐堅等, 《初學記》 卷二十五, "鏡臺", 北京: 中華書局, 1962, 609쪽.

21 劉義慶 著, 劉孝標 註, 餘嘉錫 箋疏, 《世說新語箋疏》, 北京: 中華書局, 2011, 740쪽.

22 孟元老 撰, 鄧之誠 注, 《東京夢華錄注》, 北京: 中華書局, 1982, 144-145쪽. "娶婦時, 新人下車簷, 一人捧鏡倒行, 即始終以鏡對著新娘", "次日五更, 用一桌盛鏡臺, 鏡子於其上, 望上展拜, 謂之新婦拜堂"

중국 민간에서는 삼살三殺과 귀신의 해코지를 막기 위해 거울을 이용하는 풍습이 있었다.[23] 만당 때 제작된 돈황 막고굴 제12굴 남벽 벽화 혼인도를 보면 정중앙에 신랑이 신부에게 보내는 예물 옆으로 꼭대기에 둥근 거울이 달린 삼각대가 있다. (그림 27) 막고굴 제61굴 동벽 북측 유마힐維摩詰 변상도에는 한 남자가 두 손을 합장한 채 삼각 거울 받침대를 마주보고 서있는데[24] 거대한 능화 동경에 남자의 전신상이 비친다. 송대에 제작된 막고굴 454굴 벽화에도 정원에 거울과 삼각 거울 받침대를 설치하고 혼례를 올리는 모습이 보인다.

2. 오대와 송대의 경대

오대와 송대 때는 사회 전반에 걸친 강력한 세속화 경향으로 동경이 더 많이 보급될 수 있었다. 이에 따라 경대는 일반 지주 계층의 일상 용품으로 자리잡으면서 이전 시기에 비해 더 풍부하고 정교한 형태를 갖추게 되었다. 송대 고분 벽화나 회화에서 다양한 형태의 경대를 확인할 수 있는데 접을 수 있는가 없는가에 따라 고정식 경대와 접이식 경대로 나눌 수 있다. 훗날 '경상鏡箱'으로 알려진 상자형 장렴粧奩도 송대에 등장했는데, 접을 수 있는 형태의 경대가 내장되어 있고 아래쪽에는 화장 용품을 보관할 수 있는 여러 개의 서랍이 있다. 이외에 송대에 소량으로 제작된 청동 재질 경대도 오늘날까지 전해지고 있는데 생생한 조형이 특징이다.

이 시기에 가장 흔했던 고정식 경대는 입식 구조이며 상단 막대 양쪽에 여러 겹의 파초 잎, 영지, 또는 운두雲頭 모양이 달려 있거나 꼭대기가 돌출되어 있는 경우도 있다. 이러한 경대는 하단에 다리가 있는 것도 있지만 다리 대신 사각 좌대가 있는 경우도 있다. 동경을 사용할 때는 꼭대기에 끈으로 걸어서 사용한다.

오대 왕처직王處直의 무덤 서쪽 이실耳室 서벽 긴 탁자에 경대 그림이 하나 있는데 하단에 사각 좌대가 있고 상단 받침목 끄트머리는 운두 모양, 안쪽은 원형이다.[25] 경대는 등받이가 높은 앉는 의자 형태로 위쪽에 원형 경합이 있다. 하남성 우주시禹州市 백사白沙 1호 송나라 고분 후실 서남벽 벽화에 유사한 경대가 있다. (그림 28) 한 여인이 손으로 붉은색 둥근 합盒을

23 敦煌研究院,《敦煌石窟全集25: 民俗畵卷》, 上海: 上海人民出版社, 2001, 106쪽.

24 敦煌文物研究所,《中國石窟敦煌莫高窟·第五卷》, 北京: 文物出版社, 東京: 平凡社, 1987, 76쪽.

25 河北省文物研究所·保定市文物管理處,《五代王處直墓》, 北京: 文物出版社, 1998, 23쪽.

그림 28. 하남성 우주 백사1호 송나라 고분 벽화 화장
그림 29. 북송 왕선 수롱효경도(부분)
그림 30. 하남성 형양시 괴서촌 송나라 고분 벽화 화장도

들고 있는데 송대에 유행한 다단 투렴套奩일 것이다.[26] 여인의 앞쪽에 옅은 갈색 경대가 하나 놓여 있는데 끄트머리에 파초잎 일곱 장이 달려 있다. 맨 위쪽 파초잎에 둥근 거울이 걸려 있다. 우측에는 한 여인이 거울 쪽으로 몸을 기울여 매무새를 살피고 있다.[27] 경대 아래에 사각 탁자 또는 받침대가 있어 거울 높이와 서서 거울을 보는 여자의 얼굴 높이가 맞다. 《노학암필기老學庵筆記》에 "요즘은 높은 경대가 있어 상을 받치면 사람의 얼굴과 높이가 맞다."라는 기록이 있다.[28] 이를 통해 송대 때 규방에서 높은 경대를 일상적으로 사용했다는 사실을 알 수 있다. 백사白沙 1호 송나라 고분 벽화에 나오는 경대는 《정통도장正統道藏》본 《운급칠첨雲笈七籤》 권72 내단內丹 명약색明藥色에 나오는 경대 그림과 유사하다.[29] 하남성 형양시滎陽市 괴서촌槐西村에 있는 북송 고분 동벽 하단 벽화를 보면, 오른편에 두 명의 여자가 서 있고 그 사이에 둥근 거울이 걸린 경대가 하나 있다.[30](그림 30) 이 경대는 구조가 매우 단순한데 둥글게 휘어진

26 劉芳芳,《古代妝奩研究》,《中原文物》, 2014, 第6期.
27 宿白,《白沙宋墓》, 北京: 文物出版社, 2002, 41쪽.
28 陸游 撰, 李劍雄, 劉德權 點校,《老學庵筆記》, 北京: 中華書局, 1979, 47쪽. "今猶有高鏡臺, 蓋施牀則與人面適平也。"
29 自宿白의《白沙宋墓》54쪽에서 재인용.
30 鄭州市文物考古研究院等,〈滎陽槐西壁畫墓發掘簡報〉,《中原文物》, 2008, 第5期.

막대기 외에 별다른 장식이 없다. 붉은 옻칠을 한 나무 재질로 보이며 바닥에 놓은 상태에서 두 여인의 가슴까지 올라온다. 괴서촌 고분 벽화에 나오는 경대는 형태가 조금 더 단순할 뿐 《운급칠첨》의 경대와 유사하다.

송대의 회화 작품들을 살펴보면, 높은 탁자 위에 올려서 사용하는 작은 의자처럼 생긴 고정식 경대가 등장한다. 북송 왕선王詵의 대표작 가운데 하나인 〈수롱효경도繡櫳曉鏡圖〉에도 의자처럼 생긴 경대를 탁자 위에 올려 두고 있다. 2단으로 된 경대에 놓인 능화형 동경에 여인의 얼굴이 비치고 경대 옆으로는 뚜껑이 열린 다단 투렴이 흩어져 있다. 동경 위쪽은 경대 '등받이'에 기대어져 있고 동경 아래쪽은 받침대 위에 놓인 장식 깔개가 있어 동경이 미끄러지지 않는다. 경대 하단은 비어 있어서 화장 용품을 놓아둘 수 있다. 의자 모양의 2단 경대 외에 하남성 신밀시新密市 평백진平陌鎭 북송 고분 벽화 서남쪽 벽에는 의자 모양의 1단 경대도 있다. 그림 정중앙에 있는 높은 탁자 위에 의자식 경대가 놓여 있다. 한 부인이 탁자 안쪽에 옆으로 앉아 거울을 바라보고 있으며 거울에 얼굴이 비친다.[31] 이 경대는 앞쪽 다리 두 개의 높이는 낮고 뒤쪽 다리 두 개의 높이는 높다. 앞 뒤 다리 아래에는 각각 가로 막대가 있다. 다리 위 상단 가로 막대는 양 끝이 말린 형태로 파초잎이 달려 있다. 뒤쪽 상단 막대는 중앙에 5판 파초잎이 있다. 앞뒤 다리 사이에 막대가 네 개 있다. 허리 막대와 앞쪽 상단 막대 위에 거울을 놓고 거울 뒤쪽을 끈으로 묶었다. (그림 31)

오대와 송대에는 의자가 보급되면서 입식 생활을 하게 되었다. 걸상을 포함하여 실내용 고족高足 가구가 발전하면서 경대도 교의交椅 모양이 성행했다. 교의식交椅式 경대는 오늘날 X자형 접이식 의자와 유사한 형태로 하단을 접을 수 있다. 상단에 의자 등받이와 유사한 것이 있고 그 등받이 상단 가로 막대에는 운두雲頭가 주로 달려 있다. 상단 가로

그림 31. 하남성 신밀시 평백진 북송 고분 벽화 경대 그림
그림 32. 오대 왕처직 무덤 동이실 벽화

31 鄭州市文物考古研究所·新密市博物館, 〈河南新密市平陌宋代壁畫墓〉《文物》, 1998, 第12期.

그림 33. 하북성 장문조의 무덤에서 출토된 나무 재질 교의식 경대

막대는 양쪽 끄트머리를 곡선형으로 만들었다. 정교한 구조와 간결하고 시원한 외형이 특징이다. 화장을 할 때는 동경을 등받이에 기대어 사용하고 사용하지 않을 때는 동경을 따로 보관할 수 있다.

오대 왕처직의 무덤 동쪽 이실 동벽에 남자 주인의 일상 생활을 그린 벽화가 있는데 긴 탁자 위에 접이식으로 된 3족足 경대가 올려져 있다. 경대에 난조鸞鳥 한 마리가 달려 있으며[32] 사각 경합鏡盒이 가로 놓여 있다.(그림 32) 1965년, 하남성 상채현上蔡縣에서 발굴된 북송 말기 고분 묘실 남벽에 있는 조각 벽화를 보면, 아이를 안은 중년 부인이 사각 탁자 옆에 서있는데 그 탁자 위에 교의식 경대와 거울이 놓여 있다. 거울에는 아이의 얼굴이 비치고 경대 옆에로 염합奩盒으로 보이는 작은 상자가 있다.[33] 하북성 장가구시 선화구에 있는 요나라 장문조張文藻의 무덤 서벽 가문假門 앞에서 나무 재질의 경대 실물이 출토되었는데 출토 당시 동경이 걸려 있었다. 이 경대는 나뭇가지로 사각 프레임을 만들고 상단에 설치한 가로목 중간에 생화 장식이 있었으나 지금은 소실되고 없다. 가로목 아래 좌우에 있는 기둥은 아래쪽이 비스듬한 장부다. 위쪽에 비스듬한 장부를 만들어 몸체를 지탱하고, 기둥 아래 가로목으로 다리를 만들었다. 사각 프레임 중간에 있는 얇은 판 두 장이 거울을 받쳐준다. 사각 프레임은 가로목 길이 41.5cm, 좌우 사각 기둥 사이 거리 21.5cm, 전체 높이 46cm다.[34](그림 33)

접을 수 있는 교의식 경대는 제작과 보관이 용이할 뿐만 아니라 간편하고 가볍게 사용할 수 있는 등 다양한 장점이 있다. 이에 따라 송대의 다른 경대와 비교하여, 사용된 기간도 가장 길고 분포 지역도 가장 넓다. 현재 고고학 조사에서 발굴된 가장 아름다운 교의식 경대는 소주 오문교吳門橋에 있는 원말 장사성張士誠의 모친 조씨 무덤에서 발굴된 것이다.[35] 이 경대는

32 河北省文物研究所, 保定市文物管理處,《五代王處直墓》, 北京: 文物出版社, 1998, 19쪽.
33 楊育彬,《上蔡宋墓》,《河南文博通訊》, 1978, 第4期.
34 河北省文物研究所等,〈河北宣化遼張文藻壁畵墓發掘簡報〉,《文物》, 1996, 第9期.
35 蘇州市文物保管委員會,〈蘇州吳張士誠母曹氏墓清理簡報〉,《考古》, 1965, 第6期.

순은을 두드려서 제작한 것으로 목제 교의를 모방하여 접을 수 있게 만들었다. 높이 32.8cm 너비 17.8cm로 앞뒤 두 개 부분으로 이루어져 있다. 뒤쪽의 사각 반침대에 봉황,

그림 34. 원말 장사성의 모친 조씨 무덤에서 출토된 은 경대

그림 35. 하남성 등봉시 성남장촌 북송 고분 벽화 동벽에 있는 축조식 경대

모란, 단룡團龍, 규화葵花, 옥토끼, 두꺼비, 영지, 선초仙草 등 길상 문양이 있다.(그림 34) 경대를 열어 염합 안에 있는 은거울을 올리고 사용하는 방식이다.

송대의 일부 경대는 동경과 기타 화장 용품을 보관하는 서랍이 하단에 달려 있었다. 하남성 정주시 남관 밖 북송 고분 동벽에 경대가 하나 부조되어 있는데, 경대에 손잡이가 달린 둥근 거울이 올려져 있고 아래쪽에 2단 서랍이 새겨져 있다. 높이 56cm, 너비 32cm의 경대다.[36] 1982년, 하남성 등봉시登封市 성남장촌城南莊村 북송 벽화 고분 묘실 동북벽 휘장 아래에 축조식 경대가 발굴되었다. 경대 상단에 3단으로 가로 막대가 놓여 있고 막대 양쪽 끝에 5판 파초잎이 6개 달려 있다. 맨 위쪽의 가로 막대는 중간에 3판 파초잎이 있다. 두 다리 사이에 선반이 하나 있고 그 위에 반쪽짜리 거울을 새겼다. 선반 아래에는 3단 서랍이 있다. 서랍 아래로 좌대가 있고 다리 아래 세로 방향 지지대가 있다.[37](그림 35) 등봉시 성남장촌 벽화에 있는 서랍 달린 경대는 다리가 네 개인데, 이러한 종류의 경대는 네 다리를 달지 않고 탁자 위에 바로 올려서 사용하기도 한다. 사천성 노현瀘縣 기봉진奇峰鎮 남송 1호 고분 묘실 경계석에 시녀 각 1명이 높게 부조되어 있는데, 우측 시녀가 두 손으로 경대를 받치고 있다. 상단은 활 모양 하단은 2층으로 되어 있다.[38](그림 36) 이 경대는 상단에 솟아오른 가로 막대를 거울을

36 鄭州市文物考古研究所,《鄭州宋金壁畫墓》, 北京: 科學出版社, 2005, 14쪽.

37 鄭州市文物考古研究所·登封市文物局,〈河南登封城南莊宋代壁畫墓〉,《文物》, 2005, 第8期.

38 四川省文物考古研究所等,《瀘縣宋墓》, 北京: 文物出版社, 2004, 86쪽.

그림 36. 사천성 노현 기봉진 송나라 1 호 고분에 있는 부조 경대

거는 용도로 사용했다. 아래쪽 2단 서랍은 작은 화장 용품들을 보관했다.

경상鏡箱은 외형은 상자 모양이며 대부분 나무 재질이다. 위쪽에 거울 받침대가 있고 서랍이 달린 것도 있다. 경상의 특징은 내부에 접을 수 있는 거울 받침대가 있다는 점이다. 또 작은 합盒이 각각으로 분리되었던 한대의 다자렴多子奩이 큰 상자 안에 여러 개의 서랍이 들어가는 형태로 변화했다. 북주 유신庾信 〈경부鏡賦〉에 "장렴을 세우고 거울 서랍을 당긴다.暫設妝奩, 還抽鏡屜"라는 구절이 있다. 이러한 형태적 변화는 최소한 남북조 때 시작되어 명청 시기 관피상官皮箱의 원형이 되었다.

복건성 다원산茶園山 남송 허준許峻의 무덤에서 소형 칠기합이 출토되었는데 서랍식으로 되어 있다. 나무 재질에 붉은 옻칠이 되어 있으며 장방형 몸체 바깥에 권운문이 장식되어 있다. 작은 서랍 세 개에는 향분, 분첩, 빗, 동경이 담겨 있다.[39] 이 칠기합은 장렴의 일종이다. 강소성 무진시武進市 촌전향村前鄉 장당촌蔣塘村 남송 3호 고분에서 출토된 경상은 두 개의 서랍이 달려 있고 상단에 2단 투반套盤이 있다. 윗단 투반 안에 동경이 들어 있고 아랫단 투반에 거울 지지대가 들어 있다. 서랍 안에는 목소木梳, 죽비竹篦 같은 머리를 손질하는 도구가 담겨 있다. 경상의 크기는 전체 높이 12.5cm, 길이 16.7cm, 너비 11.5cm다.[40](그림 37) 무진촌 촌전향에서 출토된 이 경상은 장렴과 경대의 두 가지 기능을 모두 갖추고 있다.

송대의 청동 경대는 목제 경대에 비해 유물량은 많지 않지만 보존 상태가 더 좋다. 북경 고궁박물관에 송대의 청동 경대 두 점이 소장되어 있는데 와녀臥女 장방족長方足 경대(그림 38)와 유금鎏金 서우망월犀牛望月 경대(그림 39)다. 와녀 장방족 경대는 높이 18.3cm, 너비 24.4cm의 장방형으로 한 여인이 침상에서 옆으로 누워있다. 얼굴은 위를 향하고 오른손으로 머리

39 福建省博物館, 〈福州茶園山南宋許峻墓〉,《文物》, 1995, 第10期.
40 陳晶, 陳麗華, 〈江蘇武進村前南宋墓清理紀要〉,《考古》, 1986, 第3期.

그림 37. 강소성 무진시 촌전향 남송 3호 고분에서 출토된 경상

그림 38. 송대의 와녀 장방족 경대

그림 39. 송대의 유금 서우망월 경대

를 떠받치고 있다. 등 뒤에 초승달 모양의 받침대가 있고 받침대에 영지 모양 구름 문양이 있는데 받침대에 동경을 올려서 얼굴을 비춘다. 전체적인 조형을 살펴보면, 여인이 손바닥으로 달을 떠받치고 있는 형상으로 구상이 절묘하다. 유금 서우망월 경대는 높이 10.7cm, 너비 17.1cm로 누워 있는 소를 도금으로 처리했다. 외뿔 소가 고개를 뒤로 돌리고 있으며 몸체 속은 비어 있다. 등에 초승달 모양 받침대가 있는데 구름 문양으로 장식되어 있다. 받침대에 거울을 올리면 소가 달을 바라보는 형상이 되어 분위기가 남다르다. 이처럼 생생하고 활달한 조형의 청동 경대는 명대까지 계속 모방되었다.

3. 명청 시기의 경대

중국 고대의 고족高足 가구는 명청 양대에 이르러 더욱 빠르게 발전했다. 남송 때부터 경대는 화장갑化粧匣 안에 내장되는 형태로 바뀌면서 다른 화장 용품들과 함께 수납되었다. 전술한 바 있는 구련돈 초나라 1호 고분에서 출토된 내치식 경대와 기능적으로 매우 유사하다. 차이점은 송대 이후 화장갑 내에 보관하는 용품의 숫자가 전국 시기보다 훨씬 더 많아졌다는 점이다. 명청 시기에는 이러한 추세가 더욱 분명해졌다. 외형적으로 분류했을 때, 명청 시기의 경대는 네 가지 유형으로 나눌 수 있는데 접이식 경대, 보좌식寶座式 경대, 병풍식 경대, 관피상官皮箱이 있다.

명대의 접이식 경대는 크기가 작고 휴대가 간편했다. 상단 덮개를 열어 비스듬하게 세우면 거울을 놓을 수 있다. 받침대 아래 좌대와 양개문을 추가하고 안쪽에 서랍을 넣었다. 이러한 경대는 복잡하지만 실용적이다. 왕세양王世襄 선생이 《명식 가구 연구明式家具研究》에서 명대에 황화리黃花梨로 제작한 접이식 경대를 소개한 바 있다. 이 경대는 상단에 동경을 받치는 큰

그림 40. 명대의 황화리 접이식 경대
그림 41. 명대의 보좌식 경대
그림 42. 명대의 병풍식 경대
그림 43. 명대의 관피상

받침대가 있어 평평하게 내려 두거나 60도 경사면으로 세울 수 있다. 받침대는 나무판으로 짜서 3열 8칸으로 나누었다. 맨 아래 열 중간 칸에 동경을 올리는 연잎 모양 받침이 달려 있는데 동경 크기에 맞출 수 있도록 상하 조정이 가능하다. 중간 열 네모 칸에는 '각아角牙'를 이용해 둥근 사족운문四簇雲紋을 만들었다. 중앙이 뚫려 있어서 거울 뉴에 묶인 실을 뒤로 빼낼 수 있다. 좌대 부분은 양개문으로 안쪽에 서랍 세 개가 있다. 바닥면 다리는 안쪽으로 뒤집어진 마제馬蹄 모양으로 짧고 납작하다. 전체적으로 치밀한 구조와 정교한 조각이 돋보이며 자재 역시 엄선된 것이다. 가로, 세로 각 49cm, 높이는 받침대를 올리면 60cm, 내리면 25.5cm다. 명대 소형 가구 중의 명품이다.[41] (그림 40)

보좌식 경대는 병풍식 경대보다 더 일찍 등장했는데 송대의 의자식 경대에 서랍을 추가한 형태다. 외관은 작은 의자처럼 생겼으며 선반 정중앙에 동경을 받치는 장치가 있다.[42] (그림 41) 병풍식 경대는 크기가 큰 편이며 작은 무대와 비슷하다. 병풍은 다섯 짝으로 된 것도 있고 세 짝으로 된 것도 있는데 다섯 짝이 일반적이다. 하단에는 문 두 짝이 달려 있고 문 안에 서랍이 여러 개 들어 있다. 병풍은 칸막이식 병풍이 아닌 법좌식 병풍으로 병풍 중간에 세로로 동경을 건다.[43] (그림 42)

명대에는 또 관피상이라고 부르는 장렴의 일종이 있었는데 크기는 크지 않았지만 구조가 복잡했다. 관피상은 송대의 경상鏡箱에서 생겨난 소형 수납함으로 정교하고 아름답다. 명

41 王世襄, 《明式傢俱研究》, 213쪽.
42 위의 책, 214쪽.
43 위의 책, 214쪽.

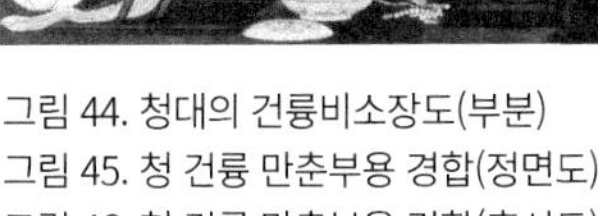

그림 44. 청대의 건륭비소장도(부분)
그림 45. 청 건륭 만춘부용 경합(정면도)
그림 46. 청 건륭 만춘부용 경합(후시도)

칭이 '관피상'이라 관청이나 관가에서 사용하던 물건으로 오해하는 경우가 많다. 왕세양 선생은 지금까지 많은 수의 관피상이 전해지고, 혼인과 관련된 길상 문양이 대부분인 점 등에 근거하여 민간에서 혼수나 부인들 전용으로 사용되었을 것으로 추정했다. 관피상은 상자 본체, 덮개, 좌대로 이루어져 있다. 초기에는 삽문식插門式이었지만 훗날 양개문 형식으로 바뀌고 안에 서랍이 여러 개 들어 있다. 상자 덮개와 상자 본체는 딱 들어맞는다. 문 앞에 잠금 장치가 있고 양쪽에 손잡이가 달려 있다. 상단에 나무로 된 덮개가 달려 있고 덮개를 열면 깊이 10cm 정도의 넓은 공간이 있고 그 안에 접이식 거울 지지대가 내장되어 있다. 덮개 아래는 넓고 평평해서 동경, 기름통, 분합 등을 보관하기 좋다. 아래쪽 서랍에는 빗과 비녀를 보관한다.[44](그림 43)

소형 접이식 경대는 사용하기가 편리해서 청대까지 독자적인 계통을 이루고 있었다. 청대의 《건륭비소장도乾隆妃梳妝圖》에 한족 복장을 입은 후궁이 탁자 앞에 앉아 접이식 거울을 보면서 치장을 하는 모습이 등장한다.(그림 44) 동경 뒷면에 뉴가 있고 끈이 묶여 있다. 경대 아래 부분에 장방형 프레임이 있고 지지 기둥 세 개가 있다. 가로 지지대가 맨 위에 있고 거울이 이 지지대에 비스듬히 기대어져 있다. 단순하고 간결한 구조에 크기가 작은 이 같은 경대는 탁자 위에서 자유롭게 자리를 옮겨가면서 사용할 수 있다.

북경 고궁박물관에 청나라 황실에서 제작한 건륭 만춘부용萬春芙蓉 경합鏡盒이 소장되어 있는데 길이 18.5cm, 너비 15.6cm 나무 상자 안에 동경이 매립되어 있다. 정면에는 둥근 거울

44 王世襄,〈談幾種明代傢俱的形成〉,《收藏家》, 1996, 第4期.

면이 드러나 있고 뒷면에는 정교하게 투각된 지지대가 펼 수 있는 형태로 달려 있다. 지지대 중앙에 있는 원형 구멍을 통해 사각형 뉴가 보이고 위쪽에 '乾隆年制(건륭연간 제작)' 4자 낙관이 찍혀 있다.(그림 45, 그림 46). 이 동경은 유리 거울을 모방해서 매립하는 방식을 취했는데 중국인들의 일상생활에서 동경이 퇴출되어 가는 과정을 보여준다.

4. 경대의 변천 과정

지금까지 확보된 고고학 자료에 따르면, 경대는 전국시대까지 거슬러 올라갈 수 있다. 천 년이 넘는 긴 역사를 가진 경대는 오대와 송대를 거치면서 크기는 더 작아졌지만 다양한 형태와 외관을 갖추게 되었다. 명청 시기의 경대는 두 가지 극단적인 형태를 보였다. 하나는 이전 시대의 작고 간편한 형태를 계승한 것이고 다른 하나는 실내에 거치하는 대형 장렴이었다. 청말에 이르러 천 년 동안 유행했던 동경이 서구에서 유입된 유리 거울에 자리를 내주면서 동경에 사용하던 경대도 조금씩 자취를 감추다가 결국 역사의 무대에서 퇴장하게 되었다.

주상柱狀 경대는 성숙한 형태를 갖춘 경대로서 한대에 처음 등장했다. 좌대 중간에 기둥을 세움으로써 공간적으로 기둥 모양을 보이며 좌대, 기둥, 호형弧形 경탁 또는 선반 등 부속으로 구성된다. 각 구성품은 사용하지 않을 때 분해하여 보관할 수 있다. 주상 경대는 또 동경을 거는 방식에 따라 두 가지 유형으로 나눌 수 있다. 첫째, '선반식 주상 경대'는 비단 끈으로 동경을 기둥 꼭대기에 매달았는데 기둥 중간에 장방형 선반을 하나 설치하여 작은 용품들을 놓았다. 선반식 주상 경대는 당나라 때까지 유행이 계속되었다. 둘째, '삽입식 주상 경대'는 좌대 중앙 기둥에 좌우 대칭의 반원형 홈통을 달고 그 안에 동경을 삽입하는 형태다. 삽입식 주상 경대는 수나라 때까지 계속 사용되었다. 동한 때는 높이를 조절할 수 있는 삽입식 주상 경대도 있어서 사용이 더욱 간편했다.

동진東晋 때는 다리 세 개로 바닥면을 지탱하는 접이식 삼각대 경대가 출현했다. 이러한 경대는 송대까지 계속 사용되었다. 오대와 송대는 가장 다양한 형태의 경대가 존재했던 시기다. 이 시기에는 실내 장식이 유행하기 시작했는데 침실을 꾸미는 가장 일반적인 수단으로 경대가 활용되었다. 또 죽은 사람을 산 사람처럼 섬긴다는 '사사여생事死如生'의 관념에 따라 무덤을 꾸미는 가장 보편적인 물건 가운데 하나 역시 경대였다.

송대의 경대는 접을 수 없는 고정식 경대와 접을 수 있는 접이식 경대로 나뉜다. 고정식 경대는 전체적으로 기둥재를 사용한 입식 구조와 의자 모양의 두 가지로 나뉜다. 입식 구조 경대는 가로 막대 양쪽에 여러 겹의 파초 잎, 영지 또는 운두 모양 장식이 있으며 가로 막대 중앙이 위로 솟아 있다. 솟아 오른 가로 막대에 비단끈으로 동경을 묶어서 경대 가슴 부위까지 수직으로 내려온다. 경대 하단에는 다리를 달 수도 있고 다리 대신 사각 좌대를 달 수도 있는데 좌대 밑에 작은 서랍이 여러 개 달린 경우도 있다. 등받이가 달린 의자 모양의 경대는 단층과 이층으로 구분되는데 모두 개방형 구조다. 이 두 가지 고정식 경대는 동경을 놓는 방식에 있어서 큰 차이가 있다. 전자는 동경을 수직으로 매달았고 후자는 동경을 경대 위에 기대어 놓았다. 오대와 송대 때는 교의交椅가 널리 사용되었는데 이 영향으로 경대도 교의처럼 접을 수 있는 형태가 출현했다. 교의식 경대는 다양한 장점이 있어서 송대의 다른 경대에 비해 더 널리 분포되어 있었고 유행 기간도 더 길었다. 교의식 경대는 명나라 초까지도 계속 사용되었다.

남송의 시작과 더불어 경대는 한당 시기와 비교하여 형태적으로 큰 변화가 생겨났다. 경대를 장렴粧奩 안에 내장하게 되면서 경대는 장렴의 일부로 바뀌어 갔다. 경대와 각종 화장 도구를 하나의 상자 안에 함께 수납했다. 한대의 장렴 가운데 가장 보편적인 것은 작은 칠렴漆奩이다. 내부에 동경 등 각종 화장 도구들을 보관했다. 남송 이후 특히 명청 때는 장렴 안에 각종 화장 도구 외에 접이식 거울도 설치해서 장렴이 동경 받침대 기능도 겸하게 되었다.

명청 시기의 경대는 접이식 경대, 보좌식寶座式 경대, 병풍식 경대, 관피상官皮箱의 네 가지로 나뉜다. 명대의 접이식 경대는 작고 정교하여 휴대가 간편했다. 또 뚜껑을 열고 거울을 세울 수도 있고 받침대 아래 좌대를 추가하여 양개문을 달고 안에 서랍을 설치했다. 보좌식 경대는 외형이 작은 팔걸이 의자처럼 생겼으며 정중앙에 동경을 받치는 장치가 있다. 병풍식 경대는 구조적으로 더 복잡했는데 작은 무대 같은 외형에 크기도 커서 쉽게 옮길 수 없었다. 관피상의 원형은 송대 경상鏡箱으로 거슬러갈 수 있다. 송대의 경상 서랍 앞에 문을 달면 명나라식의 관피상이 된다. 관피상 상단 덮개 아래에 거울 지지대를 설치하고 아래에 여러 개의 서랍을 만들었다. 경대는 명청 시기에 서방의 유리 거울이 유입되면서 사람들의 시야에서 점점 밀려났다.

시대별로 경대의 재질도 달라졌다. 한당 때 유행했던 주상 경대는 주로 청동과 나무를 함께 사용했다. 좌대의 경우 청동으로 된 것도 있고 나무로 된 것도 있으며, 삽입식 주상 경대의 반원형 경탁은 청동으로 만들었다. 위진 시기 상류 사회에서 사용한 경대는 금, 은, 대모갑, 옥 등 값비싼 소재로 만들었다. 수당 시기에는 자기가 성행하면서 자기질 경대가 출현했다. 송, 원, 명, 청 시기에는 목재 가구가 성행하면서 경대도 주로 나무로 제작되었으며 부분적으로 금속 부품이 사되기도 했다. 이외에 동, 은, 상아질 경대도 있었다.

동경을 설치하는 장치인 경대는 사람들의 생활 방식에 따라 다양한 형태로 달라졌으며 수천년의 발전 과정을 거치며 중국 화장의 역사를 대표하게 되었다. 송대의 경대는 침실의 장식물로서 다양한 형태를 보여주고 있으며 명대의 경대는 대형 화장대 또는 소형 화장갑과 일체화되었다. 경대의 역사는 아름다움을 향한 끝없는 추구를 보여주는 동시에 앉는 자세의 변천사, 가구의 변천사이기도 하며 고대 공예 기술의 발달 과정, 역사의 진보와 발전 과정을 생생하게 보여주는 증거물이기도 하다.

용수龍首 옥함玉珩 Jade Heng in the form of dragon heads

서한西漢 Western Han
길이Length 9.3cm, 너비Width 2.4cm, 두께Thickness 0.55cm

백옥 재질.
양쪽 끝을 용머리 형상으로 만들고 몸통 부분을 와잠문으로 꾸몄다. (천강)

옥강묘玉剛卯 Jade talisman(Gangmao)

서한西漢 Western Han
길이Length 1.5cm, 높이Height 2.2cm

무덤 서편 사랑채厢에서 출토.
백옥 재질로 변질·변색이 심각하다.
장방형 형태로 절단면은 사각형이다. (리저빈)

승문繩紋 옥환玉環*

Jade Huan with cord pattern

서한西漢 Western Han
외경Outside diameter 2.6cm,
내경Inside diameter 1.9cm, 두께Thickness 0.35cm

청백옥 재질.
몸체를 밧줄 무늬로 꾸몄다.
밧줄이 꼬인 모양이 촘촘하고 고르다. (천강)

*옥환(玉環) 옥팔찌.

옥벽玉璧 Jade Bi

서한西漢 Western Han
외경Outside diameter 14.2cm, 내경Inside diameter 3.2cm, 두께Thickness 0.45cm

청옥 재질. 파손.
양쪽 면 모두에 장식 문양이 새겨져 있다. 안쪽과 바깥쪽 테두리에 음각으로 현문弦紋이 한 줄씩 새겨져 있고 중간에는 와문渦紋이 새겨져 있다. 전체적으로 연마와 광택내기를 하지 않은 상태다. (천강)

옥환玉環 Jade Huan

서한西漢 Western Han
외경Outside diameter 4.6cm, 내경Inside diameter 3.3cm, 두께Thickness 0.65cm

백옥 재질. 표면에 철릉凸棱 두 줄이 있고 가운데는 안쪽으로 홈이 패여 있다. (천강)

옥환玉環 Jade Huan

서한西漢 Western Han
외경Outside diameter 7.3cm, 내경Inside diameter 3.6cm, 두께Thickness 0.3cm

청백옥 재질.
파손된 상태에 색이 누런 편이다. 안쪽과 바깥쪽 테두리에 모가 나있고 중간에 와문渦紋을 조각했다.
뒷면은 무늬와 광택이 없는 민짜 바탕이다. (천강)

옥패玉佩 Jade pendant

서한西漢 Western Han
길이Length 4.6cm, 너비Width 2cm,
두께Thickness 0.3cm

청백옥 재질. 파손.
투각 기법과 선을 얕게 조각하는 방법으로 운기문雲氣紋을 만들었다. (천강)

옥어玉魚 Jade fish

서한西漢 Western Han
길이Length 15.4cm, 너비Width 5.1cm,
두께Thickness 1.7cm

입체 조각으로 사실寫實에 치중했다. 물고기 모양에 선을 음각했다. 매끈하고 원숙한 형태에 소박함과 진솔함이 느껴진다. (천강)

왕비의 허리띠 황금 교구鉸具* Gold belt placque

서한西漢 Western Han
길이Length 8.7cm, 너비Width 4.5cm, 두께Thickness 0.35cm

2개의 허리띠 고정 장식. 주조. 크기는 2개가 같지만 좌측 중간 바깥 테두리 부근의 구멍이 다른 하나보다 크고 타원형이다(고리를 꿰는 용도). 운룡雲龍과 거북을 투각하였다. 장식이 정교하면서도 은은한 멋이 있다. (리저빈)

*교구(鉸具) 띠쇠, 버클.

왕비의 허리띠 금포金泡 장식 Hemispherical gold belt ornaments

서한西漢 Western Han
세 가지 형태의 금포金泡 장식
A 형 직경Diameter 1cm, 높이 Height0.51cm
B 형 직경Diameter 0.95cm, 높이Height 0.46cm
C 형 직경Diameter 0.7cm, 높이Height 0.37cm
황금 고리 길이Length 2.85, 너비Width 0.5cm

큰 금포는 안쪽에 보이지 않게 금으로 둥근 고리를 용접했다. 작은 금포는 가로막대를 용접했다. 아래쪽에 좁고 짧은 평절平折이 있다. 형태는 투구 모양으로 매우 정교하게 만들어졌다. (리저빈)

유리관식琉璃串飾 허리띠 유리 장식 Colored glaze beads

서한西漢 Western Han
직경Outside diamete 0.4cm, 높이Height 0.2cm, 구멍 직경Inside diameter 0.15cm
단관형短管型 직경Outside diamete 0.3cm, 높이Height 0.4cm, 구멍 직경Inside diameter 0.15cm

짙은 사파이어 색상. 중앙에 구멍이 있다. 편고형扁鼓形 또는 단관형短管型이 있으며 초기 유리 공예품 가운데 명품이다. (리저빈)

토끼 모양 황금 대구帶鉤
Rabbit shaped gold belt hook

서한西漢 Western Han
길이Length 3.8cm, 높이Height 1.8cm

고대에는 대구帶鉤를 '서비犀比'라고 불렀다. 재질은 청동, 황금, 백은, 철, 옥 등으로 되어있다. 상고시대 귀족 남녀가 허리를 묶을 때 주로 사용했던 물건이다. 이 대구는 황금을 주조해서 만든 것으로 비파모양을 닮기도 했다. 몸체에서 꼬리까지 입체적으로 조각된 토끼 모양인데 고리의 끝 부분이 토끼 머리 형상이고 고리를 거는 머리 부분이 토끼 꼬리 형상이다. 몸체의 중심선을 따라 두 개의 고리로 나눌 수 있는데 분합처에 '下'를 닮은 기호가 주조되어 있다. 한쪽은 양문陽文이고 다른 한쪽은 음문陰文이다. 두 개의 고리를 채우면 부절符節처럼 들어맞는다. (리저빈)

새 모양 황금 대구帶鉤*
Fowl shaped gold belt hook

서한西漢 Western Han
길이Length 3.2cm, 높이Height 2.3cm

좌우 합범合範 주조법으로 만들어졌으며 물새 머리 부분이 상당히 사실적으로 표현되었다. 복부에 커다란 원형 단추가 볼록하게 나와있는데 단추 기둥으로 고리 복부를 연결한다. 원형 단추 앞뒷면에 명문銘文이 있는데 앞면에는 '二兩八朱(2냥 8수銖)', 뒷면에는 '二兩五朱(2냥 5수)'가 새겨져 있다. 서로 다른 중량을 표시한 명문을 새긴 것은 귀금속 기물을 만든 후 지속적으로 중량을 확인하여 교정한 중량이나 일정 기간 사용 후에 재확인한 중량을 기록하기 위한 것일 수도 있다. (리저빈)

***대구(帶鉤)** 띠고리, 후크.

은으로 만든 짐승 모양 대구
Animal shaped silver belt hook

서한西漢 Western Han
길이Length 3.7cm 높이Height 1.8cm

중심선을 따라 2등분하면 하나의 고리를 크기가 같은 두 개의 고리로 나눌 수 있다. 고리 머리와 꼬리 양 끝에 튀어나온 유정鉚釘을 이용해 하나로 연결한다. 분합되는 몸체 안쪽에 '長毋相忘(장무상망, 오랫동안 잊지 말기를!)'이라는 소망의 네 글자가 주조되어 있다. 한 쪽은 양문陽文, 다른 한 쪽은 음문陰文인데 두 개의 고리가 맞물리면 글자는 보이지 않게 된다. (리저빈)

옥으로 만든 기러기 모양 대구
Wild goose shaped Jade belt hook

서한西漢 Western Han
길이Length 1.6cm, 너비Width 1.2cm ,높이Height 0.85cm

백옥 재질. 크기가 작고 정교하다. 모양은 기러기 모양으로 장식 문양이 선명하다. 기러기 머리는 고리 모양이고 몸체 아래에 원형 단추가 달려 있다. (천강)

은으로 도금한 동銅 솔 손잡이
Gilt silver brush handle

서한西漢 Western Han
길이Length 3.9cm, 너비Width 2.8cm

은으로 만든 용머리 모양 솔 손잡이 Dragon head shaped silver brush handle

서한西漢 Western Han
길이Length 10.8cm, 직경Diameter 0.8cm

전체를 은으로 도금했다. 손잡이 한 쪽 끝을 투각으로 장식하고 다른 한 끝은 타원형 구멍 안의 손잡이가 부식되고 없다. 출토량이 많은 기물로서 고대인들이 머리빗을 청소할 때 사용했다.(리저빈)

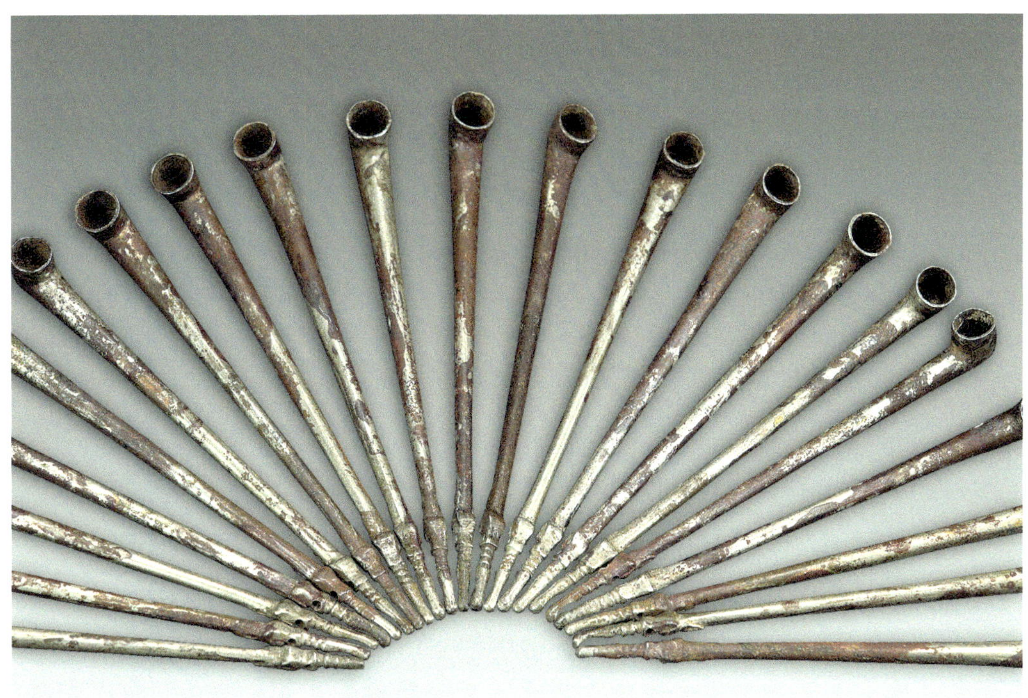

은으로 만든 용머리 모양 솔 손잡이
Dragon head shaped silver brush handle

서한西漢 Western Han
길이Length 7cm, 직경Diameter 0.55cm

반리문蟠螭紋이 있는 청동 거울

Large bronze mirror with panchi (coiled dragons) pattern

서한西漢 Western Han
직경Diameter 30.8cm , 뉴 너비Knob width 1.6cm, 두께Thickness 0.37cm

원형 반리문蟠螭紋 거울. 경뉴 부분이 파손되었다. 원형 뉴좌 바깥에 있는 두 줄의 좁은 사선문斜線紋 사이에 와문渦紋과 운뢰문雲雷紋이 조합되어 있고 그 바깥으로 홈이 파인 둥근 띠가 한 줄 둘러져 있다. 둥근띠 바깥에 있는 두 줄의 좁은 사선문 사이에 4주株 3첩疊으로 된 화판문花瓣文이 네 구역으로 나누어져 있고 그 사이에 네 개의 반리문이 있다. (리저빈)

운뢰문雲雷紋이 있는 휴대용 청동 거울

Mini bronze mirror with yunlei (cloud and thunder) pattern

서한西漢 Western Han
직경Diameter 4.1cm, 뉴 높이Knob height 0.3cm
고리 너비Knob width 0.6cm, 두께Thickness 0.2cm

운뢰문雲雷紋 원형 거울. 삼현뉴三弦鈕, 원형 뉴좌鈕座. 뉴좌 바깥에 홈이 파인 둥근 띠를 한 바퀴 둘렀다. 그 바깥으로 네 개의 유정乳釘이 있다. 유정 주변은 운뢰문으로 꾸몄다. 테두리는 민짜 바탕에 너비가 넓다. 거울면은 평평하다. (리저빈)

반리문蟠螭紋 청동 거울
Bronze mirror with panchi (coiled dragons) pattern

서한西漢 Western Han
직경Diameter 16.8cm 뉴 높이Knob height 0.6cm
뉴 너비Knob width 1.7cm 두께Thickness 0.18cm

뉴좌 바깥에 홈이 파인 둥근 띠를 한 바퀴 둘렀다. 띠 바깥에 복숭아꽃 모양의 사엽문四葉紋 뉴좌가 있다. 뉴좌 4개가 홈이 파인 둥근 띠 위에 겹쳐져 있다. 뉴좌가 있는 네 개의 구역 사이는 주요 문양 반리문과 바탕 문양 와문渦紋이 있다. 끝이 위로 말린 테두리는 민짜 바탕에 너비가 넓다. 거울면은 평평하다. (리저빈)

화훼문花卉紋 청동 거울
Bronze mirror with flowers pattern

서한西漢 Western Han
직경Diameter 18.3cm, 뉴 높이Knob height 0.8cm
뉴 너비Knob width 2.6cm, 두께Thickness 0.27cm

화훼문花卉紋 원형 거울. 수형뉴獸形鈕, 원형 뉴좌. 뉴좌 바깥에 홈이 파인 방격문方格紋을 둘렀다. 방격문 바깥은 명문과 외줄로 사각형을 둘렀다. 사각형 네 모서리는 첨각문尖角紋 바탕의 유정乳丁이 있다. 유정 사이는 화훼문으로 꾸미고 바깥 둘레는 안쪽을 향한 연호문連弧紋과 좁은 사선문斜線紋으로 꾸몄다. 명문은 "視父如帝, 視母如王, 愛其弟敬其兄, 忠信以為常, 有君子之方(아버지를 황제처럼, 어머니를 왕처럼 우러르고 아우를 사랑하고 형을 존경하며 언제나 충성과 신의를 지키니 군자가 있는 나라다.)" 끝이 위로 말린 테두리는 민짜 바탕에 너비가 넓다. 거울면은 평평하다.(리저빈)

반리문蟠螭紋 청동 거울

Bronze mirror with panchi (coiled dragon) pattern

서한西漢 Western Han
직경Diameter 22.6cm, 뉴 높이Knob height 0.95cm
뉴 너비Knob width 1.7cm, 두께Thickness 0.26cm

반리문蟠螭紋 원형 거울. 삼현뉴三弦鈕, 원형 뉴좌鈕座. 뉴좌 둘레에 바탕 문양과 짧은 사선문, 홈이 파인 둥근 띠를 장식하고 이어서 짧은 사선문을 두 바퀴 둘렀다. 중간에는 반리문 3조가 있는데 교룡이 몸체를 구불구불하게 꼬고 있다. 교룡의 꼬리는 다른 교룡의 몸체와 마름모 모양으로 엇갈려 있다. 바탕 문양은 와문과 삼각 운뇌문을 조합하였다. 끝이 위로 말린 테두리는 민짜 바탕에 너비가 넓다. 거울면은 평평하다. (리저빈)

청동 비파 진약軫鑰

Bronze peg for the se(string instrument)

서한西漢 Western Han
직경Diameter 30.8cm, 너비Width 1.6cm,
두께Thickness 0.37cm

전국시대와 한대에 거문고와 비파는 '진軫'으로 현을 조율하고 진약軫鑰으로 진과 현을 조절했다. 이 진약은 강도江都 왕양인王良人의 거문고와 비파에서 나온 부속품으로 거문고의 현을 고정하고 조율하는데 사용했다. 전체적으로 긴 모양인데 전단이 막대기처럼 길고 손잡이 부분은 단순화된 반룡문盤龍紋 형태다.(천강)

도금한 청동 슬예瑟枘

Gilt bronze fine tuners for the se (string instrument)

서한西漢 Western Han
직경 Diameter 4.6cm,
높이 Height 3.9cm

슬예瑟枘는 현을 고정하는 장치로서 보통 나무로 만들었다. 상단은 반구형으로 반룡문이 있다. 반대쪽 정중앙에 사각 기둥이 있다. 기둥에 출토 당시에 끈으로 묶었던 자국이 선명하게 남아있다.(천강)

청동 향로 Bronze censer burner

서한西漢 Western Han
전체 높이Height 11.9cm, 덮개 직경Lid diameter 9.5cm, 덮개 높이Lid height 2.9cm
몸체 구경Body diameter 8.5cm, 바닥 직경Bottom diameter 7.3cm

납작한 형태의 덮개에 투각 기법으로 새긴 용 문양 4조가 있다. 덮개 꼭대기에 둥근 고리 반 쪽이 있다. 몸체는 두형豆形이며 덮개는 자모구子母口다. 몸체는 둥글게 수렴되는 형태다. 향로 내부 바닥은 평평한 형태이며 받침대는 나팔 모양이다. 몸체 외부는 변형된 용 문양을 주요 문양으로 사용하고 방격문을 바탕 문양으로 사용하였다. 받침대는 운기문을 주요 문양으로 사용하고 삼각형문을 바탕 문양으로 사용했다. (천강)

유도釉陶 재질 향로 Glazed pottery censer burner

서한西漢 Western Han
전체 높이Height 10.5cm, 덮개 직경Lid diameter 14.2cm,
덮개 높이Lid height 3.8cm, 몸체 구경Body diameter 13.6cm, 바닥 직경Bottom diameter 7.6cm

본체와 덮개 두 개 부분으로 나뉜다. 그릇 모양 덮개 윗면과 옆면에 수직 수선문竪線紋과 절선문折線紋이 조합되어 있다. 두 개의 계단으로 이루어진 탑 모양 손잡이 상단에 새 한 마리가 있고 아래에 둥근 구멍 4개가 뚫려 있다. 아래층은 민짜 바탕에 다섯 개의 둥근 구멍이 뚫려 있다. 본체는 자모구子母口에 입구가 넓으며 입술은 날카로우면서도 둥근 첨원순尖圓唇이다. 배 부분은 사선으로 꺾였다가 둥글게 마무리된다. 권족圈足은 나팔형이다.(리저빈)

도기 향로 Pottery censer burner

서한西漢 Western Han
전체 높이Height 15.4cm, 덮개 직경Lid diameter 9.8cm, 덮개 높이Lid height 8.8cm
몸체 구경Body diameter 8cm, 바닥 직경Bottom diameter 7cm

본체와 덮개 두 개 부분으로 나뉜다. 덮개 본체는 엎어놓은 사발모양으로 표면에 요현문凹弦紋, 착점문戳點紋, 수파문水波紋 조합되어 있다. 문양 사이에 삼각형 구멍 10개가 뚫려 있다. 덮개 상단에 세 개의 계단으로 이루어진 탑 모양 손잡이가 있다. 상단 중앙에 새 한 마리가 있다. 위에서 아래로 두 번째, 세 번째 계단면에는 새가 네 마리씩 있다. 새와 새사이에는 둥근 구멍이 뚫려 있다. (리저빈)

황유黃釉를 바른 도기 향로

Yellow glazed pottery censer burner

서한西漢 Western Han
전체 높이Height 32.5cm, 덮개 직경Lid diameter 18.6cm, 덮개 높이Lid height 15.7cm,
몸체 구경Body diameter 17.1cm, 바닥 직경Bottom diameter 11.2cm

평평한 원형 덮개에 상단 장식이 복잡하다. 문식은 3층으로 나뉜다. 맨 상단에 꿇어앉은 자세의 새가 있고 아래는 둥근 구멍이 뚫려 있다. 중간 층은 새 세 마리와 구멍이 있다. 맨 아래층은 삼각형 구멍 세 개가 뚫려 있다. 덮개면에 착점문戳點紋이 두 줄로 둘러져 있고 사이에 '中'자 모양 구멍 네 개와 삼각형 구멍 세 개가 뚫려있다. 몸체 입구는 자모구子母口, 치구侈口*, 원순圓唇이다. 몸체는 직선에 가깝고 아래쪽 배 부분은 비스듬하게 수렴된다. 받침대는 나팔 모양이다. 몸체 표면에는 수파문水波紋과 요현문凹弦紋이 있다. (리저빈)

***치구** 나팔 모양, 넓은 입.

동 항아리

Bronze pot

서한西漢 Western Han
구경Top diameter 4.7cm,
바닥 직경Bottom diameter 4.7cm,
높이Height 9.9cm

아가리(구연부)가 크고 처진 어깨에 배가 볼록하다. 굽은 권족圈足형이다. 몸체에 운뇌문雲雷紋이 새겨져 있고 어깨 양쪽에 포수함환鋪首銜環*이 달려 있다. (천강)

*포수함환 짐승이 입에 고리를 물고 있는 형태의 손잡이.

유약을 바른 질 항아리

Glazed pottery jar

서한西漢 Western Han
덮개 직경Lid diameter 6.6cm, 높이Height 6.5cm,
몸체 구경Mouth diameter 8.1cm, 전체 높이Height 22.8cm

둥근 모양 덮개는 표면에 요현문凹弦紋이 새겨져 있고 위쪽에 버섯 모양 손잡이가 달려있다. 자모구子母口로 아가리가 넓은 치구侈口다. 입술은 첨원순尖圓脣이고 평연平沿, 불룩한 어깨鼓肩, 둥그스럼한 배弧腹, 평평한 바닥平底, 아래에 세 개의 편족扁足이 있다. 어깨에 수파문水波紋과 요현문凹弦紋이 있고 양측에 귀가 달려 있다. 귀 표면에 변형 수면문獸面紋이 있다. (천강)

유약을 바른 항아리 Glazed pottery jar

서한西漢 Western Han
덮개 직경Lid diameter 10.6cm, 덮개 높이Height 8cm, 구경Mouth diameter 13.6cm
바닥 직경Bottom diameter 17.4cm, 높이Height 30.6cm

둥근 덮개 중앙에 버섯 모양 손잡이가 달려 있는데 꼭대기가 원추형이다. 몸체 구연부는 치구侈口, 둥근 입술 원순圓唇, 곧은 목, 불룩한 어깨鼓肩, 경사진 배斜腹, 평평한 바닥에 안쪽이 오목하다平底內凹. 몸체 전체에 두드려서 만든 방격문方格紋이 있다. (천강)

유도종釉陶鍾

Glazed pottery flask

서한西漢 Western Han
덮개 직경Lid diameter 11.5cm, 높이Height 7.6cm
몸체 구경Opening diameter 15.5cm, 전체 높이Height 51.8cm

착점문戳點紋이 새겨진 납작한 덮개에 세 개의 고리가 달려 있다. 고리 아래에는 둥근 구멍이 뚫려 있다. 뚜껑과 구연은 자모구子母口이며 안으로 말린 둥근 입술에 가장자리 안쪽이 오목하다. 목이 잘록하고 어깨가 어깨에 경사가 있다. 불룩한 배가 아래로 갈 수록 좁아지고 권족형 굽이 달려있다. 어깨 부위에 요현문凹弦紋과 수파문水波紋이 짝을 이루고 있고 두 문양 사이에 착점문戳點紋이 있다. 어깨 양측에 초엽문蕉葉紋 모양의 반고리형 귀가 있다. 귀 양쪽에 원형 장식이 하나씩 붙어있다. (천강)

토기의 구조

토기의 호칭으로는 대개 각국에서 일용하는 조리구·식기의 호칭을 적용하는 경우가 많다. 토기의 본체 부분은 체부(體部)·기체(器體)·동부(胴部)·몸통 등으로 불린다. 아가리[口] 및 그 내외 주변을 구연(口緣)·구연부라 부르고, 구연부와 체부와의 사이가 목처럼 좁혀져 있는 형태라면 그 부분을 경[頸]·경부라고 부른다. 몸체 부분을 어깨[肩]·배[腹]·허리[腰] 등으로 나누어 부르는 경우도 있다. 몸체부의 하단은 바닥[底]인데, 그 면은 토기의 밑면이다. 밑면에는 대(臺)를 붙인 토기도 많다. 가늘고 긴 대를 다리[脚]라고 부르기 때문에 각대(脚臺)라고 부르기도 한다.

유도분釉陶盆

Glazed pottery basin

서한西漢 Western Han
구경Opening diameter 44.2cm,
바닥 직경Bottom Diameter 26.1cm,
높이Height 13.2cm

아가리가 크고 가장자리가 말려들어간 형태다. 배 부위가 꺾여서 아래로 갈수록 좁아진다. 평평한 바닥에 안쪽이 오목하다. (천강)

유도치釉陶卮

Glazed pottery wine container

서한西漢 Western Han
구경Opening diameter 11.2cm,
높이Height 11.3cm

구연부가 직선 형태이며 입술이 둥글다. 한쪽에 손잡이가 달려 있다. 몸체 표면에 수파문水波紋과 착점문戳點紋으로 조합된 세 쌍의 문양이 있다. (천강)

유도작釉陶勺
Glazed pottery spoon

서한西漢 Western Han
머리 너비Width 4.7cm, 전체 길이Length 25.4cm

머리 부분이 원통형이다.
구연부 바깥 벽에 요현문凹弦紋이 있다.
막대 형태의 긴 손잡이, 끝부분이 납작하다. (천강)

유도작釉陶勺
Glazed pottery ladle

서한西漢 Western Han
머리 너비Width 8.6cm, 전체 길이Length 22.3cm

머리 부분이 타원형에 배가 얕고 바닥이 둥글다.
막대 형태의 긴 손잡이, 단면이 팔각형이다. (천강)

유도이釉陶匜*

Glazed pottery ladle in the shape of a gourd

서한西漢 Western Han
전체 길이Length 28.2cm, 너비Width 27cm,
높이Height 12.6cm, 주둥이 너비Slide width 4.8cm

몸체는 모서리가 둥근 장방형 평면이다. 직선 형태의 구연부, 배 상단은 직선에 가깝고 배 하단은 둥그스럼하게 모아진다. 굽은 낮은 권족圈足이다. 한 쪽 면에는 주둥이가 있고 다른 한 쪽 면에는 포수함환鋪首銜環이 있다. 주둥이는 입구가 위를 향해 있고 '凹(요)'자 형태로 아래쪽이 오목하다. (천강)

*유도이 술 담는 그릇.

양면 구리 인장銅印
Double sided bronze seal

서한西漢 Western Han
너비Width 1.5cm, 높이Height 0.5cm

이 사각 인장은 강도江都* 왕의 희첩들 중 유인孺人이 사용하던 것이다. 사각형으로 측면에 구멍이 하나 있다. 인면이 양면으로 되어 있으며 앞면에 '순어영아淳於嬰兒', 뒷면에 '첩승적인妾勝適印'이 인문으로 새겨져 있다. 백문白文으로 된 전서체가 고르고 반듯하다. (천강)

*강도 강소성 양주시의 옛 이름.

비형鼻形 뉴鈕 구리 인장
Bronze seal with nose shaped knob

서한西漢 Western Han
너비Length 1.1cm, 높이Height 1cm

강도 왕의 유인이 사용하던 인장. 비형 뉴. 인문은 '신인信印'이 음각으로 새겨져 있다. 글자체가 고르고 반듯하다. (천강)

채회彩繪 무녀舞女 칠렴漆奩

Vanity case painted with female dancers

전국戰國 Warring States
굽 높이Height 17.2cm, 덮개 직경Cover diameter 13cm, 본체 직경Body diameter 12.5cm

옻칠로 만들어진 매우 정교하고 아름다운 기물이다. 측면에 11명의 여자가 여덟 가지 색상으로 그려져 있다. 장사長沙에서 출토된 초나라 기물과 유사하다. 전국시대 후기 작품으로 추정된다. (차오칭)

옻칠 채회彩繪 원형 오자렴五子奩
Painted lacquer 5-piece vanity case set

서한西漢 Western Han
직경Diameter 18cm, 높이Height 14cm

협저탈태* 기법으로 제작하였으며 덮개가 녹정* 모양이다. 내부에 큰 장방형, 작은 장방형, 마제형, 큰 원형, 작은 원형 다섯 개의 작은 자렴子奩이 들어있다. 바깥 면은 전체적으로 옻칠을 하고 주칠선朱漆線으로 신수神獸와 운기문雲氣紋을 그렸다. 안쪽 면은 주칠로 되어 있다. 덮개 중앙에서 바깥 방향으로 네 줄의 줄 무늬를 주칠하고 중앙에 은銀으로 된 시체문柿蒂紋을 붙였다. 가장자리에 운기문이 있고, 구름 사이에 신수 동물을 주칠과 황칠로 그렸다. 그리고 바깥 방향으로 운기문, 기하문이 엇갈린 띠 장식 네 줄을 주칠로 그렸다. 운기문 사이에 신수 동물 문양을 주칠과 황칠로 그렸다. 외벽에 현문 다섯 줄이 있는데 띠 장식 문양 세 줄, 주요 문양 운기문 사이에 신수 동물을 그린 문양 한 줄로 나뉜다. (리저빈)

***협저탈태(夾紵脫胎)** 나무나 진흙으로 만든 틀 위에 모시(紵)를 바른 후 옻칠을 하는 기법. 중간에 틀(胎)을 떼어내기 때문에 '탈태'라고 한다.
***녹정(盝頂)** 고대 중국 건축의 지붕 양식 중의 하나. 윗면이 평평하게 잘린 모양이다.

원형 자렴子奩

Round case

직경Diameter 6.3cm, 높이Height 6cm

작은 원형 자렴子奩

Round case

직경Diameter 3.8cm, 높이Height 4.5cm

마제형馬蹄形 자렴子奩

Horseshoe shaped case

길이Length 7.5cm, 너비Width 5.4cm, 높이Height 5cm

작은 장방형長方形 자렴子奩

Rectangular case

길이Length 5.5cm, 너비Width 2.9cm, 높이Height 4.9cm

장방형長方形 자렴子奩

Rectangular case

길이Length 15.5cm, 너비Width 2.7cm, 높이Height 5cm

채회 조수문鳥獸紋 칠자렴七子奩

7-piece vanity case set painted with birds and animals

서한西漢 Western Han
직경Diameter 21.5cm, 높이Height 11.6cm

협저탈태 기법으로 제작하였으며 덮개가 녹정 모양이다. 내부에 장방형, 정방형, 마제형, 원형,타원형 일곱 개의 작은 자렴이 있다. 바깥면은 전체적으로 흑칠을 하였으며 주칠로 윤곽선을 그리고 회칠로 가운데를 채웠다. 덮개에 바깥 방향으로 띠 문양을 세 줄 주칠하고 중앙에 은으로 된 시체문을 붙였다. 가장자리에 운기문을 그리고 구름 사이에 신수 네 마리를 대칭으로 주칠했다. 그 둘레로 기하문과 운기문이 엇갈린 띠 장식 세 줄을 주칠했다. 운기문 사이에는 은박으로 만든 신수 네 쌍을 대칭으로 붙였다. 외벽의 주요 문양은 운기문이며 신수문은 은박으로 만든 신수 네 쌍을 대칭으로 붙였다. 자렴子奩의 문식은 모렴母奩과 비슷하다. 본체 위아래 가장자리를 따라 흑칠과 주칠이 대칭하고 있으며 기하문 안에 주칠을 했다. (차오칭)

타원형 자렴子奩
Oval case

긴 직경Length 7.2cm
짧은 직경Width 3.85cm
높이Height 4.6cm

작은 장방형 자렴子奩
Rectangular case

가로Length 7.7cm
세로Width 3.8cm
높이Height 4.6cm

작은 원형 자렴子奩
Round case

직경Diameter 5cm
높이Height 4.6cm

정방형 자렴子奩
Square case

너비Side length 3.94cm
높이Height 4.7cm

큰 원형 자렴子奩
Round case

직경Diameter 8.3cm
높이Height 6cm

마제형馬蹄形 자렴子奩
Horseshoe shaped case

가로Length 8.9cm, 세로Width 6.6cm, 높이Height 5.6cm

큰 장방형 자렴子奩
Rectangular case

가로Length 15.7cm, 세로Width 3.3cm, 높이Height 4.7cm

자주요磁州窯 백지흑화白地黑花 연문蓮紋 자경합瓷鏡盒

Porcelain mirror case with black lotus flower on white ground produced by Cizhou Kiln

북송北宋 Northern Song

높이Height 12.2cm, 구경Diameter 19.3cm

자주요磁州窯는 중국 북방지역에 있는 중요한 민간 가마다. 납작하고 둥근 형태의 이 기물은 흰 바탕에 검은색으로 연못의 연꽃을 그려넣었다. 뚜껑 중앙에 여의뉴如意紐가 있고 좌우로 '鏡'과 '盒' 두 글자가 있다. 몸체 둘레에 권초문卷草紋에 바닥에 작은 권족圈足이 있다. 자주요에서 만들어진 명품이다. (차오칭)

영청影青 자기 장렴
Ceramic case set

송宋 Song
높이Height 7.7cm, 모렴 직경Bigger case diameter 14.4cm, 자렴 직경Smaller case diameter 12.6cm

뛰어나고 숙련된 공예를 보여주는 이 자기 장렴은 구조적으로 멋과 재치가 넘친다. 우아하고 섬세한 조형이 극도의 예술성을 보여준다. 색상이나 형태가 한 눈에 사로잡는 강렬함은 없지만 보는 사람의 마음을 천천히 사로잡는다. 이 장렴의 존재는 송대 여성의 미적 감각이 당시의 예술 관념과 일맥상통할 뿐만 아니라 상당한 수준을 갖추고 있었음을 증명하고 있다. (차오칭)

묘금描金* 칠기 장렴

Lacquer vanity case with gold decoration

명明(1943년) Ming (AD 1643)
높이Height 13.8cm, 가로Width 33.4cm, 세로Length 51.2cm

경제 발전은 공예의 변화를 불러왔다. 명대 여성들이 사용하던 화장합은 이전 시대와 비교하여 큰 변화가 생겨났는데 오늘날의 포장 박스와 유사한 형태를 띠게 되었다. 이 장렴은 명대 말기 '방여춘方如椿' 낙관이 있는 묘금 산수 인물문 칠기 장렴이다. 장렴 바닥과 덮개 안에 금색 낙관 '崇禎癸未方如椿奁(숭정 계미년 방여춘렴)'이 있다. 얇은 목제에 옻칠을 하고 산수 인물 고사화古事畵를 묘금 기법으로 그렸다. 덮개 외벽 4면을 가는 죽사竹絲로 꾸몄다. 본체 바닥 호문식壺門式 권족에 화훼금조花卉禽鳥를 장식했다. 명대 말기의 양식적 특징을 분명하게 보여준다. (차오칭)

*묘금(描金) 금가루로 선을 그려서 칠기를 장식하는 기법.

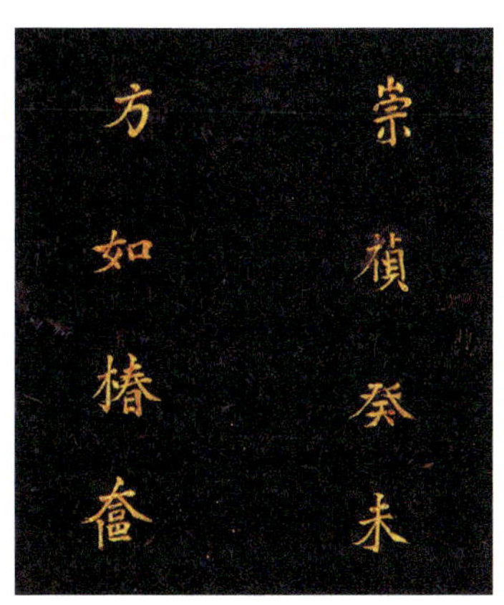
崇禎癸未
方如椿奩

백보감百寶嵌 영희문嬰戲紋 장렴

Vanity case painted with auspicious scenes

청淸 Qing

높이Height 25cm, 길이Length 18cm, 폭Width 32cm

장방형 장렴으로 위아래 두 개 부분으로 나뉘어져 있다. 상단에는 양개형 문이 달려 있으며 하단에는 여러가지 소품을 담아두는 큰 서랍이 있다. 각각의 연결 부위에 꽃을 새긴 도금 경첩을 달았다. 전체적으로 상아를 염색한 화각 공예와 묘금 공예 기법을 주로 사용하였다. 옻칠 바탕에 홈을 판 후 반복적으로 다듬고 연마한 각양각색의 상아를 홈 안에 부착하거나 상감하는 방식으로 문양을 만들었다. 상단의 문짝 내벽에 묘금 기법으로 수각水閣과 난간, 파초와 바위, 손에 채색 등불을 들고 노는 동자를 좌우로 그렸다. 하단에는 여의길상을 기원하는 과일과 채소 공물, 측면에는 꽃과 나무를 장식했다. 정교한 공예기술로 만들어진 규방 기물이다. (차오칭)

사신四神 박국博局 동경銅鏡

Bronze mirror with the Four Divine Creatures and boju (TLV-shaped) pattern

서한西漢 Western Han
직경Diameter 18.8cm, 뉴 높이Knob height 1cm, 뉴 너비Knob width 2.2cm, 두께Thickness0.5cm

둥근 뉴鈕와 사엽문四葉紋 뉴좌鈕座. 뉴좌 바깥에 현문弦紋 방격方格과 쌍선방격이 각 하나씩 있고 그 사이에 12개의 유정乳丁과 십이지지 명문이 있다. 쌍선 방격 바깥에 안쪽을 향한 팔연호八連弧 원좌圓座 유정 8개가 있고 박국문博局紋이 안쪽 구역을 사방팔극四方八極으로 구분하고 있다. 빈 공간에 사신四神과 우인 금수문羽人禽獸紋을 배치하고 바깥 둘레에 명문과 짧은 사선문斜線紋 띠를 둘렀다. 넓은 가장자리에는 운문雲紋과 삼각 거치문鋸齒紋이 있다.(리저빈)

내측 명문 “子丑寅卯辰巳午未申酉戌亥”
외측 명문 “新興辟雍建明堂, 然(單)於舉土列侯王, 將軍令尹民戶行, 諸生萬舍在北方, 郊祀後稷並未明, 子孫復具治中央, 左龍右虎闢不祥”

13 봉조문鳳鳥紋 동경銅鏡
Bronze mirror with thirteen-bird pattern

서한西漢 Western Han
직경Diameter 14.7cm, 뉴 높이Knob height 1.1cm, 뉴 너비Knob width 1.9cm, 두께Thickness 0.55cm

둥근 뉴鈕, 쌍잎 12 연주문 뉴좌鈕座. 뉴자 바깥에 짧은 사선문斜線紋과 요현문凸弦紋 띠가 둘러져 있다. 바깥쪽 사선문 띠 사이에 봉조문 13개가 있다. 넓은 가장자리는 문양이 없는 민짜 바탕이다. (천강)

'일광물망日光勿忘' 초엽문草葉紋 동경銅鏡

Bronze mirror with inscriptions

서한西漢 Western Han

직경Diameter 12.5cm, 두께Thickness 0.4cm

아름다운 형태와 화려한 문양, 풍부한 명문이 돋보이는 구리거울로 진귀한 청동기 작품이다. 구리거울은 처음에는 제사를 올릴 때 예기禮器로 사용되었으며 전국시대에서 진나라 때까지는 왕족과 귀족의 전유물이었다. 한대에 이르러 조금씩 민간에 보급되기 시작하여 얼굴 단장을 할 때 사용하는 필수품으로 자리잡게 되었다. (차오칭)

쌍용雙龍 신인문神人紋 동경銅鏡

Bronze mirror with design of double dragons and divine figures

육조六朝 Six Dynasties

직경Diameter 7.9cm, 두께Thickness 0.25cm

팔유八乳 파문波紋 동경銅鏡

Bronze mirror with design of eight humps and waves

육조六朝 Six Dynasties

직경Diameter 12.2cm, 두께Thickness 2cm

능화菱花 원앙鴛鴦 동경銅鏡

Linghua shaped bronze mirror with mandrine duck design

당唐 Tang

직경Diameter 19.15cm

구리거울과 거울갑
Bronze mirror with handle and lacquer mirror case

남송 Southern Song
길이Length 12.8cm, 너비Width 2.3-6.5cm

나무 빗 Carved wood comb

서한西漢 Western Han
길이Length 7.3cm, 너비Width 6.55cm, 두께Thickness 0.16-0.65cm

소비梳篦는 고대 여성들이 머리를 단장할 때 사용하던 도구로서 빗살이 성긴 것은 '소梳', 촘촘한 것은 '비篦'라 했다. 뼈, 나무, 대나무, 뿔, 상아 등으로 제작되었으며 손잡이에 각 형태에 맞는 문양을 새겨 넣었다. 한대에 빗을 담아 두는 말발굽 모양의 상자가 등장했는데 대부분 큰 상자 안에 여러 개의 작은 상자가 들어 있는 형태였다. 이 빗은 둥근 등마루가 장방형에 가까운 형태다. 등마루 부분은 두껍고 빗살 끝은 얇다. 등마루 길이와 빗살 길이가 비슷하다. 빗살은 48개다. (천강)

나무 빗
Wood comb

서한西漢 Western Han
길이Length 7.5cm, 너비Width 5.4cm,
두께Thickness 0.1-0.9cm

둥근 등마루가 장방형에 가까운 형태다. 등마루 부분은 두껍고 빗살 끝은 얇다. 등마루 길이와 빗살 길이가 비슷하다. 빗살은 11개다. (천강)

나무 빗
Wood comb

서한西漢 Western Han
길이Length 10.2cm, 너비Width 8.4cm,
두께Thickness 0.1-0.7cm

둥근 등마루가 장방형에 가까운 형태다. 등마루 부분은 두껍고 빗살 끝은 얇다. 등마루 길이와 빗살 길이가 비슷하다. 빗살은 20개다. (천강)

옥과 보석을 장식한 나무 빗
Wood comb with gold and gems

명明 Ming
길이Length 10.9cm, 너비Width 4.8cm
두께Thickness 1.7cm

금, 옥, 보석을 장식한 나무 빗
Wood comb with gold, jade and gems

명明 Ming
길이Length 10cm, 너비Width 4.7cm
두께Thickness 2cm

눈썹 먹 보관함
Eyebrow kit

서한西漢 Western Han
길이Length 22cm, 너비Width 7.4cm, 높이Height 1.6cm

장방형 먹판 보관함 안에 장방형 눈썹 먹판과 사각형 눈썹 먹판이 들어있는 구조다. 보관함은 협저탈태夾紵脫胎 기법으로 제작된 칠기로 뚜껑과 몸체가 분리된다. 뚜껑과 몸체 모두 바깥에 옻칠이 되어 있다. 몸체 정면 네 둘레에 붉은 색으로 그린 삼권현문三圈弦紋이 있다. 밖에서 안으로 첫 번째, 두번째 현문弦紋 사이에 기하문 띠가 있다. 세 번째 현문 사이에 운기문이 있고 운기문 사이에 동물 문양이 있다. 측면에 붉은 색 기하문 띠가 있다. 몸체와 뚜껑은 같은 문양으로 서로 맞물린다. 보관함 안에 있는 두 개의 먹판은 모두 청석靑石 재질이다. 장방형 먹판은 매끄러운 정면이 연마면이다. 사각형 먹판은 위쪽 면은 원형, 바닥면은 사각형으로 매끄러운 바닥면이 연마면이다. 눈썹 먹판은 고대 여성들이 눈썹을 그릴 때 꼭 필요한 필수 도구였다. (리저빈)

대모계玳瑁笄
Hawksbill hairpin

서한西漢 Western Han
길이Length 19.5cm, 너비Width 1.2cm, 두께Thickness 0.4cm

계笄는 부인들이 머리에 꽂던 비녀로서 등급을 나타내는 관식을 고정하기 위한 용도로 사용되기도 했다. 주대 때부터 부인들의 머리 장식도 남자들의 복식처럼 등급을 표시하게 되었으며 남녀 모두 머리를 고정하기 위해 계를 사용했다. 이른바 '계례笄禮'라는 말도 여자아이가 열다섯살이 되어 정혼 의식을 치를 때 머리를 틀어 올리고 계를 꽂던 풍습에서 비롯되었다. 주대 때 귀족 집안의 여자는 정혼을 하고 출가하기 전에 계례를 올려야 했다. 막대기 모양의 이 비녀는 긴 빗처럼 손잡이가 짧다. 출토 때 약간 구부러졌으며 7개의 살이 있다. (리저빈)

투각 금잠金簪
Gold openwork hairpin

명明 Ming
길이 Length 11.5cm

봉황 금화잠金花簪
Gold hairpin with phoenix design

명明 Ming
길이Length 13.6cm

금 발잠發簪
Gold hairpin

명明 Ming
길이Length 17.7cm

금 발침發針
Gold hairpin

명明 Ming
길이Length 11.6cm, 머리 너비Top width 1.2cm

금 발잠發簪
Gold hairpin

명明 Ming
길이Length 13.7cm, 머리 너비Top width 2.65cm

연꽃 발잠發簪
Gold hairpin with lotus flower design

명明 Ming
길이Length 13.9cm, 머리 너비Top width 2cm

봉황 금비녀
Gold hairpins with phoenix design

명明 Ming
위: 길이Length 16.01cm, 무게Weight 41.96g
아래: 길이Length 15.9cm, 무게Weight 42.01g

마고麻姑선녀 금비녀
Gold hairpin

명明 Ming
길이Length 12.4cm, 무게Weight 32.5g

금매미 옥엽玉葉 잠두簪頭 장식
Gold cicada on a jade leaf

명明 Ming
길이Length 5.3cm, 무게Weight 4.65g

화려하고 섬세하게 만들어진 장식물로 매미가 마치 살아있는 듯 생생하다.
금과 옥의 완벽한 조화가 자연스러운 아름다움을 보여준다.
은 비녀에 달려 있던 잠두 장식으로 규방 장신구 명품이다. (차오칭)

금 발채發釵
Gold hairpin

남조南朝 Southern Dynasty
길이Length 11.5cm

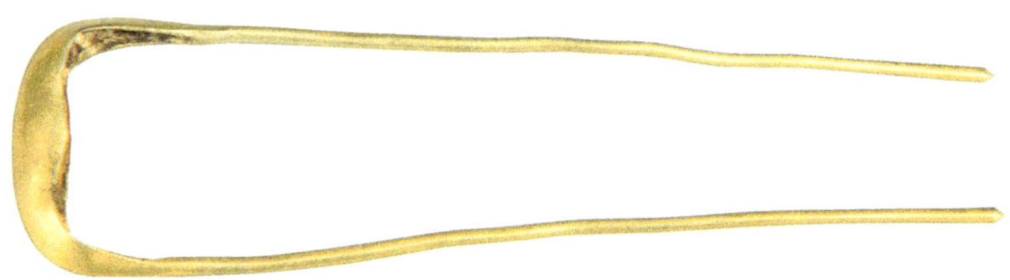

금 발채發釵
Gold hairpin

명明 Ming
길이Length 13.5-13.9cm

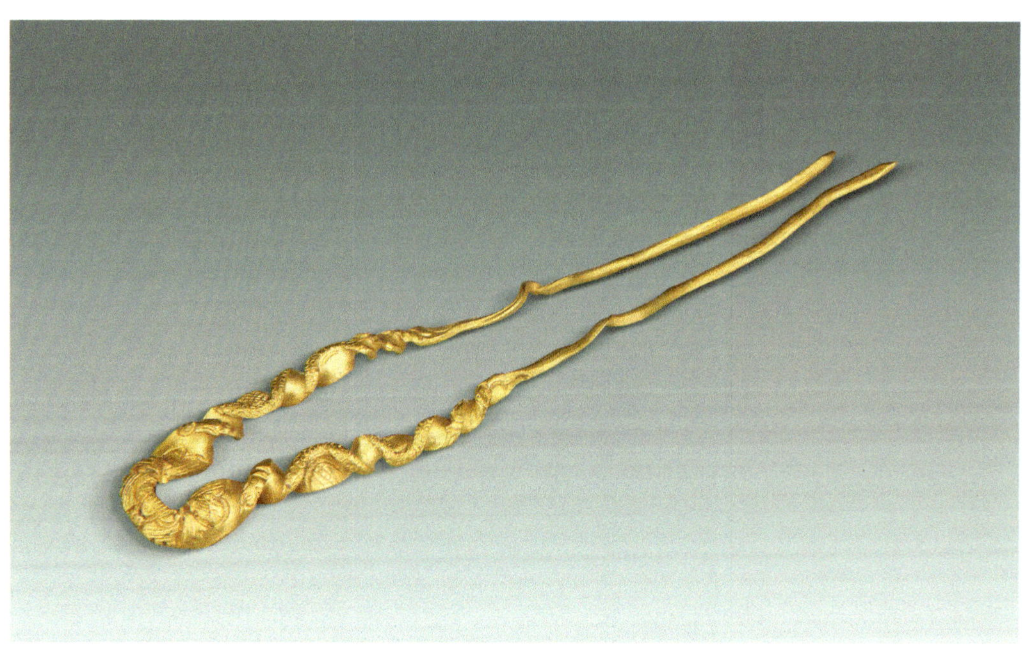

금 잠두 은 자루 발잠發簪
Gold and silver hairpin

청清 Qing
전체 길이Length 11.2cm, 자루 길이Pin length 8.3cm, 무게Weight 9.65g

인물과 누각을 장식한 은화잠銀花簪

Silver hairpin with decoration of figures and buildings

명明 Ming

길이Length 18cm, 너비Width 4.5cm

인물과 누각이 있는 은잠銀簪

Silver hairpin with decoration of figures and buildings

명明 Ming
길이Length 15.3cm, 너비Width 4.85cm

여의如意 은잠銀簪

Silver hairpin in Ruyi shape

명明 Ming
길이Length 6.8cm

백옥 용두龍頭 발침發針
White jade hairpin with dragon figure

청淸 Qing
길이Length 12.85cm

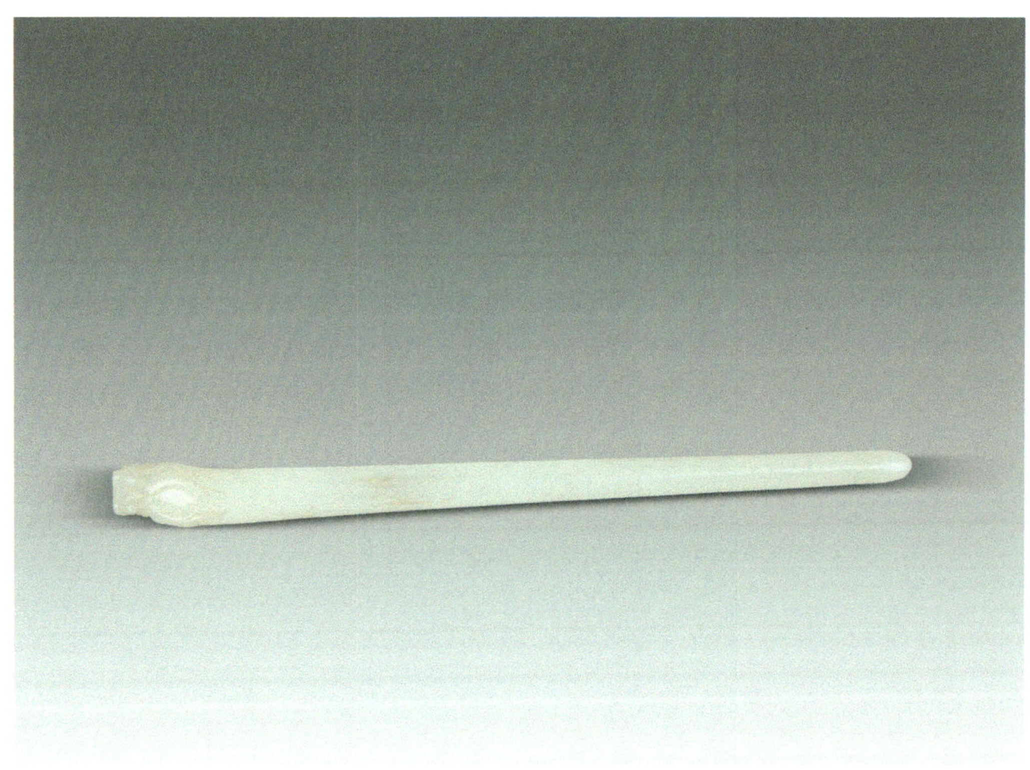

백옥 봉두鳳頭 발침發針

White jade hairpin with phoenix figure

청清 Qing
길이Length 17.1cm

백옥 여의잠如意簪

White jade hairpin in Ruyi shape

청清 Qing
길이Length 13.6cm

비취 장식 은화잠銀花簪
Silver hairpin decorated with kingfisher feathers and jadeite

청清 Qing
직경Diameter 4.3cm, 전체 길이Length 13.5cm

은두꺼비 보석 장식 머리 꾸미개
Silver toad shaped head ornament with kingfisher feathers and gems

청清 Qing
좌: 전체 길이Length 4cm
우: 전체 길이Length 3.7cm

보석 장식 비취 은화잠銀花簪
Silver hairpin
with kingfisher feathers and gems

청清 Qing
전체 길이Length 6.1cm, 너비Width 4.7cm

보석 장식 머리 꾸미개
Silver head ornament
with kingfisher feathers and gems

청清 Qing
전체 길이Length 5.85cm

보석 장식 은화잠銀花簪

Silver hairpin with kingfisher feathers and gems

청清 Qing

전체 길이Length 11.5cm

비취 꽃다발 꾸미개
Flower cluster with kingfisher feathers and gems

청清 Qing
가로 Height 10.3cm, 세로 Width 11.5cm

유리 귀고리 장식
Colored glass ear ornament

서한西漢 Western Han
직경Diameter 0.8cm, 높이Height 1.8cm

붉은빛이 나는 장식물로 허리가 잘록하게 들어가 있고 중간에 구멍이 뚫려 있다. (천강)

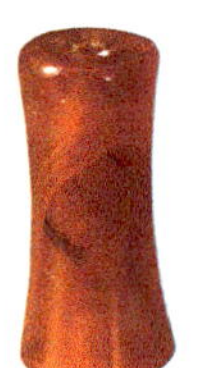

사람 모양 금 귀고리
Gold earrings with human figure pendant

명明 Ming
좌: 길이Length 6.5cm, 무게Weight 12.4g
우: 길이Length 6.6cm, 무게Weight 11.85g

조롱박 모양 금 귀고리
Gold calabash-shaped earrings

명明 Ming
좌: 길이Length 6.0cm, 무게Weight 12.9g
우: 길이Length 6.0cm, 무게Weight 13.05g

조롱박 모양 백옥 금 귀고리
Gold calabash-shaped earrings inlaid with jade gourd

명明 Ming
길이Length 4.1cm

사람 모양 백옥 금 귀고리
Gold earrings inlaid with jade human figure

명明 Ming
길이Length 7cm

옥팔찌

Jade ring (Huan)

서한西漢 Western Han
외경Outside diameter 9.9cm, 내경Inside diameter 7.9cm

연주連珠 금 팔찌
Gold bracelet

서진西晋 Western Jin
직경Diameter 5.9cm, 무게Weight 18.8g

은 팔찌
Silver bracelet

서진西晋 Western Jin
직경Diameter 6.7cm, 두께Thickness 0.3cm

금팔찌
Gold armlet

송宋 Song
직경Diameter 7.8-9cm, 너비Width 0.5-0.9cm

연주형聯珠形 옥팔찌
Jade bead bracelet

명明 Ming
직경Diameter 7.5cm

밧줄 모양 백옥 팔찌
White jade twisted bracelet

명明 Ming
직경Diameter 7.9cm

은팔찌
Silver bracelet

명明 Ming
직경Diameter 6.9cm

비취 팔찌
Emerald bracelet

청清 Qing
직경Diameter 8.05c

꼬인 줄 모양 은팔찌

Silver twisted bracelet

청清 Qing
너비Thickness 1.15cm

보석 걸이 장식
Beads necklace

서한西漢 Western Han
길이Bead length 1-3.3cm, 너비Bead width 0.5-2.6cm, 높이Bead height 0.85-1.7cm

백옥패 1점, 마노 대롱 3점, 유리 대롱 1점, 유리 호랑이 3점, 유리 거북 1점, 자수정 조롱박 1점, 유리 두꺼비 1점, 유리 구슬 2점 등 총 13점의 장식으로 이루어진 장신구다. 각 장식마다 미세한 구멍이 뚫려 있다. 크기는 작지만 실제 형상을 사실적이고 생생하게 본뜬 정교한 모양이 눈길을 붙들어 맨다. (천강)

나비와 물고기 은제 걸이 장식
Silver pendant in the shape of a butterfly fish

청
전체 길이Length 46cm

은제 사슬 목걸이

Silver neck ornament

청清 Qing

길이Length 63.6cm

꽃 조각 은반지
Silver ring carved with flower design

청清 Qing
반지면 길이Top length 2.5cm, 너비Top width 2.3cm

보석 장식 금 반지
Gold ring inlaid with gem

명明 Ming
직경Diameter 1.8cm

보석 장식 금 반지
Gold ring inlaid with gem

명明 Ming
직경Diameter 2cm

경태람景泰藍* 손가락 두겁
Cloisonne finger-stall

청清 Qing
길이Length 6cm / 5.3cm

***경태람(景泰藍)** 명나라 경태제 때에 만든 에나멜 종류의 푸른 물감.

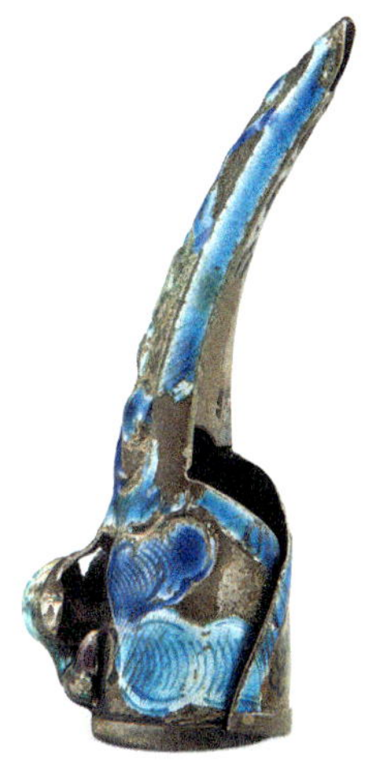

금제 골무
Gold thimble

동진東晉 Eastern Jin
직경Diameter 1.8cm, 무게Weight 5.2g

골무는 민간에서 주로 사용하는 바느질 용품이다. 반지 모양 골무로 표면 전체가 요철이다. 중지에 끼워서 손가락이 바늘에 찔리지 않도록 막아준다. 또 바늘 끝을 받쳐 주기 때문에 옷을 꿰맬 때 손가락에 힘을 줄 수도 있다. (차오칭)

철제 가위
Iron scissor

당唐 Tang
잔여 길이Length 27cm

가위는 당나라 때 보편적으로 사용되고 있었다. 한대 초기에는 청동으로 가위를 만들었으나 훗날 은, 구리, 철 등 다양한 재질을 사용하게 되었다. 이 가위는 형태적으로 지렛대 원리를 이용하는 현대적 가위와 달리 고대의 '8자형' 양식을 취하고 있다. 손잡이를 누르면 양끝의 가위날이 교차하면서 물건이 잘리는데 손을 놓으면 금속의 탄성에 의해 원래 모양으로 회복된다. 오늘날의 족집게와 유사한 방식으로 사용하려면 힘이 들었다. (차오칭)

자수 인화판印花版
Embroidery pattern

청清 Qing
직경Diameter 24cm

《방적도紡織圖》 화상석畵像石
Pictorial stone depicting weaving

동한東漢 Eastern Han
너비Picture width 160cm, 높이Height 93cm, 두께Stone thickness 61cm

이 화상석은 강소성 사홍현泗洪縣 한대 고분에서 출토된 것으로 출토 직후에는 채색이 남아있는 상태였다. 위에서 아래로 층과 칸을 나누고 손님맞이, 길쌈, 요리, 제사에 관한 내용을 조각으로 새겼다. 두번째 칸의 그림이 가장 특징적인데 '讒言三至(참언삼지), 慈母投杼(자모투저)' 여덟 글자가 새겨져 있다. 이에 대해 전문가들은 '증모투저曾母投杼'의 고사로 추정하고 있다. 음각과 양각이 섞여 있으며 선이 부드럽고 유창하다. 깊이 있고 섬세한 표현력이 극도로 뛰어나다. 고사에 나오는 증자의 어머니, 증자, 소문을 전하는 사람을 적절하게 배치했다. 증자의 어머니가 방직기 옆에서 일을 하는 모습도 분명하게 표현되었다.(차오칭)

황도파黃道婆가 만든 발로 밟는 방직기
Pedal weaving machine designed by Huang Daopo

청清 Qing
높이Height 70cm, 가로Length 80cm, 세로Width 60cm

황도파는 송강부松江府(오늘날의 상해) 오니경烏泥涇 사람으로 송말원초松末元初의 유명한 방직 전문가다. 어린시절 집안 형편이 어려워 애주崖州(오늘날의 해남도)까지 떠밀려나 그곳에서 방직 도구를 사용하는 방법과 방직 기술을 배우게 되었다. 원정元貞 연간에 고향으로 다시 돌아가 사람들에게 방직을 가르치고 직조 기술을 널리 보급했다. 그녀의 선진적 기술은 순식간에 송강부에서 강남지역 전역을 휩쓸었다. 송강부도 전국 최대의 방직 중심지가 되어 '의피천하衣被天下'라는 명성을 얻게 되었다. (차오칭)

방차紡車

Spinning machine

청清 Qing
높이Height 124.7cm, 너비Width 82.9cm

방차는 실을 만드는 방적 공구로 위차緯車라고도 했다. 한대에 이미 보편적으로 사용되고 있었다. 방차는 보통 손이나 발로 구동하는 바퀴와 실을 감는 가락으로 이루어져 있으며 손으로 돌리는 방아, 물을 이용하는 방차 등 다양한 유형이 있다. 송대에 이르러 면방직이 발달하면서 대형 방차가 출현했다. 이 방차는 가정에서 사용하던 소형 방차로서 온전한 구조를 갖추고 있는데 바퀴, 손잡이, 지지 기둥, 받침대 등으로 이루어져 있다. (차오칭)

주칠 금박 투각 세숫대야 받침대

Wash-hand basin shelf with gilt lacquer openwork of flowers and human figures

민국民國 Republic
높이Height 180cm, 너비Width 46cm

이 대야 받침대는 안휘성 양자강 이남의 완남皖南 일대에서 유행했던 양식이다. 거의 모든 가정에서 사용했으며 1990년대 초반까지도 민간에서 찾아볼 수 있었다. 구조적으로는 단순하지만 장식이 매우 화려하다. 길상을 상징하는 다양한 꽃과 나비, 희곡 인물 등을 투각 기법으로 조각하고 금박을 입혔다. 특히 전면에 있는 로마풍 기둥과 후면의 꽃과 새가 있는 두 번째 칸은 패턴이 풍부하여 감상가치가 뛰어나다. (차오칭)

여성용 청화백자 요강

Blue and white porcelain urinal for women

청清 Qing
높이Height 14.5cm

네 면에 간결한 형태의 모란과 덩굴 문양이 있으며 테두리를 권초문으로 둘렀다.
요강 상단부에 나비 한 쌍이 있고 측면에 박쥐가 있다.
깨끗하고 맑은 색상이 가볍고 간편한 느낌을 준다. (차오칭)

화교花轎

Sedan chair

청清 Qing
가로Length 100cm, 세로Width 120cm, 높이Height 190cm

전통 혼례에서 사용했던 꽃가마는 화교花轎나 희교喜轎라고 불렀다. 가마는 원래 '輿(수레 여)'자를 사용했는데 춘추시대에도 사용되고 있었다. 육조 때는 어깨에 매는 '견여肩輿'가 성행했다. 견여는 당대에 이르러 임금와 왕비 외에 부녀자와 나이든 관리도 사용할 수 있게 되었다. 송대에는 가마가 민간에까지 보급되어 일상적인 이동수단으로 사용되었다. 군사용으로 사용하던 가마를 혼례에 사용하게 된 것도 송대 때부터였고 이후 꽃가마로 신부를 맞이하는 풍속이 자리 잡았다. 꽃가마는 사회적 지위나 가족의 신분에 따라 서로 다른 다양한 종류와 모양의 것이 사용되었다. 보통 집안에서는 두 사람에 어깨에 매는 꽃가마를 사용했고, 부유한 집안에서는 네 사람이 매는 꽃가마를 사용했는데 가마의 장식도 두 사람이 매는 가마와 큰 차이가 있었다. 지체 높은 관리 집안에서는 여덟 명이 매는 큰 꽃 가마와 매파를 보내 신부를 맞이했다. 이 꽃가마는 네 사람이 매는 가마로 옥색 휘장에 부귀화훼富貴花卉, 화합이선和合二仙, 보살송자菩薩送子 등 길상 문양을 자수로 새겼다. 양 측면에는 흥겹고 경사로운 분위기를 살려주는 붉은색 술 장식을 달았다. (차오칭)

붉은 비단에 금룡을 새긴 여성 망포蟒袍

Woman's robe embroidered with gold dragon on red satin

청清 Qing

세로Length 118.5cm, 가로(소매 포함)Width(including sleeves) 216cm

청대에는 망포 착용에 대한 제한을 완화했다. 황귀비皇貴妃에서 후궁과 궁녀에 이르기까지 경사가 있을 때나 사후에 장례를 치를 때 모자와 망포를 착용하고 조주朝珠*와 조화朝靴를 갖췄다. 제비帝妃의 것으로 추정되는 이 망포는 붉은 비단에 다섯 개의 발이 달린 용 일곱 마리를 새겨 넣었다. 아래쪽에는 수산복해도壽山福海圖와 여의如意 파도문을 새겼다. 앞면과 뒷면에 동일한 문양을 사용했다. (양하이타오)

***조주(朝珠)** 청나라 때 관원들이 조복을 입을 때 목에 걸던 염주. 관직 등급에 따라 구슬 종류와 줄의 색상이 다르다.

꽃을 수놓은 붉은 비단 협삼夾衫
Red satin blouse with embroideries

청淸 Qing
가로(소매 포함)Width(including sleeves) 162cm, 세로Length 108cm

분홍 꽃장식 비단 협삼夾衫

Woman's pink blouse with flounce

청淸 Qing

가로(소매 포함)Width(including sleeves) 145cm, 세로Length 89cm

자수 저고리

Embroidered woman's jacket

청淸 Qing
가로(소매 포함)Width(including sleeves) 144cm, 세로Length 120cm

비단 주름치마

Red pleated silk skirt

청淸 Qing
길이Length 96cm, 폭Width 220cm

명청시대에는 폭이 넓고 주름이 많은 치마가 유행했는데 '잘 만들어진 치마와 그렇지 않은 치마는 주름의 많고 적음을 보면 된다'라는 말도 있었고 '여덟 폭 치마는 집안에서 입기 적당하고, 사람들에게 아름답게 보이기 위해서는 열 폭이 되어야 한다'는 말도 있었다. 남성들의 심미적 관점에서 치마는 주름이 많아야 걸음걸이가 자연스럽고 몸에 감겨 넘어질 우려가 없었다. 치마에 주름이 적으면 걸음걸이가 어색하고 부자연스러웠다. 치마에 주름이 많으면 바람이 불지 않아도 자락이 아름답게 나부꼈고, 주름이 적으면 나무기둥처럼 뻣뻣하고 어색해보였다. 그래서 주름이 많고 폭이 넓은 치마는 소녀들의 사랑을 한 몸에 받았다. (차오칭)

꽃을 수놓은 비단 주름치마
Embroidered pleated silk skirt

청清 Qing
길이Length 96cm

봉황 다섯 마리가 있는 여성용 가죽 관모
Female leather official hat with five phoenixes design

청清 Qing
직경Diameter 30cm

여성용 방한 모자로 겨울에 썼다. 남성용 관모에 있는 정수리 부분과 옥 장식이 없고 자수와 진주 장식이 있다. 뒤쪽에 자수 장식이 있는 긴 끈 두 개가 달려있다.(차오칭)

자주색 비단 자수 궁혜弓鞋*

Purple embroidered shoes for bound feet

청清 Qing
길이Length 12cm, 높이Height 7cm

남경박물관에 소장된 궁혜* 작품들은 자수가 매우 정교하다. 살구꽃, 연자蓮子, 연잎 등 다양한 형태가 있으며, 내부에 굽이 있는 형태 또는 바깥에서 굽이 보이는 형태 두 가지로 나눌 수 있다. 앞코는 뾰족하고 활처럼 부드럽게 굽은 모양이다. 높은 굽이 달린 궁혜는 작은 사람은 더 작게, 마른 사람은 더 마르게 보이는 효과가 있었으며 발이 큰 사람은 큰 발을 숨길 수 있었다. 효과가 분명해서 지극히 아름답고 좋다는 평가를 받았다. (차오칭)

***궁혜(弓鞋)** 옛날, 전족(纏足)을 한 여자가 신던 작은 가죽신.

붉은 비단 자수 마제馬蹄굽 여자 신발

Red embroidered shoes with thick bottom

청清 Qing
길이Length 22cm, 너비Width 22cm

쪽빛 비단 자수 마제馬蹄굽 신발

Blue embroidered shoes with thick bottom

청清 Qing

길이Length 22cm, 높이Height 15cm

붉은 비단 자수 궁혜

Purple embroidered shoes for bound feet

청清 Qing

굽 길이Length 13.5cm, 너비Width 4.4cm

푸른색 비단 자수 궁혜

Azure embroidered shoes for bound feet

청淸 Qing
굽 길이Length 12.2cm, 너비Width 3.1cm

봉황문 하피霞帔 펜던트 Gold shawl pendant

명明 Ming
길이Length 9.55cm, 너비Width 7cm, 두께Thickness 1.6cm, 무게Weight 61.02g

하피는 고대에 봉호를 받은 부인들이 입던 예복이다. 명대 이전에는 왕비 책봉, 사묘 참배, 조회朝會 등 조정에서 행사가 있을 때 입었다. 명대 이후에는 황후에서 9품 문관의 부인이면 다 착용할 수 있도록 규정이 바뀌었는데 지위의 고저에 따라 색상, 문양, 장식, 재질 등에 차등을 두었다. 명대에는 평민 여성도 혼례를 올릴 때는 봉관과 하피를 착용할 수 있었다. 청대 후기에 이르러서는 부자들 사이에서 봉관을 비롯한 화려한 복식이 더 크게 유행했다. 혼례에서 봉관과 하피를 착용하고 큰 꽃가마를 타는 것이 당시 최고의 예식이었다. 펜던트 형태의 이 금 장신구는 양면에 봉황과 길상운吉祥雲 문양이 투각되어 있다. 매달 수 있도록 상단에 고리가 있다. (차오칭)

봉천고명奉天誥命 봉황 금관
Gold phoenix coronet with characters "feng tian gao ming" (imperial order by the mandate of heaven)

청清 Qing
무게Weight 939g, 높이Height 13cm

봉관鳳冠은 고대 왕후가 머리에 쓰던 장신구다. 정교하고 아름다운 형태가 위엄과 품위를 더해준다. 봉과 용을 중심으로 다양한 공예 기법으로 제작된 장식물이 달려있다. 투각 효과의 승천하는 용은 금사金絲를 겹쳐서 만든 후 용접했다. 다양한 빛깔의 보석을 붙여서 만든 봉은 오래도록 화려한 색상을 유지하고 있다. 온갖 보석과 용봉이 어우러져 찬란한 빛을 발산하며 화려하고 웅장한 느낌을 준다. (차오칭)

Leisure and amusements in the chamber

발 뒤에 가려진 대작代作 예술

광서光緖 15년(1889) 늦가을, 수렴청정을 하던 자희태후는 각 성의 총독과 순무에게 글과 그림에 능한 민간 여성을 선발해서 입궁시킬 것을 명했다. 자신의 여가 활동을 도와줄 사람이 필요했기 때문이었다. 당시 운남의 재원 무가혜繆嘉蕙(1841-1918)가 출중한 재능으로 두각을 드러냈다. 그녀는 '무고繆姑' 부인으로 불리며 이십 년 가까이 궁궐에서 지내면서 자희태후에게 그림을 가르치거나 대작을 했다. 그녀가 대작한 작품은 조정의 신하들에게 하사품으로 내려졌다. 또 무가혜가 '복福', '수壽', '녹祿' 등 글자를 쓴 두방斗方이 궁궐 안에 걸리기도 했다. 평소에 사치와 낭비가 심했던 자희태후는 일상적으로 사용하는 자기마저도 대아재大雅齋 낙관이 있는 전용 자기를 사용했다. 주로 옅은 푸른색 바탕에 남색, 옅은 붉은색, 자색 등을 사용하여 담묵으로 채색화를 그린 대아재 자기는 섬세하고 부드러운 화풍이 특징이다.

자희관慈禧款 〈사계청화도四季清和圖〉 축軸
Four Seasons under the name of Empress Cixi

청(1889년) 清 Qing (AD1889)
지본紙本 설색設色 Hanging scroll, ink and color on paper
가로Height 64.8cm, 세로Width 131.3cm

이 그림에서 측백나무와 까치 두 마리에 담긴 뜻은 명약관화하다. 이문전李文田(1834-1895)의 제시題詩덕분에 그림이 더욱 돋보이고 가치가 백배 높아졌다. 영남 지역에서 서예가로 널리 알려졌던 이문전은 깊고 넓은 학식으로 한림공봉翰林供奉을 지냈다. (차오칭)

제지(題識) 光緒己醜季冬中浣, 御筆.
검인(鈐印) 大雅齋(주문), 御賞(주문), 慈禧皇太后之寶(주문)
제발(題跋) 百子千孫福最奇, 九如柏茂詠周詩. 八方送喜齊歌舞, 四季清和晉壽巵. 李文田敬題.
검인(鈐印) 李文田(백문)
감장인(鑑藏印) 頤神養性(주문) 瀛海仙班(백문)

자희관慈禧款 〈송학연년도松鶴延年圖〉

Pine and Crane under the name of Empress Cixi

청(1889년) Qing (AD 1889)
족자 Hanging scroll
지본紙本 설색設色 ink and color on paper
가로Height 64.7cm, 세로Width 132.7cm

학 두 마리와 굽은 소나무를 그린 이 그림은 장수와 길상을 상징한다.
육윤상陸潤庠(1841-1915), 소주蘇州 사람, 동치 13년(1874) 과거시험에서 장원급제. (차오칭)

제지(題識) 光緒己醜季冬下浣, 御筆.
검인(鈐印) 大雅齋(주문), 御賞(주문), 慈禧皇太后之寶(주문)
제발(題跋) 鶴算松年不計秋, 等間清福幾生修. 何須更餌延齡藥, 海屋親量十萬籌. 李文田敬題.
검인(鈐印) 翰林供奉(주문)
제발(題跋) 緒十五年十二月二十三日, 賜四品銜翰林院侍讀, 南書房行走, 國史館纂修教習庶吉士臣陸潤庠.
감장인(鑑藏印) 頤神養性(주문), 瀛海仙班(백문)

光緒十五年十二月二十三日

慈禧皇太后之寶

光緒己丑季冬下浣御筆

隺算松年不計秋蒼髯積福肇生脩何須更覓
延齡藥洪範親書十五疇

李文田敬題

賜四品銜翰林院侍讀 南書房行走 國史館纂修教習庶吉士 臣 陸潤庠

大雅齋

하늘색 분채粉彩 화조문 꽃 항아리

Famille rose vase with flowers and birds design on green ground

청淸 Qing · 광서제光緖帝 Guangxu Reign
높이Height 30.4cm, 구경Diameter 34cm

아가리와 아랫배는 오므라져 있고 어깨가 풍만하다. 바닥은 평평한 모양에 중앙이 살짝 들어갔다. 구연부에 남색으로 그린 회문回紋이 있다. 복부는 바탕을 하늘색으로 칠하고, 새가 꽃 덩굴 위에 앉아 있는 화조화를 그렸다. 구연부 아래에 있는 해서체 '大雅齋(대아재)' 낙관이 눈에 띈다. 오른쪽에 쌍용문과 전서체 '天地一家春(천지일가춘)' 이 양각된 인장이 찍혀 있다. 내벽에는 백유白釉를 발랐으며 바닥에는 유약을 바르지 않았다. 이 항아리는 크기는 매우 크지만 공예적으로는 한 치의 오차도 없다. 화초를 좋아했던 자희태후와 궁녀들이 궁궐에서 연꽃을 키울 때 이 항아리를 사용했다. 자희는 태감을 시켜 이화원에 3~4천 종에 이르는 꽃을 키웠다. (휘화)

자색 바탕의 분채 고족반高足盤

High footed famille rose plate with lotus flowers and crabapple blossoms on purple ground

청淸 Qing · 광서제光緖帝 Guangxu Reign
높이Height 13.5cm, 구경Opening diameter 22.1cm,
굽 직경Foot diameter 9.4cm

아가리가 넓고 평평하다. 복부는 살짝 기울어진 곡선으로 높은 권족이 달려 있다. 내벽에 자색의 바탕 유약을 바르고 분채로 우미인虞美人, 해당화, 까치를 그렸다. 장중하고 화려한 그림에서 상서로운 분위기가 느껴진다. 내벽 구연 아래에 붉은 색 해서체 낙관 '大雅齋(대아재)'가 찍혀 있고 오른쪽에 타원형 쌍용문 '天地一家春(천지일가춘)' 전서체 양각 인장이 찍혀 있다. (휘화)

푸른 바탕의 매화형 분채 수선분水仙盆

Plum blossom shaped famille rose vase with design of swallows among the apricot woods

청清 Qing · 광서제光緒帝 Guangxu Reign
높이Height 4.3cm, 너비Width 18.4cm

5판 매화형 수선분이다. 입술이 평평하고 곧은 배는 위쪽이 미세하게 풍만하고 아래쪽이 좁다. 평평한 바닥에 다섯 개의 굽이 달려 있다. 구연 면에 남색 회문回紋이 있다. 외벽은 파란색 바탕에 화조화를 그렸다. 제비 세 마리가 만개한 살구꽃 가지에 앉아 있는데 '행림춘연杏林春燕'을 뜻한다. 동백꽃 위를 날아다니는 까치 두 마리는 '희보다자喜报多子'를 뜻한다. 내벽에 하늘색 유약을 바르고 바닥에는 백색 유약을 고르게 발랐다. 바닥에 소성할 때 생긴 받침 자국이 있다. 구연 아래 배 한 쪽에 붉은 해서체 낙관 '大雅齋'가 있고 우측에 타원형 쌍용문 전서체 '天地一家春(천지일가춘)' 양각 인장 낙관이 있다. 바닥에는 붉은 해서체 방인方印 '永慶長春(영경장춘)'이 찍혀 있다.'행림춘연'과 '희보다자'는 명말에서 청대에 제작된 도자기에 자주 나타나는 문양이다. 살구나무 숲은 훌륭한 의술을 행하는 의사를 상징하고 제비는 봄을 상징한다. 이에 따라 '행림춘연'에는 건강과 회춘의 의미가 담겨있다. 열매가 많이 맺히는 동백꽃은 까치와 함께 자손의 번성을 알리는 좋은 소식을 의미한다. 명말청초의 청화백자에서는 석류와 까치가 '희보다자'를 상징하지만 대아재 도자기에서는 동백꽃이 '희보다자'를 상징한다. (훠화)

쌍원식雙圓式 분채 수선분
Two-ring shaped famille rose vase with wisteria and magpies

청清 Qing · 광서제光緖帝 Guangxu Reign
높이Height 4.6cm, 길이Length 23cm, 너비Width 13cm

두 개의 동그라미가 연결되어 있는 모양의 수선분이다. 입술은 평평하고 배가 깊지 않다. 아래쪽으로 갈수록 살짝 좁아지며 바닥은 평평하고 아래에 납작한 굽이 6개 달려 있다. 구연 면에 남색 회문回紋이 있다. 외벽에 백색 유약을 깨끗하게 바르고 구불구불 넝쿨진 자색 등나무 꽃과 고개를 내밀고 날개를 펼친 까치를 그렸다. 대아재 도자기는 대부분 밝고 환한 분위기가 넘친다. 바닥에 소성할 때 생긴 받침 자국이 있다. 외벽 한 쪽에 붉은 해서체 낙관 '大雅齋(대아재)'가 있고 우측에 타원형 쌍용문 전서체 '天地一家春(천지일가춘)' 양각 인장 낙관이 있다. 바닥에는 붉은 해서체 방인方印 '永慶長春(영경장춘)'이 찍혀 있다. 쌍원식 형태는 수대의 백자에서 처음 발견되었으며 송대에도 가끔 등장하고 건륭시기에도 보여진다. (휘화)

《지란도芝蘭圖》 자희慈禧황태후의 유물 둥근부채
Fan with Orchid and Gandoderma and Empress Cixi's seal

청清 Qing
길이Height 41cm, 직경Diameter 27.5cm

부채면에 영지와 난초를 함께 그렸다. 청신하고 우아한 분위기가 그윽하다. 비단에 쌍구법으로 난초를 그리고 옅게 채색한 필법이 유창하다. 난초와 영지의 조합을 군자지교君子之交에 빗대어 고상한 품성과 뛰어난 재능의 결합을 상징한다. (차오칭)

Part 3

Women's talents

여성의 재능

옛 중국 여성들의 예술작품 중에서 서화는 명말청초 때 역사의 전면에 등장하여 나름의 주목을 받았다고는 그러나 다양한 이유로 여성들의 작품이 세상에 전해지기란 사실상 쉬운 일이 아니었다. 여기에서 그녀들을 가렸던 면사포의 한 자락을 잠시 들쳐보고자 한다. 여공女功이란 여자들이 집안에서 하는 일을 가리키는데, 눈과 마음을 즐겁게 하는 아름다운 외관 때문에 감상의 대상이 되었고 예술적 재능을 보여주는 지표가 되었다. 여공은 옛 여성들이 필수적으로 익혀야 하는 수공예 기술이자 규방 여인들이 갖춰야 할 예술적 능력이었기 때문에 정통 여성 예술이라고 할 수 있다. 오늘날의 기준으로 보면 여공은 공예미술의 범주에 속할 것이다. 남경박물관에는 상당한 양의 여공 작품들이 소장되어 있다. 그러나 작품을 만든 여성들 대부분은 그 이름을 알아낼 수 없다.

The Cultural Landscape of Women in Late Ming and Early Qing China

명말청초 여성들의 문화적 풍경

차오칭曹清

무석 박물관無錫博物院에 소장된 마상란馬湘蘭 등 네 여성들의 공동작 〈화훼도〉 두루마리를 보면서 이런 장면을 상상할 수 있지 않을까? 만력 4년(1576)의 어느 따스한 봄날, 명희名姬 마수진馬守眞[1]이 '죽사竹西'라고 불리는 강남의 한 정원에 초대를 받아 서호西湖와 진회秦淮의 재원 — 임설林雪, 오연연吳娟娟, 왕빈유王賓儒 등과 함께 술잔을 나눈다. 아마도 한 문인의 집에서 열린 아회雅會였을 것이다. 그녀들의 청신하고 우아한 자태가 따스한 봄바람 속에 꽃 향기처럼 그윽한 정취를 내뿜는다. 주흥이 다해갈 무렵, 집 주인이 그녀들을 놀잇배로 안내한다. 주인의 환대에 보답하기 위해 여성들은 기꺼이 묵보墨寶를 남긴다.[2] 그림 끝자락에 마상란의 절친한 벗이자 문단의 스타였던 왕치등王穉登이 기념으로 남긴 제사題詞도 보인다. 어쩌면 왕치등도 아회의 초청자 명단에 있었을 지도 모른다.

그림 두루마리 첫머리에 네 여성이 즉흥적으로 남긴 시가 있다. 먼저, 오연연이 "冷暖風光次第新(추운 겨울에서 따뜻한 봄으로 가는 풍광이 날로 새롭다)"라고 시작한다. 이어서 마수진이 "淺斟芳醑酹蒼神, 凌波羅帶遺瓊珮(향기로운 술잔, 봄의 신에게 바치노라. 물결처럼 일렁이는 비단 자락에 옥구슬 찰랑이네)"라고 이어간다. 임설은 "雅掭琴絲惜晚春, 人淡獨留

1 역주: 마상란의 본명.

2 허쥔홍(赫俊紅) 박사가 자신의 석사 논문 《明代女畫家馬守眞畫作眞偽考鑒》에서 제기한 문제는 '병오(丙午)'는 '병자(丙子)'의 오기이므로 성립되지 않는다.

清影瘦(아금을 뜯으며 늦은 봄을 아쉬워하네, 사람들 떠난 자리에 맑고 여윈 그림자 홀로 남았네)"라고 남긴다. 왕빈유(자字 예매蕊梅)는 "香寒應羨素心眞, 卷中品格誰知己(향기로운 매화와 흰 눈 서로를 흠모하는 마음 맑고 참되어라, 두루마리에 담긴 품격은 어느 누가 알리오)"라고 적는다. 끝으로 마수진이 빼어난 해서체로 "敢謂丹青附後塵(감히 단청[3]의 역사를 미미한 먼지처럼 뒤따르노라)"라고 마무리한다. 시에 이어 오연연이 쌍구법雙鉤法으로 수선화를 그리고 마수진은 사의화 기법으로 난초와 돌, 영지를 그린다. 임설은 엷은 설색화設色畵로 국화 두 송이를 그린다. 왕빈유는 매화와 대나무를 함께 그린다. 이렇게 각자 장기를 가진 소재를 그리고 공동으로 화훼도 두루마리를 만들어내고 왕치등이 두루마리 맨 끝에 〈랑도사浪淘沙〉를 적어 넣는다.

> 春色滿蕪城. 嫩柳藏鶯. 青油畵舫擢波平. 笑指石闌深院邪, 曲罷銀箏.
> 幾席有余清. 花草香生. 徐黃彩筆粉痕輕. 合璧聯珠唫興好, 明月多情.
> 봄빛 가득한 무성[4], 연한 버들 사이로 꾀꼬리 숨어들고, 청유를 바른 놀잇배 잔잔한 물결을 가른다.
> 웃으며 돌과 난초가 있는 깊은 정원을 가리키니, 노래소리 은쟁소리 잦아드네.
> 맑은 향기 자리에 남아 꽃향기 풀향기 피어나고, 서희와 황전[5]이 희미한 붓자국을 남겼네.
> 옥과 구슬이 한데 어울려 좋아라, 밝은 달이 다정하여라.

네 명의 재원 가운데 잘 알려지지 않은 왕빈유를 제외하고(왕빈유는 《도회보감속찬圖繪寶鑑續纂》에 약간의 기록이 있을 뿐이다), 나머지 임설, 오연연, 마수진 등은 모두가 장강 남북에서 명성이 자자했던 명희였다. 이들은 지혜롭고 기민한 본성과 뛰어난 시화 실력에 박학다식하고 다재다능하여 문사들의 마음을 사로잡고 그들의 절친한 벗이 되었다. 당시 유명 인사들의 연회와 모임에는 술잔을 주고받는 그녀들의 그림자가 빠지지 않았다. 눈길을 끄는 것은, 그녀들과 만나며 교류를 이어갔던 왕치등이 다른 사람들이 한 번도 다루지 않았던 여성들의

3 역주: 단청(丹靑)은 그림과 회화를 뜻한다.
4 역주: 무성(蕪城)은 광릉성(廣陵城)을 가리키며 오늘날의 강소성 강도현이다.
5 역주: 서희(徐熙)는 묵으로 대략적인 형체를 그리고 담채로 채색하는 화조화 기법을 확립하였으며 황전(黃筌)은 짙은 채색의 몰골법을 사용하는 화려하고 사실적인 화조화 기법을 확립하였다.

이야기를 기록으로 남겼다는 점이다. 왕치등은 명 가정 계해년 7월에 완성한 《오군단청지吳郡丹青志》에서 사회 계층과 신분 유형에 따라 여성을 분류하고 여성 화가를 별도로 다룬 〈규수지閨秀志〉를 추가했다. 여기서 왕치등은 명나라 4대 화가 가운데 한 사람인 구영仇英의 딸에 대해 "아름다운 여인에게 영성이 모여 있다. 화단을 비상하는 최고 고수다. 놀랍고도 귀하도다. 粉黛钟灵, 翱翔画苑, 寥乎罕矣"라며 고도의 찬사를 보냈다. 이 덕분에 명대 후기에는 여성들도 중국 남성들이 지배하던 화사畵史에서 주목을 받게 되었고 문자 기록의 대상이 되었다. 《화사회요畵史會要》의 저자 주모인朱謀垔은 "위포韋布(평민)". '도석道釋(도교와 불교)' 뒤에 별도로 '여류女流' 편을 넣고 12명의 재원을 다루었다. 이를 계기로 점점 더 많은 문사들이 여성들에 대한 글을 쓰기 시작했는데, 기록하는 사람이나 기록되는 사람이나 모두 강남 지역에 집중되어 있었다.

옛 중국 역사에서 명말청초는 가장 큰 주목을 받는 시대다. 명 가정 연간에서 숭정 연간에 이르는 1백여 년 동안[6] 새로운 시대의 특징이 수없이 나타났다. 이러한 사회 각 분야의 신선한 변화가 문예사상과 예술창작에 중요한 영향을 미쳤다. 또 정치적 부패와 경제적 번영이 공존하는 가운데 사회 구조 역시 조용한 변화를 겪고 있었다. 명말의 시대적 특징을 요약하면, 고도로 성숙한 전통 봉건사회에서 새로운 근대사회로 이행하는 전환의 출발점이었다. 중국에서 이루어진 고대사회에서 근대사회로의 전환은 우여곡절로 점철된 긴 역사적 과정으로서 민족적 특징을 보여준다. 전환의 시작과 더불어 사회의 신구新舊가 교직되는 얽히고 설킨 복잡한 역사적 장면들이 등장했다. 한편으로는 봉건적 경제, 사회, 정치구조와 사상관념이 굳건한 통치적 지위를 차지한 가운데 봉건사회 고유의 모순이 점차 심화되었다. 또 한편으로는 오랜 누적과 축적을 통해 전통 봉건사회와는 다른 근대사회의 성격을 지닌 새로운 경제, 사회, 정치, 관습, 풍속 사상이 잉태되고 있었다. 사회 전반에서 깊숙하고 강렬한 변화가 생겨나고 있었다.[7]

이러한 분위기 속에서 문인들은 전대를 능가하는 책들을 쏟아냈다. 사국정謝國楨 선생에 따르면, 모두 관부에서 펴낸 역사서가 아닌 재야의 문인들과 학자들 또는 가난한 유생들이 쓴 역사소설로서 야사나 야담이라 할 수도 있고 패관소설이라 할 수도 있는데 명말청초에 특

6 사국정(謝國楨) 선생이 《만명사적고(晩明史籍考)》를 증보판을 엮을 때, 명 만력에서 청대 초 삼번의 난을 평정한 시기까지를 명나라가 멸망한 갑신년을 기준으로 양분했다. 이에 따라 훗날 사회사를 연구하는 학자들이 '명말청초'라는 표현을 사용하게 되었다.

7 張顯清, 〈晩明社會的時代特點 — 明清時代的歷史特點及其走向(3)〉, 《河南師範大學學報》, 2005, 第6期.

히 많이 나왔다. 여기서 중요한 것은, 당시 많은 지식인 여성들이 창작과 감상에 참여함으로써 관에서 편찬하는 정사를 보충할 수 있는 귀한 자료가 만들어졌다는 점이다. 이 글에서 사용되는 '여성'이라는 말은 고대문헌에서는 출현하지 않는 현대의 것이다. 《시경》 대아 편 〈기취既醉〉에 "其僕維何(기복유하), 厘爾女士(이이여사)"라는 구절이 있는데, 이곳에 나오는 '여사女士'에 대해 공영달은 "선비의 품행을 가진 여자謂女而有士行者"라고 풀이했다. 남성과 같은 업적과 재능을 갖춘 여성에 대한 존칭으로 '여사'가 사용된 것이다. 이어서 논의하게 될 것은 이 맥락에 근접한 의미의 여성들이다. 그녀들은 더 없이 빛나는 재능으로 명말청초의 엄격한 신분과 계층, 왜곡되고 종속된 사회관계와 구조 속에서 고군분투하는 멋진 면모를 보였다.

1. 여성의 이상과 현실

청대 여악厲鶚의 《옥대서사玉臺書史》와 탕수옥湯漱玉의 《옥대화사玉臺畫史》를 깊이 있게 연구해 보면, 상고시대에서 남당南唐까지 1천여 년이 넘는 긴 세월동안 글이나 그림으로 이름을 남긴 여성 서화가는 《옥대화사》에 실린 15인 외에는 전무할 정도로 극소수에 불과하다는 사실을 확인할 수 있다. 《옥대화사》를 연구한 여러 학자들이 왕조의 교체와 재원들의 숫자를 도표로 시각화했는데, 그들의 뛰어난 연구성과가 집결된 이 도표 덕택에 재원들의 수적 변화 추이를 한 눈에 이해할 수 있다. 그래프는 상고시대에서 당, 오대까지는 비교적 평탄한 추세를 유지하다가 송대에 이르러 급격하게 상승한 후 명대에 이르러 최고봉에 달한다. 특히, 명대 말기에는 숫자가 급증하여 1백여 명이 넘는데 이 가운데 명기는 그 숫자가 역대 총합을 넘어선다. 그러다 청대 강희제 이후 숫자가 다시 감소하는데 이러한 현상은 명말청초의 큰 문화적 배경과 맞물린다. 이 시기에는 양명학의 발전과 함께 생겨난 새로운 사고 방식이 정통 정주程朱[8] 성리학에 엄숙한 도전을 했다. 양명학의 핵심 인사들은 정통 유학의 중요한 이론적 원칙을 비판하며 참신한 관점을 내놓았다. 이들은 인간은 반드시 스스로의 마음에서 비롯된 깨달음을 가져야 한다고 강조했다. 동시에 '이경반도離經叛道'의 올바름을 널리 알리면서 인성의 해방을 요구하고 예교의 갖은 속박에 반대했다. 또 인간의 욕구와 사적 욕구를 고취하고 물질적 이익을 추구하는 한편 심성의 보편성과 귀천의 평등 등등 근대적 사상 범주에 속하는 일

8 역주: 정호(程顥), 정이(程頤) 형제와 주희(朱熹)를 일컫는 말.

련의 명제들을 긍정하면서 일정한 규모를 형성했다. 이러한 관점은 하나의 사상적 흐름이 되어 수많은 지지자들을 모으고 심지어 평범한 백성들의 공감까지 불러 일으켰다. 이처럼 인성의 해방을 요구하는 사상은 문학과 예술 분야에서 특히 민감하게 반영되었다. 이때 당현조湯顯祖의 《모란정》에서 '정교情敎'[9] 사상이 등장했고 원굉도는 "문학은 진화하는 것이다…. 독창성을 중시하고 모방을 반대한다"고 주장했다. 아울러 "그 어떠한 형식과 틀에 얽매지 않고 각자의 독특한 정신을 표현하는 것이다獨抒性靈, 不拘格套"라고 한 원굉도의 창작관은 수많은 지식인들을 일깨웠다. 지식인들은 인성의 해방, 개성과 자유를 추구할 수 있다는 희망 속에서 기쁨과 슬픔을 동시에 경험했다. 그렇다면 이 시기의 중국 여성들은 엄격하고 완고한 정통 교육이 여전했던 현실 속에서 어떤 방식으로 변화에 순응했을까?

옛 여성들의 계층은 《옥대서사》와 《옥대화사》에 대략적으로 구분되어 있다. 당시의 사회 구조 하에서 여성들의 계층은 노예와 노동 여성, 농민과 상인 집안의 여성, 학자와 관리 집안의 여성으로 나누어졌다. 여성들의 책임과 특권은 계층에 따라 상이했다. 남성에 대한 여성의 종속이 모든 남성들에 대한 모든 여성들의 총체적인 종속을 의미하지는 않는다. 상류사회의 경우, 글을 알고 재능을 갖춘 어머니는 집안에서 자녀를 가르치는 교육자였으며, 주부가 집안일에 대한 권한을 가졌다. 여성들은 자신의 계층 내에서만 그리고 개인 및 가족 관계에 의해서만 특정한 여성이 특정한 남성에게 종속되었다. 송대에는 사대부 가정의 경우 여자도 일정한 상속권을 누렸다. 그런데 명말청초에 이르러 여성들은 재산권을 상실한 상태였고 갈수록 엄격하고 가혹해지는 정절 관념이 모든 계층의 여성들에게 족쇄를 채웠다. 관제 이데올로기에 의해 정해진 이상적 기준이 여성들의 행동 하나하나에 영향을 미쳤다. 제약이 늘어가는 이 암흑의 연대에 여성들의 지위는 현격하게 하락해야 할 것이다. 그러나 현실 속의 실제 상황은 관제 이데올로기와 달랐다. 사적인 글이나 야사 같은 보조 사료를 거칠게 훑어보아도 여성들은 계층에 따라 서로 다른 어떤 특권을 가지고 있었다는 사실을 알 수 있다. 그녀들의 일상 공간이 어둡기만 한 것은 아니었다. 가장 좋은 자료는 당연히 규중 여인들이 직접 창작한 작품들(시가, 서신, 척독, 수필, 소품, 희곡, 회화 등 예술작품)이며 남성 가족과 벗들의 감상과 평가까지 포함될 수 있다. 그녀들은 모임을 결성해서 가정을 중심으로 모녀, 처첩, 고부, 자매, 동서 심지어 지역과 혈연을 넘어선 여자들의 사단社團으로 발전시키고 사교적 성격의 '여성 클럽'을 만들어냈다.

9 역주: 명대 소설가 풍몽룡이 소설집 《정사(情史)》 서문에서 내놓은 용어. 인간의 감정을 중시하고 정을 통해 인간을 교화.

"당시 무림武林(오늘날의 항주)은 풍속이 번잡하고 사치스러웠다. 따뜻한 봄이 오면, 수많은 놀잇배들이 호수 위에 돛을 드리우고 패옥, 푸른 깃털, 구슬 장신구, 비단옷 등 화려한 장식을 뽐내며 다투었다. 오직 계한季嫻(시정의)만이 마우령馮又令, 전운의錢雲儀, 임아청林亞清, 고계희顧啟姬 등과 함께 작은 배를 타고 하얀 명주치마에 소박한 머리로 붓과 종이를 나누었다. 옆에서 놀며 그 모습을 본 여자들이 고개를 숙이고 주저하며 스스로 미치지 못함을 부끄러워했다."[10]

이것이 바로 도심에서 생활하던 옛 여성들의 삶을 생생하게 그린 한 폭의 풍속화다. 중국 역사상 고증할 수 있는 최초의 여성 시사詩社로서 청대 초기에 활동했던 초원시사의 핵심 구성원들이 함께 뱃놀이에 나선 장면이다. 그녀들은 방유의方維儀 등 명말의 규방 여인들로부터 영감과 영향을 받아서 시를 주고받는 시사를 결성했을 지도 모른다. 그녀들의 시사는 남성들과 마찬가지로 여러 벗들이 함께 모여 주제를 정한 후 운을 이어가며 연작시를 짓는 형식으로 모임을 진행했다.

초원오자蕉園五子 가운데 시정의柴靜儀(계한)와 주유朱柔는 고부관계로서 두 사람 모두《옥대화사》에 작품이 실린 다재다능한 여성들이었다. 훗날 임이녕을 필두로 집안 자매들로 구성된 초원칠자로 발전했는데 이것이 제2기 초원시사다. 소설《홍루몽》에 등장하는 해당시사海棠詩社도 강남 지역의 여성 시사를 모델로 한 것이다. 강남 도심에 거주했던 상류층 여성들은 일상 생활에서 '삼종三從'과 '사덕四德'을 신봉했다. 그녀들은 전통 교의와 규범閨範에 대해 공개적으로 도전하거나 위배되는 말을 하지 않았다. 그녀들은 강한 발언권과 호소력을 가지고 있었지만 그녀들이 취한 전략은 생활 공간을 확장하고 사교 모임을 만들어 스스로의 경험과 창작 능력을 풍부하게 하는 것일 뿐이었다.

고대 사상사를 연구하는 학자들을 통해 더 많은 사실을 확인할 수 있다. 명대 중엽 이후, 왕양명의 심학心學이 당시 사상문화계에 거대한 충격을 불러왔다. 가장 큰 영향을 받은 곳은 강남 지역이었다. 강남의 사대부들은 양명학파의 '인성 자각'에 대해 낭만주의적 이해를 가지고 있었다. 당시의 경제발전 역시 광범위한 사회변동을 불러왔다. 가장 두드러진 측면은 "교육기회의 확대, 방각업의 번창, 유동적인 계층 구분과 신분제도, 대도시와 지방 소도시의 급

10 "是時, 武林(今杭州)風俗繁侈, 值春和景明, 畫船繡幕交映湖漘, 爭飾明璫, 翠羽, 珠髾, 蟬縠, 以相誇炫. 季嫻獨漾小艇, 偕馮又令、錢雲儀, 林亞清, 顧啟姬諸大家, 練裙椎髻, 授管分箋. 鄰舟遊女望見, 輒俯首徘徊, 自愧弗及。" [《國朝杭郡詩輯》卷三十"柴靜儀"條]

증, 관료 가문의 상업투자 증가 등이었다. 대도시와 상업도시에서 부유한 상인과 부재지주가 등장하여 도시문화를 이끌었다."[11] 특히 중국 전통 지식인 계층을 대표하는 '사士'들의 정통사상도 명청 무렵에 변화가 시작되었다. 여영시余英時는《士與中國文化('사'와 중국문화)》에서 이 시기 '사士'와 '상商'의 통합, 전통 사대부 계층의 상인 수용에 관해 논의했다. 여기서 '황삼호객黃衫豪客'으로 불렸던 왕연명汪然明[12]을 거론하지 않을 수 없다. 휘주徽州의 거상으로 '풍아風雅의 전형'으로 일컬어졌던 그는 수많은 젊은 재녀들을 후원했다. 한 시대를 풍미했던 동기창董其昌, 진계유陳繼儒, 왕사임王思任, 모영茅暎[13], 이어李漁, 전겸익 등 명사들이 왕연명과 교유했다. 왕연명은 항주에 정착한 이후 크고 작은 놀잇배 몇 척을 마련하여 명사와 미희美姬를 접대하는 용도로 사용했다. 사료에 왕연명에 대해 아래와 같은 기록이 있다.

> "화방畵舫을 만들어 서호에 띄웠다. 배 이름을 불계원不系園으로도 하고 수원암隨喜庵으로도 했다. 작은 것은 단표團瓢, 관엽觀葉, 우사雨絲, 풍편風片이라고 했다. 사방에서 찾아온 명사들이 밤새 기녀들과 어울려 즉석에서 운에 맞춰 시를 지으며 먹물을 흠뻑 뿌렸다. 간혹 어려운 일이 있으면 서로 돕고 해결을 했다. 그래서 호산주인湖山主人이라는 이름으로 불리게 되었다."[14]

왕연명의《춘성당시집春星堂詩集》에 있는〈불계원기不系園記〉에도 관련된 내용이 있다.

> "서호가 있기에 화방이 있다…. 계해년 중하월[15], 운도인雲道人의 정실淨室을 만들 때 우연히 목란木蘭 한 그루를 얻어 잘라서 배로 만들었다. 네 달이 넘어 완성되었다. 길이는 6장 2척, 폭은 5분지 1일이다. 문을 들어선 후 몇 걸음을 옮기면 술이 백 항아리나 쌓여 있다. 이어서 큰 방으로 들어가면 연회석 두 자리를 만들 수 있을 정도로 충분하다. 돌아서 작은 방으로 가면 편안하게 누울 수 있다. 옆에는 벽장이 숨겨져 있어 취중의 서화를 보관해 둘 수 있다. 나가서 돌아가면 회랑이 있고 회랑에서 누

11 高彦頤(Dorothy Ko) 著, 李志生 譯,《閨塾師—明末清初江南的才女文化》, 南京: 江蘇人民出版社, 2005, 22쪽.

12 왕연명(汪然明, 1577-1655), 이름 여겸(汝谦), 안휘성 휴녕(休寧) 사람으로 항주에 거주했다. 호탕하고 의협심이 강했다.

13 모영(茅暎), 자 원사(远士), 명말청초 오흥(吳興) 사람. 희곡평론가. 모원의(茅元儀)의 동생.

14 《春星堂詩集》卷一,〈汪然明小傳〉"制畵舫於西湖. 曰不繫園, 曰隨喜庵. 其小者, 曰團瓢, 曰觀葉, 曰雨絲, 風片. 四方名流至止, 必選伎徵歌, 連宵達旦, 即席分韻, 墨汁淋漓. 或緩急相投, 立為排解, 故有湖山主人之目。"

15 천계(天启) 3년, 1623년.

> 대로 올라간다. 누대에 휘장이 쳐져 있어 아름다운 풍경을 보고 있으면 노을을 타고 푸른 물결 위를 오르는 듯하다. 물결이 거칠게 일어 나무가 쓰러지고 다리가 무너질 듯할 때 휘장을 걷으면 마치 잠자리처럼 작은 배를 탄 듯하다 …. 손님이 찾아오면 배를 몰고 나가 경치 좋은 곳에 세우고 밤새 머무를 수도 있다. 멀리는 선배들의 풍류를 추억하고 가까이는 태평성세를 즐긴다. 진미공陳眉公 선생이 배에 '불계원'이라고 글자를 적어 넣었다. 아름다운 이름에 아름다운 일이다. 훗날 서호의 미담으로로 전해지리라."[16]

위 글에서 '서호의 미담'으로 전해지는 여주인공들은 모두 아름답고 재능 있는 명기들이었다. 그녀들의 신분과 지위는 전술한 계층의 규수들과는 전혀 달랐다. 《옥대서사》와 《옥대화사》에서 분류한 '명기名妓'는 하층 계급 출신이었지만 직업적으로 가무와 시문을 하는 아름다운 여인들이었다. 서화에도 능했던 그녀들은 고고하고 청신한 극치의 아름다움과 함께 넓은 가슴을 지니고 있었다. 가슴에 천하를 품은 그녀들은 다정하면서도 의를 중시했기에 수많은 풍류 재자와 지식인들이 경도되었다. 남명南明이 몰락한 후 국사國士라고 칭해질 수 있는 뜻있는 지식인들과 아름다운 여인들의 교류는 그 특수한 시기에 찬란한 한 페이지를 남겼다. 이것은 전설이 아닌 역사적 사실이다. 노신魯迅은 《중국소설사략中國小說史略》에서 "당인唐人들은 과거에 급제하면 유곽에서 많이 놀았는데 습속으로 전해지고 아름다운 이야기로 여겨진다 …. 명대에서 청대까지도 작가들이 잘 모여 놀았는데 청나라 여회의 《판교잡기》가 특히 유명하다."[17]고 했다. 여기서 명말청초에 금릉에서 객지 생활을 하던 민남閩南의 재자才子 여회余懷(1616-1696)를 언급하지 않을 수 없다. 그가 쓴 《판교잡기》 상권 〈아유雅遊〉에는 아름다운 기녀들의 공간과 생활을 아래와 같이 묘사하였다.

> "금릉은 제왕이 도성을 세운 곳이다. 공후와 외척의 저택이 줄을 이었고, 종실 왕손들이 갖옷 입고 말을 타고 너울너울 다닌다. 검은 옷 입은 귀족자제들이며 사방의

16 汪汝謙,《春星堂詩集》, 卷一. "自有西湖, 即有畵舫 …… 癸亥仲夏[7], 為雲道人築淨室,偶得木蘭一本, 斷而為舟。四越月乃成。計長六丈二尺, 廣五之一。入門數武,堪貯百壺; 次進方丈, 足布兩席; 曲藏閂室, 可供臥吟; 側掩壁廚, 俾收醉墨。出轉為廊, 廊升為臺; 臺上張幔, 花晨月夕, 如乘彩霞而登碧落, 若遇驚飆蹴浪, 欹樹平橋, 則卸欄捲幔, 猶然一蜻蜓艇耳 …… 客來斯舟, 可以禦風, 可以永夕, 遠追先輩之風流, 近寓太平之清賞。" 陳眉公先生題曰"不繫園, 佳名勝事,傳異日西湖一段佳話。"

17 "唐人登科之後, 多作冶遊, 習俗相沿, 以爲佳話……自明至清, 作者尤夥, 清餘懷之《板橋雜記》尤有名。"

빈객들이 너도나도 탄궁을 옆에 끼고 통소를 불면서 조비연趙飛燕과 이부인李夫人의 집 앞을 지나간다. 매번 연회가 열려 기생들을 부르면 비단옷의 향긋한 내음이 진동하는 가운데 번갈아 가며 술을 따르고 잔을 부딪친다. [술집 주인이] 나만 남겨두고 나머지 손님들을 다 보내면, 술자리도 바둑도 끝나 귀고리 떨어져있고 갓끈 또한 버려져있다. 이야말로 욕계慾界의 선지仙地요, 태평성세의 낙토로다.

…… 장판교長板橋는 기원 담장으로부터 수십 걸음 떨어진 곳에 있는데, 강물이 저 멀리 드넓고 초목이 무성하며, 안개 피는 물가엔 푸른빛이 그윽하다. 회광사迴光寺와 취봉사鷲峰寺가 양 옆에 있고, 중산中山 동쪽 화원이 그 앞까지 닿아있으며, 진회하秦淮河의 주작항朱雀桁이 그 뒤를 휘감고 있는데, 그 풍경에 실로 눈이 즐겁고 마음이 흡족하여 속세의 흉금이 깨끗이 씻겨나가는 듯하다. 인적마저 고요해진 서늘한 밤, 맑은 바람 불고 밝은 달 떠오를 때면, 명사名士와 미녀들이 머리에 꽃을 꽂고 귀밑머리 올린 채 손잡고 한가로이 거닐다가, 난간에 기대어 배회하곤 한다. 그러다 갑자기 아가씨라도 만나게 되면 서로 즐겁게 웃으며 이야기를 나눈다. 이쪽에서 퉁소를 불면 저쪽에선 절묘한 노래를 부른다. 세상의 온갖 소리가 다 잠잠해지고 헤엄치던 물고기가 튀어나와 그 소리를 들으니, 실로 태성성세에나 있을 성대한 일이로다.

구원은 공원貢院과 겨우 강 하나를 사이에 두고 멀리 마주하고 있으며, 본디 재자가인을 위해 세운 곳이다. 가을바람에 계화꽃 향기 풍기는 시절이 오면 사방의 응시생들이 모두 모여들어 네 필 말을 나란히 몰면서 여색을 고르고 노래를 찾는다. 수레꾼의 노래 소리 들리고, 「양아陽阿」에 맞춰 춤을 추며 원본院本을 공연할 때면 생황과 노래가 어우러지고, 저 멀리 배 있는 곳까지 온통 향기가 그득하다. 열흘 동안의 즐거움을 찾기도 하고, 백년가약을 맺기도 한다. 포도넝쿨 아래서 장난삼아 투전을 하고 작약 흐드러진 난간 옆에서 한가로이 옥마玉馬를 던진다. 이는 평강리平康里에나 있는 성대한 일이요 과거 시험장의 외편外篇이라."[18]

18 餘懷, 《板橋雜記》, 南京 : 南京出版社, 2006, 9-11쪽. "金陵爲帝王建都之地, 公侯戚畹, 甲第連雲, 宗室王孫, 翩翩裘馬, 以及烏衣子弟, 湖海賓遊, 靡不挾彈吹簫, 經過趙, 李, 每開筵宴, 則傳呼樂籍, 羅綺芬芳, 行酒糾觴, 留髡送客, 酒闌棋罷, 墮珥遺簪。眞欲界之仙都, 昇平之樂國也。…… 長板橋在院牆外數十步, 曠遠芊綿, 水煙凝碧。迴光、鷲峯兩寺夾之, 中山東花園亙其前, 秦淮朱雀桁繞其後, 洵可娛目賞心, 漱滌塵俗。每當夜涼人定, 風清月朗, 名士傾城, 簪花約鬢, 攜手閒行, 憑欄徙倚。忽遇彼姝, 笑言宴宴, 此吹洞簫, 彼度妙曲, 萬籟皆寂, 游魚出聽, 洵太平盛事也。舊院與貢院遙對, 僅隔一河, 原爲才子佳人而。
設. 逢秋風桂子之年, 四方應試者畢集, 結駟連騎, 選色徵歌, 轉車子之喉, 按陽阿之舞, 院本之笙歌合奏, 迴舟之一水皆香。或邀旬日之歡, 或訂百年之約。…… 此平康之盛事, 乃文戰之外篇。" 번역: 이민숙·이주해·박계화·정민경(《우초신지

초기의 기원妓院은 문화의 일부로서 명기와 가녀들의 예술적 기여 특히 사체詞體 분야의 기여가 두드러졌다. 그녀들은 사대부 계층의 문학적 전통에 도시 평민들이 좋아했던 음성예술과 시각예술을 결합했다. 당시 금릉의 남곡南曲 구원舊院은 단순한 유흥을 위한 장소가 아니었다.

여회는 보전莆田[19]의 사족 출신으로 어린시절부터 시문으로 이름을 떨쳤다. 그의 재능을 아꼈던 병부상서 범경문范景文이 자신의 막부로 불러들여 문서 관리와 손님 접대를 맡겼다. 숭정 원년 과거에 낙방한 후 출세에 뜻을 버리고 저술 활동을 하며 항청복명抗清復明 운동에도 참여했다. 여회는 업무적으로 늘 사방에서 온 빈객들을 접대해야 했다. 그는 빈객들과 함께 장판교 주변을 거닐며 시를 읊었다. 또 진회의 구원에서 연회를 베풀기도 했는데 구원의 기녀들이 그의 시가를 구전으로 널리 퍼뜨렸다. 구원과 밀접한 관계를 유지했던 여회는 기방에서 한가하게 시간을 보내거나 동인들의 시회詩會에 참석하여 다툼을 중재하기도 하고 어려운 일을 당한 사람들에게 도움의 손을 내밀기도 했다. 《판교잡기》는 여회가 말년에 남긴 작품이다. 당시 왕조와 가문이 몰락하여 빈한한 처지에 있었던 그는 태평성대에 직접 경험한 일들을 추억하며 '욕계欲界의 선도仙都'를 빌려 한 시대의 흥망성쇠와 천추의 감개를 표현하고 진회秦淮 지역의 성대한 아유雅遊와 아름다운 기녀들의 모습을 하나하나 선명하게 그려냈다. 고대 사림에서는 예부터 '강좌江左[20]의 풍류를 즐겼다. 《진서晉書·사안전謝安傳》에 동산휴기東山攜妓의 전고가 있다. 사안은 높은 관직에 올랐지만 어리석은 청 조정과 부패한 관료사회에 불만을 품고 병을 핑계로 관직에서 물러났다. 그후 절강성 상우上虞의 동산에 은거하면서 한가할 때마다 기녀를 동반하여 노래와 춤을 즐겼다. 이같은 방탕과 풍류 속에 나라의 앞날에 대한 근심걱정과 때를 만나지 못한 분노와 불만을 숨겼던 것이다. 사안의 처세는 옛사람들에게 창작의 모티브를 제공하여 역대 시문에서 '동산휴기'의 전고가 자주 등장한다. 사안은 많은 문인들이 우러러 모방하는 대상이었다. 명에서 청으로 권력이 교체되는 과정에서 수많은 사건들이 발생하자 이를 핑계로 문인들은 노골적인 도피를 했다. 그것은 정치적 압박에 대한 대응이기도 했고, 분노와 불만을 삭이기 위한 방편이기도 했다. 그들은 산수가 좋은 곳에서 은거하며 방탕한 생활을 했다. 온갖 세속적 즐거움 속에 사치와 향락이 팽배했으며 기생 놀음이 유행처럼 번졌다. 풍류를 즐기는 문사들과 함께 했던 여성들은 상업적으로 번창했던 청루의 아름답고 값진 '상품'이었다. 그녀들의 예술적 재능은 그 어떤 시대의 동종 업계 종사자들

4》, 서울: 소명출판, 2011, 422-89쪽)

19 역주: 복건성 중부 해안에 위치한 도시.

20 역주: 장강의 좌측, 장강 하류의 동쪽 지역. 오늘날의 강소성 일대를 가리킨다.

보다 높은 수준에 도달하여 찬란하고 다채로운 문화적 풍경을 만들어냈다. 동소완董小宛, 류여시柳如是, 이향군李香君, 고미생顧眉生, 구백문寇白門, 마상란馬湘蘭, 설소소薛素素, 변옥경卞玉京, 진원원陳圓圓 등등 …. 아름다운 그녀들은 마지막에는 각기 다른 길을 갔지만, 직업적인 면에서 보였던 예술적 수준은 당시 일류 문인들의 정신세계에 견줄 수 있을 정도로 높았다. 후인들은 스스로의 재능이 그녀들에 미치지 못한다고 한탄해 마지 않았다. 그녀들은 시사와 서화에 능했다. 소주, 항주, 송강 등 강남의 중심 도시에 거주하던 명사들은 물론, 남곡 구원과 강을 사이에 두고 있던 남방 회시 시험장 — 강남 공원貢院에 과거를 보러 온 전국 각지의 우수한 선비들과도 아름다운 시절과 풍광을 함께 나눴다. 약간의 격정과 만족감, 위안과 사랑의 희열 같은 것들이 그들 사이를 감돌았다. 예법의 구속을 받지 않았던 '자유' 여성들은 난초처럼 순결한 마음과 고아한 성품에 빛나는 예술적 재능까지 갖추고 있었기에 세상의 모든 정인들이 오매불망 그녀들을 그리워하며 흠뻑 빠져들었다.

여곤呂坤(1536-1618)은 《규범도설閨範圖說》에서 "여자의 정절은 옥 술잔을 쥔 듯, 가득 찬 물을 받쳐든 듯하다. 보고 듣는 것으로 인해 무욕의 마음이 바뀌지 아니하며, 집 안팎의 사람들이 무욕을 의심하지 않는다. 이로써 굳은 절개와 깨끗한 몸을 끝까지 지킬 수 있다 …. 여자의 명예와 절개는 자기 한 몸에 있으니 작은 티끌이라도 있으면 만 가지를 잘해도 그 티끌을 가릴 수 없다."[21]고 강조했다. 이 대원칙은 명목 상으로는 여성들에게 적용되는 이상적인 기준이었다. 그러나 현실의 실제 상황은 전술한 바와 같이 조금씩 변화가 생겨나고 있었다. 왕조가 교체되는 격동과 파란의 시대 명말청초에는 날마다 극적인 기쁨과 극적인 슬픔이 교차하는 일이 생겨났고 외출에 신중할 필요가 있었다. 다른 왕조의 말기와 다른 점이 있었다면, 당시의 정치, 경제, 문화 등 여러 가지 조건과 맞물려 오랫동안 억압되어왔던 여성의 공간에서 특출한 외모에 재능과 교양까지 갖춘 자유분방한 여성들이 쏟아졌다는 점이다. 그녀들의 강한 개성과 우아한 태도는 후인들에게 깊은 인상을 남겼다. 그녀들 가운데 다수는 청루의 여인이거나 명문가의 규수였다. 그녀들은 격동의 세월 속에서 내실의 장막을 활짝 걷어 제치고 역사의 무대 위로 모습을 드러냈다. 그녀들은 뛰어난 재능으로 순수함과 천진함, 슬픔과 감상이 담긴 시문과 서화를 남겼다. 그녀들의 예술적 흔적과 능력이 보존되고 기록된다면 그것은 최고의 존재감을 드러내는 것이었다. 이렇게 여성의 문화와 예술이 따뜻한 바람과 햇살

21 "女子守身, 如持玉卮, 如捧盈水, 心不欲為耳目所變, 跡不欲為中外所窺, 然後可以完堅白之節, 成清潔之身 …。女子名節在一身, 稍有微瑕, 萬善不能相掩。"

속에 피어난 붉은 복사꽃, 푸른 버들처럼 아름답게 자라났다. 규수와 명기들의 다채로운 생활상과 감동적인 이야기는 명말청초 여성문화의 가장 매혹적인 풍경이다.

2. 강남 재녀문화의 번성

어떤 연구자들은 명나라 사람들이 생각했던 강남을 오늘날 장강 이남의 절강성, 강소성, 안휘성 지역이라고 본다.[22] 또 어떤 연구자들은 "강남은 명확한 경계를 가진 지리적 구역이라기 보다는 경제, 생산, 소비의 형식과 문화적 특성이라고 보는 편이 낫다. 지리적 위치에서 명말청초 강남의 심장은 절강성과 강소성 두 개 성의 태호 유역 일대와 중첩된다."[23]고 주장한다. 지리적 개념, 행정적 구분과 경제적 상황은 논외로 하고, 당시 트렌드를 이끌었던 강남 지역은 문화적으로 번영한 특수 구역으로 자리잡은 상황이었다. 인쇄업의 발달로 사상해방 운동이 일어났으며, 상업화와 소비 증가가 가져온 경제적 부로 인해 강남 지역 여성들은 다른 지역 여성들보다 양질의 교육기회를 더 많이 가질 수 있었다. 그녀들은 모임을 결성해서 시와 그림을 창작하고 친교를 나누는 외부 활동을 했다.

사대부 계층 가정의 여성들에게서 '출유出游' 요즘 말로 하면 여행은 일상적인 활동이었다. 지역 내에서의 원족遠足이나 지역을 벗어난 타지로의 여행, 남편의 부임지를 따라 가는 것 모두 부덕婦德에 위배되지 않는 행위였다. 황원개[24]는 타지에서 규숙사로 활동했는데 그것이 가능했던 이유는 그녀 스스로 여성의 가정생활과 정조는 여성 자신의 굳은 의지, 즉 주관적 생각이 중요하지 육체가 있는 장소가 아니라고 생각했기 때문이다. 당시로서는 상당히 선구적인 여성관이다. 여성교육을 제창했던 가장 중요한 인물 — 고약박顧若璞은 유가의 전통 부덕을 굳게 수호했지만, 여성의 도덕적 수양을 위해서는 경전 해독 능력이 무엇보다 중요하다고

22 程念祺, 〈明朝江南士夫的俗趣〉,《史林》, 2002, 第3期.

23 高彦頤(Dorothy Ko) 著, 李志生 譯,《閨塾師—明末清初江南的才女文化》, 22쪽. 양주는 대운하의 주요 항구이자 나라의 염정(鹽政)을 관리하는 본부였다. 지리적으로 강북에 위치해 있었지만 풍부한 물자와 인구, 발달된 상업, 사통팔달의 장강 삼각주 교통으로 명말청초에는 강남의 일부로 간주되었다. 그래서 강남의 경계는 상당한 논란이 있다.

24 황원개. 자 개령(皆令). 명말청초 절강 가흥 사람. 류여시와 글을 주고 받았다. 명나라가 망한 후 서호 단교에 거주하며 그림을 팔아 스스로 생계를 꾸려갔다.《명시종(明詩綜)》,《가흥부지(嘉興府志)》, 왕사록(王士祿)의《연지집(然脂集)》, 정의(鄭漪)의《시원팔명가집(詩媛八名家集)》 등에 기술된 바에 따르면, 황원개는 천여 편의 시를 지었으나 판각되지는 않았다. 그녀의 작품들은 다른 책들에 산재해 있다. 원개의 남편 양세공은 일보다는 빈둥대기를 좋아했으며 힘든 일은 하지 않았다.

생각했다.[25] 그래서 그녀는 집안 여자 아이들을 위해 읽기와 쓰기를 가르치는 숙사塾師를 모시기도 했다.

강남 일대에서 딸이나 조카딸의 교육을 맡았던 수많은 어머니들이 전통 부덕의 중요성을 믿고 그것을 수호하기 위해 최선을 다했다. 그러나 그녀들은 부덕과 문학교육이 조화롭게 공존할 수 있다는 점에 더 큰 믿음을 가졌다. 심의수沈宜修와 방유의方維儀가 그러했다. 또 고약박은 문학교육이 없이 좋은 아내와 좋은 어머니가 될 수 없다며 부덕과 문학교육의 불가분성을 지적하기도 했다.

임이녕林以甯은 15세 무렵 시어머니 고옥예顧玉蕊(고약박의 질녀)의 추천으로 재덕을 겸비한 가문의 족장 고약박의 제자가 되었다. 고약박의 가르침 하에 강남 지역에서 이름난 규수작가이자 화가로 성장한 그녀는 초원시사를 성공적으로 물려받아 여성들의 교류 네트워크를 구축함으로써 여성들의 재능계발과 학문적 성취를 도모하고 규방 문화를 발전시켰다.

규방 여성들 가운데 편집장 역할을 했던 이도 적지 않았는데 왕서숙王端淑[26]과 상경란商景蘭[27]이 대표적이다. 여성이 편집장으로 활동하던 전통은 청나라 말기까지 이어졌다. 그녀들의 활동은 보통 가정 내에서 아버지나 형제, 남편의 인정과 지원을 받았다. 초원시사의 각 재원들(전후로 12명 핵심 멤버가 있었음)은 모두 시집을 펴냈다. 그녀들 가운데 일부는 한 가지 특출한 분야 외에 여러 분야에서 다재다능했으며 주로 시와 그림에 능했다. 그녀들의 재

25 고약박(顧若璞)은 전통적이고 보수적인 여성관을 가지고 있었지만 여성의 문학 창작을 반대하지 않았다. 한 노부인이 그녀를 비난하자 고약박은 긴 시 한 편을 써서 여성 문학교육에 대한 신념을 지키고자 했다. 그녀는 부덕에서 문학교육은 필수불가결한 것으로서 문학교육 없이 여성은 좋은 아내와 좋은 어머니가 될 수 없다고 지적했다.

26 왕서숙, 자 옥영(玉映), 호 앙연자(映然子), 산음(오늘날의 절강성 항주) 사람. 왕사임(계중)의 차녀. 전당 공사 정예(丁睿)의 처. 어린시절부터 기민하고 총명하였으며 학식과 재능으로 명성이 자자했다. 폭넓은 독서를 했으며 한번 보면 잊지 않았다. 다양한 형식의 시문에 두루 능했다. 부친이 그녀의 머리를 쓰다듬으며 사람들에게 아들 여덟이 딸 하나만 못하다고 칭찬했다는 이야기가 전해진다. 순치 황제가 그녀의 명성을 듣고 궁궐의 빈비와 공주를 가르치는 스승으로 모시려고 했으나 극구 사양하고 부부가 산속에서 글과 그림을 낙으로 삼으며 은거생활을 했다. 명말청초때 뛰어난 저술을 남긴 재원이다. 왕사록(王士禄)의 《연지집(然脂集)》에 따르면 그녀는 《음홍집(吟紅集)》 30권을 남겼으며 《옥영당집(玉映堂集)》, 《사우(史愚)》, 《류협항심무재의루(留篋恒心無才宜樓)》 등을 남겼다. 엮은 책으로는 《역대제왕후비고(歷代帝王后妃考)》 외에 명대 이후 여성들의 시문을 선별하여 《명원시위(名媛詩緯)》, 《명원문위(名媛文緯)》두 권이 있다.

27 상경란. 명말청초의 시인, 자 미생(媚生). 절강 소흥 사람. 명나라 병부상서 주조(周祚)의 장녀. 서화에 능했으며 재덕을 겸비했다. 여동생 상경휘도 시를 잘 지었다. 만력48년(1620년), 16세 상경란은 같은 읍의 재자 기표가(祁彪佳)와 결혼하여 원만한 결혼 생활을 했다. 금슬이 매우 좋아 사람들이 '금동옥녀(金童玉女)' 라고 불렀다. 1645년 청나라 군대가 남하하자 기표가는 물에 뛰어들어 순국한다. 이로써 25년 간 부창부수한 두 사람의 행복한 생활도 끝이 난다. 남편과 나라를 잃고 가족들이 뿔뿔이 흩어지는 엄청난 충격도 상경란의 창작열을 꺾지 못했다. 그녀의 주도 하에 한때 집안 여성들의 창작모임이 만들어졌다. 그 명성이 문인들 사이에서도 널리 알려지고 남성 시인들도 찬사를 마지 않았다. 가흥의 황원개 등 규방의 재원들도 그녀를 흠모하여 방문했다. 이들은 함께 시가를 읊으며 지기가 되었다. 상경란 일가의 여성들의 모임은 청대 여성 문학동호회의 전범으로서 연작시를 주로 지었던 청대의 분위기를 파악할 수 있다. 시 67수, 사 94수, 보유시(補遺詩) 3수, 유문(遺文) 1편이 실린 《금낭집(錦囊集)》(향렴집 香奩集)을 펴냈다. 이에 진유숭(陳維崧)(1625-82) 이 《부인집(婦人集)》에서 그녀를 현원(賢媛)의 으뜸이라고 칭송했다.

능과 능력은 관청의 사지史志에 기록되어 가문의 영광이 될 정도였다. 당시 여성들은 독자, 작가, 서예가, 화가의 신분으로 모습을 노출했다. 그리고 여숙사의 출현은 정통 부덕을 공공 도덕의 변두리로 이끌고 갔다. 황원개가 생계를 위해 직업 화가로 활동하면서 받은 압박은 재원들의 가정교사를 하면서 받은 압박보다 더 컸을 것이다.

명나라 말기, 정치적으로는 세기말적 혼란과 엄청난 충격이 있었지만 경제적으로는 호황이 계속되었다. 이에 따라 문인들은 그들의 천당 같은 휴식처 — 집으로 돌아가게 되었다. 공적인 삶에서 실패와 좌절을 겪게 되면 은거와 도피가 상당한 매력을 가지게 된다. 세상에서 환멸을 느낀 수많은 남성들이 세속적 기쁨으로 회귀했다. 대학자의 대청과 개인 정원이 새로운 사교장소로 떠올랐다. 그곳에 존재했던 남과 여는 주로 유명한 사대부와 명기였다. 명기는 사대부가 극진히 접대하는 빈객으로서 사대부의 가연家宴에 참석했다. 그녀들은 간과할 수 없는 또 다른 계층의 재원들로서 강남의 부유한 지역과 중심 도시에 집중적으로 거주했다. 여성 예술가로서 남성의 영지를 드나들었기 때문에 여덕女德의 전범이 되거나 적절하다는 평가를 받기는 어려웠지만 당시의 명기들은 세상이 필요로 하는 다방면의 예술적 재능을 가지고 있었다. 그녀들은 남성 명사들의 공적·사적 생활 속에서 자유롭게 활동했다. 그녀들은 어린 시절부터 양질의 교육을 받았기 때문에 그녀들의 문학적 재능은 남성 문인들과 동등한 칭송을 받을 수 있었고 남성들의 동반자로서 남성 예술에 정통했다. 그녀들은 남성의 물질적 지원에 의지해야 했기 대문에 노래와 연주로 남성들의 귀를 즐겁게 했으며 문장들을 우아하게 낭송하며 남성들의 품격에 맞춰 나갔다. 대표적인 명기 류여시의 경우, 어린 시절 그녀는 내각 재상 주도등周道登의 집에 머물며 세심한 가르침을 받았다. 소녀 때는 기사幾社[28]의 재자들과 교류했으며 이존오李存吾로부터 직접 서법書法을 전수받았다. 진인각陳寅恪은 류여시의 서법과 사詞는 전겸익을 넘어선다고 평가했다.[29] 류여시는 서화에서 보여준 재능보다 문학 영역에서 더 뛰어난 재능을 보였다고 할 수 있다. 그녀는 연인 진자룡陳子龍이 송사宋詞를 부흥할 수 있도록 원동력과 영감을 제공했다.

장강 중하류 지역의 도시화, 상업화, 인쇄문명의 급속한 발전(방각坊刻과 가각家刻의 번성)은 여성들을 역사의 기록 속으로 인도했다. 다수의 여성들이 독자이자 작가의 신분으로 모습을 드러냈다. 재녀들의 가시성可視性이 높아지면서 순수한 지리적 범위로 구분되었던 강남은

28 역주: 명나라 말기의 시사詩社.

29 陳寅恪,《柳如是別傳》, 北京: 生活·讀書·新知三聯書店, 2001, 14쪽. “蓋河東君所作詩餘之傳於今者, 明勝於牧齋之永遇樂諸闋, 即可為例證。不僅詩餘, 河東君之書法, 複非牧齋所能及。倘取錢柳以方趙管, 則牧齋殊有愧子昂矣。”

지역과 심리적 측면의 혼종성을 띠게 되었다. 일종의 시적인 암시로서 강남은 풍부한 이미지와 향락주의와 육욕의 매력을 가지게 되었다. 현존하는 문헌목록과 관련 자료들을 통해 볼 때, 명말청초 수많은 강남 문사文士들이 여성들의 문학과 서화 작품을 수집하고 기록했다. 바로 이 점에서 명말청초라는 한 시대는 더욱 매력적이다. 덕분에 우리는 그곳(강녕부, 송강부, 소주부, 가흥부, 항주부)에 모인 문사들을 만날 수 있게 되었다. 그들은 당시 가장 널리 알려졌던 학자였고 문학가였으며 서화가이자 소장가였다.[30] 재녀들은 자신의 재능을 한껏 발휘한 시가집 출판을 영광으로 생각했다. 후원자는 막대한 자산을 가지고 있었던 그녀들의 집안이었다. 어떤 재녀들은 문학비평가로서 당시에 유행했던《모란정》 등의 문학작품에 뛰어난 평을 내놓기도 했다. 류여시는 전겸익의 가족 구성원이 된 후 남편과 함께《열조시집》을 엮고 여성들의 역작에 평론을 했다. 한편, 예술시장과 골동품시장이 번창하면서 지역 화파畵派가 급증했다. 과거에는 성도省都를 중심으로 화파가 구분되었으나 송강의 화정, 소주의 상숙 등 작은 현縣 범위로 세분화되었다. 화가 집단이 확장되고 수많은 회화 명문가가 출현하면서 걸출한 남성화가들이 대거 등장했다. 또 그 배후에 있던 여성들이 특별한 재능을 가진 여성 화가의 이미지로 사람들 앞에 우뚝 섰다.[31] 류여시, 구주仇珠, 오문 화파 문징명의 현손녀 문숙文俶, 상주 운씨惲氏와 무진 장씨 집안의 규수 등등 전통이 있는 서화 가문의 여성 화가들이 잇달아 등장했다. 이 같은 전반적인 재녀문화 현상은 16세기 말 강남에서 시작되어 19세기에까지도 여러 지역에서 다양한 형식으로 계속되었다. 독자 대중의 출현, 감정에 대한 재관심, 명기 문화의 가시성 상승, 여성교육의 제창, 여성의 여행 기회 증가, 여성성에 대한 새로운 정의로 인해 명말청초의 강남 규방 여인들은 남성이 지배하는 유가적 체제 속에서 풍부하고 다채로우면서도 상당한 논란이 있는 문화적 생존 방식을 창조했다. 강남 지역 재녀문화의 발전에는 세 개의 핵심 계층— 규수와 기녀, 양자 사이를 오가는 규숙사閨塾師가 있었다. 그녀들의 특출한 재능과 선구자적 역할 덕분에 강남의 여성교육은 더욱더 개방될 수 있었다.

명말청초의 전통적인 여성관에 대한 수정과 전환, 여성들의 재능을 추앙하는 관념은 서진徐震의 소설《여재자서女才子書》에 집중적으로 반영되어 있다.[32] 이 소설은 출간 이후 지속적

30 高彦頤(Dorothy Ko) 著, 李志生 譯,《閨塾師—明末清初江南的才女文化》, 23-24쪽.

31 〔美〕高彦頤 著, 李志生 譯,《閨塾師—明末清初江南的才女文化》, 23-24쪽.

32 서진(徐震), 자 추도(秋涛), 호 연수산인(烟水散人), 명말청초의 수수(秀水, 오늘날의 절강성 가흥) 사람. 명 만력 35년 경 출생, 청 강희 30년 사망.《여재자서》는《규수가화(閨秀佳話)》,《여재자전》,《미인서》,《청사속전(情史續傳)》으로도 불렸다. 전체 12권으로 각 권마다 이야기 한 편이 실려 있다. 목차는 다음과 같다. 소청(小青), 양벽추(楊碧秋), 장소련(張小蓮), 최숙(崔淑), 장원향(張畹香), 진하여(陳霞如), 노운경(盧雲卿), 학상아(郝湘娥), 왕염(王琰), 사채(謝彩), 정옥희(鄭玉姬), 송완(宋婉).《女

으로 판각되어 광범위하게 퍼졌는데 당시의 강남 재녀문화라는 사회적 배경이 그 원인으로서 변화된 세상의 직접적 반응이었다. 소설 속에서 서로 다른 상황에 처한 22명의 재능 있는 여성들이 전기고사의 형식으로 등장하여 작자의 창작의도를 보여주고 있다. 《여재자서》 가운데 아래와 같은 단락이 있다.

> "자수와 길쌈을 하는 것이 여자의 일이다. 그러면서 책을 읽지 않고 시를 읊지 않으면 고상하지 않다. 향기와 아름다움을 머금고, 스스로 정절을 지키고, 행동이 침상을 벗어나지 않으며, 정이 생겨도 그리워하지 않는 것이 여자의 덕이다. 꽃향기와 밝은 달을 즐길 줄 모르고, 나무인형 형상처럼 외롭고 쓸쓸하면 풍류와 운치를 잃어버리는 것이다."[33]

이상적인 미인은 현명함賢과 지혜智, 용기膽와 지식知, 정情과 운韻을 겸비해야 했다. 그녀들은 대부분 글과 예를 알고 서화, 금기琴棋, 시문, 여홍女紅에 뛰어난 재능과 미모를 겸비한 여성들이었다. 이어李漁는 "규수는 서화금기 네 기예 가운데 하나도 빠지면 안된다.以閨秀自命者, 書畫琴棋, 四藝皆不可少"라고 했는데 미모와 재능을 갖춘 강남 재녀들의 특징을 정확하게 도출했다. 진인각陳寅恪 선생의 말을 인용하면, "100년 전 건륭제와 옹정제 시절, 경제가 번창하고 문화가 융성하여, 화류가에 아름다운 여인들과 부귀한 자들, 관복을 입은 고관들로 북적이던 오월吳越의 한 모퉁이에서 하동군河東君(류여시)처럼 이상이 실제로 구체화된" 수많은 재능 있는 여성들이 감동적인 삶의 이야기를 펼쳤다.

3. 현실과 환상 속의 소청小青

소청은 강남 재녀 가운데 한 명이다. 그녀가 실존 인물이었는 지의 여부를 둘러싸고 고

才子書》 卷6, 〈情的突顯與缺失— '女才子書' 的思想內容及人物塑造分析〉(李豔霞·艾學蓉, 《廣西師範學院學報(哲學社會科學版)》, 2007, 第1期)를 참고하라.

33 "刺繡織紡, 女紅也;然不讀書, 不諳吟詠, 則無溫雅之致。守芬含美, 貞靜自持, 行坐不離繡床, 遇春曾無怨慕, 女德也; 然當花香月朗而不知遊賞, 形如木偶, 踽踽涼涼, 則失風流之韻。"

금의 학자들이 논쟁을 벌이며 고증을 했다.[34] 그러나 그녀의 실존 여부를 떠나 생명의 비극성 차원에서만 보면, 그녀는 자신의 사례를 통해 박명했던 역대 재녀들이 남긴 커다란 발자국을 보여주는 듯하다. 《여재자서女才子書》 권7에서는 '화인상인花茵上人'의 평론을 인용하여 "정이라는 글자 하나가 사람을 죽일 수도 있다. 죽지는 않더라도 사람을 바보로 만들 수 있다. 대체로 규각에서 특히 심하다.情之一字, 能使人死. 即不死,亦使人癡, 大都閨閣尤甚"라고 했다. 소청의 비극은 '정미精米', 즉 사랑에 미친 사람은 행복하기 어렵다는 상식을 그대로 보여준다. 그녀의 요절은 대중들의 상상 속에서 더 많은 상징성이 부여되면서 전기적 색채가 극대화됐다. 청초清初 이래로 십여 명의 극작가가 소청을 원형으로 한 재창작 작품을 내놓았으며 화가들도 풍부한 상상력을 바탕으로 초상화를 제작했다. 명말청초 시기의 인문주의 사조가 예술과 창작에 막대한 영향을 끼치면서 '재才'와 '정情' 이라는 두 글자가 최고의 심미적 규범으로서 정통 도덕관을 밀어내고 그 자리를 대신했다. 1598년 《모란정》의 첫번째 판본이 출판과 동시에 공전의 히트를 치자 《서상기》의 인기가 떨어졌다는 말이 나올 정도였다. 《모란정》 극본은 규방을 중심으로 널리 퍼졌는데, 여인들은 최신 석류 도안으로 책주머니를 만들면서 바느질 틈틈이 《모란정》을 읽었다.

소청은 어린 시절 훌륭한 시서詩書 교육을 받은 강남 소녀였다. 결혼과 사랑이 좌절되면서 치명적인 상처를 입은 그녀는 자신의 순수한 영혼을 위로하고 사랑에 눈먼 감정을 발산하기 위해서 또 동병상련의 체험을 하기 위해서 《모란정》을 읽었다.

> 冷雨幽窗不可聽, 挑燈閒看 《牡丹亭》.
> 人間亦有癡於我, 豈獨傷心是小青.
> 어두운 창을 두드리는 찬비 소리 견딜 수 없어, 등불을 밝히고 《모란정》을 보네.
> 세상에 나처럼 어리석은 이 또 있었구나, 상심한 이 어찌 소청 하나뿐이리.

위 시는 양주에 살던 어린 소청이 항주로 시집온 후 《모란정》을 읽고 독후감으로 쓴 시다. 소청은 홀로 서호의 고산高山 섬에서 하루 종일 《서상기》와 《모란정》을 읽으며 고독으로

34 진익각의 고증에 따르면, 소청의 남편은 풍운장(馮雲將)의 아들이다. 풍운장은 왕연명의 일생의 벗이었으며 풍운장의 부친은 전겸익의 벗이었다. 《예기》의 규범에 따르면, 같은 성의 첩을 들이는 것은 금기였으나 풍운장은 같은 성을 가진 소청을 받아들였다. 전겸익은 벗의 입장을 생각해 과도하게 거부하지 않았으며 사실을 최대한 덮어주려고 했다. 高彥頤(Dorothy Ko) 著, 李志生 譯, 《閨塾師—明末清初江南的才女文化》, 103쪽.

고독을 위로하고 고통으로 고통을 만들어냈다. 자신을 《모란정》의 주인공 두여낭으로 여겼던 소청은 호수에 비친 자신의 모습을 바라보며 스스로를 연민하고 원망하다가 결국 우울증으로 죽어갔다. 그녀는 생전에 쓴 시를 불태우고 화공을 불러 죽음이 머지않은 자신의 아름다운 모습을 그림으로 남겼다. 그녀의 시는 《분여집焚余集》으로 일부 남아있는데 "수척한 그림자 봄물에 비치네. 그대는 나를 가여워하고 나는 그대를 가여워하네. 瘦影自臨春水照, 卿鬚憐我我憐卿" 라는 구절을 후인들이 즐겨 읊었다. 전하는 바에 따르면, 《홍루몽》에 나오는 임대옥이 소청을 원형으로 한 인물이며, 청초의 소설 《여자재서》에도 소청의 이야기가 맨 앞에 실려 있다. 이를 통해 소청의 이야기가 얼마나 널리 알려진 이야기였는지 사람들은 또 얼마나 열광했는지를 알 수 있다. 장대張岱의 《서호몽심西湖夢尋》에도 요절한 소청의 슬픈 삶을 다룬 〈소청불사小青佛舍〉가 있다.

장조張潮의 《우초신지虞初新志》에 실린 〈소청전小青傳〉은 소청의 삶을 더 구체적으로 밝히고 있다. 소청은 여숙사였던 어머니를 따라 여러 명문가의 규방을 다니며 배웠기 때문에 각종 시문과 음률에 정통했다. 강도江都는 예부터 아름다운 곳으로 규수들이 함께 모여 차를 나누고 악기를 연주하며 활발하게 담소를 나누었다. 소청은 상황에 맞춰 시로 화답할 줄 알고 사람들의 예상을 뛰어넘는 구석이 있어 사람들마다 좋아했다. 소청은 소박하게 꾸몄지만 자태가 남달리 아름답고 자중자애하였으니 타고 난 것이었다. 소청은 열여섯 살에 풍생에게 시집을 갔다. 풍생은 부자였지만 성정이 소란하고 장난스러워 품위가 없었다. 본부인이 질투가 심하여 소청이 뜻을 굽히고 맞춰주었지만 끝내 마음을 풀지 않았다. 이때부터 소청의 비극적 삶이 시작된다. 어린 시절 꿈꿨던 아름다운 꽃은 "바람에 날려 한잎한잎 물 위로 흩어지고隨風片片著水", 그녀의 아름답고 발랄했던 생명은 내면의 한과 슬픔에 시들어갔다. 누군가 풍생을 떠나라고 충고했지만 그녀는 받아들이지 않았다. 그곳에서는 아무도 귀기울여 듣지 않고 아무도 관심을 가지지 않았다. 어쩔 도리 없는 외로움 속에서 소청은 자신의 청춘을 위로하고 노래하면서 호수에 스스로를 비추고 그림자와 대화를 주고 받았다. 여종들이 그 모습을 엿보니 더 이상 하지 않고 멈췄으나 슬픔에 젖은 눈가에 눈물자국이 남은 듯했다. 소청은 나이 열여덟에 요절한다. "애재라! 옥처럼 아름다운 이가 박명도 하구나. 인간세상에 하얀 우담바라처럼 피어났다가 두여낭처럼 모란정 옆에 환생하고자하니 어찌 하리오! 哀哉! 人美如玉, 命薄于云, 琼蕊优昙, 人间一现, 欲求如杜丽娘牡丹亭畔重生, 安可得哉!" 사람들은 천부적인 재능을 타고나 고통 속에서 헤매다 떠난 그녀를 위해 통곡하고 슬퍼했다. 당시 재원들의 마음 속에는 《모란정》의 두여낭이 깊게 자리잡고 있었다. 강남의 소녀들은 정情에 대한 확고부동한 믿음을 가지고 정이 하늘보다 더 중요하다는 것에 공감해 마지 않았다. 《모란정》의 독자이자 비평가였던 전의錢宜[35]는 재才와 정情에 대해 "맹자님께서 정이 선하면 재도 선하다고 했다. 모든 재인才人은 정인情人이며 정이 없는 자는 재인이라 할 수 없다."고 했다. '정'은 그녀들의 삶에 숭고한 의미를 부여하는 감정이었다. 진동陳同[36]은 책 여백에 남긴 평에서 "정은 남녀 사이의 일만은 아니지만 남녀의 정이 가장 설명하기 어렵다. 따라서 천고에 정을 잃어버린 자들은 이 이야기를 보고 깨우쳐야 한다. 알고도 서로 저버리면 정이라 할 수 없다"라고 했다.[37] 또 한 명의《모란정》애독자 정경程瓊은 "재才의 사랑스러움은 부귀를 넘어선다. 정情에서 비롯된 교감은 정신의 환희다.才之可愛甚於富貴, 由情之相感, 歡在神魂矣"라고 했다. 정경은 남녀의 재와 정이 서로 어울려야 한다는 결혼관을 가지고 있었다.

오강의 소녀 섭소란葉小鸞(1616-1632)은《모란정》의 불행한 독자였다. 그녀는 요절한 천재 소녀의 전형으로 재능을 제대로 펼치지 못한 슬픔을 보여준다. 역시 재녀였던 그녀의 어머니 심의수[38]가 쓴《계녀경장전季女瓊章傳》을 읽노라면 안타깝기 그지 없다.

> "이름은 소란小鸞, 자는 경장瓊章이라고도 했고 요기瑤期라고도 했다. 나의 셋째딸이다. 태어나서 여섯 달 만에 외숙부인 군용君庸, 심자징沈自征의 집으로 보내졌다.[39] 이듬해 봄, 동노東魯에 있던 남편이 관직에서 물러나면서 나도 함께 돌아왔다. 그때 돌을 맞은 아이는 상당히 영특했다. 외숙모 즉, 나의 올케 장씨는 단정하고 지혜로운 사람인데 여러 차례 나에게 아이가 영리하여 훗날 반소班昭나 채문희蔡文姬에 버금갈 것이라 했다. 외모도 남달랐다 …. 네 살에 〈이소〉를 읽고 몇 번 만에 통달했다 …. 아이는 체형이 가늘고 길었다. 열 두 살에 앞머리를 내리니 옥처럼 곱고 아름다웠다. 아버지를 따라 금릉 도엽桃葉 포구를 유람하면서 시가를 배운 이래로 시도 잘 지었다 …. 열네 살에는 바둑을 두었다. 열여섯 살에는 고금을 잘 다루는 집안 고모에게 잠시 배워서 몇 곡을 익혔는데 맑고 그윽한 소리가 듣기 좋았다. 혜강嵇康이 "英聲發越,

35 《吳吳山三婦合評牡丹亭還魂記》의 세 부인 가운데 한 사람. 평론을 할 당시 16세에 불과했다.

36 《吳吳山三婦合評牡丹亭還魂記》의 세 부인 가운데 한 사람. 역시 불행하게 요절했다. "情不獨兒女也, 惟兒女之情最難告人. 故千古忘情人必於此處看破, 然看破而至於相負則又不及情矣.

37 高彦頤(Dorothy Ko) 著, 李志生 譯,《閨塾師—明末清初江南的才女文化》, 106쪽.

38 심의수(沈宜修)(1590-1635), 자 완군(宛君), 오강(吳江) 문인 세도가 출신의 유명한 재녀. 남다른 재능과 지혜를 가졌으며 산수화와 시사(詩詞)에 능했다. 800여 수의 시를 수록한《이취(鸝吹)》가 있다.

39 역주: 가세가 기울어 섭소란을 키울 형편도 안되었고 외숙부 심자징도 자녀가 모두 사망하여 양녀로 보내졌다. 열 살 때 외숙모가 사망하자 다시 집으로 돌아온다.

采采粲粲(맑고 아름다운 소리 울려 퍼지네, 둥기둥둥기둥)"라고 한 말 그대로였다. 집에 있는 그림 족자를 보고 모사도 잘 했다. 여름에 남동생 군목君牧이 그림 부채를 보냈는데 아이가 상당히 비슷하게 따라 그렸다. 등나무 종이에 그린 꽃과 나비도 봤는데 고상한 운치가 있었다. 마음이 넓고 넉넉했으며 복잡하고 화려한 것을 싫어했다. 안개와 노을을 좋아했고 선가禪家의 이치를 잘 알았다. 자신만만하고 빼어난 자태로 고금古今을 두루 섭렵하고 싶다고 말하여 아버지의 극진한 사랑을 받았다."[40]

총명하고 재주가 많았던 소녀 섭소란, 단정하게 이마를 가린 까만 머리, 섬세하게 뻗은 눈썹, 옥처럼 고운 볼, 붉은 입술과 새하얀 치아, 반듯한 코와 사랑스런 보조개, 맑고 깨끗한 눈동자가 양친의 눈에는 더할 나위 없이 어여뻤을 것이다. 그녀의 지분기 없는 고상한 아름다움에 매화를 비교하면 매화가 앙상해 보였고 해당화를 비교하면 해당화는 깨끗함이 모자랐다. 그래서 이름을 '풍려豊麗'라 했다. 실로 고상한 멋과 운치가 있었다. 섭소란은 성격이 조용하고 차분했다. 날마다 왕자경王子敬의 낙신부나 회소懷素의 초서를 임사했다. 추우나 더우나 북창 아래 고요히 앉아 하루 종일 향불을 마주하고 있거나 조용히 금서琴書를 벗삼았다. 또 한편 누가 찾아오면 가만히 있는 것을 싫어하여 술도 잘 마시고 담소도 즐겼는데 자유분방하고 분위기도 알았다. 그런데 이 아름답고 다재다능했던 온화한 성정의 소녀는 결혼 직전에 목숨을 잃고 말았다. 무서울 정도로 갑작스러웠다. 양친의 표현대로 '신선이 되어 떠났다仙逝'고 할 수밖에 없다. 어쩌면 소란은 낯선 곳으로 시집가서 '정'에 대해서는 아무것도 모르는 사람과 평생을 함께 하고 싶지 않았을 지도 모른다. 평온하고 한가로운 소녀 시절, 배움이 있는 아름다운 삶과 단절되고 싶지 않았을 지도 모른다. 그러나 그녀는 부모님에게 솔직하게 밝히기가 어려웠을 것이다. 그래서 세상을 버리는 길을 선택했을 지도 모른다. 꿈 속에서 내세의 행복과 안녕을 추구하고자 했을 지도 모른다. 이 같은 추측에 근거는 없지만 소란의 요절은 당시 특별한 사례도 첫번째 사례도 아니었다. 심의수의 남편 섭소원[41]은 처와 딸의 작품을 펴내면

40 "女名小鸞, 字瓊章, 又字瑤期, 餘第三女也。生才六月即撫於君庸舅家。明年春, 餘父自東魯掛冠歸, 餘歸寧, 值兒周歲, 頗穎秀。妗母即餘表妹張氏, 端麗明智人也, 數向餘言, 是兒靈慧, 後日當齊班蔡, 姿容亦非尋常比者……四歲能誦《離騷》, 不數遍, 即能了了……兒體質姣長, 十二歲發已覆額, 娟好如玉人。隨父金陵, 覽長幹桃葉, 教之學詠, 遂從此能詩……十四歲能弈。十六歲有族姑善琴, 略為指教, 即通數調, 清泠可聽, 嵇康所云'英聲發越, 采采粲粲'也。家有畫卷, 即能摹寫。今夏, 君牧弟以畫扇寄餘, 兒仿之甚似。又見藤箋上作落花飛蝶, 甚有風雅之致……性高曠, 厭繁華, 愛煙霞, 通禪理。自恃穎姿, 嘗言欲博盡今古, 為父所鍾愛。"

41 섭소원(葉紹袁, 1589-1648). 오강 사람. 명말 남경무학 교수로 부임했다가 다시 이후 국자감 조교로 옮겼다가 공부주사(工部主事)에 오른다. 국정을 어지럽히는 위충현에 반대하여 노모를 핑계로 귀향한 후 분호(汾湖)에서 은거했다. 아내 심의수 및 자

서 서문에 다음과 같이 밝혔다.

> "나의 안사람 심완군은 어린 시절부터 글을 가까이하면서 시문에 조예가 깊었다. 딸들과 함께 꽃과 풀을 노래하고 달과 구름을 노래했던 완군의 이야기는 미담으로 널리 칭송되었다. 그런데 장녀 소제小齊가 갓 스물에 죽고 계녀 경장瓊章은 파과지년 열여섯에 죽었다. 이제 자애로운 어머니 완군이 딸들의 죽음을 슬퍼하며 떠났다 …. 완군과 두 딸은 아직 그 재능을 다하지 못하였는데 어찌하여 조물주의 화를 부르고 하늘의 노여움을 사게 되었단 말인가."[42]

섭소원은 가슴에서 피눈물이 흘러내리는 고통을 말하는 듯하다. 섭소란의 죽음은 옛 규수들의 전형을 가장 잘 보여준다. 반면, 소청의 비극은 그녀의 지극한 정을 이루지 못했다는 점에 있다. 명말청초에 동반자적 결혼이 가능해지고 희첩과 기녀의 지위 향상과 더불어 기방문화가 발달했던 것은 남성들이 친밀한 관계와 감정적 욕구를 추구한 결과였다. 그래서 소청의 비극이 보편적인 심리적 공감과 동조를 불러왔던 것은 당연한 일이다. 모란정을 평점한 오인의 세 부인[43]은 당시 스무살 정도였다. 세 부인은 "두여낭은 천고의 정치情癡다. 반드시 이 〈사진寫眞〉 부분이 있어야 한다. 이 부분이 없다면 뒷 이야기가 계속될 수 없다.麗娘千古情癡, 惟在留眞一節, 若無此, 後無可衍矣"라고 평했다. 두여낭과 류몽매는 대담하게 환락을 즐기며 부모의 허락 없이 종신대사를 결정한다. 정통 예교의 속박에서 벗어나 자유분방하게 자신이 원하는 생활 방식을 추구한 것이다. 그러나 환생 후에는 또 봉건체제 속의 구성원으로 되돌아간다. 이것이 소청의 인생에서 구현됨으로써 문제가 되었다. 이 중요한 문제는 유폐된 소청을 《모란정》이 구축한 짙은 사랑의 세계로 끌고 들어갔다. 소청은 이야기 속 세계에 완벽하게 빠져들고 침잠하여 스스로를 망각한 존재가 된다. 소청이 《모란정》을 읽는 행위는 자기위안과 감정의 배설이었을 뿐만 아니라 확장된 생명이 필요로 하는 위로, 얻을 수는 없지만 느낄 수 있고 체험

녀들과 함께 시와 손님 접대로 삶을 즐기며 출사를 거부했다. 부부 사이에서 태어난 8남 5녀 모두 문장력이 뛰어났다. 장녀 환환, 차녀 소환, 삼녀 소란, 며느리 심헌영 등 모두가 시사에 뛰어나 시집을 출간했다. 이들은 안타깝게도 모두 요절했다. 여러 번 충격을 받은 섭소원은 슬픔에 잠겨 초췌하게 지내다가 순치2년(1645년)에 불교에 귀의했다.

42 "我內人沈宛君, 夙好文章, 究心風雅, 與諸女題花賦草, 鏤月裁雲, 一時相賞, 庶稱美譚。而長女昭齊, 逾二十以憂死, 季女瓊章, 方破瓜以仙死。今宛君又以孝慈感悼……宛君與兩女未必才, 才未必工, 何至招殃造物, 致忌彼蒼。"

43 진동(陳同, 1650-1665), 담칙(談則, 1655-1675), 전의(錢宜, 1671-1695). 세 부인의 연령 정보는 대만 중정대학 문학원 진정미(陳靜媚)의 〈記一部十七世紀的牡丹亭木刻印本如何穿梭時空, 為女性閱讀作見證〉 참고.

할 수 있는 청춘의 향유였다. 이러한 생존상태는 우리에게는 그림자를 사랑하는 병적인 상태로 보여지지만 소청에게는 아름다움 그 자체였다. 현실에서 실현될 수 없는 소청의 소망은 환상 속에서 만족되었다. 하나의 개체로서 소청은 환각과 상상에 빠져 일상 세계에서 부정되는 기준을 좇으며 아름다운 결혼과 이상적인 연인을 찾아 헤맸다. 이로써 소청은 당시의 시대적 배경 하에서 생겨난 사회적 정서와 심리를 반영하는 일종의 기호가 되었다. 그 의미는 역사적 인물로서 소청이 가지는 가치를 훌쩍 넘어선다. 소청이 시대를 풍미했던 것은 우선 그 시대 특정의 사회적 사조가 바탕이 되었기 때문이다. 대부분 규방에서 이루어졌던 '자폐'식 생활이 그 우울의 직접적 원인이었다. 여기서 자기연민과 '구금拘禁'은 분리될 수 없는 모순적 관계다. 미모에 대한 자신감, 재능에 대한 자아도취는 그 누구의 환영도 받지 못함으로써 자기연민의 근원이 된다. 이러한 의미에서 소청의 심리와 욕망은 당시 여성들을 대변하는 보편적 상태다. 《모란정》에서 교직된 '꿈의 세계'는 여성들의 갈망과 만나면서 규방 여성들을 그녀들이 함께 꿈꾸던 낭만주의적 몽상으로 이끌고 갔다. 그러나 규방 여성들에게 그 같은 이상의 실현은 불가능했고 아름다운 꿈 속 장면의 실질적 의미는 심미적 방식으로만 존재했다. 《모란정》은 소청의 이야기와 극도로 수동적이었던 그녀의 몸부림을 통해 당시 사회가 아름다운 러브스토리에서 그리는 것처럼 완벽하지는 않았다는 사실을 알려준다. 일상의 범위가 극도로 협소했던 규방 여인들에게 환상 속 세계는 원래 협소했던 의식의 공간을 일정 정도 확장해주는 것에 불과했다. 규방 여인들에 대한 정교情教의 중요성이 바로 여기에 있다. 수많은 규수들이 책을 읽는 과정에서 소청처럼 허구적이고 낭만적인 세계를 통해 카타르시스와 만족감을 느끼고 아름다운 생명을 정화하고 승화했다.

4. 옛 재원들의 창작 방식

명말청초에는 여성 예술가들도 역사의 무대 위로 등장하여 가시성을 높였지만 여성들의 예술 작품은 대부분 주변화된 상태에 있었다. 그녀들을 추종했던 지식인들도 근본적으로는 그녀들의 서화 방식을 분명하게 드러내 보이지 못했고 언제나 남성적 관점에서 비평을 했다. 이같은 측면 외에 또 한 측면은 서화 등의 예술 활동은 여가가 필요했기 때문에 노동계층은 예술적 발전을 거의 이루지 못했다는 점이다. 서화書畵는 주로 명기名妓와 명원名媛 두 계층에서 경쟁이 이루어졌던 가장 보편적인 활동으로서 문사들의 담론도 주로 서화를 둘러싸고 이루어졌다. 그래서 이 글에서 이루어지는 논의 역시 신중한 관점에서 재녀들로 한정한다. 당시 재녀들의 개인적 생활 배경은 다소 다르지만 그녀들의 내면이 직접적으로 반영된 글과 그림을 통해 그녀들의 정신 세계와 감정을 추적하고 규명할 수 있다.

현실에서 남녀는 생리구조적 차이로 인해 쉽게 구별된다. 수잔 브라운밀러Susan Brownmiller는《femininity》에서 '여성성'과 '여성'은 다르다고 지적하며 남과 여 양성 간의 생리적 차이는 분명 존재하지만 여성성은 그 차이를 백 배 과장함으로써 여성들을 유약한 신체, 느린 행위, 자신감 없는 언어를 가지도록 만든다고 했다. 또 여성성은 질식할 것만 같은 온갖 복잡한 규범과 예절로 여성들을 속박하기 때문에 여성들은 업무적으로 자신의 뜻을 충분히 펼치지 못하고 남성과 정상적인 경쟁을 할 수 없게 된다. 여성성을 이용한 예술은 매우 흥미로울 지도 모른다. 그러나 여성들이 '아름다운', '섬세한', '감성적인, '우아한' 등의 수식어를 웃으며 받아들이면, 동시에 일련의 굴레와 족쇄까지 받아들이게 된다는 점은 간과할 수 없다. 나아가 수잔 브라운밀러는 유약함과 무력함에 대한 찬사 위에서 강권적強權的 아름다움이 구축된다고 보았다. 여성 서예의 특징을 분석한 한 여성 연구자는 여성은 생명과 자연을 체험하는 과정에서 자신의 독특한 심미적 관점, 필묵에 대한 독특한 이해를 표현하기 때문에 여성의 서예는 남성의 그것과는 다르다고 했다. 여성은 여성의 시각으로 여성의 생명 의식을 붓으로 표현하고 자아의 가치를 드러낸다. 이러한 서예의 과정이 진정한 '여성 서예'이며 이렇게 창작된 작품만이 진정한 '여성 서예'라고 불릴 수 있다. 시인이나 서예가도 이러하고 화가의 특성과 성격 역시 이러하다.

명말의 시인 종성鐘惺[44]은 여성은 태어날 때부터 기교도 모르고 슬픔도 모르는 순수한 존재라고 보았다. 그렇지만 여성은 성장과 더불어 순수의 자리를 직관적인 경험에 내주게 된다. 어린 소녀들은 세상에는 변화하지 않는 것이 없다는 사실을 조금씩 깨닫게 되는 것이다. 기쁠 때는 얼음이 꽃으로 피어났다가 답답할 때면 짙은 구름이 눈으로 내린다. 벽옥 같은 맑음과 고통으로 붉게 물든 꿈, 그리고 갑자기 몰려드는 외로움 …… 여성들의 영감과 직감은 내면에 담긴 자연과 본능의 현현으로서 여성들은 인위적인 학술적 전통의 영향에서 비교적 자유로웠다. 여성들은 남성들의 공적 영역과 정치적 투쟁 밖으로 배척되었는데 사실상 다행한 일이었다.

44 종성(鐘惺, 1574-1624), 자 백경(伯敬) 또는 경백(景伯), 호 퇴곡(退谷), 지공거사(止公居士), 호광(湖廣) 경릉(竟陵), 오늘날의 호북성 천문시(天門市) 사람. 명대 후기에 문학 유파 경릉파를 이끌었으며《명원시귀(名媛詩歸)》를 엮었다.

"고금의 명원들은 감정을 발산하고 본성에 뿌리를 두기 때문에 모방도 하지 않고 유파도 모르며 남피南皮도 서곤西昆도 없고 무리를 지어 노는 것이 무엇인지도 모른다. 슬픔과 아름다움이 저절로 넘친다 …. 맑음은 지혜를 담고 있다 …. 남자의 기교는 여인에 못 미친다."[45]

종성은 남성 세계의 물질화와 여성 세계의 몽환성을 통해 심리적 본성을 비교한 후 "금침 사이에 고향이 있고 몽환 사이에 관새關塞가 있는 것은 오직 맑음 때문이다. 衾枕間有鄉縣, 夢幻間有關塞, 惟清故也"라고 결론을 내린다. 그가 말한 '맑음清'은 여성 특유의 '영성靈性'으로 이해될 수 있다.

"천지의 맑고 정숙한 기운은 황금 노반에 옥이슬이 모이듯 규방으로 모여든다. 天地清淑之氣, 金莖玉露, 萃為閨房"[46]는 생각은 "천하의 정기는 남자가 아닌 여자에게 모인다. 天地英靈之氣不鐘於世之男子, 而鐘於婦人"고 한 남송의 사희맹에게서 비롯되었다. 갈징기葛徵奇[47], 조세걸趙世杰[48], 추의鄒漪[49] 등 명말청초의 많은 문인들과 학자들이 사희맹의 말에 공감했다. 명청 교체기에 문화예술 분야에서 생겨난 특별한 분위기 속에서 문인들은 남성 문인들에게 사라져가고 있는 '맑음'의 특성이 여성 문인들로 회귀하여 발전하고 있다는 사실을 발견하게 되었다. 그들은 시인의 기질이 가장 풍부한 성별은 여성이라고 생각했다. 여성의 본질과 시인의 기질로서의 '맑음'은 자연적 동질성을 가진다. 이는 여성들이 예술과 창작 분야에서 우월한 조건과 영성을 가질 수 있는 주요 원인기도 하며 남성이 여성에 못 미치는 원인이기도 한다. 남성들이 맑은 기운을 결여하게 된 원인을 탕현조의 말에서 확인할 수 있을 지도 모른다. 그는 "대체적으로 세상 사람 열 명 가운데 서너 명에게만 영성이 있다. 그런데 문장에 기교가 있는 사람은 무명의 사람들 중에도 백명 천명이 있다. 왜 영성을 가진 자가 적은 것일까? 스승께서는 본성은 비슷해도 습성에는 차이가 많다고 하셨다. 오늘날 선비들은 과거시험 문장에만 익숙하여 어디를 가든지 항상 그런 문장이다."[50]라고 했으며 또 "필묵에 영성이 사라지고 성현이 빛을 잃게 되는 것은

45 "若乎古今名媛, 則發乎情, 根乎性, 未嘗擬作, 亦不知派, 無南皮西昆, 而自流其悲雅…… 清則存慧……男子之巧, 洵不及婦人矣!"

46 명말청초의 문인 위영(衛詠)의 《열용편(悅容編)》 수연(隨緣) 참고.

47 명말의 유명 학자, 절강 해녕(海宁) 사람, 재원 이인(李因)의 남편.

48 명말 《고금여사(古今女史)》를 편찬했다. 절강성 항주 사람.

49 명말청초 《홍초집(紅蕉集)》을 엮었다. 강소성 무석 사람.

50 "天下大致, 十人中三四有靈性。能為技巧文章, 竟伯什人乃至千人無名能為者。則乃其性少靈者與? 老師雲, 性近而習遠。今之為士者, 習為試墨之文, 久之, 無往而非墨也。"

모두가 세속적 습성이 마魔가 되었기 때문이다."[51]라고도 했다. 이와 같은 여러 담론을 바탕으로 옛 재원들의 작품은 구체적으로 느낄 수 있는 객관적 물상과 정경에서 비롯되었다는 사실을 알 수 있다. 필묵의 언어와 구체적인 정경이 굴절되고 중첩되면서 그녀들의 글과 그림 사이사이에서 생활의 본 모습이 드러난다. 그녀들의 언어는 영혼과 직접적으로 연결되어 있다. 여성은 자신만의 독특한 생명 체험과 자신만의 필묵과 언어로 글을 쓴다. 여기에는 장악해야 할 필묵의 기교도 포함되고 여성의 생명 의식과 깨달음도 포함된다. 여성의 경험과 의식은 여성 특유의 생리적, 심리적 구조와 심미적 지향에서 비롯되고 여성 특유의 개체성에서도 비롯되는데 대체로 순수하고 민감하다. 규방의 어떤 공간은 순전한 상상이기도 하다. 그녀들의 심미적 경험은 기다림의 믿음, 기다림의 자세, 기다림의 환상과 관련이 있다. 그녀들은 정치와 사회의 복잡한 간섭도 받지 않는다. 그녀들의 영성은 자연 속에서 생겨나 때로는 아련하게 때로는 무심결에 찾아 든다. 그녀들은 언제나 내면 깊은 곳에서 느껴지는 그리움과 슬픔과 기쁨, 분노와 시름을 필묵으로 표현했다. 바깥 세상의 구속과 방해를 받지 않고 소곤소곤 풀어낸 흥미진진한 그녀들의 이야기에는 남성과는 전혀 다른 특별한 분위기가 담겨 있다. 그녀들은 의식주 외에 글과 그림에 대한 순수한 열망을 통해 자신의 삶을 아름답게 꾸미고자 했다. 남성 문인들이 여성의 영성과 감수성인 '맑음'이라는 고아한 품성에 끝없는 찬사를 보낼 때, 또 어떤 여성 문인들은 지분기를 떨쳐버리고 박대博大하고 웅혼雄渾한 문체, 도연명과 사령운의 문체를 뒤쫓으며 규방의 힘과 역량을 내보였다.

5. 명말 회화사의 여성 수용

논의를 다시 사회 현상으로 돌리면, 명나라 말기는 정치적으로 혼란과 격동의 무질서한 시대였다. 수많은 문인들이 정치적 좌절을 겪었지만 그 결과로 그들의 사적 생활공간은 더 넓어졌다. 사치와 향락, 일탈과 개성 해방 등 개방된 분위기가 조성되면서 사회 곳곳에 영향을 미쳤다. 많은 유명 문인들이 자신이나 타인의 풍류 행각을 기록으로 남기기도 했다. 명말청초 이전에 널리 알려졌던 재녀, 미녀, 열녀, 정녀 등 여성들의 이야기는 모두가 남성들의

51 北京大學哲學系美學教研室,《中國美學史資料選編·下》, 北京: 中華書局, 1981, 136·138쪽. "夫使筆墨不靈, 聖賢減色, 皆浮世習氣為之魔。"

심미관과 남성들의 기준에 따른 것이었다. 여성들은 산문이나 시문, 소설 등에서 끊임없이 기록되고 평가되면서 그 존재가 사라지지 않았다. 또 명말 회화사에서도 여성과 여성 화가의 숫자가 최고치에 달했는데 여기에는 역사적 배경이 있다.

우선, 부녀 '사행四行'을 주장한 《주례》에서 '사행'을 풀이한 동한 반소班昭의 《여계女誡》에 이르기까지, 여성들에 대한 행위 지침으로서 부덕婦德을 강조했던 전통 여훈서女訓書들이 여성교육에 많은 영향을 끼쳤다. 그러나 이 같은 이데올로기는 명대 말기에 이르러 '재才'를 중시하는 쪽으로 변화하기 시작했다. 많은 재녀들에게 둘러싸여 있었던 섭소원은 《오몽당집午夢堂集》 서문에서 "장부에게는 불멸의 세 가지 입덕, 입공 입언이 있고 부인에게는 덕, 재, 색 세 가지가 있으니 천고에 길이 빛난다"[52]라고 했다. 명말의 이지李贄, 청대 중기의 원매袁枚와 진문술陳文述 등은 여자들에 대한 교육을 확대해야 한다고 주장하며 많은 여제자들을 받아들임으로써 새로운 분위기를 이끌었다. 청대에 이르러서는 여성 문인들이 시문과 저술을 직접 간행하고 유통 경로에 진출하는 사례가 절정에 달했다. 이 시기 청루와 규각을 포함한 많은 재원들이 남성 문인들의 평가 아래 당대當代 문화의 이상적 지표로 떠올랐는데, 재원에 대한 문인들의 경도傾倒 및 재녀 문화의 발흥과 밀접한 관련이 있다.[53] 문인과 사대부들의 관점 하에서 많은 재원들이 흥미진진한 대화의 소재로 등장했다. 그녀들의 대표적인 작품은 상류층 문인과 명사들 사이에서 널리 유행하면서 끊임없이 문전文傳되었다. 이 과정에서 재원들의 '재才'는 더욱 크게 부각되었다. 다음으로 명말 문사들 사이에서 기녀를 후원하는 '압기狎妓' 풍조가 성행했다. '염정艶情'을 추구했던 문사들은 홍분紅粉을 바른 지음知音과 자연 속에서 시를 주고받으며 수많은 아름다운 작품들을 남겼다. 명대 왕숙승王叔承의 《무림부춘유기武林富春遊記》에 다음과 같은 내용이 있다.

> "곽자郭子가 이르기를, 천목산天目山 줄기가 용이 날고 봉황이 춤추듯 전당錢塘으로 이어진다고 했는데 어찌 믿지 않겠는가. 그 줄기가 이어져 서호의 절경이 되었구나. 서호는 둘레가 30리나 된다. …… 호수 가득 붉은 연꽃을 심어 봄, 여름, 늦가을 때가 되면 드넓은 호수 위에 비단 구름이 펼쳐진 듯하다. 놀잇배나 거룻배 같은 온갖 배들이 호수 위에서 노를 저으며 나뭇잎처럼 가볍게 노닌다. 놀기 좋아하는 여자들

52 "丈夫有三不朽, 立德, 立功, 立言; 而婦人亦有三焉, 德也, 才與色也, 幾昭昭乎鼎千古矣。"
53 毛文芳, 〈書寫才女—清初煙水散人'女才子書' 探討〉, 《漢學研究》, 2007, 第2期.

다수가 아름답게 꾸민 청루의 여인들인데 기증綺繒과 화류花柳가 시시때때로 아름다움을 다툰다."[54]

많은 여성들이 과거보다 월등하게 좋은 외부 활동 환경과 조건을 가지게 되었고 재능과 지성을 겸비한 여성들은 '극품极品'으로 인정받았다. 이 때문에 화류계로 전락하여 자신의 삶을 책임져야 했던 기녀들은 시문, 서화, 거문고, 바둑, 가무 등의 기예를 더욱 고되게 갈고 닦아야만 기적妓籍에서 이름을 빼내고 양가집 여인으로 자신의 비천한 운명을 바꿀 수 있었다. 명말의 불과 몇 십년 동안 배출된 명기들은 수적인 측면에서 공전의 기록을 세웠다고 할 수 있다. 예일대학교 순캉이孫康宜 교수는 논문에서 "명기는 명말의 문화적 상징이다. 그녀들의 심미적 지향, 그녀들의 재능, 그녀들의 미모, 그녀들의 끈기, 그녀들의 자살. 이 모든 것들이 왕조의 비극적 운명과 부합한다"고 밝혔다. 또 다른 학자에 따르면, 명말청초 역사의 서술자이자 수호자로 자리매김했던 전통 문인들이 퇴각한 후 역사의 정상적 운행을 교란하는 사악한 존재이자 화근으로만 여겨졌던 여성들이 당시의 기록 속에서 멸망한 세상 위를 비상하는 여신으로 떠올랐다. 이에 따라 문인들은 그녀들의 옷자락을 붙잡고 그녀들의 미와 지성, 매력과 재능을 공유할 수밖에 없었다는 것이다.

동기창은 《용대집容臺集》 제사題詞 "임하풍화林下風畫"에서 화사畫史에 들어갈 수 있는 뛰어난 여성 화가로 임천소林天素와 양운우楊雲友를 꼽았다. 고령顧苓의 〈하동군전河東君傳〉에 따르면, 전겸익이 크게 기뻐하며 류여시柳如是, 왕수미王修微, 양완여楊宛如가 풍류와 미모로 삼족정립을 이루고 있을 뿐, 어찌 허하성許霞城[55]과 모지생茅止生[56]을 국사国士와 명주名姝 목록에 올릴 수 있는가라고 했다. 문단의 지도자이자 동림당 당수였던 전겸익은 여러 정적情敵과의 대결에서 승리를 거두고 류여시와 결혼하여 강운루로 돌아갔다. 당시 사회 명사들이 예술적 재능이 뛰어난 재원들을 얼마나 아꼈는지 짐작할 수 있는 사례다. 회화 통사 《역대명화기歷代名畫記》에서 당나라 장언원張彥遠이 엮은 373명의 화가 가운데 여성은 오왕 손권의 부인이자 승상 조달趙達의 여동생이었던 조부인 한 명에 불과하다. "오왕 조부인은 승상 달의 여동생으로 서화에 능하고 교묘한 솜씨가 비길 수 없이 뛰어났다. 색실로 봉황 비단을 짜고 궁중에서 '기절機絶' 로 칭해졌

54 "郭子曰: 天目之山, 龍飛鳳舞而至於錢塘, 不亦信哉。其來西湖之勝也。西湖圍可三十里…… 湖中盡植紅蓮, 異時若春夏晚秋, 則錦雲萬頃, 湖船, 遊敖, 畫艦或舴艋, 輕橈如葉, 士女好遊, 多為青樓冶妝, 遊無休時, 綺繒與花柳相艷也。"

55 허예경(許譽卿), 명나라 진사(進士).

56 모원의(茅元儀, 1594-1640), 명말의 문인 장수(將帥). 자(字) 지생(止生).

다. 손권이 위나라와 촉나라가 어지러워 산천의 지형을 잘 그리는 화가가 필요하다고 한탄하자 조부인이 강호 구주도와 산악의 지세를 그려서 바쳤다."[57] 삼국시기의 궁중화가이기도 했던 조부인은 탁월한 기예로 까다로웠던 장언원에 의해 화사에 실림으로써 화사에 기록된 최초의 여성이 되었다. 이후 송대《선화화보宣和書譜》, 등춘鄧椿의《화계畵繼》, 원대 하문언夏文彦의《도회보감圖繪寶鑒》에 여성들이 기록된 소수의 사례가 있다. 그러나 이러한 기록은 앞서 언급한 바와 같이 매우 드문 경우다. 명대 이후, 특히 명말에 접어든 이후 여성 화가들이 본격적으로 역사의 시야 안으로 걸어 들어왔다. 그렇다면 여성 화가를 단독으로 다룬 최초의 문인은 누구였을까? 그는 바로 문징명의 후계자이자 '풍아지도風雅之道'의 찬사를 받으며 강남 전역에서 이름을 떨치던 왕치등王穉登이다. 그는《오군단청지吳郡丹青志》규수지閨秀志편에서 25명에 달하는 여성 화가들을 기록으로 남겼다. 이후 수많은 여성 화가들이 명청 시대에 간행된 여러 회화사에서 실리게 되었다. 예를 들어, 명대 주모인朱謀垔의《화사회요畵史會要》, 청대 강소서姜紹書의《무성시사無聲詩史》와 서심徐沁의《명화록明畵錄》등등이 여성 화가들을 별도로 다루었다. 심지어 청대 초기의 주량공周亮工은《인인전印人傳》에 사상 최초의 여성 전각가였던 명말청초의 한약소韓約素[58]를 수록하기도 했다. 문인들이 엮은 자료의 출처는 동기창董其昌의《용대별집容臺別集》, 전겸익錢謙益의《열조시집列朝詩集》, 주휘周暉의《금릉쇄사金陵瑣事》, 왕사록王士祿의《궁규씨적예문고략宮閨氏籍藝文考略》과 같은 동시대 사람들의 필기와 시문, 또는 엮은이 자신의 폭넓은 지식이나 풍부한 소장품, 벗들과 주고 받은 시문, 가문의 인맥 등이었다.《옥대화사玉臺畵史》는 여성 화가를 신분과 지위에 따라 네 체제로 나누었는데 수적으로 보면 명원과 명기가 대다수이며 명기 출신의 시첩도 포함되어 있다. 여성 화가들은 주로 규각과 청루 출신으로 중국 역사상 가장 뛰어난 재원들이었다. 그런데 이 같은 상황은 청대 초기에 찾아왔던 전성기 이후 사회 구조의 변화와 정책 방향의 전환으로 다른 양상을 보이게 되었고 여성 예술가들의 신분도 상대적으로 단일하고 평범해졌다.

57 "吳王趙夫人, 丞相達之妹。善書畵, 巧妙無雙, 能於指間以彩絲織為龍鳳之錦, 宮中號為'機絕' 。孫權嘗嘆魏蜀未平, 思得善畵者圖山川地形, 夫人乃進所寫江湖九州島山嶽之勢。"

58 스스로 전각여사(鈿閣女士)라고 호를 지었다. 가기(歌妓) 출신으로 명말 전각가 양질(梁袠)의 시첩이 되었다. 그녀의 전각은 하진(何震, 1522-1604)을 계승한 양질과 유사하다.

6. 청루 재원의 쇠락과 규각 재원의 번성

명대부터 성행한 여학女學이 청대 중기에도 쇠퇴하지 않고 이어짐으로써 많은 재원들이 배출될 수 있었다. 명과 청은 문화적으로 직접적인 계승관계에 있는 경우가 많아서 명청 양대의 재원들 사이에 공통점이 있을 수밖에 없지만 차이점 역시 분명하게 드러난다. 우선, 산해관 안쪽으로 들어온 만주족이 문화와 풍속의 변화를 가져오면서 당시의 사회적 흐름을 바꾸어 놓고 재원의 분위기와 성격, 신분에도 변화가 생겨났다고 할 수 있다. 명말청초에 여성 서화가의 숫자가 급증한 시기가 있었는데 주로 강남 지역에 집중되어 있었고 신분적으로는 청루와 규각이 주류였다. 그러나 명기와 명원은 서로 만남과 교류가 가능했기 때문에 양자의 경계선과 지위는 모호한 경우가 많았다. 류여시柳如是, 이인李因, 고미顧媚, 동소완董小宛 등 다수의 명기들이 훗날 부권 체제 하의 가족 구성원으로 신분이 바뀌기도 했고 황원개黃媛介, 왕단숙王端淑 등 규방 여인들도 집밖에서 숙사塾師로 활동할 수 있었다. 이들은 모두 명말청초 강남 재녀의 전범典範이었다. 여성 화가의 숫자는 청대 중기, 다시 말해 성청盛清 시대(1683-1839)가 되자 현저하게 감소하기 시작했다. 왜냐하면 당시 전반적인 여론과 정책의 영향으로 여성을 바라보는 기준에 있어서 명말청초 때와는 전혀 다른 평가 기준이 생겨났기 때문이다. 청나라 조정 특히 건륭 황제 때는 도덕적 측면의 교화와 통제 때문에 유명한 기녀들이 점유하고 있던 심미적 공간과 정치적 공간이 규각으로 대체되었다. 이에 따라 예기藝妓와 정통 여성 사이의 간극이 확대되고 그녀들 사이의 교류 역시 정부가 관기를 금지하면서 종말을 향해 갔다. 수잔 만Susan Mann에 따르면, 청루는 성청 시대에 그 지위가 급격하게 하락하여 청루와 규각 양 진영 사이에 분명한 경계선이 생겨났고 더이상 문인들의 사교 장소로서의 역할을 하지 못하게 되었다.

수잔 만은《국조규수정시집國朝閨秀正始集》에서 예기들의 작품을 의도적으로 배제한 운주惲珠[59]의 예를 들면서 딸, 아내, 어머니의 신분을 가진 규각 여성들이 청대의 '문화 담론'을 점거

59 운주(1771-1833), 자 성련星聯, 만호晩號 용호도인蓉湖道人 또는 곤릉여사昆陵女史. 대화가 운수평惲壽平의 후손. 유년 시절, 바느질 솜씨가 뛰어나 동년배들이 감탄할 정도였다. 조금 자란 후에는 외조부 지당공芝堂公의 가르침을 받아 경서를 두루 섭렵하고 시화에 능하여 집안에서 삼절三絶이라 칭해졌다. 부친이 이비향隶肥鄉에서 전사典史로 근무하고 있을 때 교류하던 만주 귀족 집안의 아들 완안정로完顔廷鏴와 18세에 결혼했다. 운수는 한족이라는 이유로 차별을 받지는 않았다. 오히려 그녀는 도교도로서 만주족인 시댁에 영향을 미치기도 했다. 그녀는 집안의 제사와 연회를 없앴으며 무고한 살생도 막았다. 그녀의 도교적 잠재의식은 세 아들의 인생관에도 영향을 주었다. 운수는 자녀교육에 매우 엄격한 어머니였다.《운태부인전惲太夫人傳》에 학문을 하는 고매한 집안으로서 자녀교육에 엄격하여 장자 인경麟慶이 명성을 얻게 된 것도 그 모친의 가르침 덕택이라는 기록이 있다. 그녀는 아들에게 유흥, 사치, 방종, 경전 외의 잡서를 금하고 스승과 벗을 가려서 사귀며 최선을 다하라 요구했

하고 사실상 청루 여성들의 문화적 지위 및 재능을 발휘할 공간을 억압함으로써 재덕을 겸비한 정통 여성의 이미지를 가진 규각이 청루를 대신하게 되었다고 했다. 나아가 수잔 만은 명대의 양성관계를 보여주는 다양한 자료를 통해 이 점을 논증했다. 규수들 역시 자신들의 문학적 재능을 통해 남성 문인들의 환심을 사면서 청루 명기들이 했던 역할을 빼앗아오고 스스로의 도덕적 권위를 강조할 수 있었다. 이로써 규각 여성 집단은 성청시대 재덕을 갖춘 여성의 전범이자 상징이 되었다.

봉건시대에는 사제 간에 존비를 따지거나 혼인관계를 금지한다거나 다양한 예교상의 제약이 있었다. 그러나 원매袁枚와 진문술陳文述은 여제자를 널리 받아들이면서 많은 논쟁을 불러왔다. 이와 관련하여 장학성章學誠은 《장씨유서章氏遺書》 정사차기丁巳劄記에서 "부끄러움을 모르는 자들이 풍류를 자랑하며 사녀士女들을 미혹시키고 잡극의 재자가인을 흉내 내며 사람들을 미혹시킨다. 장강 이남 명문 대가 규각에서도 수없이 빠져들었다. 전각이다 시문이다 명성을 이유로 더 이상 남녀 사이에 내외도 하지 않고 스스로 여자의 몸이라는 것도 모른다. 이렇게 규수들이 부학婦學은 익히지 않으니 어찌 진정한 재才를 취할 수 있겠는가, 사악한 자들에게 사로잡혀 세속적인 풍속과 인정에 빠져 지내니 가히 우려스럽다."[60]라고 비난했다. 당시 청나라 조정에서도 정책적으로 가정의 가치와 정절貞節을 강조하면서 창기娼妓 문화를 억제했다. 옹정 황제는 재위 기간 동안 가기歌妓를 금지했고 지방 행사에 관기官妓를 동원하지 못하도록 했다. 지방 관리들이 올리는 상주문에는 부녀들의 노동이 가지는 경제적 가치나 부녀들의 사회적 영향력이 주로 담겨 있었다. 관청이 국가와 가정에서 '덕부德婦'가 가지는 중요성을 지속적으로 강조했기 때문에 자연스럽게 당시의 사회 가치관과 윤리 도덕관에 많은 영향력을 끼쳤다. 또 당시 활약했던 여성 시사詩社는 '가거형家居型, 사교형社交型, 공중형公衆型'이 있었는데 남성 문인들도 참여할 수 있었고 여성들의 단체 여행도 가능했다. 여러 가지 사회 풍조의 변화는 여성 화가들의 출신을 근본적으로 바꾸어 놓았다. 명말에 가기歌妓 특유의 문화적 공간과 상대적으로 활동이 자유로웠던 우월한 조건은 더욱 약화됐지만 규각 여인들의 생활과 학

다. 장자 인경은 치수(治水) 전문가인 동시에 문학으로도 이름을 알렸다. 그녀의 '엄격한 교육방식과 집안관리, 근엄하지만 관대한 성품에 영향을 받은 완안씨 일문은 가풍을 계속 유지할 수 있었다. 운수는 훌륭한 자녀교육으로 훗날 사적(史籍)에 기록되고 일품태부인(一品太夫人)에 봉해졌다. 《국조규수정시집(國朝閨秀正始集)》, 《난규보록(蘭閨寶錄)》 등 명저가 세상에 널리 전해졌다.

60 "近有無恥妄人, 以風流自命蠱惑士女, 大率以優伶雜劇所演才子佳人惑人。大江以南, 名門大家閨閣多為所誘。徽刻詩稿, 標榜聲名, 無復男女之嫌, 殆忘其身之雌矣; 此等閨娃, 婦學不修, 豈有眞纔可取, 而為邪人播弄, 浸成風俗, 人心世道, 大可憂也……。"

습 환경은 대대적으로 개선되었다. 이러한 변화 속에서 규각 여인들은 보통 시작과 글쓰기에 정력을 쏟아 부었다. 건륭 시기 원매가 받아들인 수원隨園 여제자 13인 가운데 료운금廖雲錦, 손운봉孫雲鳳과 그 여동생 손운학孫雲鶴, 손운란孫雲鸞, 손운홍孫雲鴻 손운곡孫雲鵠, 손운한孫雲鷳 등이 모두 서화에 뛰어났다. 이외에 운주惲珠도 집안 고모 운빙惲冰에게서 그림과 화법을 배웠다. 그러나 이들 중의 대부분은 그림을 잘 그리는 정도에 불과했으며 자신의 회화 기능을 주관적으로 발전시키지는 못했다. 그녀들은 문학에 많은 노력을 기울였으며 재능 역시 주로 문학에서 발현되었다.

7. 양대 진영의 차이점과 공통점

규각 여인들과 명기는 옛 여성 화가들이 속했던 사회적 신분의 양대 진영이자 중요한 공급원이었다. 명말청초, 이 양대 진영 출신의 재원들은 회화를 배운 경로, 회화의 목적, 회화의 이상, 그녀들 마음 속의 경전, 작품의 유통과 소장 등등에서 공통점과 차이점이 동시에 존재한다. 그녀들의 생명 주기, 자아 인식, 거주 방식, 사교 네트워크의 차이는 명기와 명원의 사회적 역할 상의 차이점을 충분히 보여준다. 그런데 명말청초라는 시대적 특수성때문에 일부 경계가 모호하고 신분 역시 명료하지 못한 측면이 있다.

1) 재원들의 뒤바뀐 성역할

당시 '여사女士'는 사士의 성격을 가진 여자를 가리키고 '여장부'는 남자의 재능을 가진 여자, '여사女史'는 학문에 통달한 여자를 가리켰다. 이와 같은 새롭게 정의된 '새로운 여자들'은 전통적인 숙녀, 정녀靜女의 이미지와 차별화되었다. 그녀들의 출현은 명말청초, 여성에 대한 분류와 명명을 둘러싼 사람들의 집착을 보여주는 동시에 사회적 성별의 혼란과 질서 재건에 대한 필요성을 보여준다. 이 가운데서 우리는 상대적으로 느슨한 제도 하에서 여성들이 가실 수 있었던 재능의 수준을 확인할 수 있는데 양대 진영 모두 한때 절정에 달했던 전형적 유형이 있다.

(1) 명원(名媛)

내향적 생활. 명원이 부여 받은 역할은 주로 '제가齊家'에 국한되었다. 반소의 《여계女誡》에 따라 여성의 위치는 내부를 향해 설정된다. 개성, 외모, 행동에서 그녀들은 내향적이어야 했다.

임이녕(생몰연대 미상)의 경우, 자는 아청亞清, 전당錢塘 진사進士 임륜林綸의 딸, 감찰어사監察禦史 전조수錢肇修의 처였으며《묵장시초墨莊詩鈔》,《묵장문초墨莊文鈔》,《묵장사여墨莊詞余》등의 저술이 있다. 전씨 가문에 들어간 후, 임이녕은 시어머니 고지경顧之瓊의 초원 시사를 새롭게 조직했다.《국조규수정시집國朝閨秀正始集》에 "아청은……동향 고계희顧啟姬, 계한季嫻 시정의柴靜儀, 풍우령馮又令, 운의云儀 전봉륜錢鳳綸, 차운槎雲 장호張昊, 안방安芳 모제毛媞와 함께 초원 칠자를 이끌어 예림藝林의 미담으로 전해진다"라는 기록이 있다. 그녀는 시문에서도 성취를 이뤄냈지만 서화에도 재능이 있었는데 특히 묵죽墨竹을 잘 그렸다. 그녀의 시〈화죽畫竹〉을 보자

新竹出短籬, 亭亭如織翠.
明月升東軒, 竹影宛在地.
銅硯磨松煤, 濡毫寫其意.
清幽固可嘉, 愛此堅貞志.
울타리에 뾰족뾰족 대나무 새 순, 새파란 비취가 달린 듯.
밝은 달이 동헌에 떠오르면 대그림자 또렷하게 드리우네.
청동 벼루에 솔먹을 갈아 붓끝을 적시고 그 마음 그려내리.
맑고 그윽함을 노래하고 그 굳고 곧은 뜻을 사랑하리.

임이녕은 "어린시절부터 어머니로부터 글을 배우고 어진 옛 여성들을 본받고 따랐다. 특히 경학에 뜻을 두고 반첩여班婕妤나 좌분左芬 같은 여자가 아닌 대유학자가 되고자 했다"[61]고 밝히기도 했는데 그녀의 높은 이상을 확인할 수 있다. 임이녕은 무의식적으로 여성이라는 자신의 성별을 경시하고 있었다. 그래서 그녀는 유명한 재원 대신 대유학자가 되고자 했던 것이다.

(2) 명기

명기의 생활은 '남성'을 벗어나 독립할 수 없었다. 명기들의 삶에서 가장 난처한 것은 스스로의 운명을 온전하게 장악할 수 없었다는 점이다. 그러나 그녀들은 다른 여성들은 가질 수 없는 다중적인 사회적 성별과 지위를 가지고 있었다. 그녀들의 매력은 그녀들이 가진 '유

61 "少從母氏受書, 取古賢女行事, 諄諄提命, 而尤注意經學, 且願為大儒, 不願為班左。"

연성'에 있었다. 여성적 매력도 있고 문인의 지성도 가지고 있었다. 동반자적 결혼, 교양 있는 아내와 금슬상화琴瑟相和하고 싶은 남성들의 갈망 때문에 많은 명기들이 동반자적 결혼의 가장 이상적인 대상이 되었다. 류여시의 경우를 보자. 류여시의 명성은 진인각陳寅恪의 명저《류여시별전柳如是別傳》을 통해 오래전부터 사람들의 마음 속 깊이 자리 잡았다. 그녀는 당시 걸출한 재원의 전형이었다. 류여시(1618-1664)는 본명이 양애楊愛였으나 성은 류씨로 바꾸고(원래 류씨였다는 설도 있음) 이름은 은隱[62]으로 바꾸었다. 자는 미무靡蕪로 했다가 훗날 다시 이름은 시是, 자는 여시如是로 바꾸었다. 불교 경전에 나오는 '여시아문如是我聞'이라는 말을 따라 호는 '아문거사我聞居士'로 지었다. 결혼 후 전겸익[63]은 류여시의 성을 군망郡望으로 바꾸고 하동군으로 불렀다. 세간에서는 류여시의 학문과 식견에 맞추어 류 유사儒士라고 불렀다. 류여시는 어린 시절 곳곳을 유람하며 수많은 남성들과의 친분을 통해 넓은 세계관을 가지게 되었다. 그녀는 규각 여성과 전혀 다른 자아 인식으로 자유롭게 움직였다.《호상초湖上草》,《무인초戊寅草》 등이 널리 알려졌다. 그녀가 회화를 좋아하게 된 것은 가정嘉定에 정착한 안휘 출신 화가 정가수程嘉燧[64]와의 친분과 교유 덕분이었을 것이다. 또 운간雲間[65]에 있던 이대문李待問[66]은 류여시의 서예에 대한 사랑과 얽매임 없이 자유로운 필치에 오랫동안 영향을 미쳤다. 그녀는 절대적인 미모와 남다른 재능, 특히 명예와 절개로 사람들의 찬사를 받으면서 명희名姬 중의 명희가 되어갔다.

이상의 두 대표적인 재원의 사례에서 우리는 '여중호걸女中豪傑'의 거대한 탄식을 짐작할 수 있다. 도로시 고는《규숙사閨塾師》 제3장 〈장부와 여중장부: 여성 역할의 전도顚倒와 확장〉[67]에서 재원들의 흥미로운 실제 사례를 다뤘다. 가장 눈길을 끄는 '여중장부'는 황원개黃媛介와 왕

62 은민(隱雯)이라는 설도 있다. 진인각의《류여시별전》고증에 따르면 당시의 명원들은 별호에 '隱' 을 즐겨 사용했다. 황계령(黃皆令)의 별호 이은(離隱), 장완선(張宛仙)의 별호 '향은(香隱)' 등이 그 예증인데 당시 사회분위기가 반영된 것이다. 이름과 별호를 통해서도 당시의 사회 분위기, 시대와 지역의 인간 관계를 엿볼 수 있다.

63 전겸익(錢謙益, 1582-1664), 자 수지(受之), 호 목재(牧齋), 만호 몽수(蒙叟) 또는 동간 노인(東澗老人). 소주부(蘇州府) 상숙현(常熟縣) 사람. 명말 문단의 영수 오위업(吳偉業, 1609-71), 공정자(龔鼎孶, 1615-73)과 함께 강좌(江左) 3대가로 칭해졌다. 구식사(瞿式耜), 고염무(顧炎武), 정성공(鄭成功), 모진균(毛晉均)이 전겸익의 제자다. 제자들은 그를 우산(虞山) 선생이라 불렀다. 청초 시단의 맹주 중 한 사람으로 존경받았다.

64 정가수(程嘉燧, 1565-1644), 자 맹양(孟陽), 호 송원(松圓) 또는 게암(偈庵). 명말의 유명산 시인이자 화가. 화단에서 한 때 이름을 드날리며 동기창(董其昌), 이유방(李流芳), 양문총(楊文驄), 장학증(張學曾), 변문유(卞文瑜), 소미(邵彌), 왕시민(王時敏), 왕감(王鑑) 등과 함께 "화중 9우(畵中九友)로 일컬어졌다.

65 역주: 상해 송강현 일대에 있던 송강부의 다른 이름.

66 이대문(李待問, 1603-45), 자 존아(存我), 송강 화정(華亭) 사람, 숭정 16년 진사(進士)로 급제하여 중서사인(中書舍人)에 올랐다. 훗날 청군(淸軍)에 저항하다가 피살되었다. 문장뿐만 아니라 글씨에도 능했는데 특히 행서와 초서에 뛰어났다. 멀게는 왕희지와 왕헌지를 계승하였으며 가깝게는 동기창의 영향을 받았다.

67 역주: Drothy Ko의 원서 Teachers of the inner chambers 3. Margins of domesticy: Enlarging the woman' s sphere

단숙王端淑이다. 이 두 재원은 모두 이어李漁의 친구로서 화려한 직업 생애를 가지고 있다. 남다른 학식과 재능으로 규숙사, 직업 화가, 작가 등의 다중적 신분을 수행했던 두 여성은 남성들과 같은 위엄과 명망을 보였으며 사대부처럼 정견을 밝히면서 작품으로도 상당한 수익을 거두었다. 두 사람은 명이 멸망하고 청나라가 들어선 후 기울어가던 가정 경제를 살려냈다. 전통 사회에서 남성들만이 할 수 있었던 일을 걸출한 재능을 가진 여성들이 해냈던 것이다. 여성들은 가정에서 일을 하거나 생활비를 마련하기 위해 주방이나 직조기 앞에만 머무르지 않았다. 여성들도 자유로운 여행과 작품 판매가 허용되었고 남성 문인들의 사교계에서 활동할 수도 있었다. 이같이 뛰어난 '커리어 우먼'은 극소수였으나 그녀들은 행동과 존재로써 집안에 머무르고 있던 여성들이 새로운 공간을 개척하고 그녀들의 생활 영역을 확대해 나가도록 이끌었다. 이 과정에서 전통적인 여성성은 확장과 동시에 변환과 전환을 모색하게 되었다.

2) 전통 여성 예술

여성들이 하는 일은 여공女紅이나 여공女工/女功 또는 여사女事라는 말을 사용했는데 바느질과 관련된 일을 가리킨다. 여공은 여자들이 가내에서 하는 노동이지만 시각적으로도 아름다워 하나의 예술 분야가 되었다. 여공은 전통 부녀자들이 필수적으로 익혀야 할 수공예이자 규수가 갖추어야 할 정통 여성 예술이라 할 수 있다. 뛰어난 재원들은 여공을 경시했지만(그녀들의 글에서 자주 표현됨) 예부터 여공은 전통 여덕女德에 속하는 것으로서 여덕의 기본 가운데 하나로 여겨졌다. 강남 지역에서 사족士族 여성은 평민 여성과 다른 교육을 받았는데 유가의 군자들과도 다른 교육을 받았다. '군자'는 육체 노동을 삼가야 했지만 부녀자는 상류층이라고 해도 노비나 소작인과 마찬가지로 노동에 참여해야 했다. 반소가 주장한 부인의 '사덕'[68] 가운데 맨 마지막에 있는 것이 '여공'이다. 여공은 바느질, 옷 짓기, 자수, 양잠, 길쌈 등을 포함하며 그 범위가 매우 넓다. 이 가운데 자수는 여공 가운데 가장 독특한 작업이자 가장 예술적인 작업으로서 오늘날의 기준으로 보면 공예 미술의 한 유형에 속한다. 중국은 삼천여 년 간 농업 사회를 유지하면서 농본주의 사상과 남경여직男耕女織의 전통을 확립했다. 여성은 어린 시절부터 꽃을 본 따 자수를 하고 길쌈, 재봉과 바느질 등 수공업을 배웠는데 강남 일대에서 더욱 중요하게 여겨졌다. 특히 명청 시기에는 '덕德, 언言, 용容, 공工'을 여성들에게 요구하고 며느리를 고르는 기준으로 삼았는데 '공'은 여자의 솜씨가 어떠한가였다. 오월 지역은

68 부덕(婦德), 부언(婦言), 부용(婦容), 부공(婦功)을 가리킨다. 《예기》 혼의(昏義) 편에 나오는 내용이다. '紅' 은 '功' 과 같다.

자수가 가장 발달한 곳으로 수많은 여공 고수들이 배출되었다. 삼국시대 오왕吳王 월부인의 경우, '삼절三絶'로 널리 알려져 있었는데 그녀의 유연하고 민첩한 손이 오색실로 용과 봉이 새겨진 화려한 비단을 짜는 솜씨를 '기절機絶'이라 했고, 비단 보자기에 '오악열국五岳列國'의 지도를 수놓는 솜씨를 '침절針絶', 비단실을 엮어 가리개를 만들어내는 솜씨를 '사절絲絶'이라 했다. 당나라 영정永貞 원년에 노미낭盧眉娘이라고 하는 여인은 "견줄 상대가 없는 빼어난 예술, 시대를 뒤덮는 신의 기교巧藝無匹, 神技冠代"라는 찬사를 받고 당나라 소악蘇鶚《두양잡편杜陽雜編》에까지 기록될 정도였다.[69] 노미낭의 '신기神技'는 황실의 총애를 독점했다. 그녀는 황제 주변 사람들에게 '신고神姑'라고 불리며 많은 하사품을 받았다. 순종은 그녀의 놀라운 기예를 극찬하며 궁중에서 기거하도록 했고 원화元和 연간에는 헌종이 금봉환金鳳環을 하사했다. 그러나 노미낭은 궁중 생활을 거부하고 도교로 출가하여 남해로 돌아가는 선택을 하면서 '소요逍遙'라는 호를 하사 받았다. 송나라 운간雲間(오늘날의 상해 송강현) 지방의 주극유朱克柔는 자수의 일종인 격사緙絲 공예를 전파한 유명한 인물이다. 격사 공예는 제후의 복식이나 어진御眞을 제작할 때도 사용할 수 있고 명인의 서화를 임모하는데도 사용할 수 있는데 탄탄한 서화 실력과 조형 능력이 필요하다. 주극유는 붓글씨와 그림 모두에 능한 사람으로서 그녀의 격사 작품은 고담古淡하고 청아하여 귀한 대접을 받았다. 송대 이후 정교한 조각감이 느껴지는 아름다운 직물 공예가 크게 발전하면서 자수 공예는 절정기에 이르렀다. 특히 순수한 심미적 용도의 '화수畵繡' 분야는 '절후絶後'였다 할 수 있다. 산수, 누각, 화조, 인물 등을 소재로 여성들이 한 땀 한 땀 수작업으로 제작하는 화수는 간결한 구도와 정교한 색상으로 형상이 살아 움직이는 듯하다. 그래서 화수는 규수화閨秀畵라고 불리기도 한다. 당시의 자수는 생활 용품을 장식하는 용도로 사용되기도 했지만 감상 가치가 있는 단독 작품으로 실내 벽면에 걸리기도 했다. 항원판項元汴[70]의 이름을 빌린《초창구록蕉窗九錄》에서도 자수화가 서화보다 훨씬 더 아름답다고 평가했고[71] 명대 고렴高濂도《연한청상전燕閑清賞箋》에서 감상용 자수에 대해 높은 평가를 했다.[72] 명대에 이르러서는 송강松江의 '고수顧繡'[73]가 부상했다. 고수 작품은 주로 후세까지 전해진 명화를 바탕

69 "永貞元年, 南海貢奇女盧眉娘, 工巧無比, 能於尺絹上繡《法華經》七卷, 字之大小不逾粟粒, 而點劃分明, 細於毫髮。其品題章句, 無有遺闕。更善作飛仙蓋, 以絲一縷分為三縷, 染成五彩, 於掌中結飛蓋五重, 中有十洲, 三島, 天人, 玉女, 臺殿, 麟鳳等像, 再外列執幢棒節之童千餘. 蓋闊一丈, 重不足三兩。"

70 역주: 1525-1590. 호 묵림(墨林) 소장가, 화가. 항원판의 작품으로 알려진《초창구록》은 사실상 위작이다.

71 "宋之閨秀畵……其用絨一二絲, 用針如發細者爲之, 故眉目必具, 絨彩奪目。"

72 "宋人繡畵, 山水, 人物, 樓臺, 花鳥, 針線細密, 不露邊縫。設色開染, 較畵更佳。以其絨色, 光彩奪目。丰神生意, 望之宛然, 三趣悉備。"

73 역주: 명대 고씨(顧氏)의 자수 기법을 계승한 자수. 사실적인 화조와 인물 형상이 특징적이다.

으로 만든 자수인데 우아하고 고상한 양식으로 전국 각지에 널리 알려졌다. 대표적 작가는 한희맹韓希孟, 고옥란顧玉蘭 등이 있으며 청대 후기에도 능무淩杼(1875-1908), 심수沈壽[74] 등 마지막 계승자들이 있다. 이처럼 여공에 뛰어났던 재원들은 문인들의 글에서 '침신針神'으로 표현되었다.

3) 회화 양식 비교

(1) 특권으로서의 회화

집안마다 차이는 있었지만 여공 이외에도 교양이 될 만한 시詩, 문文, 금琴, 기棋, 서書, 화畵를 규수들에게 가르쳤다. 규수들은 '유습단청幼習丹青'[75]이라 하여 필수적인 소양으로서 어린 시절부터 교육을 받았으며 훗날 재능이 발현되면 가문을 빛낼 수 있는 수단이 되기도 했다. 기녀들의 경우에도 노래와 춤 외에 시, 문, 금, 기, 서, 화는 상류층 문사들의 관심을 끌기 위한 필수 조건으로서 어린 시절부터 갈고 닦아서 생존을 위한 자본으로 확보할 필요가 있었다. 중국 고대에는 규방과 청루의 여인들만 그림을 배우는 '특권'을 누릴 수 있었는데 이러한 특권은 양대 재원 집단이 동시에 가졌던 '특권'이다.

(2) 회화의 목적

우선, 회화는 규수들에게 취미와 여가를 즐기는 방식 가운데 하나였다. 귀족의 후손으로 명문세가에서 출생한 여자 아이들은 태어날 때부터 늘 그림을 접했기 때문에 그만큼 배우기도 쉬웠다. 그러나 다양한 측면에서의 통제와 '내언불출內言不出', '불이재현不以才炫' 등 여계女誡의 영향으로 그녀들은 회화 재능을 억지로 숨길 수밖에 없었다.[76] 이러한 관념은 명말청초에 상당히 짧은 기간동안 다소 약화되기도 했으나 기본적으로 과거의 관념적 잔재는 여전했다. 규

74 심수(沈壽, 1874-1921). 본명 설지(雪芝), 호 설환(雪宧), 소주 사람. 어린시절 부친으로부터 글을 배웠다. 16세에 소주에서 자수로 이름을 날렸다. 광서 30년, 자희태후의 칠순 예물로 심수의 자수가 진상되었다. 자희태후는 극찬을 하면서 친필로 쓴 복(福)과 수(壽) 두 글자를 하사했다. 이때부터 '설지' 대신 '수'를 이름으로 쓰게 되었다. 1911년, 심수가 자수로 제작한 이탈리아 알리나 황후상이 국빈 선물로 이탈리아에 전달되어 화제를 불러일으켰다. 1914년 장건(張謇)이 강소성 남통에 설립한 여공전습소에 소장 겸 교습으로 취임했다. 훗날 장건과 함께《설환수보(雪宧繡譜)》를 펴내고 후세에 지대한 영향을 끼쳤다.

75 유습단청이란 규중에서 글을 깨치기 시작하는 네 살에서 여섯 살 사이에 그림을 가르치는 것을 말한다.

76 예를 들어,《금릉쇄사(金陵瑣事)》에 그림을 그리고 나면 손으로 찢어버렸던 마한경(馬閑卿)의 이야기가 나오고,《무성시사(無聲詩史)》에 절대 그림을 보여주지 않다가 어쩌다 실수로 그림 그리는 모습을 노출해서 소문이 퍼지게 된 부도곤(傅道坤)의 이야기가 나온다.

중 재녀들과 달리 청루 출신의 재녀들이 그림을 배우는 경로는 그녀들의 출생만큼이나 복잡했다. 그녀들의 회화 재능은 양어머니에게서 비롯되었을 수도 있고 화류항에 들어오기 전에 익혔을 수도 있고 훗날 교제하게 된 남성 문인들을 통해 배웠을 수도 있다. 그녀들이 가진 회화 실력은 생존을 위한 자본이나 마찬가지였기때문에 자신의 실력을 숨길 필요가 없었다. 그녀들의 목적은 다른 이들을 즐겁게 하는 것이었다. 이 점이 명기名妓와 명원名媛의 가장 큰 차이점이다. 한 그룹은 깊숙하게 폐쇄된 공간에서 그리움을 삭이기 위해서 그림을 그렸고 또 한 그룹은 스스로 삶을 개척하고 자신의 명성을 드높이기 위해 재능을 드러내 보였다. 이처럼 양자 간의 차이는 분명하게 나타난다.

(3) 회화를 배우는 공간

명원과 명기가 그림을 배우는 공간은 그녀들을 둘러싼 환경에 따라 달라졌다. 이곳에서 엄격하게 구분할 수는 없지만 대략적인 맥락은 분명하게 구분된다. 진인각陳寅恪은 명말 이후 명기들이 시서화에 능하게 된 원인에 대해 "하동군과 같은 시기의 명주名姝들은 시서화에 능하여 오월 지역의 명사들과 모임을 결성하고 교유를 가졌다. 그들 간에 있었던 남녀 사이의 정, 스승과 벗으로서의 정이 기록으로 전해지니 고금의 애깃거리다. 그 연고를 미루어보면, 태생적으로 총명하였으나 겸허하게 배움을 구하였기 때문에 그렇게 되었을 것이다. 그러나 규방처럼 폐쇄된 곳이 아니었고 예법의 구속도 없었기 때문에 시대의 명사들과 왕래하면서 그 영향을 받은 결과일 수도 있다."[77]라고 추론했다. 명기 출신 화가들이 당시에 두각을 나타낼 수 있었던 것은 규중 화가들보다 더 폭넓은 교유를 하면서 풍부한 경험을 쌓았기 때문이라고 할 수 있다. 예법禮法의 구속을 받지 않았던 명기들은 육체적으로나 정신적으로나 상대적인 자유를 누릴 수 있었는데 이는 서화 예술에서 무엇보다 중요한 것이다. 남성 화가들에게 "만권의 책을 읽고 만리길을 가는讀萬卷書, 行萬里路" 일은 결코 어렵지 않았다. 그러나 깊숙하게 은폐된 규중에서 독립적으로 생활하지 못했던 옛 사녀들에게는 쉬운 일이 아니었다. 이와는 상대적으로 안정적이지 못한 주거와 자유로운 활동 공간때문에 자연과 더욱 가까운 거리를 유지할 수 있었던 명기들은 자연으로부터 창작의 영감과 깨달음을 얻을 수 있었다. 규중 화가들은 주로 집안에서 그림을 배웠다. 승옥청冼玉清은 《광동여자예문고廣東女子藝文考》 서문에

77 陳寅恪,《柳如是別傳》上冊, 75쪽. "河東君及其同時名姝, 多善吟詠, 工書畫, 與吳越黨社勝流交遊, 以男女之情兼師友之誼, 記載流傳, 今古樂道。推其原故, 雖由於諸人天資明慧, 虛心向學使然。但亦因其非閨房之閉處, 無禮法之拘牽, 遂得從容與一時名士往來, 受其影響, 有以致也。

서 집안 남성들의 영향을 받은 세 부류의 재녀들이 있다고 밝혔다. "첫째, 이름난 아버지 덕분에 어렸을 때부터 가정에서 교육을 받고 부모의 격려를 통해 쉽게 성취를 거둔 경우. 둘째, 재사才士의 아내로서 규방에서 남편과 소통하며 도움을 주고받은 경우. 셋째, 아들을 둔 어머니로서 집안의 존경과 후손들의 칭송을 통해 명성을 얻게 된 경우."[78] 이에 해당하는 명말청초의 전형적인 사례로 문숙文俶, 이인李因, 진서陳書가 있다.

(4) 취향과 기호

옛 재원들은 각기 성향은 달랐지만 예술과 창작에서는 남성적 관점과 남성적 맥락이라는 같은 현실에 직면해 있었다. '지분기를 없앤去除脂粉氣', '여자 티가 없는無女兒態'과 같은 말이 그녀들을 평가하는 척도였으며, 그녀들 스스로가 추구하는 회화 창작의 목표이기도 했다. 회화의 소재 측면에서 여성 화가들은 주로 화조 소품을 그리거나 산수와 관음대사를 임모했는데 보다 개인적이고 사적인 성향이 드러난다. 이는 그녀들이 처한 주변 환경이나 사회적 한계와 밀접한 관련이 있다. 명기 출신의 화가들은 그림의 대상이 단조로운 편인데 난을 잘 그렸다. 《판교잡기板橋雜記》에 고미顧媚, 변새卞賽, 구미寇湄가 난을 잘 그렸다는 기록이 있다. 또 명말 금릉의 기생 양완楊宛[79]도 난을 잘 그렸고 혁준홍赫俊紅이 《단청기파丹青奇葩 — 명말청초의 여성회화》에서 제시한 통계표에 따르면 명 가정 연간의 명기 갈희葛姬, 명말(1548-1604) 남경 구원의 명기 마수진, 명 만력 연간 가흥과 경사의 명기 설소소, 만력 연간 남경구원 돈희頓喜, 금릉 기생 서편편徐翩翩, 주무하朱無瑕, 강하江夏 기생 호문여呼文如 등이 난초를 잘 그렸다.

군자의 덕에 비할 수 있는 그윽하고 고요한 난은 고대 문인 묵객들의 상징이자 정신적 기탁처로서 꽃 그 자체를 넘어서는 의미를 가지고 있다. 공자도 "깊은 숲속에서 피어나는 지란은 사람이 없어도 향기를 뿜는다. 덕을 쌓고 도에 이르는 군자는 곤궁해도 변절하지 않는다.芝蘭生於深林, 不以無人而不芳. 君子修德至道, 不為窮困而改節"라며 난을 찬미했다. 굴원은 "푸릇푸릇한 가을 난초, 푸른 잎과 붉은 줄기, 아름다운 이들 방안에 가득하네.秋蘭兮清清, 綠葉兮紫莖, 滿堂兮美人"라고 노래했다. 황정견黃庭堅도 "사士의 재덕이 한 나라를 덮으면 국사라 하고 여색이 한 나라를 덮으면 국색이라 한다. 난의 향기가 한 나라를 덮으면 국향이라 한다. 난은 군자와 같아 산중의

78 "其一, 名父之女, 少稟庭訓, 有父兄為之提倡, 則成就自易。其二, 才士之妻, 閨房唱和, 有夫婿為之點綴, 則聲氣相通。其三, 令子之母, 儕輩所尊, 有後世為之表揚, 則流譽自廣。"

79 양완(楊宛, ?-1644), 자 완숙(宛叔). 명말 금릉 진회의 명기. 16세에 명말의 문인 장수 모원의(茅元儀)의 첩이 된다. 시사(詩詞)와 남곡(南曲)에 능했다. 서화에도 능했는데 특히 초서가 뛰어났다. 《종산헌(鐘山獻)》 4권, 《속집(續集)》 1권, 《재속(再續)》 1권이 있다.

무성한 풀숲에서 자라나 아무도 없는 곳에서도 향기를 뿌린다."[80]라고 했다.

난은 스칠 듯 말 듯 은은하게 부유하는 향기, 부드럽게 흔들리는 우아한 자태, 날아갈 듯 자유로우면서도 단정하고 드높은 기운, 맑고 순수한 빛깔 모두에서 세속을 초월한 고상함을 보여주며 고결한 인품을 상징한다. 그래서 명기들은 난을 문인들의 정신적 기탁처로 상정하고 그림에 인격을 부여했다. 이를 통해 문인들의 환심을 사려고 했다고 봐도 좋을 것이며 의도치 않은 우연의 일치라고 해도 좋을 것이다. 모두가 내면의 아름다운 지향이었기 때문이다.

규중 화가들은 소품을 즐겨 그렸는데 고요한 꽃과 풀, 나무 위에 걸터앉은 새와 공중의 나비가 그녀들의 편안하고 한가로운 일상의 풍경 그대로였다. 문숙文俶의 경우, 산수화에 뛰어났던 문징명文徵明의 후손이었지만 산수가 아닌 화초를 즐겨 그렸는데 은거하던 한산寒山에서 화훼충접소도花卉蟲蝶小圖를 천여 점이나 남겼다. 규수들은 어린 시절부터 회화의 기본과 조형 능력을 훈련하면서 산수화와 인물화까지 단계적으로 배우기 때문에 청루의 여인들보다 체계적이고 탄탄한 실력을 갖추고 있었다. 또 규중 화가들은 딸에서 아내가 되고 다시 어머니가 되는 삶의 변화에 따라 그림의 소재도 달라졌다. 보통 나이가 들면 집안에서 조용히 관음상을 수놓거나 그림으로 그리면서 신앙 생활을 했다. 관도승管道昇, 구주仇珠, 형자정邢慈靜, 조정수曹貞秀 등이 그러하였고, 이후의 많은 규중 여인들은 물론, 결혼하거나 출가한 명기 출신 화가들도 관음상을 그렸다는 기록을 찾아볼 수 있다.

(5) 감상 기준

중국 예술사의 주류인 문인화는 중국 문명을 회화로 집약한 '소리 없는 시'다. 문인들의 손안에서 어우러진 시, 서, 화, 인印은 천하 제일의 극치를 보여준다. 문인화는 원나라 말기에 흥기하여 명청 양대에 걸쳐 지속적으로 발전했는데 명말 문종文宗 동기창董其昌의 활약으로 전성기를 구가했다. 명말청초 무렵부터 여성 화가들이 사서에 기록되기 시작했는데 사대부 및 문인들의 글쓰기와 관련이 있다. 이로 인해 여성 화가들의 작품에 대한 감상과 비평은 극단화되었고 여성들의 그림에 관한 인식과 그림 소재도 남성 문인들의 관점을 벗어날 수 없었다. 남성들이 모든 예술 형식의 평가 기준을 결정했기 때문이다. 그래서 옛 여성들의 회화 소재와 기법 등에는 남성 화가들의 낙인이 찍혀 있다.

80 "士之才德蓋一國, 則曰國士; 女之色蓋一國, 則曰國色; 蘭 之香蓋一國, 則曰國香。蘭甚似乎君子, 生於深山叢薄之中, 不為無人而不芳。"

명말의 화단에는 동기창 등이 내놓은 문인화 이론이 성행했는데, '사기士氣'는 문인화를 평가하는 기준 중의 하나다. 동기창은 "선비는 그림을 그릴 때 초서, 예서, 기자奇字의 법을 취해야 함에 나무는 쇠를 구부린 듯, 산은 사막을 그린 듯 속된 기교를 제거하는 것이 사기士氣다. 그렇지 않으면 엄연하게 격에 이르렀다 해도 화사畵師의 마계에 빠지게 되니 다시는 구제할 약이 없다"[81]라고 했다. 동기창이 말한 선비의 기운은 꾸밈없이 담담하고 있는 그대로의 '고담천연古淡天然'이며 미가산수米家山水[82] 및 예운림倪雲林의 작품을 바탕으로 하고 있다. 이것은 동기창이 생각하는 회화 예술에서 궁극적 의경(신운神韻)을 체현하는 것이자 필묵 기법의 최종 목적이다. 미숙하고 꾸미지 않은 생졸生拙, 소탈하고 담박한 간담簡淡은 동기창에게 정신과 기교가 융화된 최고의 경계였으며 여성 화가들이 추구하던 목표이기도 했다.

청대 초 순치 연간까지도 생존해 있던 명문가 출신의 여성 화가 황원개黃媛介는 간담한 필묵의 산수화로 널리 알려졌는데 원말 사대가 예찬倪瓚의 회화 양식과 동기창의 회화 이론을 추종했다고 볼 수 있다.[83] 황원개의 작품은 맑고 고요한 분위기로 당시 유통 시장에서 상당한 인기를 끌었다. 왕단숙王端淑은 명나라의 멸망 이후 절강 일대에 은거하며 산수화로 소일했다. 고궁박물관故宮博物院에 왕단숙이 역대 화가들의 의경을 모방한 산수도 1책이 소장되어 있다. 이제 그 가운데 하나인 〈방원장필의仿元章筆意〉를 감상해 보자. 크지 않은 화폭에 미점米點과 묵태墨苔[84]를 이용해 '일필초초, 불구형사逸筆草草, 不求形似'의 산과 물을 그려냄으로써 문인화의 묵희墨戲 정신을 보여주고 있다. 명말 수묵에 뛰어났던 명기 출신 이인李因은 산수화는 미씨 부자를 계승하고 화조화는 명대 중후기의 진순陳淳(백양)을 계승했다. 그녀의 묵화墨花에 대해 청나라 사람들은 "창고하고 정일하다. 청등[85]과 백양의 정신이 넘쳐난다. 그림에 붓의 힘이 상당하고 가볍고 약한 기운이 없다."[86]라고 평가했다. 이인의 《죽소헌음초竹笑軒吟草》에 실린 〈죽영竹

81 "士人作畵, 當以草隸奇字之法為之。樹如屈鐵, 山似畵沙, 絕去甜俗蹊徑, 乃為士氣, 不爾, 縱儼然及格, 已落畵師魔界, 不復可救藥矣." 역주: 조민환, 2017년 한국서예학회 춘계학술대회 99쪽 참고.

82 역주: 미불(米芾)과 그의 아들 미우인(米友仁)의 산수화 전통.

83 황원개는 아득하고 드넓은 풍경 안에 무성한 숲과 텅 빈 정자를 자주 배치한다. 문인들의 소박하고 한가한 정이 그윽하고 고요한 화면 위를 떠돈다. 행필의 선이 섬세하고 유약하지만 주제의 틀이 살아있다. 먹의 농담을 구분하고 담자색 훈염법을 주로 사용하였다. 황원개는 그림을 팔아 생계를 유지하던 때도 있었다. 이 점에서 경제적으로 곤궁했다고 볼 수도 있지만 규중 화가들 가운데 자신의 그림으로 삶을 꾸려 나간 선구자로 평가할 수도 있다.

84 역주: 정태상(2014)《이 곡만 들으면 살맛이 난다》, 344쪽 참고.
미점(米點) - 미불(米芾)과 미우인(米友仁) 부자가 구름 속에 잠긴 먼 산봉우리의 울창한 수목을 표현해 내기 위해 먹점을 반복하여 찍어 나갔는데 미씨(米氏) 일가에서 쓰던 점이라 하여 미점(米點)이라고 부른다.
태점(苔點) - 이끼를 표현하기 위해 붓을 뉘어 반복해서 찍어낸 큰 먹점.

85 서위(徐渭, 1521-1593). 명대의 서화가이자 문학가.

86 "蒼古靜逸, 頗得青藤, 白陽遺意。所畵極有筆力, 無輕弱態。"

影〉에 "閒理香光論畵禪(한리향광논화선)" 이라는 구절이 있는데 동기창의 화론에 대한 숭상을 나타낸 것이다. 여협女俠으로 찬사를 받은 류여시는 시도 뛰어났지만 서화도 상당한 찬사를 받았는데 명성이 점차 높아지면서 위작까지 쏟아졌다. 류여시가 27세에 그린《월제연류도月堤煙柳圖》두루마리는 현재 발견된 가장 오래된 여성 화가의 사생 산수화로서 전겸익의 제사題辭와 발문跋文이 있다. 미국 프리어 미술관Freer Gallery of Art에 소장되어 있는 류여시의 산수인물화책山水人物畵冊(오중 장씨의 옛 소장품)과 풍격이 비슷하다. 강운루絳雲樓에 있을 당시 류여시는 황원개와 시화를 주고 받았는데 회화의 풍격 역시 청신하고 담일하여 문인들의 기대를 벗어나지 않았다. 이 외에 마수진馬守眞, 설소소薛素素, 고미顧眉 등의 명기 화가들이 난을 잘 그렸다. 유명한 규중 재원들 가운데 구주仇珠, 형자정邢慈靜, 마전馬荃, 문숙文俶, 운빙惲冰 등은 집안의 학문적 전통을 바탕으로 어린시절부터 문인풍의 영향을 깊게 받았다. 오늘날까지 전해지고 있는 옛 여성들의 작품을 살펴보면 일부 특별한 사례를 제외하고는 그녀들의 회화 성과는 남성화가들을 뛰어넘지 못했다. 그러나 그녀들이 창작에 쏟아 부은 감정과 열정은 손으로도 만져질 수 있을 정도로 생생하게 느껴진다. 여성 특유의 섬세한 감성, 우아한 필치와 그윽한 묵운墨韻에서 태생적으로 타고난 슬픔이 묻어난다. 질식할 듯 아름답고 유약한 선은 수많은 여성들의 작품에서 발견된다. 그것은 아마도 그녀들이 속했던 시대적 분위기와 함께 나타난 현상일 것이다. 여성 특유의 풍부한 감성, 세상에서 느끼는 끝없는 서러움과 낭만적 감성에 대한 회상일 것이다. 그래서 청대의 서예가 왕문치王文治는 우아하고 부드러운 문숙文俶의 필묵을 보고 "문단용의 화초는 현명함 외에 또 다른 풍격과 정취가 있다. 한 번 보면 단번에 규수의 작품이라는 것을 알 수 있다. 회화 이론을 잘 아는 노련한 화사畵師도 도달할 수 없는 경지다"[87]라고 감탄했다.

(6) 역대 전범(典範)

문화사에서는 성별을 구분하지 않지만 중국 고대 사회의 여러가지 속박과 억압때문에 성별을 나누어야 하는 상황이 생겨났다. 이러한 상황 속에서도 송대의 이청조李淸照와 원대의 관도승管道昇은 남녀를 불문하고 역사적으로 걸출한 인물이다. 두 사람은 시와 그림에 모두 능했지만 한 사람은 글에 천부적인 재능이 있었고 또 한 사람은 그림에 천부적인 재능이 있었다. 두 사람은 재능과 학식 면에서 남성 문학사나 남성 미술사에서 동등한 대우를 받을 수 있

87 "文端容卉草在明賢之外, 另有一種風韻, 一望而知為閨秀之筆, 然雖老畵師深於畵理者不能到也。"

는 역사 속에 길이 빛나는 재원들이다. 관도승의 회화 이론은 원대에 이미 지대한 영향을 미치고 있었다. 원말 강남 최대의 '문인사단文人社團'인 고영顧瑛의 옥산초당玉山草堂에서도 관도승의 작품을 소장하고 있었다. 또 많은 문인들이 제사와 발문을 쓸 기회를 차지하기 위해 앞을 다투었다.[88] 그런데 안타깝게도 현존하는 관도승의 회화 작품은 매우 드물다. 고궁박물관의 〈묵죽도墨竹圖〉[89]가 가장 신뢰할 수 있는 작품이다. 《옥대서사玉臺書史》와 《옥대화사玉臺畫史》에 수록된 관씨 작품에 대한 남성들의 감상은 다양했지만 주로 여성적 유약함이 아닌 남성적 기개를 가졌다는 점을 높이 샀다. 예를 들어, 변영예卞永譽의 《식고당서화회고式古堂書畫匯考》에 실린 동기창의 제발문題跋文은 "종횡으로 막힘없이 정묘하다. 몰아치는 비바람은 공손대낭이 칼춤을 추는 듯하다. 규수의 본색과 다르니 기이하고 기이하도다."[90]라고 했다. 명대 욱봉경郁逢慶의 《서화제발기書畫題跋記》에도 장백우張伯雨, 양유정楊維楨, 정원우鄭元佑 등 원대의 일류 문인들이 관도승의 작품을 빌린 제사가 실려 있다. 청대 손승택孫承澤은 《경자소하기庚子銷夏記》에서 "관부인의 대나무 그림은 풍격이 자앙[91]을 넘어선다. 극히 꼿꼿하고 푸른 대나무에 스스로 제사를 썼다. 맑은 봄, 오늘 또 맑구나. 한가롭게 아이들과 대나무 아래를 건네. 봄빛이 짙어지고 죽순이 무성하게 자라났네. 자법이 자앙과 유사하다."[92]라고 했는데 관도승의 회화 기법에 보내는 극도의 찬사다. 원대의 하문언夏文彦은 《도회보감圖繪寶鑑》에서 "관도승이 창시한 청죽신황晴竹新篁은 사람들이 앞을 다투어 구매했다"[93]라고 했다.

"홀로 있어도 두려워하지 않고 무리를 지어도 기대지 않는다"는 대나무는 원대 서화가들이 가장 즐겨 임모했던 소재다. 관도승의 회화 예술은 당시 화단에서 완벽한 선두에 있었다. 일설에 따르면, 《묵죽보墨竹譜》 역시 관도승이 쓴 책이다. 이후 많은 문인들이 규중 화가를 칭송할 때 '관부인의 환생管夫人再世'이라는 말로 찬사를 보냈다. 남성들은 관도승을 기준으로 평가하고 판단했다. 관도승은 원대한 꿈과 명리를 추구하지 않는 담박한 마음을 가지고 있었다.

88 고영(顧瑛)의 《초당아집(草堂雅集)》 권1에 실린 진기(陳基)의 〈제관부인죽(題管夫人竹)〉, 권3에 실린 장저(張翥)의 〈제옥산소장위국부인조관 묵죽(題玉山所藏魏國夫人趙管墨竹)〉, 권5에 실린 웅몽상(熊夢祥)의 〈제관부인죽(題管夫人竹)〉, 권7에 실린 정동(鄭東)의 〈제관중희저색죽도(題管仲姬著色竹圖)〉, 권11에 실린 어립(於立)의 〈제관부인죽여옥산동부(題管夫人竹與玉山同賦)〉 등 여러 명사들의 제화시를 보면 고영이 소장했던 관도승의 대나무 그림은 한 폭에 그치지 않을 것으로 판단된다.

89 관도승이 '숙경(淑琼)'이라는 이름의 여성을 위해 그린 그림이다. 자욱한 수묵에 대나무 잎이 어지럽게 펼쳐친 화면이 시원하고 강건하다. 압도적인 기운이 느껴지는 작품이다.

90 "縱橫墨妙, 風雨離披, 又似公孫大娘舞劍器, 不類閨秀本色, 奇矣奇矣。"

91 역주: 관도승의 남편 조맹부(趙孟頫).

92 "管夫人畵竹, 風格勝子昂。此幀凡三竿, 極其蒼秀, 又自題一詩道: 春晴今日又逢晴, 閒與兒曹竹下行。春意近來濃幾許, 森森稚子石邊生。字法似子昂。"

93 "晴竹新篁是其始創, 為時人爭購。"

人生貴極是王侯, 浮利浮名不自由. 爭得似, 一扁舟. 弄風吟月歸去休.

인생의 가장 고귀한 자리 왕후, 헛된 이익과 헛된 이름에 자유가 없네.

어찌하여 바람과 구름을 노래하며 돌아가는 작은 조각배에 비할 수 있으리오.

관도승이 〈어부사漁父詞〉에서 밝힌 자신의 이상은 무기력한 난세의 문인들이 가졌던 궁극의 이상과 일치한다. 따라서 남성 문인들은 은거의 자유와 희열을 노래한 관도승의 고결한 목소리에 탄복할 수밖에 없었다. 그런데 여성 화가들은 진실한 사랑의 감정을 노래한 〈아농사我儂詞〉에 더 마음이 끌렸을 것이다. 관도승은 그림 외에 시를 통해 보여준 얽매임 없이 자유로운 정신, 고독 속의 뜨거운 열정, 결혼에 대한 자주적이고 진지한 시각 등으로 인해 후세 재원들에게 추종과 흠모의 대상이 되었다. 이인李因과 갈징기葛徵奇가 서화를 주고받았던 생활은 관도승과 조맹부의 결혼 생활과 아름다운 호응을 이룬다고 볼 수 있다. 이후 청대에 이르러 유사한 화가 부부들이 잇달아 등장했다. 대표적으로 모양冒襄과 동소완董小宛, 탕이분湯貽汾과 동완정董琬貞, 라빙羅聘과 방완의方婉儀, 왕기손王芑孫과 조정수曹貞秀, 전륜광錢綸光과 진서陳書, 추일계鄒一桂와 운란계惲蘭溪 등이 있다. 소주박물관에 진홍수陳洪綬와 애첩 오만화吳鬘華의 공동작 산수매화책山水梅花冊이 소장되어 있는데 오씨가 진홍수陳洪綬의 특징을 계승하여 고졸한 운치가 있고, 방절方折하고 견골見骨하다. 형식 상으로나 풍격 상으로나 진홍수의 작품과 매우 흡사하다.

(7) 유통시장 진입과 등단의 경로

여성 화가들은 청말에 이르러서야 본격적으로 명성을 떨치기 시작했다. 해당 시기에 어떤 계기로 재능을 발휘할 수 있었는지에 관해서는 전술한 바 있다. 사실상 여성 화가들의 실제 숫자는 문헌에서 수집할 수 있는 숫자에 그치지 않는다. 여성 화가들이 유통 시장에 진입하거나 책으로 기록되기 위해서는 재才, 색色, 귀貴, 정貞 네 가지 조건 가운데 하나가 필요했다. 이 가운데 정貞은 여성이 지켜야할 정절을 강조하는 것인데 여성 연구 전문가 랴오원廖雯이 밝힌 바와 같이 기록되기 위한 조건으로서는 기형적이있다. 남송 경원 연간에서 가성 연간까지(1195-1208) 활약했던 양황후(양매자)는 시서화에 능했고 감상에도 정통했다. 남송원체 화풍으로 곱고 아름다운 색조에 화법이 간결했다. 경물은 마원馬遠의 기법을 사용하고 화훼는 마린馬麟의 기법을 사용하였다. 영종 때 내부內府에 보관하고 있던 마원의 그림 두루마리에 양황후의 제시題詩가 다수 있는데 작은 해처세에 서법이 엄밀하고 다채롭고 풍부한 필체가 아름답다. 양황후가 송나라 영종寧宗 조확趙擴의 비였는지 황후의 여동생이었는지는 역사적으로 의견이 분분하다. 그러나 이 문제는 논의의 핵심이 아니다. 우리가 관심을 가지는 것은 그녀가 황실에 있었기 때문에 당시 명성이 드높았던 마원의 그림에 자신의 이름을 남길 수 있었다는 사실이다. 이일화李日華의 《육연재필기삼필六研齋筆記三筆》 권12에 양황후가 제자題字를 남긴 마원의 수도水圖 12폭이 있다. 운생벽해雲生滄海, 층파첩랑層波疊浪, 호광렴염湖光瀲灩, 장강만경長江万頃, 한당청천寒塘清淺, 만일홍산晚日烘山, 운서랑권雲舒浪捲, 파정금풍波整金風, 동정풍세洞庭風細, 추수회파秋水回波, 세랑표표細浪漂漂, 황하역류黃河逆流와 같은 12개의 제목에서 시적인 정취와 회화적 의경이 넘쳐난다. 글씨에 능했던 양황후의 명성은 자연스럽게 퍼져 나갔다. 미국 메트로폴리탄미술관과 프린스턴대학교 도서관 등 해외 기관에도 양황후의 서예 작품이 소장되어 있고 길림성박물관에는 양황후가 그린 백화도권百花圖卷이 소장되어 있다. 양황후는 비교적 일찍 작품이 알려진 여성 예술가다. 오늘날 이 작품들이 '양매자楊妹子'의 작품이라는 사실을 확인할 수 있는 것은 황실 소속으로서 그녀가 갖춘 '귀貴'의 조건 덕택일 것이다. 그렇지 않았다면 작품이 지금까지 전해질 가능성은 매우 희박하다.[94]

남송 주밀周密의 《제동야어齊東野語》 권12에 "천대의 영기營妓 엄예嚴蕊는 자字가 유방이며 가무와 금기서화에 능했다. 미모와 기예가 한때를 풍미했다. 시와 사에 새로움이 있고 고금에 정통하여 다른 사람의 마음을 잘 헤아렸다. 사방에 그 이름이 알려져 불원천리 찾아오는 자들이 있었다."[95] 라는 기록이 있는데, 명기들은 주로 재능과 미모로 유명세를 떨침으로써 기록으로 남겨질 수 있었다. 반면, 규수들은 월등한 조건을 갖춘 귀족 가문이나 회화 명문가의 자제가 많았는데 조부, 부친, 남편, 친척 등이 회화에 뛰어났기 때문에 그녀들도 쉽게 관심을 받을 수 있었다. 이외에 그림을 잘 그린 여성 중에 현덕賢德을 갖추거나 정절을 지키고 심지어 남편을 따라 죽은 열녀도 기록으로 남겨졌다. 그래서 여성 예술 평론가 랴오원廖雯은 그림을 잘 그렸던 고대 여성들이 기록될 수 있는 조건을 '재才, 덕德, 귀貴, 색色'이라는 결론을 내렸다. '덕'은 앞서 언급한 '정貞'이다. '정'은 당시 부덕의 마지노선으로 볼 수 있다. 이 네 가지 조건을 갖춘 옛 여성들은 기록으로 남겨질 확률이 더 높았다고 할 수 있다.

다만, 명말청초에는 이 네 조건 가운데 '재'에 편중했다. 당시의 많은 규수들이 집안이 몰

94 양첩여(杨婕妤)의 진짜 이름은 현재 고증이 불가능하다. 그러나 양첩여와 양매자가 동일인인지의 여부에 대해서는 두 가지 믿을 만한 주장이 있다. 첫째, 양첩여는 남송 영종 양황후 본인이라는 일설이 있다(오사도《예부집(禮部集)》 참조). 둘째, 양매자는 영종 양황후의 여동생이라는 일설이 있다. 어느 일설이 맞는 것일까? 옌리췬(閆立群)의 고증에 따르면, 양첩여는 서화 관련 사서에서 언급된 양매자이며 양매자는 영종 조확의 후비다.《송사》 후비열전 편의 기록에 따르면 양씨는 여동생이 없으며 같은 고향 출신 양차산(楊次山)과 가깝게 지냈을 뿐이다. 양황후는 시, 서예, 그림에 능한 남송의 여류 서화가로서 오늘날까지 작품이 전해지고 있다. 길림성 박물관에 소장된 두루마리 그림은 남아있는 소수의 작품 가운데 하나로 매우 중요하다.

95 "天台營妓嚴蕊, 字幼芳, 善琴弈歌舞, 絲竹書畵, 色藝冠一時。間作詩詞, 有新語, 頗通古今, 善逢迎。四方聞其名, 有不遠千里而登門者。"

락하여 그림을 팔거나 숙사塾師 활동으로 생계를 도모할 수밖에 없었다. 그녀들은 귀한 신분도 출중한 외모도 아니었으며 전통적인 기준인 '현덕賢德'과는 더욱 무관했다. 예를 들어, 황원개는 집안이 몰락한 후 생계를 위해 어쩔 수 없이 바깥으로 나갈 수밖에 없었다. 마상란 같은 명기도 외모가 절색이었다고 할 수 없었지만 뛰어난 예술적 재능으로 명성이 자자했다.[96] 수많은 명사들이 마상란에게 경도되어 그녀의 재능과 매력을 화제로 삼았다.

진서陳書(1660-1736)는 자 남루南樓, 호 상원제자上元弟子, 만호晩號 남루노인南樓老人으로 수수秀水, 오늘날의 절강성 가흥嘉興에서 태어났다. 전륜광錢綸光[97]과 결혼하여 낳은 맏아들 진군陳群(1686-1774)이 형부시랑刑部侍郎에 올라 태숙인太淑人에 봉해졌다. 진서는 화조와 초충에 뛰어났다. 노련하고 강건한 필력, 간결하면서도 고풍스러운 분위기에 진도복陳道複의 용필과 유사하나 자유분방한 힘이 그를 넘어선다. 산수와 인물에도 뛰어났으며 관음과 불상 등을 그리기도 했다. 경제적으로 어려울 때 그림을 팔아 생계를 꾸리고 가족을 부양했다. "아들 계界, 조카 원元, 종손 재載, 족손 유성維城 등 모두가 그녀의 화법을 배웠다. 진서의 작품은 청 조정에도 다수 소장되어 있었다. 77세에 사망했으며 《복암음고復庵吟稿》를 출판했다. 《묵림금화墨林今話》 권3에 "장경은…. 어릴 때 가헌稼軒 상서尚書, 탁석籜石 시랑侍郎과 함께 남루南樓 태부인에게 화법을 전수받았다"[98]는 내용이 있는데 '남루 태부인'은 진서를 '가헌 상서'는 전유성錢維城을 가리킨다. 이를 통해 장경張庚[99]과 전유성[100]의 회화 실력 역시 진서를 통해 길러졌다는 사실을 알 수 있다. 강희, 옹정, 건륭 세 황제 시절, 진서가 창작한 회화 작품은 모두 청나라 궁정에 소장되었다. 그녀는 건륭 황제 재위기간 중 가장 유명했던 여류 화가다. 그녀가 엄격한 미술 유통 시장에 들어갈 수 있었던 것은 자식 교육에 성공한 어머니였기 때문이다 자식이 귀한 지위에 오르면 그 어머니도 함께 지위가 올랐는데 진서의 아들은 황제로부터 지대한 신임을 받고 있

96 "其畵不惟為風雅者所珍, 且名聞海外。暹羅國使者, 亦知購其畵扇藏之。"

97 전륜광(錢綸光), 자 주연(珠淵) 또는 염강(廉江), 가흥 사람. 전서징(錢瑞徵)의 아들. 태학생(太學生) 출신으로 시서에 능했는데 민국 8년 상무인서관에서 콜로타이프판으로 간행한 《錢廉江, 陳南樓書畵合璧冊》속표지에 제발문을 썼다.

98 "張浦山徵君庚……少與稼軒尚書籜石侍郎俱從南樓太夫人受畵法。"

99 장경(張庚, 1685-1760). 본명 도(燾), 자 부삼(溥三), 훗날 경(庚)으로 개명, 호 과전일사(瓜田逸史) 또는 미가거사(彌伽居士) 등. 수수(秀水)(절강성 가흥) 사람. 고문과 감별에 정통했다. 그림을 그릴 때는 옛 사람과 자연을 스승으로 삼았다. 남북을 두루 유람하며 10여 년 간 명승고적을 탐방했다. 《강서재집(強恕齋集)》, 《포산논화(浦山論畵)》, 《국조화징록(國朝畵徵錄)》 등을 남겼다.

100 전유성(錢維城, 1720-72), 강소성 무진(武進) 사람. 산수화에 뛰어났다. 원래 그림으로 알려지지는 않았으나 장원 급제 이후 건륭 황제의 사냥에 따라 나갔다가 유명세를 얻게 되었다. 당시 건륭 황제가 호랑이 한 마리를 명중하고 전유성에게 호랑이 사냥도를 그리라고 명했다. 완성된 작품을 본 건륭 황제가 칭찬해 마지 않으며 어가의 사냥터 목란위장(木蘭圍場)에 있는 바위에 새기게 했다. 이 때부터 전유성은 화단에서 명성을 크게 떨칠 수 있었다. 《석거보급(石渠寶笈)》에 160여 폭의 그림이 실려 있는데 건륭 황제가 전유성의 작품을 얼마나 좋아했는지 알 수 있다.

었다. 특히 중요한 것은 그녀가 아들 전진군과 집안 손자 전재 등을 가르치고 장경, 전유성 등 청대의 명사들에게도 어린 시절 그림을 가르치고 전수했다는 사실이다. 이처럼 뛰어난 집안 배경과 유통 환경을 갖추고 있었던 진서의 그림에는 황제의 감상문까지 남겨져 있다. 장경張庚의 《국조화정록國朝畵征錄》에도 진서에 관한 기록이 있다. 진서는 여성 화가들 가운데 가장 다양한 소재를 다루었고 작품 유형 역시 가장 다양했다. 작품들을 살펴보면, 진서는 태부인이 된 후 여유롭게 창작한 만년의 작품들이 가장 훌륭하고 많이 알려졌다. 진서는 명말청초의 집단적 낭만과 정서가 상당부분 사라진 시대적 배경 속에서 황실을 위한 그림을 그렸기 때문에 자유로운 정신과 경쾌한 분위기가 사라진 무겁고 엄숙한 작품들을 남겼다. 그래서 작품의 의경에 대한 평단의 평가는 높지 않았으며 신하들이 그녀의 작품에 찬사를 보냈던 것은 황제의 환심을 사기위한 목적이었을 것이다. 진서의 작품에 대해 '보벽寶璧처럼 귀하다'는 평가도 있었지만 이것은 오히려 진서의 예술적 능력을 저평가하는 원인이 되기도 했다. 이상으로 길기도 짧기도 한 분석을 통해, 청초 이후 규중 여성들이 재와 덕을 겸비한 전범으로 자리 잡는 과정을 보다 분명하게 이해할 수 있었다. 재능이 지극히 출중했던 여성들은 달라진 사회적 규범과 기준 속에서 희미하게 사라지고 영원한 전설로 남게 되었다.

옛 역사에서 대부분의 여성 예술가들이 기록에서 배제되었지만 그녀들의 빛나는 재능은 예술적 측면에서나 기교적인 측면에서 남다른 면모를 보여줬다. 《석거보급石渠寶笈》 권14에 관부인은 《벽랑암도碧琅庵圖》 벽랑암기碧琅庵記에서 남자들은 대자연을 유람하며 호연지기를 노래할 수 있지만 여자들은 집안에서만 갇혀 있으니 재능을 제대로 펼칠 수 없다며 안타까워했다.[101] 환경적 요인 때문에 시야가 제한될 수밖에 없었던 여성들은 가슴 깊은 곳에서 솟구치는 감성과 정서를 일상의 풍경과 사물에 실음으로써 맑고 아름다운 지혜의 이미지를 만들어 냈다. 규중 여인들을 통해 일상의 풍경은 찬란한 노을이 어둡게 가라앉은 하늘을 비추듯 신비하고 투명한 빛을 발산하게 되었다. 문예 활동이 가장 활발하게 이루어졌던 명말청초, 여성들이 예술적 재능을 한껏 펼치면서 겹겹이 둘러쳐진 장벽들을 깨부수었고 덕분에 뛰어난 여성 예술가들과 그녀들의 작품이 세상에 알려지게 되었다. 그리고 우리는 또 세상을 겪어보지 못함으로써 본성을 그대로 간직할 수 있었던 순수한 그녀들을 만날 수 있게 되었다.

정리하면, 옛 여성 예술가들에 대한 기록은 여전히 부족하고 아직도 '실어失語'의 상태에

101 "天下奇峰峭嶺, 驚波怒濤, 千章之木幹霄, 百尺之材蔽日, 憑覽登眺, 嘯詠歌呼, 樂茲勝槩 快彼曠遊此皆奇, 丈夫之所有事也。予輩擁編閨閣, 握管緯房, 跡不能遍名山大川, 目不能盡奇觀異境, 惟是跬步之間, 足為拔奇領秀者, 瀏覽娛情, 自不得當吾意而失之耳。"

있다. 남경박물관에서 개최하는 '온완 — 중국 고대 여성 문물 대전'이 그녀들을 조명해주기를 바란다. 달빛이 일렁이던 그녀들의 작은 창을 비추고, 꾀꼬리가 지저귀던 그녀들의 뜰을 비추고, 그녀들이 바라보던 아름다운 노을을 비추기를 바란다. 또 거친 탐색에 그친 이 두서없는 졸문을 통해 가혹한 환경 속에서 예법의 속박때문에 매몰돼 버린 수많은 여성들의 아름다운 재능이 조금이라도 더 드러날 수 있기를 바란다. 그렇게 된다면 예술의 빛은 더욱 찬란하게 빛날 수 있을 것이다.

형자정邢慈靜, 〈왕희지 행서 임모첩行草臨王帖〉

Cursive script immitating Wang Xizhi's work by Xing Cijing

명明 Ming
족자軸 Hanging scroll
능본綾本 ink on silk
가로Height 27cm, 세로Width 155.6cm

형자정邢慈靜(1573-?). 형자정 자신이 그린 〈석묵도墨石圖〉의 낙관에 있는 명明 숭정崇禎 13년(1640)을 기준으로 하면, 형자정은 67세 이후에 사망했을 것으로 추정된다. 만호晩號는 포단주인蒲團主人과 난설재주蘭雪齋主다. 산동山東 임읍臨邑(오늘날의 임청臨淸) 사람이다. 서예가 형동邢侗(1551-1612)의 여동생이자 귀주貴州 좌포정사左布政使 마승馬拯의 처다. 늦은 나이에 출가하여 마승과 17년 간 부부로 살았으나 함께 지낸 날보다 떨어져 지낸 날이 더 많았다. 만력 44년(1616), 남편 마승이 임지에서 사망하자 형자정은 머리를 풀어헤치고 통곡을 하며 남편의 관을 직접 운구했다. 당시 물길을 이용했는데 도중에 몇 번이나 풍랑을 만나는 등 갖은 고생 끝에 선영에 남편을 묻을 수 있었다. 형자정의 이러한 절개는 청나라 관청에서도 기록으로 남겨 칭송할 정도였다. 형자정의 일생은 결혼 전과 후로 나눌 수 있다. 결혼 전에는 문인 집안의 규수로서 풍족한 생활을 했다. 어린 시절, 어머니와 오빠의 사랑을 독차지하며 아홉째 올케 양씨로부터 글을 배우는 등 양질의 교육을 받았다. 결혼 후 그녀의 운명은 급격하게 달라졌다. 가족의 보호를 받지 못하는 불안한 환경 속에서 그녀의 삶은 가족에 대한 그리움과 슬픔으로 점철됐다. 말년에는 특히 쓸쓸하고 힘겨운 생활을 했다. 훗날 친정집으로 돌아갔지만 친정도 이미 몰락한 상태였다. 그녀는 젊은 시절 오빠와 남편이 죽은 뒤 혼자서 자식의 죽음을 지켜봐야 했고 말년에는 손자의 죽음까지 겪었야 했던 불운한 운명이었다.그러나 그녀는 더욱 강인한 정신으로 불공을 드리며 예술 활동에 몰두했다. 그녀는 '지란실芝蘭室'에서 많은 저술을 남겼다. 형자정의 이 작품은 황희지의 〈십칠첩十七帖〉에 있는 〈호도첩胡桃帖〉 후단을 임서했다. 춤을 추듯 경쾌한 필세가 강건하면서도 아름답다. (차오칭)

석문(釋文) 吾篤喜種果, 今在田裡, 唯以此為事, 故遠及. 足下致此子者, 大惠也.
제지(題識) 慈靜書.
인문(印文) 馬刑卿印(백문), 慈靜(백문)
감장인(鑑藏印) 魏今非藏(주문), 修直珍秘(주문), 董弈相(백문), 半丁審定(백문)

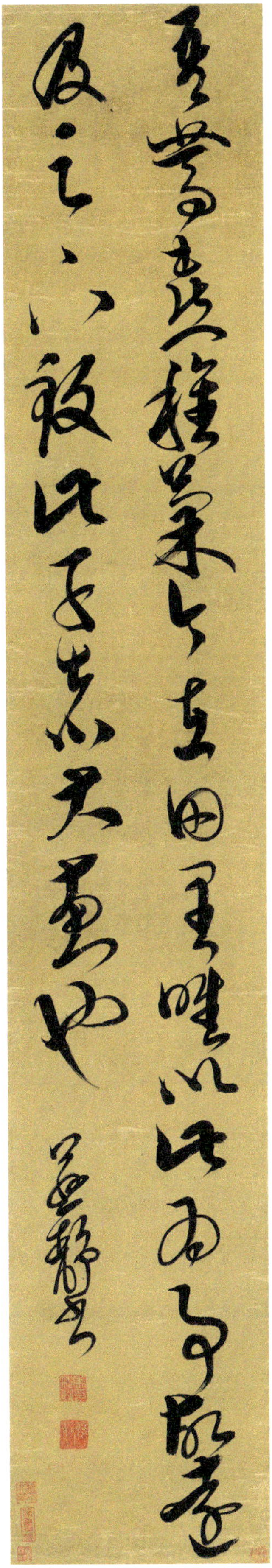

주숙희周淑禧, 〈이화비연도梨花飛燕圖〉
Pear flowers and a swallow by Zhou Shuxi

청(1678년)清 Qing (AD 1678)
족자軸 Hanging scroll
지본紙本, 설색設色 ink and color on paper
가로Height 34.6cm, 세로Width 66.2cm.

주숙희周淑禧는 명말청초에 주로 활동했다. 언니 주숙호周淑祜와 함께 화단에서 명성을 드날렸으나 언니는 결혼 이후 서화 활동을 한 기록이 전무하고 주숙희는 일생동안 서화 활동을 계속했다. 남경박물관에 주숙희의 작품 다수가 소장되어있는데 대부분 화조 작품이다. 이 작품은 제비 한 마리가 배꽃 나무와 푸른 대나무 사이를 날고 있는 그림이다. 비 온 후의 푸른빛과 촉촉함이 산뜻하고 아름답다. 대나무 잎은 쌍구법으로 선을 그린 후 점염點染과 조염罩染을 했다. 배꽃은 꽃잎을 색칠한 후 작은 점을 찍어 꽃술을 표현했다. 잎사귀는 마치 잊어버리기라도 한 듯 점태법點苔法으로 살짝 흉내만 냈다. 전체적인 색조가 따뜻하고 부드럽게 잘 어울린다. 제비가 낮게 날아오르는 찰나의 순간이 강조된 맑고 고상한 화면이 정신적 희열을 안겨준다. (차오칭)

제지(題識) 己未夏日, 江上女子周禧設.
인문(印文) 淑禧(백문), 江上女子(주문)

己未夏日 江上女子周禧設

주숙희周淑禧, 〈다화유금도茶花幽禽圖〉
Camellia and a bird by Zhou Shuxi

청(1699년) Qing (AD 1699)
족자軸 Hanging scroll
견본絹本, 설색設色 ink and color on silk
가로Height 26.9cm, 세로Width 43cm

《다화유금도》는 현전하는 주숙희의 수작이다. 아래를 향해 늘어진 동백 꽃 가지 하나, 구부러진 모양이 운치 있다. 짧은 나뭇가지에서 아래를 바라보고 있는 작은 새 한 마리는 마치 무언가를 기다리고 있는 듯하고, 가지 끝에서는 새가 내려 앉을 때의 흔들림이 남아있는 듯하다. 꽃잎과 새는 분염分染과 조염罩染으로 처리했다. 선명하고 아름다운 화면에서 생동하는 기운이 느껴진다. 고목 느낌으로 그린 나뭇가지 덕분에 꽃의 아름다운 자태와 새의 즐거운 마음이 더욱 두드러진다. (차오칭)

제지(題識) 乙卯中元, 江上女子周淑禧繪.
인문(印文) 淑禧之印(백문), 有齋季女(백문)
감장인(鑑藏印) 傳之其人(주문)

己卯中元 江上女子周淑禧繪

김모金玥 그림, 모양冒襄 제題 〈오서도午瑞圖〉

Happy Duanwu Festival by Jin Yue and Mao Xiang

청(1675년)清 Qing (AD 1675)
족자軸 Hanging scroll
능본綾本 설색設色 ink and color on silk
가로Height 51.6cm, 세로Width 140.8cm

모양冒襄(1611-1693)은 대대로 관직을 지낸 집안에서 출생하였다. 어린 시절부터 재능이 출중하던 그는 소년시절에 시집《향려원우존香儷園偶存》을 간각했다. 이에 동기창이 당나라 시인 왕발王勃에 빗대며 그에게 큰 기대를 걸었다.《청사고清史稿》의 기록에 따르면, 모양은 서예에도 특출하여 그의 글씨를 소장하고 싶어하는 사람들이 많았다. 그런데 남다른 재능을 자랑했던 그였지만 과거 시험에서는 줄줄이 낙방했다. 이후 강남 사대부들이 중심이 되어 정치개혁을 주장하던 문학 결사에 들어갔다. 사람들과 함께 명말의 시대적 상황을 개탄하며 방탕하고 허무한 날들을 보내던 시절, 동소완을 만나게 되었고 새로운 삶의 길로 들어서게 되었다. 두 사람은 서로 사랑하면서 동반자적 관계를 맺게 되었지만 수많은 시련이 뒤따랐다. 이 과정에서 동소완이 죽게 되고 두 사람의 아름다운 생활도 바람처럼 사라지고 말았다. 마음 기댈 곳을 잃은 모양은《영매암억어影梅庵憶語》을 쓰면서 그녀와의 만남과 사랑을 기록했다. (차오칭)

제지(題識) 乙卯金鏡節命畵《午瑞圖》, 呈淄翁老年叔祖台博粲. 治年家侄冒襄.
인문(印文) 書中有女畵中有詩(백문), 雉皋冒氏水繪庵蘭閨雙畵史(주문), 巢民冒襄印(주문), 水繪閣靜觀書畵(백문)

이인李因, 〈하화원앙도荷花鴛鴦圖〉

Lotus flowers and a pair of mandrine ducks by Li Yin

청(1681년)清 Qing (AD 1681)
족자軸 Hanging scroll
능본綾本 묵필墨筆 ink on silk
가로Height 51.5cm, 세로Width 149.5cm

이인李因(1616-1685년 추정), 명말의 여류 화가, 자 금생今生, 호 시암是庵, 감산일사龕山逸史 등. 전당錢塘 회계會稽(오늘날의 항주) 사람. 진유숭陳維崧이 《부인집婦人集》에서 '해창여자海昌女子'라고 칭했다. 강소·절강 지역에서 명기로 활동하다가 훗날 광록사光祿寺 소경少卿 해녕海寧 사람 갈징기葛征奇의 첩이 되었다. 수묵 산수화와 화조화에 능했다. 산수화는 미씨 부자를 본받아 안개와 구름에 가려진 나무와 돌을 많이 그렸다. 화조화는 진순陳淳의 기법을 바탕으로 자연을 본받았다. 자유분방하고 활달한 이인의 예술적 풍모는 당시 많은 인정과 찬사를 받았다. 시화가 인연이 되어 갈징기와 결혼을 했고 15년동안 함께 생활했다. 이인이 그림을 그리면 갈징기가 제발문을 썼다. 갈징기는 화조화는 자신이 이인보다 못하고 산수화는 이인이 자신보다 못하다고 말하곤 했다. 갈징기는 그림에 '개암介庵'이라고 적힌 낙관을 찍었는데 갈징기의 호 개감介龕과 이인의 호 시암是庵에서 각 한 자를 취한 것이다. 사상적으로나 감정적으로나 뜻이 잘 맞았던 두 사람은 태호太湖, 금산金山과 초산焦山, 황하, 제수濟水, 유연幽燕 등 여러 명승지를 함께 유람했다. 이인은 천부적인 재능을 타고 났지만 노력 또한 게을리하지 않았다. 하루 종일 연습에 연습을 거듭했으며 여행길에서도 책을 읽고 시를 썼다. 이 때문에 이인의 그림 실력은 더욱 향상될 수 있었다.
청 순치2년(1645), 이인은 나이 35세 무렵에 갈징기가 전쟁으로 사망하는 불운을 겪게 되었다. 당시 가세도 기운 상태에서 이인은 정신적인 의지처를 잃어버리게 되었다. 이후 그녀는 길쌈을 하고 그림을 팔아서 스스로 생계를 유지해야 했다. 그러나 그 속에서도 강인한 의지력으로 밤 늦게까지 등불을 밝히고 홀로 시를 읽는 맑고 아름다운 생활을 했다. 명나라 말기 나라를 위해 충성을 바쳤던 아름다운 '여협女俠'을 세 명 꼽을 수 있는데 유여시, 동소완, 이인이다. 이인은 국난 앞에서 어지러운 정세를 한탄하며 남자들보다도 더 강한 의분을 터뜨렸다. 자신이 쓴 《죽소헌시초竹笑軒詩鈔》에서도 도탄에 빠진 백성들에 대한 근심걱정을 털어놓으며 나라를 위해 붓을 꺾고 전장에서 피를 뿌리겠다고 소리 높였다. 이점이 바로 이인이 가졌던 선비적 기개였으며 사람들로부터 존경을 받을 수 있었던 이유다.
〈하화원앙도〉는 강희 20년 작품으로 연꽃과 여뀌풀, 부평초 사이에서 노니는 원앙 한 쌍을 그렸다. 대사의大寫意적 화풍이 남경박물에 소장된 이인의 다른 작품들과 일치한다. (차오칭)

제지(題識) 辛酉秋日, 海昌女史李因畵.
인문(印文) 李因之印(주문), 今生氏(백문)

辛酉秋日海昌女史李因画

〈화접도花蝶圖〉
Flowers and butterflies by Ma Quan

청(1760년)清 Qing (AD 1760)
족자軸 Hanging scroll
견본絹本 설색設色 ink and color on silk
가로Height 47cm, 세로Width 96.5cm

마전馬荃은 강소성 상숙常熟 사람으로서 3대가 그림에 능했던 서화 명문가에서 출생했다. 조부 마미馬眉는 갈대와 기러기에 뛰어난 화조화 화가였으며 부친 마원어馬元馭도 자유분방한 성격에 필묵이 호방하고 넉넉한 화사畵師였다. 마전은 어린 시절부터 집안에서 회화의 원리를 배우면서 그림에 열중했다. 그녀는 집안에서 받았던 교육에 대해 상당한 자부심을 가지고 '가학家學', '녹창학화綠窗學畵' 같은 글귀를 새긴 한장閒章을 스스로 파기도 했다. 부친 마원어가 장정석蔣廷錫을 도와 함께 일을 했는데 그때 마전이 장정석의 딸 장숙蔣淑을 가르쳤다. 마전은 같은 지역의 규수들을 여제자로 받아들이고 가르쳤다. 마전의 그림을 분간이 가지 않게 똑같이 모사하는 제자들도 많았다. 마전은 화조화에 옹염蓊染을 하지 않고 옅은 색을 주로 사용했다. 마전의 그림은 향을 태우면서 조용히 감상하기 위한 작품이라고는 하지만 그림에서 힘찬 기운이 충만하게 느껴진다. 연약하고 가느다란 꽃과 풀들이 그녀의 필치 하에서 저마다의 생기와 활력을 뿜어낸다. 대자연의 힘과 아름다움이 그녀가 그린 꽃 속에 녹아 들어 꽃봉우리와, 줄기, 꽃잎이 화폭 안에서 살아있는 듯 숨을 쉰다. 유려하고 아름다운 선으로 그려낸 소박하고 고풍스러운 동식물이 전체적으로 화려하지만 속되거나 상투적인 느낌이 없다. 〈화접도花蝶圖〉는 상당한 크기의 비단 화폭에 그린 작품이다. 꽃들이 향기를 내뿜는 듯한 화면에서 고요하고 편안한 정취가 느껴진다. 하늘하늘 흔들리는 양귀비꽃과 묵직하고 안정감 있는 바위가 선명하게 대비된다. 탐스럽게 활짝 핀 꽃송이에서 터지지 않은 꽃망울까지 다양한 자태를 자랑하는 양귀비꽃은 단사丹砂, 연지胭脂, 화청花青 등 온갖 안료를 먹에 섞어 수십 번에 걸쳐 섬세하게 선염渲染했다. 안으로는 꽃의 정기가 쌓이고 밖으로는 찬란한 빛이 퍼져 나오는 듯하다. 모란, 푸른 복숭아꽃, 양귀비꽃, 난초는 마전의 부친이 자주 그리던 대상이기 때문에 그림에서 집안의 전통이 자연스럽게 묻어 나온다. (차오칭)

제지(題識) 庚辰小春摹元人寫生法. 江香馬荃.
인문(印文) 馬荃印(백문), 江香(주문)

庚辰小春摹元人寫生法
江香馬荃

왕량汪亮, 〈산정송봉도山亭松峰圖〉
Mountains and pines by Wang Liang

청清 Qing
족자軸 Hanging scroll
지본紙本 설색設色 ink and color on paper
가로Height 36.1cm, 세로Width 81cm

왕량汪亮, 생몰년 미상, 자 영휘映暉, 호 채지산인采芝山人, 안휘安徽 휴녕休寧 사람. 청대의 시인, 화가, 장서가였던 왕문백汪文柏의 손녀다. 동향桐鄉 비우평費雨坪과 결혼하여 훗날 가흥嘉興으로 이주했다. 왕량은 공부를 좋아했으며 다재다능했다. 시서화詩書畫 모두에 능했으나 특히 산수화를 잘 그렸다. 직접 배우지는 못했으나 왕휘王翬과 장경張庚을 스승으로 존경했다. 왕량은 일반적인 화가들과 달리 시원하고 단순한 느낌에 설색 또한 고상하고 담담하게 처리했다. 속세에서 벗어난 맑고 자유로운 정신으로 70세를 훌쩍 넘긴 나이에 사망했다. 청대의 수많은 화사들이 왕량의 평전을 썼다. 왕량은 소녀시대에 이미 그림으로 상당한 명성을 떨쳤으나 삶에서 좌절을 겪으며 경험도 풍부해졌고 예술적 표현방식도 달라지게 되었다. (차오칭)

인문(印文) 亮印(백문), 采芝山人(주문)
제발(題跋) 絕頂泉聲未可聞, 檐前一角見孤雲. 山亭促膝坐終日, 惟有松風與客分. 梁國治.
인문(印文) 豐山(주문), 梁國治印(백문), 階平小印(백문)

絶頂泉聲未可聞簷前
一角見孤雲山亭促膝坐終
日惟有松風與客分
梁國治

고혜顧蕙, 〈청녹산수도青綠山水圖〉
Landscape by Gu Hui

청清 Qing
족자軸 Hanging scroll
지본紙本 설색設色 ink and color on paper
가로Height 29.5cm, 세로Width128.8cm

이 작품은 오문 사대가의 한 사람인 문징명의 청록산수 기법을 모방한 것이다. 문징명의 세필 산수화가 여성 화가의 붓을 통해 진짜처럼 똑같이 재현되었다. 청대 중후기에 활약한 시인이자 화가인 고혜는 오현吳縣(오늘날의 소주) 사람으로 자는 원방畹芳과 인추紉秋이며 호는 묵장墨莊이다. 고혜의 외조부는 산수화가 적대곤翟大坤이다. 그녀의 인장 중에 "兼得外家翟氏畫法(외가 적씨의 화법을 함께 아우르다)"라는 인문이 새겨진 것도 있는데 그림을 전수 받은 계보를 밝힌 것이다. 고혜의 부친 고순희顧純熙도 화훼에 능했다. 이처럼 서화를 사랑하는 가정에서 태어난 고혜는 어린 시절부터 받은 가정교육 덕분에 교양이 풍부했다. 사생에 뛰어났던 그녀의 필묵은 맑고 고상했다. 평자들은 문징명과 운수평의 화풍이 있다고 했다. 같은 지역 모경선毛慶善의 후처로 들어갔다. 많은 소장품을 보유하고 있던 모경선은 감상뿐만 아니라 시에도 능했다. 두 사람은 홍두서루紅豆書樓에 머물며 함께 시를 짓고 그림을 감상했다. 이에 당시 사람들은 부부를 신선처럼 바라보았다. (차오칭)

제지(題識) 仿《文待詔秋林倚仗圖》, 平江畹芳女史顧蕙.

인문(印文) 歸西河顧蕙(백문), 紉秋女史(주문)

제발(題跋) 詩人心跡最淸閒, 指點疏林夕照間. 拋卻一雙紅豆子, 自分眉翠寫秋山. (女史有《紅豆書樓圖》)青是秋山白是雲, 雲容山色要平分. 團焦縛就施節去, 黃葉詩名又讓君.(尊兄功甫曾有潘黃葉之名.) 跟著庭世丈正句. 曹楙堅.

인문(印文) 堅印(백문)

제발(題跋) 天氣入秋涼, 換了衣裳. 疏林不見曉來霜. 竹葉轉青松轉翠, 槲葉微黃. 獨自倚藜床, 注目斜陽. 近山倒比遠山蒼. 只為山邊茅屋在. 有片煙光. 調倚《浪淘沙》, 題請於是CHA庭仁兄指正. 蒹塘顧翰.

인문(印文) 蒹塘(주문)

감장인(鑑藏印) 紅豆書樓(주문), 虎頭家學(백문)

고혜顧蕙, 〈추정의도도秋汀倚棹圖〉

Autumn sceneries by Gu Hui

청淸 Qing
족자軸 Hanging scroll
지본紙本 설색設色 ink and color on paper
가로Width 30cm, 세로Height 130cm

모방 작품인 이 그림은 바위의 준법皴法에서 당인唐寅의 필법이 분명하게 드러난다. 얼기설기 엇갈린 나뭇가지는 훨씬 부드럽게 처리되었다. 골짜기와 계곡의 구도가 매우 뛰어나며 약간의 선염을 했다. 청나라 4왕(왕시민, 왕감, 왕원기, 왕휘)의 화풍을 바탕으로 부드럽고 온화한 정취가 느껴진다. (차오칭)

제지(題識) 仿六如《秋汀倚棹圖》, 茂苑女史顧蕙寫.

인문(印文) 吳中女士顧蕙(주문), 畹芳染翰(백문), 兼得外家翟氏書法(백문)

제발(題跋) 蘆汀柳岸雨瀟瀟, 記得珠江弄晚潮. 鱸膾年來動秋興, 幾時歸倚木蘭橈. 紱庭三兄大人屬題, 弟韓榮光.

인문(印文) 珠船翰墨(백문)

제발(題跋) 漠漠溪雲淡不收, 絲絲煙柳拂漁舟. 人生只合江南住, 領取荒寒一段秋. 紱三兄正題, 朱綬.

인문(印文) 黛湖漁隱(백문)

제발(題跋) 騎馬客京華, 歷遍風沙. 扁舟思向水雲精靈. 綠樹陰中閒閱市中級人民法院, 勝泊蘆花. 敲火試烹茶, 分付漁娃, 不知何處酒堪賒. 行過小橋三折板, 應有人家. 調寄浪淘沙, 嫌疑人庭詞兄屬題, 即正. 兼塘顧翰.

인문(印文) 臣(주문), 翰(백문)

왕채번王採蘩, 〈모란도牡丹圖〉
Peonies by Wang Caifan

청(1879년)清 Qing (AD 1879)
족자軸 Hanging scroll
지본紙本 설색設色 ink and color on paper
가로Width 50cm, 세로Height 102.7cm

제식에 따르면, 이 그림은 저본이 있다. 이부시랑吏部侍郎 추일계鄒一桂의 필법을 따라했다. 왕채번王采蘩은 비릉毗陵의 재녀로서 2대에 걸친 재녀 집안 출신이다. 《모란도》는 공필工筆 중채화重彩畵이지만 가볍고 옅은 색을 사용하여 소박하면서도 화려한 멋이 공존한다. 향기로운 바람이 푸른 잎과 부드러운 가지 사이를 가볍게 스치는 듯 산뜻하고 우아한 화풍이 눈과 마음을 환하게 밝힌다. 규방 명인名人의 이름이 부끄럽지 않은 작품이다. (차오칭)

제지(題識) 己卯仲冬臨小山少宰本. 太倉王採蘩.
인문(印文) 王採蘩(백문), 筥香(주문)

己卯仲冬臨
小山少宰本
太倉王

왕천王倩, 〈매화도梅花圖〉
Plum blossoms by Wang Qian

청(1804년) 清 Qing (AD 1804)
족자軸 Hanging scroll
지본紙本 수묵水墨 ink on paper
가로Width 30.8cm, 세로Height 101.8cm

도광 연간과 함풍 연간에 주로 활동한 왕천王倩은 절강 산음山陰(오늘날의 소흥) 사람으로 자는 아삼雅三, 호는 매경梅卿이다. 지현知縣(관직명) 왕모문王謀文의 여식으로서 태학太學 제생諸生 진기陳基의 후처로 들어갔다. 왕천은 시와 사에 능했으며 그림에도 뛰어났다. 남편과 사이가 좋아 두 사람은 오지역과 월지역을 두루 유람하였으며 거문고와 책을 즐겼다. 사람들은 두 사람을 천상의 배필로 여겼다. 침실에 걸린 자구 "幾生修得到, 何可一日無(몇 번의 윤회 끝에 얻었는데 어찌 하루라도 없을 수 있는가)"가 한때 미담으로 전해졌다. 왕천은 다양한 장르의 그림에 능했지만 특히 매화를 잘 그렸다. 저서로 《문화루시초問花樓詩鈔》 7권, 《기매관시초寄梅館詩鈔》, 《동소루사洞簫樓詞》 등이 있다. 또 수십 점의 족자를 팔아서 모은 돈으로 자신의 책을 간행하기도 했다. 임종을 맞이하여 영정 초상화는 그리지 말라는 유언을 남기고 절명사絕命詞 6장을 지은 후 66세의 나이로 사망했다. 진문술陳文述(1771-1843)이 왕천의 죽음을 애도하는 만시挽詩를 남기기도 했다. (차오칭)

제지(題識) 夢回紙帳妙香聞, 煙月模糊夜不分. 一樣性情冰雪似, 耐寒還是我和君. 甲子春三月寫應月依夫人之教. 梅卿女士王倩並題.
인문(印文) 倩(주문), 梅卿(주문)
감장인(鑑藏印) 阿儂生日是花朝(주문)

夢回紙帳妙香聞煙月糢糊夜不分一樣性情氷雪似
耐寒還是我和君
甲子春三月寫應
月依夫人之教
棋卿女士王倩并題

무서영繆瑞英의 〈화조도〉 선면扇面

Peach blossoms by Miao Ruiying

청清 Qing
지본紙本, 설색設色 Fan painting, ink and color on paper
가로Width 48cm, 세로Height 17.5cm

무서영繆瑞英 자字 담여淡女, 오현吳縣(오늘날의 강소성 소주) 사람으로 동읍同邑 화가 주립周笠의 부인이다. 화조 공필화를 주로 그렸으며 국화菊花에 특히 뛰어났다. 남경박물관에 무서영의 작품 2점이 소장되어 있는데 두 작품의 풍격이 유사하다. 무서영과 남편은 두 사람 모두 남전南田 운수평을 추앙했다. 몰골 기법으로 그린 꽃과 사의 기법으로 가지에서 생기와 활력이 넘친다. (차오칭)

제지(題識) 道光紀元寒食節後三日, 綠窗清畫, 對花寫照, 以博次山先生一笑. 淡如. 周繆瑞英時客吳門青山綠水橋畔.
인문(印文) 肖形章(주문), 淡如(백문)
감장인(鑑藏印) 七十二芙蓉館藏(주문)

탕밀湯密, 〈첩암총죽도疊岩叢竹圖〉 축軸

Bamboo and rock by Tang Mi

청淸 Qing
족자軸 Hanging scroll
지본紙本 수묵水墨 ink on paper
가로Width 115.8cm, 세로Height 123.5cm

탕밀湯密은 남통南通 출신의 여류 화가다. 화가로서의 생애는 대부분 양주 지역에서 보냈기 때문에《양주화방록揚州畵舫錄》에 그녀에 관한 기록이 실려 있다. 이두李斗의《양주화방록》이 건륭160년(1795)에 간행되었기 때문에 탕밀의 화가 생애 역시 이 무렵 전후였을 것으로 추정할 수 있다. 그녀에 관한《양주화방록》에 있는 정보는 19개 글자에 불과하다. "湯密, 字入林, 通州人。工詩畵, 墨竹法文與可, 號個中人。탕밀, 자 입림. 통주 사람. 시화에 뛰어나며 묵죽은 문여가를 본받았다"
현재 우리가 그녀에 대해 알고 있는 것은 청대 전성기의 여류 화가로서 묵죽에 뛰어났을 것이라는 사실 뿐이다. 왜냐하면 현재까지 전해지는 그녀의 작품 가운데 묵죽 이외의 다른 소재를 그린 작품이 없기 때문이다. 소주박물관에 소장되어 있는 탕밀의 묵죽도를 보면, 원대의 뛰어난 여류화가 관도승의 묵죽과 같은 계열임을 알 수 있다. 잎과 가지가 무성한 대나무 숲이 고요하면서도 푸릇푸릇한 향기를 전해준다. 명청시대 화가들은 묵죽의 시조 문동文同의 화법을 모방했는데 높낮이가 다소 치우쳐 있을 뿐이다. 탕밀의 그림은 기법적으로 성숙하고 노련하다. 풍성하고 농밀한 대나무 잎은 앞뒤 방향이 분명하고 필획에서 힘이 넘친다. 남경박물관에 소장된 탕밀의 작품 2점 가운데 화폭이 비교적 큰 이 〈첩암총죽도〉에서 화가의 기본기와 내공을 엿볼 수 있다. (차오칭)

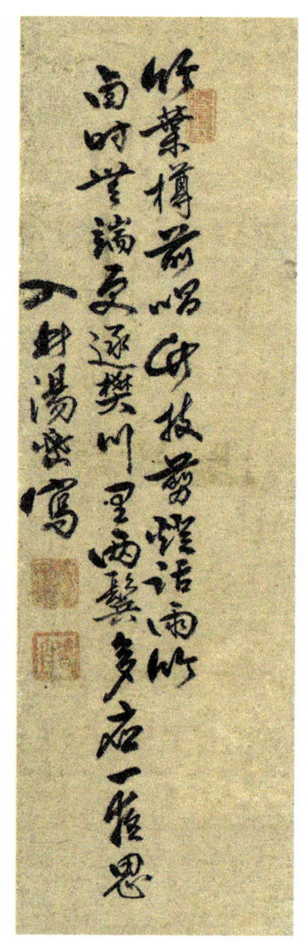

제지(題識) 竹葉樽前唱竹枝, 剪燈話語 竹西時. 無端更逐樊川裡, 兩鬢多應一夜思. 入林湯密寫.
인문(印文) 湯密印(백문), 耷自(주문), 得勝居(주문)

장윤영張綸英, 〈해서 오언련楷書五言聯〉

Calligraphy couplet in regular script by Zhang Lunying

청淸 Qing
지본紙本 수묵水墨 ink on paper
가로Width 21.6cm, 세로Height 71.3cm

장윤영張綸英(1798-?), 자는 완순婉紃, 당호堂號는 녹괴음관綠槐吟館이다. 글씨를 잘 써 포세신包世臣으로부터 칭송을 받았다. 왜소하고 허약한 신체에 온순한 성정이었으나 글씨는 강건했다. 청대에 비학碑學이 생겨나 발전하던 시기에 활동했다. 북비北碑를 숭상했으며 북위의 서예가 정도소鄭道昭를 본보기로 삼았다. 장윤영이 쓴 위비魏碑는 기세가 충만하다. 방필方筆과 원필圓筆을 혼용하여 강하면서도 부드러움을 잃지 않았다. 훗날 조지겸趙之謙에게 큰 영향을 미쳤다. 조지겸은 장윤영을 정도소鄭道昭 이후의 유일한 사람이라며 칭송했다. 위비의 필법으로 쓰여진 이 작품은 고시 구절을 모아서 남동생에게 선물한 것이다. (차오칭)

석문(釋文) 努力崇明德, 隨時愛景光.
제지(題識) 集句寄贈仲遠弟, 即乞政腕. 姊綸英.
인문(印文) 婉紃(주문), 綸英之印(백문), 綠槐吟館(주문)

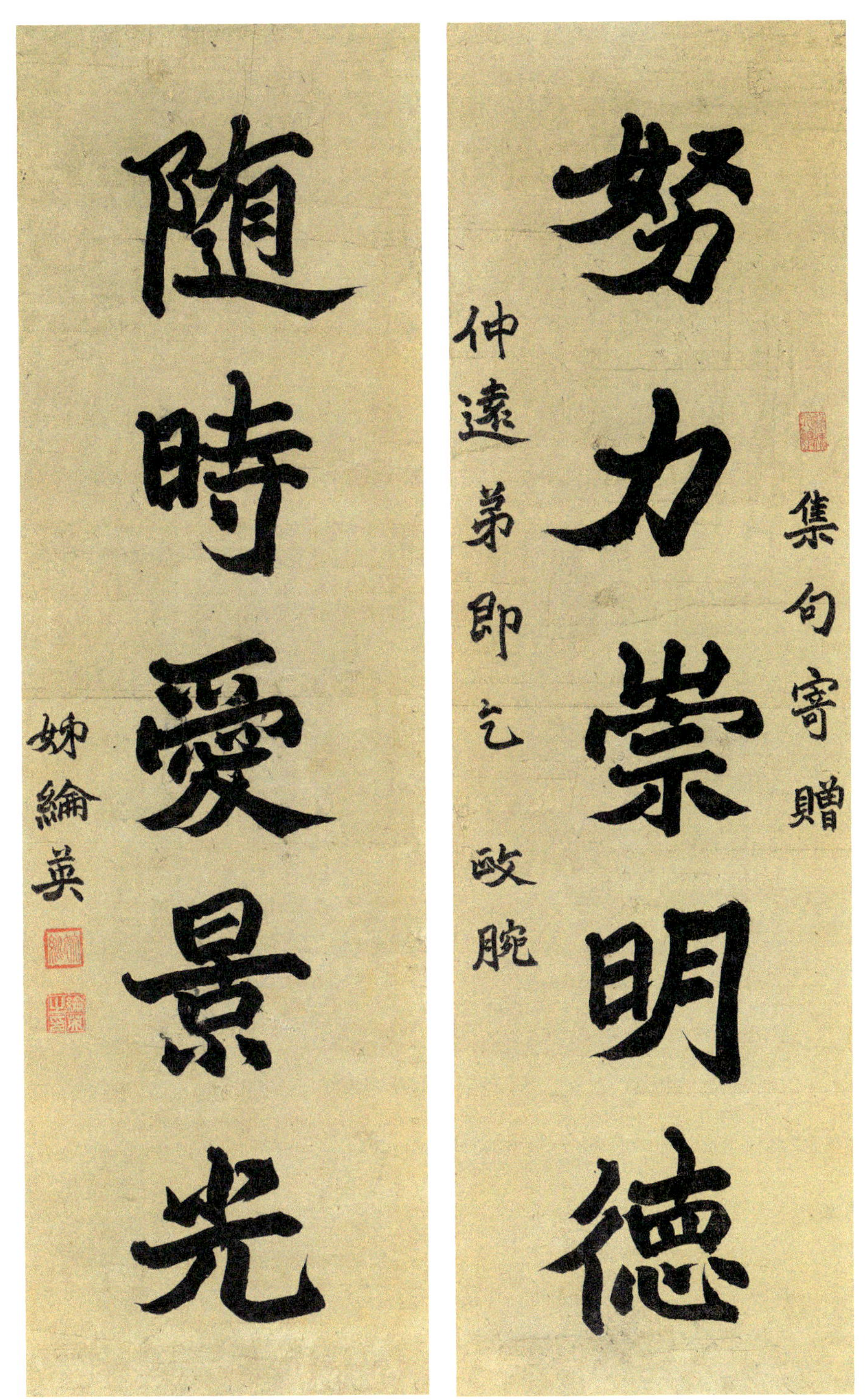
努力崇明德
集句寄贈
仲遠弟即之
隨時愛景光
姊綸英

모자母子 사자 손잡이가 달린 수산석壽山石 도장
Shoushan stone seal of Zhang Guanying

청清 Qing
가로Width 3.7cm, 세로Length 3.7cm, 높이Height 9.3cm

이 인장은 남경박물관 소장품으로서 장윤영이 사용하던 독특한 인장이다. 인면에 '장씨張氏 윤영綸英'이 소전체로 새겨져 있다. 힘 있는 글씨체가 붓으로 쓴 것 같은 느낌을 준다. 청대 전서와 예서의 특징이다. 인장 측면에 예서체로 새긴 글귀 '山光悅鳥性, 潭影空人心(산빛은 새를 즐겁게 하고 깊은 물그림자는 사람의 마음을 비운다)'이 있다. 낙관 담계覃溪는 청대의 서예가이자 금석학자 옹방강翁方綱의 호다. 옹방강도 장윤영의 글씨를 인정했다는 사실을 보여준다. (천밍성)

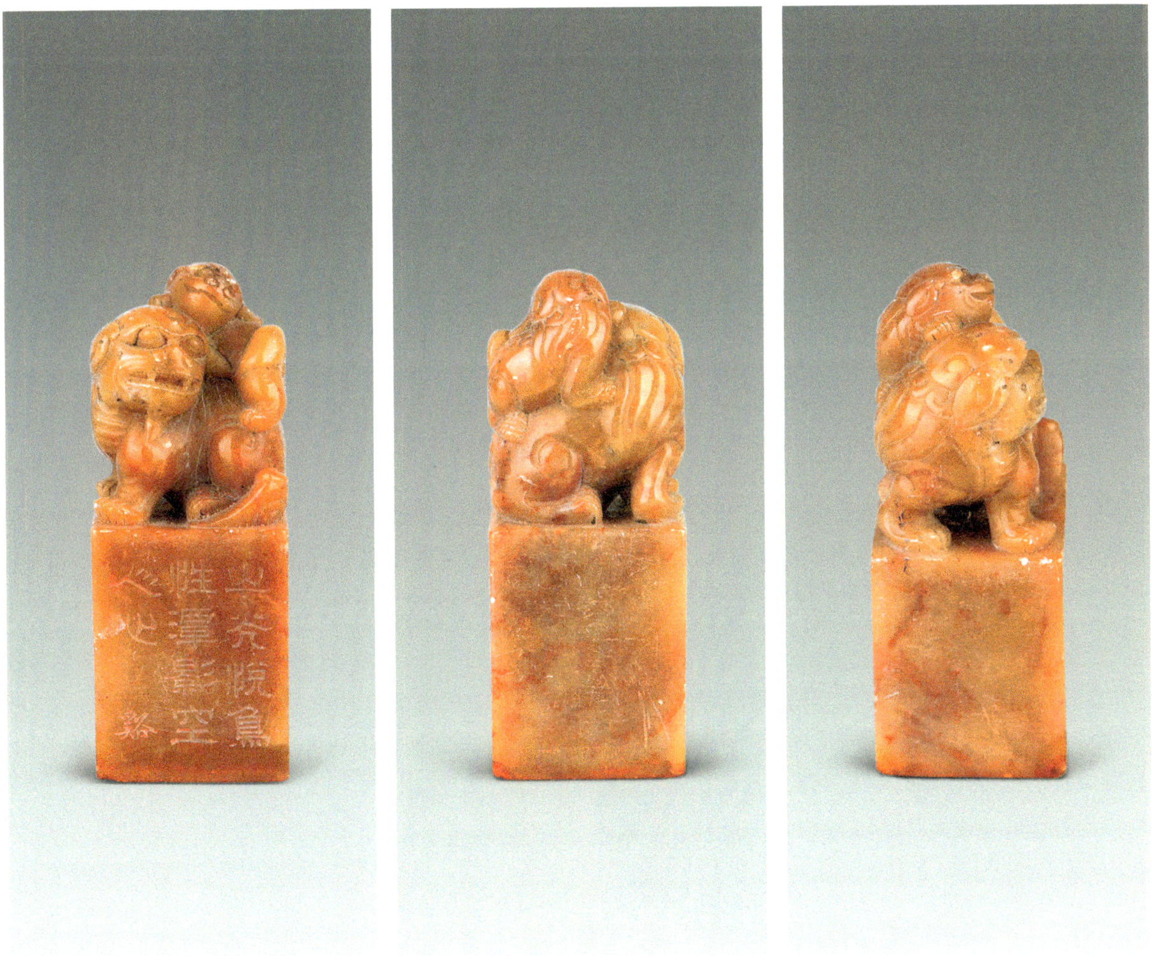

고이랑顧二娘이 만든 단연端硯
Ink stone made by Gu Erniang

청清 Qing
가로Width 14cm, 세로Length 14.3cm, 두께Thickness 1.8cm

고이랑顧二娘은 소주 사람으로 생졸 연대는 미상이다. 청대 옹정에서 건륭 연간 사이에 활동했다. 소주 지역의 뛰어난 벼루 제작자 고덕린의 아들과 결혼을 했다. 고덕린顧德麟은 자연스럽고 고아한 멋의 벼루로 명성을 떨쳤으며 고도인顧道人이라고 불렸다. 시가에서 뛰어난 벼루 제작 기술을 물려받은 고이랑은 벼루 몸체에 장식을 많이 사용하지 않고 청신함과 질박함으로 승부를 보았다. 간혹 정교한 투각 기법을 곁들이기도 했으나 적정 수준을 지켰으며 그 기술이 신의 경지라 할 만했다. 고이랑은 석문石紋의 눈을 이용해서 벼루에 봉황 꼬리깃털 모양을 조각하는 기술을 가지고 있었는데 그 효과가 지극히 아름다웠다. 고이랑의 벼루는 고아한 아름다움과 화려한 아름다움을 동시에 가졌다는 평가를 받으며 당시 문인 묵객들로부터 많은 인기를 끌었다. 청대의 저명한 시인이자 벼루 수집가였던 황임黃任(1683-1768)은 고이랑의 벼루 제작 기술을 칭송하고 내면으로부터 솟구치는 자신의 감탄을 담은 헌시까지 지을 정도였다. (차오칭)

자수 〈달마도강도達摩渡江圖〉 축軸

Bodhidharma crossing the river

남송南宋 Southern Song
가로Width 30.2cm, 세로Height 46.3cm

회화의 영향을 받은 송대의 자수는 독립적인 예술품으로 감상의 대상이 되었다. 자수 예인藝人과 서화가가 협력하여 비단천에 명사들과 화가들의 회화 및 서예 작품을 실과 바늘로 재현하기도 했다. 이 과정에서 그림보다 더 뛰어난 수준에 도달하는 작품도 등장해 문인아사文人雅士들의 찬사를 받았다. 이 작품은 비단에 그림과 자수를 결합한 작품으로 화면 중앙의 달마를 비단실로 수놓았다. 옷 주름과 속옷은 푸른색 실로 수놓았다. 바늘땀과 실이 세밀하며 기법은 평수平繡를 주로 사용하였다. 낙관은 없으며 시당詩堂에 고대전顧大典, 구대임歐大任, 방항方沆, 정본중程本中, 정가중程可中 5인의 제시題詩가 있다. (양하이타오)

제발(題跋) 面壁亦幻相, 吾身本不有. 應作如是觀, 直須棒喝走. 依幻居士顧大典.

인문(印文) 在家僧(백문), 顧大典印(백문)

제발(題跋) 東行震旦年, 渡蘆帶江色. 見性成佛心, 影幻中嵩壁.

인문(印文) 歐大任印(주문), 繡佛齋作(백문)

제발(題跋) 折蘆與面壁, 幻相本無依. 翻笑蔥山北, 翩翩只履歸. 無礙居士方沆.

인문(印文) 汸庵居士(백문)

제발(題跋) 來從何方來, 去從何處去. 色相任他傳, 我心本無與. 紫虛道人程本中.

인문(印文) 豐乾子虛(백문), 集虛道人(백문)

제발(題跋) 只履既說西歸, 此中何更有汝? 虛傳一燈二燈, 茲費千縷萬縷. 若不惠我三昧, 長跪頂禮奚補? 闡提還我闡提, 佛祖讓你佛祖. 不空居士程可中為黃徵美家奉宋繡達摩像.

인문(印文) 中□氏(백문), 程可中印(백문)

감장인(鑑藏印) 金粟齋(백문)

面壁無因相吾身本不有無作如是觀直
須棒喝走　依因居士顧大典

東行震旦年渡蘆帶江色見性成佛
心影幻中驀壁　歐大任

折蘆與面壁　幻相本無依　翻嘆蔥
山北翻翻隻履歸　無懈居士方沆

來從何方來去從何處去色相任他傳我
心本無與　紫虛衛人程本中

隻履既說西歸此中何更有汝虛傳一燈二
燈茲費千縷萬縷若不患我三昧長跪
頂禮奚補闡提還我闡提佛祖讓你佛
祖　太空居士程可中為黃徽吳家奉宋繡
達磨像

격사緙絲, 〈월계암순도月季鵪鶉圖〉

Chinese roses and three quails

남송南宋 Southern Song
족자軸 Silk tapestry (kesi) scroll
가로Width 42.9cm, 세로Height 103.4cm

남송 원체화院體畫 화풍으로 정교하게 만들어진 격사緙絲* 작품이다. 이끼 낀 바위, 풀로 뒤덮인 언덕, 월계화와 함께 메추리 세 마리를 격사했다. 메추리 한 마리는 입에 메뚜기를 물고 있고, 다른 두 마리는 먹을 것을 두고 다투는 모양새다. 상단의 대나무 가지가 바위와 대비된다. 격사의 창색戧色 기법을 혼합하여 긴 실과 짧은 실로 '선염渲染'하는 방식을 사용함으로써 그림의 느낌을 잘 표현해냈다. 왼쪽 하단에 '陳居中' 세 글자와 인장 '居中'이 있다. 현재로서는 진거중이 누구인지 고증할 수 없다. (양하이타오)

***격사(緙絲)** 견직물에 회화를 접목한 중국 고유의 공예미술. 가는 견사를 날실로 사용하고 색감이 뛰어난 비단실을 씨실로 사용한다. 날실에 문양을 그린 후 씨실로 문양을 교직해낸다.

제지(題識) 陳居中.
인문(印文) 居中(주문)

관도승管道昇, 〈자수관음상刺繡觀音像〉
Portrait of Guanyin by Guan Daosheng

원(1308년) 元 Yuan (AD 1308)
족자軸 Embroidery scroll
가로Width 50cm, 세로Height 150cm

자수는 서화의 범주에 들지 않는 수공예품이지만 규방 여인들에게 자수와 회화는 한 몸이었다. 자수는 수를 놓기 전에 밑그림을 그려야 하기 때문에 자수는 회화의 연장선상에 있었다. 규방 여인들은 여공지사女功之事와 회화를 일상적으로 수행했고 자수 작품에 각자의 예술적 취향이 반영되는 것은 당연했다. 관도승管道昇(1262-1319)은 도승道升이 원래 이름이었고 자는 중희仲姬, 요희瑶姬이다. 청포青浦 소증小蒸 사람으로 조맹부趙孟頫의 처다. 원나라 인종의 황후가 조맹부 일가를 몹시 아꼈다. 연우 4년(1317) 조맹부가 한림학사 승지, 영록대부榮祿大夫, 관거官居 종1품에 오르자 관도승도 '위국부인魏國夫人'에 봉해졌다. 천부적인 예술적 재능을 타고 난 관도승은 시문은 물론 회화와 자수에도 능했다. 관도승의 더욱 놀라운 점은 집안을 두루 건사하고 어려운 사람을 보면 지나치지 못하는 훌륭한 인품과 덕망까지 갖추었다는 사실이다. 관도승이 죽자 온 집안 사람들이 슬픔에 잠겼다. 그녀는 '만고의 본보기'로 칭해질 정도로 모든 여성들의 모델이었다. 한 여성 연구자는 "불상을 수놓는 일에서 여성들의 종교적 봉헌에 내재된 복합적 의미를 확인할 수 있다. 유가의 가치, 불교의 지극한 정성, 개인의 재능과 창조력, 이 모든 것들이 부처를 수놓은 바늘 끝에 모여 있다"라고 했다. 나이든 규방 여인들에게 관음상 자수는 일종의 정신적 의지처이자 상징으로서 순수한 신앙보다 더 중요한 의미를 가졌다. (차오칭)

제지(題識) 至大己酉六月八日, 吳興趙管仲姬拜書.
인문(印文) 魏國夫人趙管(주문)
감장인(鑑藏印) 金氏瘦仙珍藏(주문)

고수顧繡, 〈달마상達摩像〉

Portrait of Bodhidharma

명明 Ming
수편綉片 Gu embroidery
단자緞子
가로Width 22.5cm, 세로Height 45.2cm

포단 위에 앉은 달마상을 백단白緞에 수놓았다. 달마 앞에는 조롱박이 하나 놓여있다. 포단은 격자로 수를 놓았다. 인물은 간결하게 표현되었으나 살아있는 듯 생생하다. 이 작품은 회화와 자수가 결합된 작품이다. 달마의 얼굴은 붓으로 선염하여 검은빛을 띤다. 고수顧繡* 가운데 이 작품처럼 간결한 구도에 배경이 없는 작품은 드물다. (양하이타오)

***고수(顧繡)** 명대의 화가 고명세(顧名世) 집안 여인들에게서 비롯된 자수

제지(題識) 一葦渡江, 九年面壁, 露香園繡.
인문(印文) 皇明顧繡(주문)

葦渡江

年面壁

露香園繡

조정수曹貞秀, 〈원추리꽃 자수〉

Flower by Cao Zhenxiu

청(1808년) 淸 Qing (AD 1808)
수편綉片 Embroidery
가로Width 33.2cm, 세로Height 94.3cm

조정수曹貞秀(1772-1822)는 안휘 휴녕休寧 사람으로 자는 묵금墨琴이다. 직접 지은 서재 이름은 사운헌寫韻軒이다. 유년시절 부친 조예교曹銳僑를 따라 소주에서 지내다가 그곳의 재자才子 왕기손王芑孫과 결혼했다. 어릴 때부터 화려한 것을 좋아하지 않았으며 매화 그림에 능해 종요鍾繇와 왕희지의 글씨를 본받은매화 서첩을 만들었다. 청대 오강吳江의 섭정관葉廷管이《구피어화鷗陂漁話》에서 "고요하고 한가로운 기운과 내면의 아름다움이 청나라 규중의 으뜸氣靜神閒, 娟秀在骨, 應推本朝閨閣第一"이라고칭송했다. 《십삼행임본十三行臨本》, 《사매헌시초寫梅軒詩鈔》,《사운헌집寫韻軒集》 등이 전해진다.

어린 시절부터 어른들로부터 많은 영향을 받은 조정수의 서화 재능은 집안 전통에 뿌리를 두고 있다. 남편 왕기손은 건륭 때의 거인擧人으로 일찍이 서단書壇에서 이름을 드날렸다. 두 사람은 뜻이 잘 맞고 공통적인 정서와 취향을 가지고 있어 가정 생활 역시 운치가 넘쳤다. 왕기손은 조정수가 서예에서 능력을 발휘할 수 있도록 격려하면서 칭찬을 아끼지 않는 한편 기법에 관한 연구와 토론도 함께 했다. 이를 통해 조정수는 예술적 재능을 펼치고 창작활동을 이어갈 수 있는 힘을 얻을 수 있었다.

자수에도 뛰어난 재능을 보였던 조정수의 이 작품은 가경 13년작이다. 소박하면서도 고상한 화면이 편안한 느낌을 준다. 원추리 꽃은 곱고 여린 자태 속에 넘치는 생기가 숨겨진 듯 하늘을 향해 뻗어 오르고 있다. 창침법搶針法을 사용하여 한 폭의 완벽한 수화繡畫를 만들어냈다. (차오칭)

제지(題識) 戊辰春二月, 墨琴女史作.
인문(印文) 墨琴(주문), 稚山(주문), 杏花春雨江南(주문)

戊辰春二月

심관관沈關關, 〈해당백두도海棠白頭圖〉

Flowers and birds by Shen Guanguan

청清 Qing
자수 족자軸 Embroidery scroll
가로Width 41.5cm, 세로Height 73.2cm

심관관沈關關은 소주 오강吳江에서 자수를 하는 집안에서 태어났다. 부친 침군선沈君善은 《침사針史》를 엮었고 모친은 머리카락으로 수를 놓는 발수髮繡에 뛰어난 고수였다. 심관관의 작품은 당시 일류 문인들로부터 찬사를 받았다. 이 작품은 우동尤侗(1618-1704)이 제기題記를 스고 자수의 예술성을 극찬했다. 짙은 미색 바탕에 해당화 나뭇가지를 수놓았다. 위쪽 가지에 앉아있는 백두옹白頭翁 한 쌍은 백년해로를 의미한다. 송대의 회화를 보는 듯 깊고 그윽한 정취가 그림과 자수는 한 몸이라는 말을 상기시킨다. (차오칭)

인문(印文) 關關女紅(주문)

제발(題跋) 擘積功夫代綠章, 絲綸代表大會挽詔光. 君家穎握珍如許, 蘇蕙恆嫌錦字長. 女紅能事儼然如宋人傅色, 吳下高手當推沈媛為第一矣. 尤侗題記.

인문(印文) 西(주문), 堂(주문)

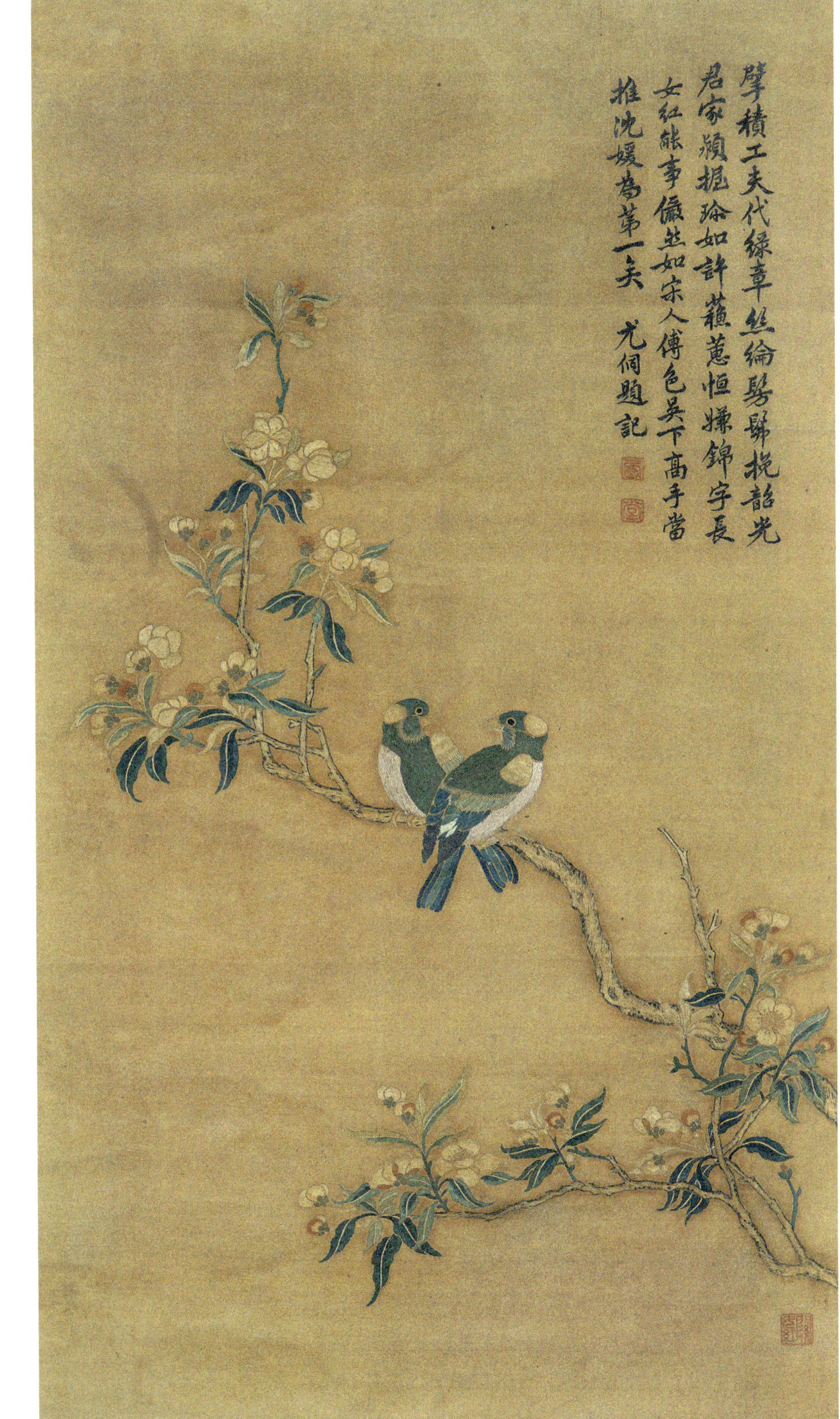
擘積工夫代綠章絲綸髣髴挽韶光
君家頻擅琰如許蘊蕙恒爍錦字長
女紅能事儼然如宋人傅色吳下高手當
推沈媛爲第一矣　尤侗題記

능저凌杼, 〈석가모니불상釋迦牟尼佛像〉
The Sakyamuni Buddha by Ling Zhu

청清 Qing
자수 족자軸 Embroidery scroll
가로Width 30.3cm, 세로Height 67.4cm

능저凌杼는 소주 오강 사람으로 청대 광서 연간의 유명한 규중 자수 전문가다. 이 《석가모니불상》은 달빛처럼 하얀 비단에 덩굴가지와 연꽃이 가득한 깔개를 수놓았다. 깔개 위에 앉은 석가모니는 가사를 걸치고 머리에는 오불보관五佛寶冠을 쓰고 있다. 석가모니 뒤편에는 한 제자가 손에 장번長幡을 들고 있다. 이 작품은 말갈기로 윤곽선을 수놓고 시침施針 등 다양한 침법針法을 사용하였다. 선면하고 아름다운 색상, 물이 흐르듯 부드럽게 표현된 선, 능숙하고 섬세한 기법이 절에 바치는 공물 가운데 걸작이다. (차오칭)

제지(題識) 釋迦牟尼佛. 周昭王二十四年四月八日, 佛誕生, 年三十道成度世,
雙足趺坐分兩手, 像天覆地載呂清淨. 法付弟子摩訶迦葉.

釋迦牟尼佛

周昭王二十四年四月八日 佛誕
生年三十道成度世雙足趺坐兮
兩手像天覆地載以清淨法付弟
子摩訶迦葉

심수沈壽, "나한羅漢"

"Arhats" by Shen Shou

민국民國 Republic
벽걸이掛屏 Embroidery hanging screens
가로Width 32.7cm, 세로Height 50.8cm

중국에서 이름난 4대 자수는 소주의 소수蘇繡, 호남의 상수湘繡, 광동의 월수粵繡, 사천의 촉수蜀繡가 있다. 심수沈繡는 청대 말기 소주의 자수대가 심수沈壽가 만들어낸 자수로서 소수의 최고 경지라고 할 수 있다. 중국 전통 자수기법에 서양화의 빛과 명암, 색채 이론을 결합한 심수는 예술성과 표현력이 극도로 뛰어난 자수다. 심수沈壽(1874-1921)는 강소 오현吳縣(오늘날의 소주) 사람으로 원래 이름은 설지雪芝였다. 7세때부터 언니에게 기술을 배워 14세에 오 지역에서 상당한 명성을 얻었다. 19세에 소흥紹興의 거인擧人 여각餘覺의 처가 되었다. 부부는 글솜도 좋았고 두 사람 모두 성취욕이 있어서 서로를 격려하며 함께 연구를 했다. 두 사람은 한 나절은 책을 보고 이론을 공부하고 한 나절은 자수를 연습했다. 심수는 남편의 협조와 지원하에서 십년을 하루 같이 자수를 연마하면서 명성도 함께 얻었다. 1904년 서태후의 칠순에 심수는 새로운 자수 작품《팔선상수도八仙上壽圖》와《무량수불도無量壽佛圖》를 선물로 바쳤다. 서태후는 심수의 자수를 '신품神品'이라 칭송하며 이름에 '壽'자를 하사했다. 10년 동안 외길을 걸으며 매진한 끝에 얻어낸 결과였다. 이후 심수의 이름이 전국 각지에 알려지고 작품도 대중적인 인기를 끌었다. 1914년 심수는 마지막 장원狀元 장예張謇의 지원하에서 남통여공전습소 소장 겸 교습이 있다.(차오칭)

제1폭《장미나한(長眉羅漢)》
인문(印文) 姓名長在御屏風(백문)

제2폭《정좌나한(靜坐羅漢)》
인문(印文) 願作鴛鴦不羨仙(주문)

제3폭《간문나한(看門羅漢)》
인문(印文) 吳中天香閣女士沈壽(백문)

제4폭《탐수나한(探手羅漢)》
인문(印文) 天香閣(주문)

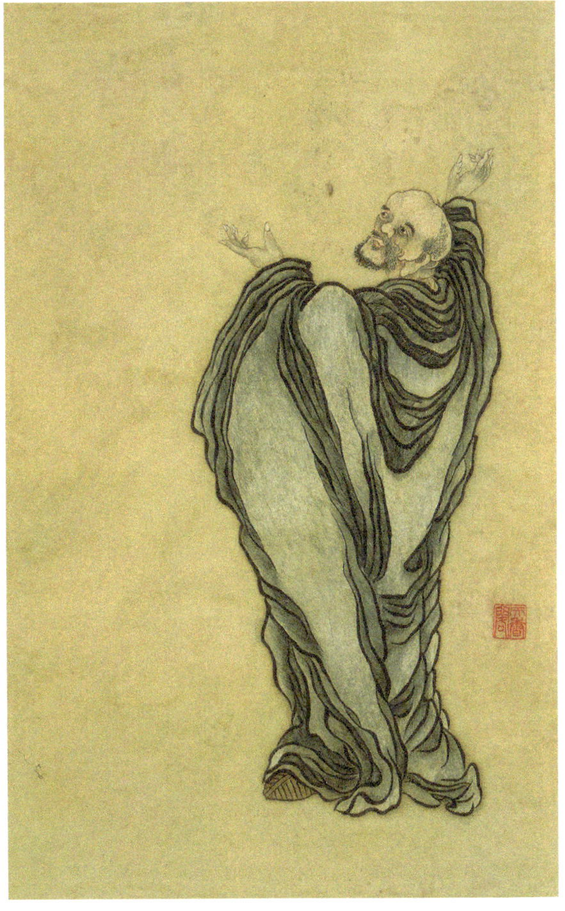

격사緙絲 화조花鳥도 부채
Tapestry fan with flowers and birds

청淸 Qing
자루 길이Length including the handle 46.4cm, 가로면Width 30cm, 세로면Fan length 31.5cm

위쪽이 넓고 아래로 갈수록 좁아지는 사다리꼴 형태로 모서리를 위각倭角으로 처리했다. 푸른색 바탕에 오색의 모란꽃과 흰머리 찌르레기 한 마리를 격사 기법으로 짜넣었다. 흰머리 찌르레기는 머리가 하얗게 세는 노년까지도 부귀영화를 누리라는 기원을 담고 있다. 구격勾緙, 투격套緙 등 다양한 격사 기법을 사용하였다. 화려하고 선명한 색상에 무지개빛 광택이 풍부하다. 우아하고 섬세한 아름다움, 세속을 초월한 듯한 분위기가 느껴진다. (양하이타오)

자수 화조도 부채
Fan with embroidered flowers and birds

청淸 Qing
자루 길이Length including the handle 41cm, 직경Diameter 26.6cm

실 한 가닥을 여러 가닥으로 가른 매우 가는 실을 사용하는 벽사劈絲 기법으로 부채면에 화조도를 수놓은 작품이다. 대나무 잎과 매화 가지에 파격적인 쪽빛을 사용함으로써 풍부한 색감과 입체감이 두드러진다. 침법針法을 살펴보면, 꽃술과 꽃받침은 제침齊針을 사용했고, 꽃잎과 새는 투침套針과 창침戧針을 사용했다. 정교하고 치밀하게 만들어진 작품으로 정精, 세細, 아雅, 결潔로 꼽히는 소주蘇州 자수의 특징을 잘 보여준다.(양하이타오)

양면 자수 화조도 부채

Fan with embroidered flowers and birds on both sides

청清 Qing

가로Width 25.4cm, 세로Height 25.1cm

송대에 생겨난 자수 기법인 양면수는 쌍면수라고도 하는데, 하나의 원단에 같은 그림을 앞뒷면으로 수놓는 방식이다. 한 손은 앞면에 한 손은 뒷면에 둔 후 양손을 바꿔가며 자수 바늘을 움직이면 양면에 똑같은 모양의 그림이 수놓아진다. 부채면을 가득 채운 새와 꽃나무에서 끝없는 운치가 느껴진다. 모란과 수석壽石 조합은 부귀영화와 무병장수를 상징하고 금계, 모란, 매화 등의 조합은 '금상첨화'를 상징한다. 소나무와 선학仙鶴 조합은 소나무와 학처럼 장수하라는 뜻을 담고 있으며, 날개를 펼친 매는 원대한 꿈과 포부를 활짝 펼치라는 뜻을 담고 있다. 모란꽃 위를 날아다니는 표범나비는 성공과 부귀가 나비처럼 날아든다는 뜻이다. 맑고 깨끗한 색조가 아름다운 이 작품은 자수품 중의 명작이라 할 수 있다. (차오칭)

꽃과 옛 기물을 수놓은 비단 부채

Silk fan with embroidered flowers

청淸 Qing
자루 길이Length including the handle 49.6cm
부채면 가로Width 27.1cm 세로Fan length 33.6cm

단목檀木으로 제작한 자루에 옅은 꽃무늬가 새겨져 있다. 옥색 비단면에 수를 놓고 대나무로 테두리를 감쌌다. 부채면을 가득 채운 꽃과 옛 기물은 평온하고 무탈한 삶에 대한 기원을 나타낸다. 청나라 궁중 여인들이 사용하던 것으로 고상하고 섬세하다. (차오칭)

꽃과 나비를 수놓은 비단 부채
Silk fan with embroidered butterflies and flowers

청清 Qing
자루 길이Length including the handle 39.3cm,
부채면 가로width 22.6cm, 세로Fan length 26.1cm

흰 비단에 복숭아꽃과 표범나비를 양면으로 수놓은 둥근 부채. 부채면은 세로로 긴 다각형이며 부채 자루는 옻나무 칠기에 나전이 새겨져 있다. 테두리는 파이핑으로 처리되었다. 청나라 궁중 여인들이 사용하던 것으로 정교하고 섬세하게 만들어졌다. (차오칭)

밀집 단선團扇

Woven straw fan

청淸 Qing
자루 길이Length including the handle 39.1cm,
부채면 가로Width 25.9cm, 세로Fan length 25.6cm

밀짚을 그물 모양으로 짠 둥근 부채. 부드러운 밀짚을 골라 표백과 염색을 거친 후 가늘고 납작한 끈으로 가공하여 편직한다. 중간중간 색끈을 사용하여 여러 줄의 띠 문양을 만들었다. 나전칠기로 된 부채 자루에는 꽃과 나비를 얕게 새겼다. 부채면과 자루가 맞물리는 부위에 반달 모양 대모갑을 끼워 넣었다. 앞면 중앙에 있는 금벽산수화가 매우 정교하다. 청대의 궁중 유물이다. 청대 왕연정王延鼎이 《장선신록杖扇新錄》에 남긴 맥선麥扇에 관한 기록을 보면, 강소와 절강 일대에서 맥선이 유행했다는 사실을 알 수 있다. 맥선은 남녀 공용으로 사용되었지만 소녀들의 애착물이기도 했다. (차오칭)

중국에서 이름난 4대 자수는 소주의 소수蘇繡, 호남의 상수湘繡, 광동의 월수粵繡, 사천의 촉수蜀繡가 있다. 심수沈繡는 청대 말기 소주의 자수대가 심수沈壽가 만들어낸 자수로서 소수의 최고 경지라고 할 수 있다. 중국 전통 자수기법에 서양화의 빛과 명암, 색채 이론을 결합한 심수는 예술성과 표현력이 극도로 뛰어난 자수다. 심수沈壽(1874-1921)는 강소 오현吳縣(오늘날의 소주) 사람으로 원래 이름은 설지雪芝였다. 7세때부터 언니에게 기술을 배워 14세에 오 지역에서 상당한 명성을 얻었다. 19세에 소흥紹興의 거인擧人 여각餘覺의 처가 되었다. 부부는 글슬도 좋았고 두 사람 모두 성취욕이 있어서 서로를 격려하며 함께 연구를 했다. 두 사람은 한 나절은 책을 보고 이론을 공부하고 한 나절은 자수를 연습했다. 심수는 남편의 협조와 지원 하에서 십년을 하루 같이 자수를 연마하면서 명성도 함께 얻었다. 1904년 서태후의 칠순에 심수는 새로운 자수 작품 《팔선상수도八仙上壽圖》와 《무량수불도無量壽佛圖》를 선물로 바쳤다. 서태후는 심수의 자수를 '신품神品'이라 칭송하며 이름에 '壽'자를 하사했다. 10년 동안 외길을 걸으며 매진한 끝에 얻어낸 결과였다. 이후 심수의 이름이 전국 각지에 알려지고 작품도 대중적인 인기를 끌었다. 1914년 심수는 마지막 장원狀元 장예張謇의 지원하에서 남통여공전습소 소장 겸 교습이 있다. (차오칭)

착사수戳紗繡* '대길상大吉祥' 안경집

Glasses case embroidered
with auspicious characters

청清 Qing
길이Length 15.1cm, 너비Width 4.8cm

***착사수(戳紗繡)** 납사수(納紗繡). 성긴 사직물에 규칙적으로 수를 놓아 직조 효과를 낸다.

물고기 두 마리를 수놓은 안경집

Glasses case embroidered
with double fish design

청清 Qing
길이Length 14cm, 너비Width 5cm

꽃을 수놓은 안경집
Embroidered glasses case

청清 Qing
길이Length 15.8cm, 너비Width 5.5cm

착사수 '증명增明' 안경집
Glasses case embroidered with the characters "Improving vision"

청清 Qing
길이Length 13.1cm, 너비Width 5.1cm

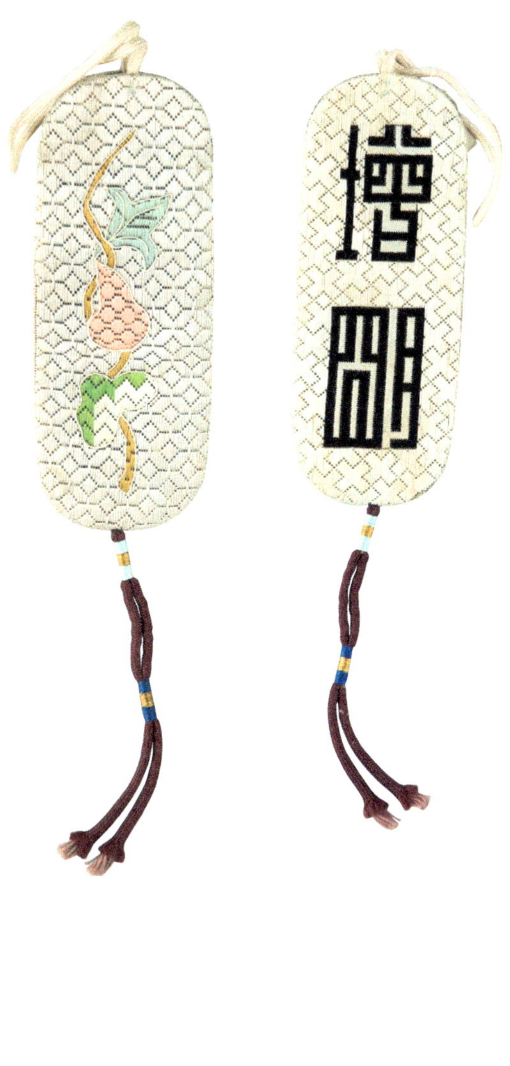

붉은 비단 부채집

Fan case embroidered with auspicious signs

청清 Qing
길이Length 30.8cm, 너비Width 7.1cm

납작한 통 모양의 부채집. 바닥면은 타원형이며 여의운如意雲 문양이 있는 입구가 살짝 넓다. 붉은 비단에 평금平金* 천주穿珠 기법으로 만년청분萬年青盆, 여의쌍시如意雙柹, 모란 화병, 백상白象을 수놓았다. 앞뒤 양면이 같다. 진주와 산호의 은은한 광택이 화려하고 고귀하다. 경수京繡*의 명품이다. (양하이타오)

***평금(平金)** 중국 전통 자수 기법 가운데 하나로 소주 자수에서 주로 사용된 조문수(條紋繡)의 일종이다. 화훼나 물결 등의 문양에 어울린다. 금색실의 광택과 가지런한 자수면으로 화려한 장식효과가 있다.

***경수(京繡)** 북경지역을 중심으로 발달한 자수. 명청 때 전성기를 맞이하여 궁정 장식용으로 많이 사용돼 궁수(宮繡)라고도 한다.

격사緙絲 연꽃 부채집
Fan case with kesi-weaving lotus flowers

청清 Qing
길이Length 31cm, 너비Width 6.5cm

납작한 통 모양의 부채집. 바닥면은 타원형이며 여의운如意雲 문양이 있는 입구가 살짝 넓다. 금란金襴 비단에 연화도蓮花圖를 직조했다. 푸른잎과 붉은꽃의 대비가 선명하다. 구도가 단순하고 실 처리가 다소 거칠다. (양하이타오)

쌍용희주雙龍戲珠 부채집

Fan case with two dragons playing with a pearl

청淸 Qing
길이Length 31.3cm, 너비Width 6.7cm

납작한 통 모양의 부채집. 바닥면은 타원형이며 여의운如意雲 문양이 있는 입구가 살짝 넓다. 군청색 비단에 아래쪽은 금색으로 해수강애海水江崖 문양을 수놓았다. 중간에는 전고수塡高繡* 기법으로 쌍용희주 문양을 수놓았다. 용맹하고 힘찬 용의 형상이 생생하게 표현되었다. 용 주변은 평금은수平金銀繡* 기법으로 채운彩雲 등의 문양으로 꾸몄다. 표면 요철이 아름답고 조각 같은 느낌이 든다. (양하이타오)

***전고수(塡高繡)** 수를 놓기 전에 문양 위에 면화 등을 올린 후 수를 놓는 자수 기법. 문양의 높이가 높아져 입체적인 효과가 생긴다. 동물의 비늘, 새의 깃털, 인물의 코와 눈 등 입체감이 필요한 부위에 적용한다.

***평금은수(平金銀繡)** 소주 자수 기법 중의 하나. 금은사, 비단사로 문양이 올라오도록 수놓는 기법.

융수絨繡* 비단 부채집

Fan case with embroidered design

청清 Qing

길이Length 31cm, 너비Width 6.4cm

*융수(絨繡) 특수 제작된 그물천에 색색의 양털실로 그림과 문양을 수놓는 자수 기법. 중국 상해, 요녕성 조양(朝陽), 산동성 연대(煙臺)에서 주로 제작되었다.

화합여의和合如意 문양 자수 걸이
Embroidery hanging in the shape of Ruyi

청清 Qing
가로Width 8.47cm, 세로Height 32cm

조롱박 모양 자수 염낭

Gourd shaped satin purse with embroidered design

청淸 Qing

길이Height 16cm, 너비Width 11cm

Part 4

Women in men's view

남성들의 눈에 비친 여성의 얼굴과 성취

신석기시대에 여성들이 문명을 창시하고 예술을 남긴 이후 그 뒤를 이어 남성들이 문명을 이론적으로 체계화했다. 대부분 남성들에 의해 쓰여진 중국 문화사에서는 여성들이 어떻게 집안의 관리자가 되었는지, 어떻게 현명한 내조자이자 동반자가 되었는지, 또 어떻게 자녀들을 가르치는 훌륭한 교육자가 되었는지에 관해서는 큰 관심을 두지 않았다. 그러나 그들의 사교 네트워크에서 여성들의 천부적인 예술성에까지 무관심했던 것은 아니다. 그들은 봉황의 털과 기린의 뿔처럼 희귀하고, 온갖 속박 속에서도 낭중지추처럼 뚫고 나온 비범한 여성들을 찬미했다. 그들의 찬미는 왕조 교체기였던 명말청초에 화산이 폭발하듯 쏟아져 나왔다. 그러나 그녀들에 대한 기록은 '숙질려조淑質麗藻', '절렬문재節烈文才' 등과 같은 틀 안에 갇혀 있었다. 다시 말해, 여성을 평가하는 기준은 재才, 색色, 귀貴, 정貞 이 네 글자에 다름아니었다. 여성들의 초상을 담은 이 장에서는 실재했던 그녀들의 존재에 주목하고자 한다. 이를 위해 탁월한 화가들이 상상력과 예술적 역량을 바탕으로 그린 초상을 통해 그녀들을 기억하고자 한다. 화가들의 따뜻한 시선과 존경의 마음에서 비롯된 아름다운 형상에서 맑고 고운 여성들의 덕성과 재색才色이 현현顯現한다.

A Study on the Portrait of Ms. Yuan and Praises for Her Chastity Collected by Nanjing Museum

남경박물관 소장 청대 원씨 정절당 화상 문한袁氏貞節堂畵像文翰[1]*에 관한 연구

마오원팡毛文芳

1. 들어가는 말

1) 진귀한 초상화 두루마리

4만여 점이 넘는 역대 서화들이 소장되어 있는 남경박물관에서 가장 체계적인 계통을 이루고 있는 것은 명청시대의 서화 작품들이다. 이 수많은 걸작과 명작들의 무리 속에 초상화도 다수 포함되어 있는데 여성 초상화 두 점이 특히 눈길을 끈다. 그중 하나는 번기樊圻와 오굉吳宏의 공동작 〈구미상寇湄像〉이다. 이 그림은 표구가 되어 있고 시당詩堂에 금릉의 명기 구미를 추억하는 제발題跋, 제시題詩, 상찬像贊 등 청대 문인들의 글이 있다. 또 하나는 〈원절모 한유인[2] 소영袁節母韓孺人小影〉으로 송강의 여류 화가 육담용陸淡容이 초상을 그리고 오문吳門[3]의 여사女士 정소丁憓가 제명題名을 썼다. 초상화의 주인공과 초상화를 그린 화가, 제명을 쓴 사람 모두가 여성인 것이다. 두루마리 후단에 장원익蔣元益, 왕명성王鳴盛 등 문사들의 글 24편이 있는데 이

1 역주: 《원씨 정절당 화상 문한(袁氏貞節堂畵像文翰)》은 초상화와 다수의 제발이 함께 있는 문집(文集)의 성격을 가진다. 《원씨 정절당 화상 문한》에 포함된 초상화와 제발을 단독으로 표시할 때는 화살기호 〈 〉를 사용했다.

2 역주: 고대에는 대부(大夫)의 부인을 유인(孺人)이라 했으며 명청시대에는 7품 관리의 어머니나 처를 유인이라 했다. 부인의 존칭으로 유인을 사용하기도 한다. 이 글에서 '한유인' 은 성이 원래 한씨이지만 원씨 집안에 시집을 왔기 때문에 '원씨' 로 지칭되기도 한다.

3 역주: 오문(吳門)은 소주(蘇州) 및 소주 일대를 가리킨다.

글들과 초상을 포함하여《원씨 정절당 화상 문한袁氏貞節堂畵像文翰》이라고 칭한다. 이 작품은 정절을 지킨 어머니를 기리기 위해 제작되었다. 〈구미상〉이 학자들로부터 많은 관심을 받았던 것에 비해 후자의 작품은 냉대를 받았다고 할 수 있는데 이 글에서는 후자와 관련된 사항들을 고찰하고자 한다.

우선, 두루마리 장정裝幀 순서를 살펴보자. 맨 앞쪽에는 전대흔錢大昕[4]이 쓴 제명 "袁氏貞節堂畵像文翰(원씨 정절당 화상 문한), 竹汀居士(죽정거사) 題簽(제첨)" 이 있고 그 아래로 양각으로 된 두 개의 낙관 '臣大昕(신 대흔)'과 '辛楣(신미)'가 있다. 그 다음으로 '貞節堂(정절당)'이라는 글자가 예서체로 크게 적혀 있고 좌측에 양각으로 '長樂未央(장락미앙)'[5]이 새겨진 둥근 인장이 찍혀 있다. 글자 좌측에 적힌 "乾隆庚戌仲秋為袁節母韓太孺人題北平翁方綱(건륭 경술년 중추절, 원절모 한태유인을 위해 북평 옹방강이 쓰다)"는 제명이다. 제명 위아래에 있는 두 개의 인장은 음각으로 된 '翁印方綱(옹인방강)'과 양각으로 된 '覃溪(담계)'다. 그 다음에 이어서 초상을 붙였다. 채색된 부인의 상반신이 중앙에서 정면을 바라보고 있고 우측 상단에 정소가 쓴 "袁節母韓孺人小影(원절모 한유인 소영) 吳門女士丁愫書(오문여사 정소 서), 時年七十有五(시년 칠월유오)"가 있다. 두 개의 양각 인장은 각각 '仲(중)'과 '蘭(난)'이 새겨져 있다. 좌측의 제명 '松陵女史陸淡容寫(송릉여사 육담용 사)'에는 양각으로 된 '淡容(담용)'과 음각으로 된 '陸氏修梅(육씨 수매)'가 새겨져 있다. 끝부분에 위치한 각 시문은 다음과 같은 순서로 이어진다.

장원익蔣元益 찬纂 / 강성江聲 서書, 〈원절부 한씨 정문송병서袁節婦韓氏旌門頌並序〉

왕명성王鳴盛, 〈원모 한유인전袁母韓孺人傳〉

원매袁枚, 〈원모 한유인 묘지명袁母韓孺人墓誌銘〉

원곡방袁谷芳, 〈정표 정절 원모 한유인 묘갈旌表貞節袁母韓孺人墓碣〉

양동梁同 서書, 〈절모 한유인찬節母袁孺人贊〉

왕문치王文治, 〈원모 한유인뢰袁母韓孺人誄〉

양창림楊昌霖, 〈원모 한유인 절행서袁母韓孺人節行序〉

왕창王昶, 〈화상기畵像記〉

4 역주: 건가학파(乾嘉學派)의 대표적 인물 전대흔(1728-1804)은 호는 신미(辛楣)이며 만년에는 스스로 죽정거사(竹汀居士)라고 칭했다.

5 역주: 장락미앙(長樂未央)은 즐거움이 오래도록 끝나지 않는다는 뜻이다.

팽계풍彭啟豐, 〈원모 한유인 유상 제사袁母韓孺人遺像題詞〉

왕량汪亮, 〈상찬像贊〉

노문초盧文弨, 〈정절당기貞節堂記〉

전대흔錢大昕, 〈정절당명 병서貞節堂銘並序〉

양복길楊複吉, 〈죽백루기竹柏樓記〉

팽소승彭紹升, 〈원절부시유서袁節婦詩有序〉

진대성秦大成, 만시挽詩

각라장린覺羅長麟, 〈흠정 원절모 한유인 시欽旌袁節母韓孺人詩〉

손지조孫志祖, 〈원절모 한유인 시袁節母韓孺人詩〉

고광욱顧光旭, 〈죽백루시 병서竹柏樓詩並序〉

소범邵颿, 〈오애시烏哀詩〉

모조毛藻, 구가謳歌

완원阮元, 제시題詩

전대흔錢大昕, 발跋

오석기吳錫麒, 〈원절모 죽백루 시袁節母竹柏樓詩〉

손성연孫星衍, 〈정절당기貞節堂記〉

이상과 같이 장원익蔣元益으로 시작하여 손성연孫星衍으로 끝나는 시문 부분에는 글씨를 쓴 강성江聲까지 포함하여 24명의 이름이 올라있다. 대다수가 건륭·가경 시기의 명사들이다. 운문과 산문을 포함한 전체 24편의 글 중 전대흔이 명銘과 발跋을 각 1편 남겼다.[6]

《원씨 정절당 화상 문한》은 원씨 부인의 정절과 공을 기록한 역사적인 증거물로서 다양한 관점에서 연구가 이루어질 수 있는 매우 특별한 텍스트다.

2) 초상화의 주인공

두루마리 끄트머리에 있는 왕명성王鳴盛의 〈원모 한유인전袁母韓孺人傳〉에 초상화의 주인공 한유인의 일생이 대략적으로 기술되어 있다.

6 전체 두루마리의 해석에 도움을 준 차이센탕, 투나이쉔, 순위팅 등에게 감사를 표한다. 이글에서 인용한 24편의 작품은 두루마리에서 수집한 것으로서 문장이 난해하고 복잡할 수 있으며 별도의 주석도 달지 않았음을 밝힌다.

孺人姓韓氏, 吳中人也。幼習姆教, 勤女紅。奉直大夫候選知州柳邨袁公, 配汪宜人舉丈夫子一人曰廷櫄漁洲氏…… 終鮮兄弟。公聞孺人之賢, 遂納為箧焉, 時年十九矣。佐理家政, 事事勤毖…… 舉丈夫子一人曰廷檮又凱氏。孺人恩勤鞠育…… 雖有婢僕, 不輕假手也。歲在丁亥, 柳邨公與汪宜人相繼捐館舍, 孺人…… 顧膝下藐諸孤甫六齡…… 嗣是撫育遺孤, 飲冰茹櫱者凡一十有五年, 坐臥一小樓, 非歲時伏臘, 足不輕下。一切家事皆曰：有家督在, 吾惟知撫孤耳…… 暨廷棬出就外傅, 孺人訓課甚嚴。庚子冬為之授室。今年春孺人四十初度…… 越兩月而孺人疾作, 遂以不起……生於乾隆七年三月十一日申時, 卒於乾隆四十六年閏五月初六日亥時, 存年四十。

유인은 한씨 성으로 오중 사람이다. 어린 시절 어머니로부터 교육을 받고 근면하게 여공을 했다. 봉직대부 후선 지주 유촌 원공袁公은 왕의인과 혼인을 하여 아들 정유廷櫄(자字 어주漁洲)를 얻었다……형제는 없었다. 유인이 어질다는 소문을 듣고 원공이 첩실로 받아들였는데 당시 열아홉이었다. 부지런하게 집안일을 도왔다. ……남편에게서 아들 정도廷檮(자 우개又凱)를 얻었다. 유인은 자애롭게 양육했다. ……비록 계집종과 사내종이 있었으나 함부로 남의 손을 빌리지 않았다. 정해년에 유촌공과 왕의인이 잇달아 세상을 하직했다. ……슬하의 어린 아들은 막 여섯 살이 되었다. ……양친을 잃고 고아가 된 장자를 돌보았다. 차고 거친 음식을 먹으며 15년 동안 작은 누각에서 살았다. 명절이 아니면 쉴 수 없었다. 집안 일에 대해 "집에 혼자 있으니 나는 아이들 키울 줄만 안다"고 했다. 정도가 공부를 시작하자 유인은 엄격하게 가르쳤다. 경자년 겨울 새 며느리에게 살림을 넘겼다. 올해 봄 유인은 마흔 초반이 되었다. ……두 달 후 유인은 병이 나서 일어나지 못했다. ……건륭 7년 삼월 11일 신시에 태어나 건륭 46년 윤오월 초엿새 해시에 사망하였으니 40년을 살았다.

한씨(1742-1781)는 오중 사람으로 어린시절 평범한 집안에서 어머니로부터 교육을 받고 부지런히 여공을 익혔다. 19살에 지주知州[7] 원영도袁永滔의 측실로 들어가 아이들을 길렀다. 한씨는 원씨 가문에서 왕씨 부인을 보필하여 집안일을 건사했으며 4년 후 아들을 낳았다. 그후 3년 뒤인 건륭 32년(1767) 정해년에 원영도와 왕씨가 앞뒤로 세상을 떠났다. 한유인은 15년간 자녀들을 보살피고 가르치며 과부로 수절을 하다가 병환으로 짧은 40년 인생을 마감했다.

7 역주: 지주(知州)는 각 주州를 담당하는 행정장관으로 높은 벼슬은 아니다.

3) 두루마리의 제작자

두루마리 제작을 추진한 인물은 한씨의 아들 원정도袁廷檮(1764-1810)다. 건륭 29년 출생한 원정도는 자字는 우개又愷와 수계壽階 또는 수계綬階를 사용했으며 오현吳縣(오늘날의 강소성 소주) 사람이다. 건륭·가경 때 장서와 고거학에서 원씨 육준袁氏六俊으로 알려진 원표袁表, 원구袁裘, 원경袁褧, 원포袁褒, 원곤袁袞, 원질袁袠의 후손이다. 네 살에 부친을 여의고 모친 한씨의 슬하에서 자라났다. 국자감 생원이었던 초년에 고문에 뜻을 두고 소학에 정통하였다. 장서에 취미를 두어 교감과 고증에 조예가 깊고 박학한 것으로도 유명했다. 왕명성王鳴盛, 이예李銳, 비사기費士璣, 고천리顧千里 등과 학문적 교류를 했다. 송대와 원대의 판각본과 수기본, 금석문 비첩, 법서法書와 명화 등 7만여 건의 자료를 수집했다. 장서루 '소산총계관小山叢桂館'에는 선조 원각袁桷이 남긴 벼루 세 점에 청객거사清客居士[8]와 곡허谷虛[9] 선생이 사용했던 명품 벼루 두 점까지 총 다섯 점의 벼루가 있었다. 그래서 장서루는 '오연루'라고 불리게 되었는데 고광기顧廣圻가 〈오연루부五研樓賦〉를 짓기도 했다. 원정도는 하루 종일 장서루에 앉아 책을 교감하느라 단사丹砂와 자황雌黃을 손에서 놓지 않았다. 고광기, 뉴수옥鈕樹玉 등과는 친구 사이였다. 원정도는 당시 주석찬周錫瓚, 황비렬黃丕烈, 고지규顧之逵와 함께 '장서사우藏書四友'로 일컬어졌는데 전대흔은 그를 '의관인물衣冠人物'[10]로 불렀다. 소주 풍교楓橋에 있던 원정도의 집으로 사방의 명사들이 배를 타고 방문했다. 전대흔, 왕명성, 단옥재段玉裁 세 우공寓公도 수시로 오가며 경학과 고증학을 논하고 술과 시를 나누기도 했다. 그래서 사방의 명사들이 소문을 듣고 몰려들었다. 훗날 서건학徐乾學이 부인 김씨의 청도각聽濤閣 아래에 심었던 홍혜紅蕙[11]를 얻어 계단 아래에 옮겨 심고 장서루의 이름을 '홍혜산방'으로 고쳤다. 모친때문에 지은 '정절당'이라는 이름은 녹색 격자가 인쇄된 종이를 사용해서 글자를 베껴쓴 후 판면 아래에 '貞節堂鈔(정절당초)'라는 글자를 새겼다. 이를 통해 장서루의 또 다른 이름을 확인할 수 있다. 장서루와 관련한 글로는 오석기吳錫祺의 〈홍혜산방기紅蕙山房記〉와 손성연孫星衍의 〈정절당서貞節堂敘〉가 있다. 원매袁枚도 오중吳中에 갈 때마다 원정도의 집에서 머물렀는데 집안 곳곳에 원매의 흔적이 남아있다. 원정도는 《금석서화소견기金石書畫所見記》, 《홍혜산방집紅蕙山房集》, 《이은록漁隱錄》 등의 저서를 남겼다. 장서인藏書印은 '원우개 장서袁又愷藏書', '풍교 오연루 수장인楓橋五研樓收藏印', '평강 원씨 수장平江袁氏收藏', '오연루 원씨 수

8 역주: 청각거사(清客居士)는 원각(袁桷, 1266-1327)의 호이며 청용거사(清容居士)의 오기로 보인다.

9 역주: 원곤(1499-1548)의 호.

10 역주: 의관인물(衣冠人物)은 예의와 교양이 있는 신사(紳士)를 뜻한다.

11 역주: 홍혜(紅蕙)는 난초와 비슷한 붉은 혜초(蕙草)를 가리킨다.

장금석 도서인五硯樓袁氏收藏金石圖書印', '석연루石硯樓', '홍혜산농紅蕙山農' 등 10점이 있다. 장용臧鏞, 진전陳鱣, 오건吳騫, 전대흔, 단옥재 등 장서가와 학자들이 책을 읽고 남긴 제발題跋과 목록을 보면 어디서나 원정도가 소장한 책에 대한 기록과 장서인기藏書印記를 확인할 수 있다. 원정도는 책 읽기를 좋아해서 생계를 꾸리는 일에는 신경을 쓰지 않고 늘 책을 구입하고 베껴 쓰는 일에만 몰두했다. 그러다 가세가 몰락하여 강소성과 절강성 일대를 돌아다니다가 더위로 몸져누웠다. 원정도의 장서는 아들이 물려받을 생각을 하지 않았는데다 도둑까지 맞아서 순식간에 흩어져 버렸다. 원정도는 가경 15년 불과 47세의 나이에 집에서 숨을 거두었다.

2. 두루마리의 제작 과정

두루마리의 장정과 제첨題簽을 살펴보면, 《원씨 정절당 화상 문한》은 초상과 글 두 개 부분으로 이루어져 있다. 초상은 두루마리의 화심畵心에 있고 24편의 글은 뒷부분에 있다. 한유인의 별세가 두루마리를 제작하는 계기가 되었다는 사실에는 의심의 여지가 없다. 원정도는 부친이 작고한 건륭 정해년에 4세에 불과했는데 '6세에 고아가 되었다六歲而孤'는 다른 글들의 기록과는 2년의 차이가 있다. 모친이 작고하던 해에는 18세였다. 당시 집안의 장자는 원정유袁廷櫆(생몰 미상, 1759년 이전 출생)였는데 한유인이 시집온 것은 원정유가 출생한 후의 일이다. 그렇다면 원정유는 원정도보다 최소 다섯 살은 위다. 한유인이 작고할 때 원정유는 적어도 23세는 되었을 것이다. 건륭 46년 윤오월 한유인이 작고한 후 원정도가 주도하는 일련의 글 청탁이 시작되었다.

1) 아들의 청정(請旌)[12]

어머니가 세상을 떠나자 아들 원정도는 현지 순무巡撫를 통해 관부에 정려문旌閭門을 요청했다. 그리고 이듬해 '貞節(정절)' 두 글자를 하사 받게 되자 이문에 깃발을 걸고 정절당을 꾸몄다. 이와 관련한 기록은 아래와 같다.

> 廷檮痛母之死, 請於官, 得綽楔以旌其閭。(袁谷芳)

12 역주: 조정에 효자, 열녀 등을 표창하는 정문(旌門)을 요청하는 일.

정도가 모친의 죽음을 슬퍼하며 관청에 정려문을 세워 달라고 청하였다.(원곡방)

是年□巡撫閔公具疏以聞, 越明年, 翰命如例旌其門。(蔣元益)
순무 민공이 상소를 듣고 나서, 이듬해, 정려를 받고 관례대로 정려문을 세웠다.(장원익)

蘇州巡撫閔公請旌於朝。(袁枚)
소주 순무 민공이 조정에 정려문을 청하였다.(원매)

今子廷檮既狀其母之事實, 由所司以貞節得請旌於朝, 乃即以貞節顏其堂, 志君恩, 彰母節也。(盧文弨)
그 아들 정도가 어머니의 일을 아뢰자, 관에서 조정에 정려를 요청하여 정절당을 꾸밈으로써 군주의 은혜를 기리고 모친의 정절을 널리 알렸다.(노문초)

2) 여성 사료(史料)의 기록과 보완

글쓰기에 참여한 사람들은 자신의 심정을 다음과 같이 밝혔다.

餘忝舊史氏, 聞節婦懿行不可不為之表揚。(蔣元益)
나는 구사씨로서 절부의 의행을 듣고 표양하지 아니할 수 없다.(장원익)

余宗人也, 又舊史氏也, 誼與職均不當辭。(袁枚)
나는 종중 사람이면서 또 구사씨다. 도의적으로나 직책상으로나 사양하는 것은 적절치 아니하다.(원매)

徵銘乞詩, 餘忝舊史。爰勒是辭。(王文治)
명銘과 시를 청탁하니 구사씨인 내가 어찌 사양하겠는가.(왕문치)

予夙從太史氏後有記事載言之職……爰為詮次以備異日彤管[13]之採擇雲。(王鳴盛)

13 역주: 동관(彤管)은 자루에 붉은색을 칠한 붓을 뜻하며 주로 여성들이 사용했다.

나는 일찍이 태사씨가 된 후 역사를 기록하는 일을 했다. ……그리하여 훗날 여인들의 작품을 엮을 수 있도록 준비하는 차원에서 글을 쓴다. (왕명성)

'구사씨'는 태사를 가리킨다. 원래 역법을 겸직하는 사관史官이었으나 위진 이후 구사씨가 역법과 점후占候를 전담하고 태사씨가 책과 경전을 관리하게 되었다. 왕명성은 한유인의 지난날을 마주하며 '훗날 여인들이 쓴 작품을 엮을 수 있도록 미리 준비하는 것備異日彤管之采擇'이 구사씨로서의 임무라고 했다. 이 말은 모조毛藻가 "여인들의 작품은 확실하게 믿을 수 있다信彤管之有征"라고 한 것과 같은 맥락이다. 고광욱顧光旭도 〈죽백루시병서竹柏樓詩並序〉에서 같은 견해를 밝혔다.

昔餘從兄謂齋氏(顧鬥光)嘗撰列女樂府凡五卷, 益以補遺一卷, 共六卷, 探集經傳, 搜羅全史, 捃摭甚詳且備。凡賢能有節行者, 咸在是列。然耳目所及者及之, 耳目所不及者歸於補遺……聊俟諸異日之再補云爾。鄙書垂成而吾兄歿, 不果付梓。設吾兄聞孺人之賢如是, 孺人之節行昭著如是, 其必為樂府入補遺卷中矣。餘乃不揣固陋, 茲以耳目所及一一補之, 異日采風之使, 或合前捲而付之梓, 則吾兄之志也。爰作竹柏樓(詩)。

예전에 종형 악재씨(고두광)가 열녀악부 다섯 권을 엮은 후 빠진 것을 한 권으로 더 엮어 전체 여섯 권이 나왔다. 경전과 사서를 샅샅이 뒤져서 세세하고 온전하게 수집했다. 덕과 재능을 갖춘 열녀는 모두 망라되었다. 그러나 눈과 귀가 미친 경우에는 포함되었지만 그렇지 않은 경우에는 나중에 빠진 것을 보태려고 했다…… 훗날을 다시 기약할 수밖에 없었다. 그러나 종형의 죽음으로 끝을 맺지 못하고 간행되었다. 종형이 유인의 덕행과 정절을 알았다면 틀림없이 악부의 증보권으로 엮었을 것이다. 나는 견문이 넓지 않아 지금 눈 앞에 보이는 것만 보태지만, 훗날 다시 글을 더 채집하거나 앞서 엮은 악부에 보태어 간행하는 것이 종형의 뜻이었다. 이에 죽백루(시)를 짓는다.

이상과 같이 사람들은 원씨 모친의 사적事績을 채집 대상의 하나로 보고 악부樂府에 넣고자 했다.

3) 시문(詩文) 청탁

원정도는 동시다발적으로 사람들을 찾아가 여기저기 시와 명문銘文을 청탁했다. 그와 관련한 글쓴이들의 기록을 보자.

未已也, 复遍屬於諸名公之言以揚厲其事。(袁谷芳)

끝도 없이, 이름난 문장가들에게 두루 부탁하여 그 일을 널리 알렸다.(원곡방)

一時士大夫多為傳志詩歌以紀其行……聞節婦懿行不可不為之褒揚, 爰作旌門頌八章八句。(蔣元益)

일시에 여러 사대부들이 전기와 시가로 그 덕행을 기록했다……절부의 의행을 듣고 널리 표양하지 아니할 수 없어 정문송 팔장 팔구를 짓는다.(장원익)

上邀旌典縉紳先生, 多為傳志詩章, 銜揚芳烈。(毛藻)

정려문을 세울 때 초청한 관리들과 선생들 다수가 전기와 시문으로 아름다운 사적을 기록했다.(모조)

節母既以賢節聞, 而吳中士大夫作為彰詩銘誄傳記, 以傳其芳聲, 而仰其遺躅。(顧光旭)

모친의 어진 덕과 정절을 들은 오중의 사대부들이 시와 명문으로 표양하고 전기로 애도하니 그 아름다운 명성이 전해지고 그 발자취를 앙모하게 되었다.(고광욱)

蓋自簡齋而外, 如蔣少司馬元益有頌；王光祿鳴盛有傳；錢少詹大昕有詩； 王方伯昶有記；王太守文治有誄；梁太史同書有贊, 俱卓然可傳者。(袁谷芳)

간재체[14] 외에 온갖 문체가 두루 있었으니, 예를 들어 장원익은 송을 지었고 왕명성은 전을 지었고 전대흔은 시를 지었고 왕창은 기를 지었고 왕문치는 뇌를 지었고 양동서는 찬을 지었다. 모두가 탁월하여 가히 전할 만하다.(원곡방)

아들 원정도는 어떻게 그렇게 많은 인물들을 접촉하고 다양한 문체의 글들을 청탁할 수

14 역주: 간재(簡齋)는 북송 시인 진여의(陳與義)의 호로 그가 만든 문체를 간재체라 한다. 문체가 자유롭고 유창하다.

있었을까? 글을 쓴 사람들의 대부분은 한림원의 고관이었는데 주로 알고지내는 인맥이 바탕이 되었다. 예를 들어, 왕명성은 "나는 어주漁洲 형제와도 사이가 좋고 유인의 일도 잘 알고 있어서 글을 쓰게 되었다."[15]라고 했고, 양창림楊昌霖은 "나는 유인의 정절을 흠모하고 원씨의 두터운 정을 생각하여 서문을 쓰게 되었다."[16]라고 했다. 집안의 어른으로서 특별히 청해졌던 72세 원매는 "정도가 날짜에 따라 유인의 장례를 치르기 전에 먼저 내게 예물을 보내고 명문을 청하였다. 나는 종중 사람으로서……도의적으로나 관직상으로나 사양하는 것은 적절치 아니하다."[17]고 하였다. 일부는 아마 명성을 듣고 찾아가 청탁을 했을 것이다. 예를 들어 왕량汪亮은 "우개씨가 명문과 화상기를 보여주면서 나에게 상찬像贊을 부탁하였다"고 했다. 또 왕창王昶은 "내게 화상기畵像記를 부탁했다"고 했고 팽소승彭紹升은 "정도가 시를 부탁했다"고 했다. 특별한 경로를 통해 건너 건너 청한 경우도 두 사람 있었다.

> 餘與君家春圃方伯為寅友, 丙午秋奉簡命監臨闈試, 迨蕆事, 與餘道及吳中士風清嘉, 並為述族中韓孺人苦節甚詳, 令其子廷檮出傳誄索題, 余嘉其能表揚母節也, 因紀之而係以詩。(覺羅長麟)
> 나와 그 댁의 춘포 방백은 동료로서 병오년 가을 과거시험 감독을 함께 했다. 일이 끝나고 나서 방백은 나에게 오중의 아름다운 풍속을 언급하면서 한유인의 굳은 절개에 대해 자세히 알려줬다. 이제 유인의 아들 정도가 전傳과 뇌사誄詞를 구하니 그 모친의 정절을 표양하고 시를 지어 기린다. (각라장린)

> 餘以公事留郡城, 寓紫陽書院。一日有持刺而通謁於門者, 曰廷檮, 餘同姓也。適餘他出未克見。既再至, 三四至, 意甚下, 禮甚恭, 視其貌若有戚戚然者。坐定, 手出家簡齋為其母孺人所作墓誌銘見示……今之來簡齋意也, 先生尚憐而諾諾。噫!廷檮可謂知所以愛親而篤於孝者矣。即廷檮之孝而益可想其母之賢。然則餘又安忍以不斐辭? (袁谷芳)
> 나는 공무때문에 군성에 머물며 자양서원에 기거한다. 하루는 명첩을 들고 문 앞에서 만남을 청하는 자가 있었다. 이름은 정도요, 성은 나와 동성이었다. 마침 내가 출

15 "漁洲昆季與予善, 予之知孺人也詳, 爰為詮次。"
16 "餘夙欽孺人之節, 又於袁氏交厚, 爰序之。"
17 "廷檮以年月日將袝葬孺人, 於先期走幣來請餘銘。余宗人也……誼與職均不當辭。"

타하여 만남이 이루어지지 않았는데 서너번 다시 찾아왔다. 몹시 겸손하고 공손한 예를 갖추었으나 근심스러운 듯한 모습이었다. 자리에 앉자 손으로 그 모친의 묘지명을 꺼내 보였다…. 찾아온 이유는 글을 청탁하기 위해서였는데 다른 선생들 모두 안타까워하며 수락하였다. 오! 정도는 모친을 사랑하는 효자라 할 수 있겠구나. 정도의 효성이 모친의 덕을 더욱 그립게 하는구나. 그런데 내가 어찌 잔인하게 글재주가 없다며 거절을 하겠는가?(원곡방)

각라장린과 원곡방은 웃어른의 소개를 통해 건너 건너 시문을 청탁하게 된 사람들이다. 인정에 기대어 글을 청탁한 경우도 있고 명성을 듣고 글을 청탁한 경우도 있다. 또 서신으로 글을 받은 경우도 있고 직접 찾아가서 글을 받은 경우도 있다. 어떠한 방식이었건 간에 이 두루마리를 통해서 사적인 관계로 연결된 문인들의 글쓰기 네트워크를 확인할 수 있다.

4) 과거의 선례

수절한 모친이 작고한 후 아들이 사람들에게 시문을 청탁하는 일은 백여 년 전에 이미 선례가 있었으므로 원정도가 최초는 아니다. 순치 연간에 원중기袁重其라는 원씨 가문의 조상이 있었는데 원정도의 효행은 조상의 복제판에 다름 아니다. 왕탁王晫은 다음과 같이 밝혔다.

> 袁重其狀貌臞然, 能讀書識字, 好以禮義自維, 不苟言笑。與四方賢士大夫交, 言而有信, 鄉里交嘆為善人。袁名駿, 江南吳縣人。三歲而孤, 母苦節垂六十年。駿日走四方, 乞當世賢士大夫詩文以頌母。每歸, 莊誦母傍, 聲出金石。歲葺一卷裝褫之, 積五十餘軸。陳征君眉公首題其幀曰：霜哺篇。海虞錢宗伯亦為作識, 字行一章, 其詞曰：母能識節字, 兒能識孝字。人生識字只兩個, 何用三倉四部盈箱笥。世之人遂無不知有袁孝子者。
>
> 원중기는 여윈 몸에 글을 읽을 줄 알며 스스로 예의를 지키고 말과 행동이 근엄했다. 도처의 어진 사대부들과 사귀며 말에 신뢰가 있었으며 고을에서 좋은 사람으로 알려졌다. 원씨의 이름은 준駿, 강남 오현 사람이다. 세 살에 부친을 여의고 모친이 60년 간 힘겹게 수절했다. 원준은 사방을 다니며 어진 사대부들에게 청탁한 시문으로 모친을 칭송했다. 매번 집으로 돌아오면 모친 옆에서 악기를 연주하며 낭송을 했다. 청탁해온 글들을 모으니 50여 축이 되었다. 미공眉公 진계유가 앞장서서 '상포편霜哺篇'이라고 제목을 지었다. 해우海虞 전종백도 기뻐하며 "모친은 '절節' 자를 알고 아

들은 '효孝' 자를 안다. 인생에서 이 두 글자만 알면 서고에 넘쳐나는 책도 다 쓸데없다. 세상에서 효자 원씨를 모르는 사람이 없다.[18]

위 글은 원중기의 생애와 그의 효행을 개략적으로 기술하고 있다. 《금세설今世說·덕행德行》에 실린 것으로 《상포편》과 관련된 일화다. 원중기의 어머니는 60년 간 수절했다. 원중기는 사방으로 뛰어다니며 사대부들에게 어머니를 칭송하는 시문을 부탁했다. 글을 쓴 사람들은 다수가 명말의 유민遺民, 지역 향현鄕賢, 학자였으며 진계유나 전겸익 같은 명사들의 글까지 얻어낸 바 있다. 덕분에 원중기의 이름이 더 빠르게 알려질 수 있었다. 글 청탁은 원중기의 어머니가 칠순(순치 10년경)과 팔순(강희 2년경) 때 두 차례에 걸쳐 절정에 달했다. 《상포편》에 실릴 글은 모친이 작고한(강희 10년) 이후에도 모집이 중단되지 않고 원중기의 일생 내내 이루어졌다. 최종적으로 200여 명이 쓴 시문 50여 축이 모였는데 이를 두루마리로 만든 것은 원중기의 기행奇行이었다. 이에 대해 오기吳綺는 "명사들은 전傳을 써서 사람들을 권면하고 원로들은 시를 써서 세상을 교화했다. 50여 축이 쌓였으니 비와 서리를 맞으며 밤낮을 가리지 않은 덕이다. 수많은 시문과 서화 속에 뛰어난 작품 또한 적지 않았다."[19]라고 했다.

놀라운 것은 원씨가 명사들에게 했던 '구걸'과 '읍소'다. "천하의 명공과 거인을 만나면 반드시 고개를 숙이고 꿇어앉아 문장과 시가를 구걸했는데 그 어머니를 표양하기 위함이었다⋯. 비가 오나 바람이 부나 멈추지 않고 여기저기 바쁘게 돌아다녔다."[20]라는 기록도 있고 " 불원천리 마다 않고 찾아가 머리를 조아리고 글을 구걸하였으니, 그 덕에 글을 이렇게 많이 받아낼 수 있었다."[21]는 기록도 있다. 이같은 퍼포먼스적 행위에 대한 기록들을 통해, 원중기는 일반적인 문인들과 달리 친소를 막론하고 시를 청탁했고, 청탁을 받은 문인들 역시 거절하지 않음으로써 '효'를 널리 권장하고 지원을 아끼지 않았다는 점을 알 수 있다. 원중기의 명성이 높아지자 《상포편霜哺篇》을 자기 홍보의 수단으로 삼는 문인들까지 생겨날 정도였다.[22] 《상포편》은 외롭게 정절을 지키면서도 최선을 다해 자신을 길러준 어머니에게 보답하기 위해 아들 원중기가 반평생에 걸쳐 명인들에게 얻어낸 글들을 엮은 두루마리다. 수기본手記本의

18 王晫, 〈德行〉, 《今世說》 卷1.
19 "名流作傳, 用勸其家; 巨老稱詩, 以風斯世。積之五十余載, 無非雨夜霜晨; 遂有百億萬言, 不減龍文麟篆。"
20 "遇天下之名公巨人, 必俯首長跽, 乞文章詩歌, 以表揚其母 …… 彷徨奔走, 風雨不輟。"
21 "叩首乞言, 不遠千里, 以故得贈言如此之多也。"
22 杜桂萍, 〈袁駿霜哺篇與清初文學生態〉, 《文學評論》, 2010년 제5기.

형태로 오늘날까지 전해지고 있다.[23]

반세기가 흐른 뒤, 원중기의 후손 원정도도 어린 시절 부친을 여의고 자애로운 모친의 슬하에서 자라나 그 선조 원중기가 그러하였 듯 사방에서 얻어온 시문을 두루마리로 엮었다. 《원씨 정절당 화상문한》을 만들어낸 원동력은 원정도의 효심과 효행이었다. 이런 점에서 이 두루마리는 현모와 효자의 윤리정신이 동시에 반영된 역사적 텍스트다.

5) 시기별 글 순서

필자는 확실한 연도와 관련 정보에 근거하여 시간을 고증할 실마리가 전혀 없는 소수의 몇 편을 제외한 나머지 글들의 작성 시기를 다음과 같이 재구성했다.

시기	작자	제목
건륭 46년(1781년) 한유인이 작고한 해.	왕명성王鳴盛(1722-1797, 60세)	〈원모한유인전袁母韓孺人傳〉
	팽계풍彭啟豐(1701-1784, 81세)	〈원모한유인유상제사袁母韓孺人遺像題詞〉
	팽소승彭紹升(1740-1796, 팽계풍의 아들, 42세)	〈원절부시유서袁節婦詩有序〉
건륭 47년(1783년)	장원익蔣元益, 찬纂 강성江聲(1721-1799, 63세) 서書	〈원절부한씨정문송병서袁節婦韓氏旌門頌並序〉
건륭 49년(1785년)	양동서梁同書(1723-1815, 63세)	〈절모원유인찬節母袁孺人贊〉
	왕창王昶(1724-1806, 63세)	〈화상기畫像記〉
건륭 50년(1786년)	왕량汪亮	〈상찬像贊〉
건륭 52년(1787년)	원매袁枚(1716-1797, 72세)	〈원모한유인묘지명袁母韓孺人墓誌銘〉
	각라장린覺羅長麟(?-1811)	〈흠정원절모한유인시欽旌袁節母韓孺人詩〉
건륭 53년(1788년)	왕문치王文治(1730-1802, 59세)	〈원모한유인뇌袁母韓孺人誄〉
	원곡방袁谷芳	〈정표정절원모한유인묘갈旌表貞節袁母韓孺人墓碣〉
	고강욱顧光旭(1731-1797, 58세)	〈죽백루시병서竹柏樓詩並序〉
건륭 55년(1790년)	노문초盧文弨(1717-1796, 74세)	〈정절당기貞節堂記〉
	전대흔錢大昕(1728-1804, 63세)	〈정절당명병서貞節堂銘並序〉
	옹빙강翁方綱(1733-1818, 58세)	예서체 '정절당貞節堂' 글씨
건륭 60년(1795년)	전대흔錢大昕(68세)	〈발跋〉

23 원래 40여 권(卷)이었으나 도광 연간에 산실되었다. 고개증(顧開增)이 새롭게 3권으로 장황을 하고 광서 연간에 상숙(常熟)의 옹동화(翁同龢)가 소장하게 되었다. 현존하는 잔본(殘本)에는 120인의 제발이 있는데 명나라 유민, 향현, 학자들이 다수 참여했다. 사라져버린 부분을 감안하면 참여자수는 더 많을 것이다. 매우 보기 드문 사례여서 옹동화의 일기(광서20년 2월 12일)에도 기록이 있다.

1795년 68세의 전대흔이 쓴 발문이 두루마리의 대미를 장식했다. 두루마리 맨 앞에 있는 '원씨정절당 화상 문한袁氏貞節堂書像文翰' 제첨題簽도 대략 같은 해에 완성되었을 것이다. 두루마리 말미에 전대흔의 발문에 이어지는 두 편의 글이 있는데 같은 면에 있고 중간에 접힌 자국이 없다. 이 두 글은 전대흔의 발문 이후에 추가된 것으로 추정된다. 하나는 오석기吳錫麒(1746-1818, 50세 이후)의 〈원절모 죽백루시袁節母竹柏樓詩〉 또 하나는 손성연孫星衍(1753-1818, 43세 이후)의 〈정절당기貞節堂記〉다. 또 시기를 확인할 수 없는 6편의 글이 있는데 양창림楊昌霖의 〈원모 한유인 절행서袁母韓孺人節行序〉 외에 진대성秦大成, 손지조孫志祖(1737-1801), 소범邵颿, 모조毛藻, 완원阮元(1764-1849) 등이 포함되며 모두 제시題詩 작품이다.

한유인이 작고한 해부터 전대흔의 발문에 이르기까지 모든 장정과 제첨은 15년에 걸쳐 완성되었다. 전대흔의 발문을 끝으로 두루마리 제작의 모든 과정이 온전하게 마무리된다.

> 袁子又愷承節母之誨, 讀書敦品, 克自樹立, 陟屺之慕, 久而不忘。既繪《竹柏樓居圖》, 乞名公題詠, 裴成兩冊。茲復以志銘傳贊諸文, 次於遺像之後, 而以翁閣學所書"貞節堂"三字顔於幀首, 太孺人之貞心, 又愷之孝行, 不獨一門流芳, 亦三吳盛事也。
> 아들 원우개는 모친의 가르침을 받아 책을 읽고 품성을 연마하여 스스로를 이기고 일어났다. 모친을 생각하는 마음을 오래도록 잊지 않고 〈죽백루거도〉를 그리고 명공들의 시문을 받아 2책으로 엮었다. 또 지, 명, 전, 찬 각 문체의 글을 고인의 초상 뒤에 붙이고 옹방학 내각 대학사가 쓴 '정절당' 세 글자로 족자의 앞면을 꾸몄다. 태유인의 굳은 정절과 우개의 효행은 여남 일문의 명예일 뿐만 아니라 삼오 지역의 성사盛事이기도 하다."

전대흔의 발문에 따르면, 〈죽백루거도竹柏樓居圖〉를 그린 후 명공들에게서 글을 받아 별도의 2책으로 엮었다. 또 이 두루마리는 맨 앞에 옹방강이 쓴 '정절당' 큰 글씨 뒤에 고인의 초상과 다양한 문체로 된 글들을 장정하여 만든 것이다. 발문 뒷부분 맨 마지막에 손성연孫星衍의 〈정절당기貞節堂記〉가 있는데 연도는 없이 관직명만 있다. 손씨는 건륭 60년에 산동 연기조제도兗沂曹濟道[24]를 하사 받았다. 이를 바탕으로 추론을 하면, 손씨의 글은 전대흔이 쓴 발문보다

24 역주: 청나라 때 산동성 남부 지역을 순시하던 관직. 연주(兗州), 기주(沂州), 조주(曹州) 3개 부3(府)와 제녕(濟寧)의 직속 주(州)를 관할했다.

먼저 쓰여진 것은 아닐 것이다. 손씨는 다음과 같이 밝혔다.

> 吳之楓橋西岸有貞節堂, 前閣學翁鴻臚為旌表節孝故奉直大夫袁君側室韓孺人所署也……母竟卒。壽階痛母益甚, 徧乞當世賢士夫為文, 以顯母節行, 命曰《霜哺遺音》。"
> 오의 풍교 서쪽 기슭에 정절당이 있는데 내각의 대학사였던 옹홍려가 고故 봉직대부 원군의 측실 한유인을 정표하기 위해 글씨를 썼다……모친은 작고했다. 수계壽階는 모친을 애통해 하면서 그 정절을 널리 알리고자 이름난 선비들에게 글을 얻어 엮은 후 '상포유음霜哺遺音'이라 이름하였다."

옹방강은 조정에서 내린 글씨 '현절賢節'로 한유인의 정절당을 꾸밀 때 한유인이 생전에 기거하던 당실과 명공들의 서화 두루마리에 글씨를 남겼다. 명공들의 시문과 초상화 두루마리를 합본하여 만든《상포유음》과 반세기 전 원중기의《상포편》은 서로를 비추는 거울과 같다.

《원씨 정절당 화상 문한》을 위한 글쓰기는 장기간에 걸쳐 천천히 이루어졌다. 주목할 점은 독립된 수초본手抄本 형태의 각 글들을 하나씩 덧붙여서 두루마리로 만든 제작 방식이다.[25] 당시 백지로 된 두루마리에 글을 옮겨 적지 않고, 개별적으로 쓴 글을 모아서 연결한 후 긴 두루마리 형태로 만들었다. 낱장의 '수초본'을 하나하나 연결해서 만든 이 두루마리는 청사에 길이 남을 소중한 자산이다.

3. 초상화

1) 유인(孺人)의 초상

살아있는 자의 실제 형상을 그린 것은 수상壽像, 죽은 자의 형상은 유상遺像, 진짜 그대로의 형상은 진상眞像이라 한다.《원씨 정절당 화상 문한》은 화심에 한유인의 유상이 있다. 초상을 그린 육담용陸淡容은 대칭적 구도로 한유인의 인물에 초점을 맞추고 머리와 허리 위쪽이 포함된 상반신 초상을 그렸다. 이마를 따라 가지런하게 정리된 앞머리에서 콧등, 인중, 아래턱,

25 후인들이 표구를 새로 하면서 실수로 연결 순서를 뒤바꿨을 가능성은 일단 배제한다.

두 개의 장식 단추가 달린 높은 옷깃, 중앙 여밈으로 된 솜저고리가 일직선으로 수직축을 이루고 있다. 축선의 위쪽은 가지런하게 쪽진 머리(후방에 가로놓인 비녀를 통해 추정), 눈썹, 눈, 콧볼, 입술, 귀 등 오관과 법령선, 뺨 등 안면부가 있고, 아래쪽은 높은 깃이 달린 솜저고리를 입고 어깨를 내린 채 단정하게 앉은 상반신이 있다.

초상화 이론은 초기에는 별도의 독립된 갈래로 다루어 지지 않고 다른 화론畵論 안에 곁들어 있었으나 원대 왕역王繹의 《사상비결寫像秘訣》을 계기로 명말청초에 점차 늘어나기 시작했다.[26] 초상화가 오랜 침묵을 깨고 유행하게 된 것은 숨어있던 직업적 전통이 새롭게 살아났기 때문인데 명청 시기에 형성된 초상화 이론과도 큰 관련이 있다. 강남의 여류 화가였던 육담용은 명대 이후 상당히 성숙되어 있던 사실적인 초상화 기법을 계승했다. 인물의 얼굴은 파신파波臣派[27]의 '묵골墨骨 요철법'으로 그렸다. 먼저 옅은 묵으로 가늘게 그린 윤곽선 안에 코, 양쪽 광대뼈, 안검, 귀 등 해당 부위를 그린 다음 짙은 색이나 옅은 색으로 넓게 채색을 했다. 이 같은 방법으로 요철과 높낮이가 있는 골격의 질감과 입체감이 선을 따라 자연스럽게 표현되었다. 머리와 옷은 강남 전통의 '구륵전채법'을 사용했다. 굵고 짙은 묵필로 두발 형태와 솜저고리의 윤곽선을 그린 다음 색을 채워 넣었다. 채색을 했지만 전체적으로 채색된 구역은 흑발, 얼굴, 남색 저고리 세 곳뿐이다.

육담용은 전통 절부節婦의 초상화라는 제약 하에서도 두 곳에서 미세한 비대칭 구도를 만들어냈다. 첫째, 머리 뒤에 가로 놓인 비녀의 양 끄트머리가 드러나 있는데 좌측은 굵고 우측은 가늘다. 둘째, 저고리 선을 통해 추정해보면 유인의 왼손이 놓인 위치가 오른손보다 살짝 앞쪽이다. 전체적으로 약간의 장식도 찾아볼 수 있는데, 자색赭色으로 비녀 양끝과 옷깃의 단추 장식이다. 이를 통해 절부의 초상화를 그릴 때 사용하는 획일적이고 표준적인 관습을 타파함으로써 한유인에게 미세한 생명력을 부여하게 되었다.

2) 명청시대 여성 초상화

중국에서 여성 초상화는 이상적 어머니상이 지배하던 시대의 왕후나 후궁들의 초상을

26 원대에 완택의《사상비결병채회록(寫像秘訣並採繪錄)》이 나왔다. 이에 대해서는 余紹宋(1980)의《서화록해제(書畵書錄解題)》상권 권2를 참고하라. 명대에는 주이정(周履靖)이《천형도모(天形道)》에서 인물화를 논했다. 청대에는 경험이 풍부하고 노련했던 인물화가 장기(蔣驥)의《전신비요(傳神秘要)》에서 더 많은 기술적 논의가 이루어졌다. 또 침종건(沈宗騫)의《개주학화편(芥舟學畵編)》에서도 정신을 표현하는 비결에 대해 충분한 논의가 이루어졌다.

27 역주: 명대 인물화의 한 유파로서 창시자인 증경(曾鯨)의 자字인 '파신' 을 따서 붙인 이름이다. 중국 전통 기법에 서양 인물화 기법을 결합했다.

제외한 나머지, 후세에 전해지는 진·당·송·원 이후의 소수의 초상화들을 보면 대부분 여러 사람들을 함께 그린 집단 초상화다. 명대에 이르러 개별 여성을 단독으로 그린 초상화가 나타나기 시작하면서 변화가 생겨났다. 여성은 더 이상 길쌈을 하는 무리나 행락을 나온 무리 속의 일부가 아닌 단독으로 화면에 등장했다. 초상 속의 여인들은 붓을 들고 좌대에 앉아 글씨를 쓰고 그림을 그렸다. 또 탁자 앞에 앉은 여인들은 책이나 그림을 보거나 시를 지으며 고요한 사색에 잠겼다. 사실적 기법의 초상 속에서 여인들은 자신만의 아름다운 자태를 드러낼 수 있었다. 역대 여성 초상화의 변천 과정을 살펴보면, 권계적이고 교화적 성격에서 집단적 전시 성격으로 바뀐 후 문학적 상상 단계를 거쳐 다시 여성 개인의 초상을 그리게 되는 단계에 이르렀다. 초기 사녀화仕女畵의 교화 목적은 여성의 아름다움을 표현하는 쪽으로 방향이 전환되었고, 화가들도 집단보다는 개인을 표현하는데 치중하게 되었다. 화가와 여성의 거리가 점차 가까워지고 시선의 초점도 여성에 집중되어 마치 눈 앞에 여성이 있는 듯한 착각을 준다. 여성 초상화의 새로운 물결은 명청 문화의 특징적 일면이다. 여성 단독 초상화에 나타나는 회화관은 인물화의 전체적 전통 속에서 고찰되어야 그 의미를 확실하게 포착할 수 있다.

여성 초상화의 유행과 관련하여 원매袁枚의 《수원시화隨園詩話》를 보면 여성 초상화가 유행했던 건륭 연간의 상황을 어느 정도 알 수 있다. 일화에 등장하는 전동錢東과 사온산謝蘊山은 처와 첩의 초상화를 직접 그린 후 사람들에게 받은 제시와 함께 표구를 하고 기념 초상화를 만들었다. 당시 제시를 부탁 받았던 원매는 중요한 증인일 수밖에 없다.

> 吳涵齋太史女惠姬, 善琴工詩, 嫁錢公子東, 字袖海。伉儷篤甚。錢善丹青, 為畵探梅小照。亡何, 錢入都應試, 而惠姬亡, 像亦遺失。錢歸家, 想像為之, 終於不肖。忽得之於破篋中, 喜不自勝, 遂加潢治, 遍求題詠, 且載其 《鴛鴦吟社箋詩稿》。
>
> 오 지역 함재 태사의 여식 혜희는 거문고와 시에 능했으며 전씨 집안 공자 동東(字수해)과혼인을 했다. 부부는 금슬이 매우 좋았다. 그림에 능한 전 공자는 혜희의 초상화를 그렸다. 오래지 않아 전 공자는 과거시험을 보러 도성으로 갔다. 그런데 그 사이 혜희가 죽고 초상화도 사라졌다. 집으로 돌아온 전 공자는 부인을 상상하며 초상을 그렸으나 결국 닮지 않았다. 어느 날 갑자기 낡은 상자에서 초상화를 찾아내고 기뻐서 어찌할 바를 몰랐다. 다시 표구를 한 다음 여기저기 시를 청탁해《원앙음사

전시고鴛鴦吟社箋詩稿》에 실었다."[28]

餘在南昌, 謝蘊山太守招飲, 以詩見示。題其妾姚秀英小照雲……"
나는 남창에서 사온산 태수의 연회에 초대를 받고 제시를 썼다. 그의 첩 요수영의 초상에 쓴 제시에서 이르기를……"[29]

명청시대 여성 초상화에는 시각 효과를 통한 성별 이데올로기가 전제되어 있다. 전통적인 감상 과정에서 남성은 감상자가 되고 여성은 감상의 대상이 되면서 연속적인 잠재의식의 메커니즘이 생겨났는데 이 때문에 젠더 연구에서 감상이 중요한 영역으로 떠오르게 되었다. 언제나 '남성이 보고 있다'는 가설이 존재하기 때문에 여성은 '남성이 보고 있다'는 것을 의식하게 되고 육안과 렌즈를 통한 '해석학적 순환Hermeneutical Circle'이 이루어진다. 이로써 여성은 객체화되고 일상적인 감상은 정욕과 성욕의 의미를 가진 바라보기로 전환되는 것이다.[30] 이와 같이 성적 감각을 소구하는 여성 초상화는 다수가 옆모습에 초점을 맞춘다. 7분면으로 옆얼굴을 그림으로써 그림 속 인물의 시선이 그림 밖을 향하게 되는 것이다. 또 감상자는 마주한 대상과의 직접적인 시선 교류를 피할 수 있기 때문에 대상을 거리낌 없이 바라볼 수 있다. 여성의 옆모습과 시선의 방향을 통해 미리 전제된 감상자가 보고자 하는 모습을 적절하게 제공하는 것이다. 이러한 초상화는 테두리가 둘러진 거울과 같다. 자신을 기쁘게 해주는 이를 위해 화장을 한다는 '위열기자용爲悅己者容'을 시각적으로 보여주는 거울처럼 남성의 권력을 반영한다. 그런데 한유인의 초상은 이러한 측면을 완전히 제거했거나 심지어는 정반대로 처리했다.

3) 섹슈얼리티가 배제된 감상

육담용이 구륵鉤勒과 담염淡染 기법으로 그린 한유인의 초상화는 한유인의 정신적 면모를 사실적으로 보여준다. 대칭 구도의 완전한 정면 모습과 정갈한 복장에서 기품과 위엄을 갖춘 여성의 이미지가 제대로 표현되었다. 청대의 초상화가 심종건은 "전신 사조는 가장 오래된

28 袁枚,《隨園詩話》,《袁枚全集》, 南京: 江蘇古籍出版社, 1997年, 冊3, 卷16, 535쪽.
29 袁枚,《隨園詩話 》,《袁枚全集》, 卷14, 460쪽.
30 상세한 내용은 John Berger의《看的方法ways of seeing》(陳志梧 譯, 1991) 참고.

것으로 이를 통해 옛 성현들의 정신을 후세에 전할 수 있다."[31]라고 했다. 《선화화보宣和畵譜》에서도 "도석상과 유생들의 풍모가 사람들로 하여금 우러러보게 한다. 그 만들어진 형상에 깨달음이 있으니 어찌 작은 도움에 불과하겠는가?"[32]라고 했다.

전통 인물화의 측면 비율은 9, 8, 7분면에서 1분면까지 나눌 수 있다. 명말 주이정周履靖은 《천형도모天形道貌》에서 신불神佛은 10분면의 정면상을 사용하여 장엄함을 취한다고 했는데 정면은 권위와 위엄을 보여준다. 후세들을 경계시키고 교훈을 주는 것이 회화의 목적이었던 초기의 인물화는 대부분 이름난 성현들이나 도석道釋과 관련된 인물들을 그렸다. 사녀화는 고개지의 〈열녀인지도列女仁智圖〉, 〈여사잠도女史箴圖〉가 대표적이다. 송대 이후의 후비상后妃像은 단정하고 정숙한 자태가 드러나는 측면 좌상이나 품위와 권위를 보여주는 정면 반신상을 통해 이상적인 어머니상을 가진 황후의 형상을 충실하게 기록했다. 원 세조 쿠빌라이 후비의 정면 조상造像[33]은 명대 후비들의 반신상 또는 귀족 여인들의 전신 좌상의 전범이 되었다. 대부분 정면 중앙 대칭 구도와 보는 사람을 직시하는 시선 각도로 기품과 자태를 표현하고 신분을 과시하는 것이 전형이었다.

송대의 곽약허郭若虛는 초상화 이론을 바탕으로 사녀화에 대해 다음과 같이 논했다.

> 歷觀古名士, 畵金童玉女及神僊星官, 中有婦人形相者, 貌雖端嚴, 神必清古, 自有威重儼然之色, 使人見則肅恭有歸仰之心。今之畵者, 但貴其姱麗之容, 是取悅於眾目, 不達畵之理趣也。"[34]
>
> 옛 명사들이 그린 금동과 옥녀, 신선과 성신을 두루 살펴보면, 그 안에 있는 부인의 형상은 얼굴이 반듯하고 엄숙하며, 정신이 맑고 순박하다. 위엄과 무게가 있는 엄연한 표정이 보는 사람으로 하여금 절로 경외심을 느끼게 한다. 오늘날의 그림은 아름다운 겉모습을 중시하여 사람들의 눈을 즐겁게 하지만 그림의 구상과 정취는 통달하지 못하고 있다.

곽약허는 후대의 모범이자 표준으로 고대 인물화를 높이 평가하는 한편, 시각적으로 표

31 沈宗騫,《芥舟學畫編》. "傳神寫照由來最古, 蓋以能傳古聖先賢之神垂諸後世也。"
32 "畵道釋像與夫儒冠之風儀, 使人瞻之仰之, 其有造形而悟者, 豈曰小補之哉?"
33 沈從文의《中國古代服飾研究》(臺北: 臺灣商務印書館, 1993) 436쪽 참고.
34 郭若虛,《圖畵見聞志》卷1,《畵史叢書》冊1, 臺北: 文史哲出版社, 1983, 157쪽.

현된 여성들의 외모, 성적 취향에 대한 송대 남성들의 불안과 억압을 보여주고 있다. 곽약허가 아름다운 겉모습을 중시했다고 한 것은 원매袁枚의 집에 있던 처첩의 초상화를 가리키는 것일 수도 있다. 이러한 초상화는 명청시기에 경쟁적으로 모방하던 여성 인물화의 한 유형으로서 〈장억낭잠화도張憶娘簪花圖〉, 〈유여시화상柳如是畫像〉, 〈구미상寇湄像〉, 〈고태청전사도顧太清填詞圖〉 등이 후세에 전해지는 명작이다.[35]

권위와 품위를 중시하는 전통 유상遺像에 뿌리를 둔 〈한유인 소영韓孺人小影〉에서 한유인은 여성의 본보기가 되기에 충분하다. 보는 사람을 향하고 있는 정면 대칭 구도는 외모와 정욕 그리고 보는 사람의 상상에서 벗어나 '유인'을 '도덕적 범주' 속에 놓고 권위와 품위의 본보기로 만들려는 의도다. 차분하고 정숙한 한색寒色으로 된 이 인물상은 혈육의 모습을 재현한 것이라기 보다는 표상화되고 이상화된 기호일 것이다.

4) 초상화에 딸린 감상의 글들

두루마리에 있는 글들 가운데 '유인'이 아닌 '유인의 소영小影'을 대상으로 쓴 작품도 세 편이 있다. 여류화가 왕량汪亮은 "우개씨가 명문과 화상기를 보여주면서 나에게 상찬을 부탁했다"고 밝히고 사언시 형식으로 그림 속 어머니의 모습을 찬양했다.

> 坤輿毓秀, 降自吳閶。幼嫻壼範, 婉彼端莊……古有鏤像, 今則圖方。宛肰形韻, 流澤彌長。千秋彤管, 億世典章。
>
> 곤여坤輿의 육수毓秀가 오땅의 창문閶門에 내려왔다. 어린시절부터 정숙한 본보기로 우아하고 단정하였다…. 예전에는 상을 조각했으나 오늘에는 그림으로 그린다. 형상이 뚜렷하고 아름다워 은덕을 오래도록 전할 수 있다. 천추千秋의 동관彤管이요, 억세億世의 전장典章이라.

81세의 팽계풍彭啟丰이 쓴 제사題詞와 모조毛藻의 구가謳歌는 중간중간 '혜兮'자가 있는 '초사체楚辭體'다. 예를 들어 다음과 같은 형식이다.

35 명청 여성 초상화 제시(題詩)와 관하여 필자의 글이 여러 편 있다. 상세한 내용은 졸저《卷中小立亦百年: 明清女性畫像文本探論》(臺北: 臺灣學生書局, 2013)를 참고하라.

猗袁氏之六俊兮, 表清芬於東吳. 既雲礽之不替兮, 亦彤管之有譽.

아, 원씨 육준이여, 동오의 맑은 향기여. 후세에도 변치 않으리오, 동관의 명예로다.

'혜'자를 경계로 나누어진 두 개의 구는 전구 7자, 후구 6자로 이완과 긴장이 대비되는 리듬과 운율을 통해 유인의 삶을 칭송했다. 그런데 수식어에서 생겨나는 이미지는 슬픔과 서정의 분위기가 가득하다.

吊孤燕於空梁兮, 種諼草於庭除。

愴歲月之如馳兮, 降西階而稱姑。

屆四袠之初度兮, 貯春酒之盈壺。

忽愀然而顧影兮, 將抽身而返故。

居何輕塵之堪戀兮, 向淨域而長趨。

내달리는 세월을 슬퍼하며 서쪽 섬돌에서 어머니를 부르노라.

새롭게 초상을 꾸미고 주전자 가득 봄술을 채우네.

문득 초상을 바라보니 그 몸이 빠져나와 지난날로 돌아가네

그 모습 얼마나 사무치게 그리운 지, 맑고 깨끗한 이곳을 오래도록 떠나지 못하네.

팽계풍은 시각적 표현 역시 잊지 않았다. 그는 화가 육담용이 그린 유인의 초상을 보며 '謝鉛華(하얀 분가루를 지운)', '斂愁睇(슬픔을 거두고 우러르다)'와 같이 그림에 걸맞은 언어를 사용했다.

留清芬於遺像兮, 索音響於畵圖。

謝鉛華之粉飾兮, 斂愁睇而未舒。

空結想於杯棬兮, 履霜露而長吁。

초상에 맑은 향기 머무는 구나, 그림에서 노래소리 울리는 구나.

하얀 분가루를 지운 모습, 슬픔을 거두고 우러러도 편하지 않구나.

나무 술잔에 헛된 슬픔을 담았구나, 서리와 이슬을 밟으며 긴 한숨 내쉬네.

왕창王昶은 아들 원씨가 모친의 때이른 별세를 슬퍼하며 화상기를 부탁했다며 사실적인 〈화상기〉를 썼다.

余考孺人生平, 始也佐理家政, 克勤克慎, 則人誦其賢。繼也茹荼集蓼, 撫孤成立, 則人誦其節。賢節如是, 宜其享大年, 受子孫贍養起居之報, 乃僅四十而歿, 年不逮於壽, 命不稱其德, 宜袁子椎心泣血, 冀表其母之媺行, 皇皇焉而不能自已也。

내가 유인의 생평을 알아보니, 우선 집안 일에 부지런하고 신중하여 사람들이 어진 덕을 칭송했다. 그 다음으로 가난하고 어려운 가운데서도 홀로 아이들을 키워내니 사람들이 그 정절을 칭송했다. 덕과 절개가 이와 같으니 그 보답으로 장수를 누리며 자손들의 봉양을 받는 것이 마땅하나 불과 나이 40에 병사했다. 그 덕에 걸맞은 수명을 다하지 못하였으므로 아들 원씨가 가슴을 치고 피눈물을 흘리며 모친의 아름다운 행적을 알리고자 하나 황황한 마음 스스로 어찌하지 못하는구나.

왕창은 홀로 수절을 하며 아이를 키워낸 주인공의 삶과 덕을 기술하면서 고생에 대한 보답도 받지 못하고 40세의 젊은 나이에 작고한 유인을 안타까워하며 애도했다. 왕창은 이어서 초상화 에 대한 언급을 시작한다.

昔伊川程子謂 : 畵工所傳, 一髮未當, 即不得謂吾親 ; 而溫國文正公, 亦以圖畵非古, 不載於書儀。且圖像之留, 雖孝子慈孫, 什襲藏之, 而蒸鬱之所黦, 緝素之所龤, 往往未及百年, 漸至蠹敝。若夫劉子政, 范蔚宗所傳列女, 昭於經, 炳於史, 自周秦以來, 其名益著勿衰, 洵有不繇年齒, 不待圖畵而傳者。今孺人既得其可傳者矣, 奚复沾沾於世哉?

지난날 이천 정자가 이르기를, "화공이 표현한 것은 터럭 하나도 적당치 않다. 나의 부모님이라 할 수 없다. 온국의 문정공[36]은 그림은 옛것이 아니라《서의書儀》에 싣지 않았다."고 했다. 그림을 남기면 자손들이 그것을 귀하게 보관하더라도 빛이 바래고 명주천이 갈라져 백년을 가지 못하고 망가지기 쉽다. 반면, 유자정과 범울종의 열녀전은 경사經史에 밝게 빛나며 주나라와 진나라 이래 그 명성이 쇠하지 않고 있다. 과연 세월에 말미암지 않고 그림으로 전할 필요가 없다. 오늘 유인은 전할 것을 가지게 되었다. 어찌하여 자랑스레 세상에 전하려 하는가?

36 역주: 온국 문정공은 사마광을 가리킨다. 사마광은 시호는 문정이며 온국공에 봉해졌다.

정이程頤는 그림이 진실을 왜곡하기 쉽다고 생각했고, 사마광은 그림은 예부터 전해지는 정통 의례가 아니라고 생각했다. 왕창은 그림을 부정하는 정씨와 사마씨의 견해를 언급한 후 백 년을 가지 못하고 사라지게 되는 그림의 물질적 한계를 논했다. 주나라와 진나라의 열녀들이 이름을 남기고 경사經史의 전傳으로 숭배되는 것은 그림 덕분이 아니다. 그렇다면 입상을 세우고 비단에 그림을 그리는 것이 무슨 의미가 있겠는가? 왕창은 또 말한다.

> 雖然, 對先雄之孝, 郡縣圖象於碑, 皇甫規之妻, 後人圖畫, 號曰禮宗。蓋象者, 像此者也, 精爽於是憑焉, 孝子之於親, 思其所嗜, 思其居處, 手澤, 口澤之存, 且爲之淒愴惻惕, 況仰音容以思笑語者歟? 繇是像也。曩昔挽車提甕之勞, 釵荊裙布之素, 與夫負書畫荻之教, 皆顯顯如在目前, 愀然肅然, 必日引月長而勿替, 程子溫國之說, 豈足以概孝子之心哉?
>
> 뛰어난 효에 대해 군현에서 비를 세우고, 황보규皇甫規의 처는 후인들이 그림으로 그린 후 예종禮宗이라 칭했다. 무릇 상이라는 것은 그 사람을 닮은 것으로 정신과 혼백을 바탕으로 한다. 효자는 어머니가 좋아하던 것을 그리워하고 거처하던 곳을 그리워하며 손자취와 말자취를 남겼다. 그러하여도 사무치게 슬프고 괴로우니 음용音容을 우러르며 웃으며 말하던 그 모습을 그리워하는 것 아니겠는가? 상이 있는 까닭이다. 지난날 수레를 끌고 항아리를 들던 노고, 가시나무 비녀에 베 치마를 입은 소박한 차림, 책을 지고 바닥에 갈대를 놓고 자식을 가르치던 모습이 눈 앞에 있는듯 생생하다. 지혜롭고 정중하니 해가 가도 달이 가도 변함없을 것이다. 정자程子가 말한 온나라의 일로 어찌 효자의 마음을 헤아릴 수 있겠는가?

위 단락에서 왕창은 초상화의 시각적 직관성을 긍정하고 있다. 왜냐하면 아들의 입장에서는 고인이 거처하던 곳과 자취를 그림으로 구체화시킴으로써 고인의 인자한 목소리와 미소 짓는 얼굴까지 마치 눈앞에 있는 듯 고인에 대한 기억을 선명하게 떠올릴 수 있기 때문이다. 어머니에 대한 그리움은 세월이 갈수록 더해 가기 마련이다. 그래서 왕창은 온나라를 예로 든 정자의 견해에 반박하는 한편 남은 가족들의 마음을 헤아리지 못하는 불가와 도가를 풍자했다.

4. 문한文翰

1) 시선의 전환을 이끄는 작가

《원씨 정절당 화상 문한》에 글을 남긴 팽계풍, 왕명성, 원매, 전대흔, 홍량길, 왕창 등은 대다수가 30년 전인 건륭 15년 무렵에 또 다른 여성 초상화 〈장억낭 잠화도張憶娘簪花圖〉에도 감상 기록을 남긴 바 있다. 〈장억낭 잠화도〉는 글쓴이들이 그림을 대면하기 50년 전인 강희 연간에 문사文士 장심蔣深이 장억낭을 시첩으로 들일 때 제작한 초상화다. 원매에 따르면 그림 속의 장억낭은 "올림머리에 검은 면사포를 쓰고 푸른빛 치마를 입은 자태가 빼어나게 아름다웠고 왼손으로 머리에 꽃을 꽂으며 웃고 있었다."[37] 미소 짓는 젊고 아름다운 여인의 이미지가 떠오른다. 원매는 두루마리에 제사를 쓴 사람들 중에 개국 초의 명사들이 많은 것을 보고 자신도 빠질 수 없다고 생각했던 것 같다.

> 一時名宿尤西堂, 汪退谷, 惠紅豆諸公題裙褶幾滿…… 事隔五十餘年, 開卷如生, 惜無留墨處矣。為五絕署之紙尾。
>
> 한때의 명숙 우서당, 왕퇴곡, 혜홍두 등 여러 공들이 빽빽하게 제문을 남겼다…. 50여 년이 지났어도 두루마리를 펼치니 살아있는 듯 생생하다. 안타깝게도 먹을 묻힐 공간이 없어 종이 끄트머리에 오언절구를 남긴다.

두루마리를 펼쳐본 35세의 원매는 가득 들어찬 명사들의 제시를 확인하고 뒤늦게 그 행렬에 끼어들었다. 앞서 간 현인들의 글에 화답하여 붓을 들자 빼어난 시가 흘러나왔다.

> 百首詩題張憶娘, 古人如我最清狂。青衫紅袖俱零落, 但見琵琶字數行。
> 五十年前舊舞衣, 丹青留住彩雲飛。相逢且自簪花笑, 不管人間萬事非。
> 백 편의 시가 장억낭을 노래하네, 옛 사람들도 나처럼 빠져들었구나.
> 푸른 적삼 붉은 소매 빛이 바랬어도 비파행 몇 구절은 볼 수 있네.
> 오십 년 전 오래된 춤옷에서 그림처럼 오색구름이 날아오르는구나.

37 "戴烏紗髻, 著天青羅裙, 眉目秀媚, 以左手簪花而笑。"

서로 만났으매 꽃을 꽂고 홀로 웃음 지으니 세상만사에 무심하구나.[38]

붉은 소매의 아름다운 여인과 제시를 쓰던 푸른 적삼의 선비는 지금 어디에 있는가? 빽빽하게 들어찬 제시들을 보자 원매는 꿈결처럼 50년 전의 장면이 눈앞에 떠올랐다. 아름다운 이는 떠난 지 오래였지만 꽃을 꽂은 그림 속 여인은 영원한 미소를 지으며 그 눈 앞에 살아있었다.

원매는 강희 기묘년(1699년) 당시 장억낭의 초상화에 제발을 남기기 위해 수많은 이들이 몰려들었던 것에 대해 "여러 개국 원로들의 정이 각별하여 소매 끝 치마 옆에 그들의 이름이 절반이다"[39]라고 기술했다. 일개 가녀를 그린 초상화에 글을 남기기 위해 몰려든 수많은 국사들이 성황을 이뤘다. 〈장억낭 잠화도〉의 사례는 가히 미증유의 사건이었다. 원매는 그 이름들을 하나하나 나열했다.

> 題者皆國初名士, 萊陽姜垓雲……蘇州尤侗雲…… 沈歸愚雲……餘題數絕, 有"國初諸老鍾情甚, 袖角裙邊半姓名"之句, 人皆莞然。[40]
>
> 제발을 남긴 사람들은 모두가 개국 초기의 명사들이다. 래양萊陽 강해운姜垓雲…… 소주 우동운尤侗雲…… 심귀우沈歸愚……. 나는 몇 줄을 남겼는데 "여러 개국 원로들의 정이 각별하여 소매 끝 치마 옆에 그들의 이름이 절반이다"라는 구절에 사람들이 웃었다.

원매는 낙관 뒤에 또 "아름다운 이를 잊지 못하고 그리워하네懷佳人兮不能忘"라고 새겨진 한 장閒章[41]을 찍어 그림 속 인물에게 장난을 걸듯 격의 없는 친근감을 표현했다. 원매의 제영題詠은 장난기로 가득하지만 "안타깝게 먹을 남길 곳이 없다惜無留墨處"라는 부분에서는 앞선 이들과 어깨를 나란히 하고자 했던 열렬하고 간절한 욕망이 느껴진다. 원매는 당시 성행했던 사

38 필자는 운 좋게 상해의 수장가 양숭화 박사로부터 〈장억낭 잠화도〉의 경매 정보와 온전하게 보존된 도판을 제공받고 〈장억낭 잠화도〉의 원시 두루마리, 제발 인쇄본 및 문인들의 시집 등과 비교할 수 있었다. 원매의 제발은 다소 차이가 있었는데 원매가 시집을 교정하면서 많은 부분을 고쳐 썼기 때문이다. 원매가 글을 쓰던 당시의 시심을 되살리기 위해 '각인본' 대신 '수초본'을 인용했다.

39 "國初諸老鍾情甚, 袖角裙邊半姓名。"

40 袁枚,《隨園詩話》,《袁枚全集》, 卷6, 200-201쪽.

41 역주: 이름이나 호를 새기지 않고 아닌 격언, 성어, 시구 등을 새긴 도장.

실적 초상화 화풍을 인정하지 않았으면서도 장억낭의 초상화에 제영을 남겼는데 자신이 배제되는 것에 대한 걱정과 사림들의 무리에 들어가고 싶은 욕망 때문이었다. 장억낭 초상화를 둘러싼 감상의 역사에서 한 자리를 차지한 원매는 강희 연간에 벌어졌던 사소한 사건을 역사적 사건으로 만듦으로써 과거와 현재를 잇는 교량이 되었다. 그는 그림에 대한 감상과 상상이 담긴 시를 통해 장억낭과 시공을 초월한 인연을 맺고, 소규모 모임에서 이루어졌던 사적이고 은밀했던 예술 행위를 공론화되고 집단화된 텍스트로 바꾸어 놓았다. 그리하여 마침내 청대 문학사에 길이 남는 불후의 사례를 만들어냈다.[42] 원매와 같은 대작가들이 원씨 부인과 같은 사적을 접하게 되면 자연스럽게 초점을 이동시키면서 감상의 시각을 바꾸어 놓을 수 있는 것이다.

2) 시문의 표장 순서

초상화에 딸린 24편의 작품들은 송頌, 전傳, 명銘, 갈碣, 찬贊, 뇌誄, 서序, 기記, 제사題詞, 시詩, 발跋 등 다양한 문체로 이루어져 있다. 이 가운데 시가 아홉 편으로 가장 많고, 그 다음으로 명銘이 두 편으로 한 편은 묘지명 한 편은 당명堂銘이다. 찬贊도 두 편인데 한 편은 인찬人贊 한 편은 상찬像贊이다. 문체의 이름은 같아도 글의 성격은 다를 수 있다. 기記는 당기堂記, 누기樓記, 화기畵記 등 네 편인데 화기도 성격이 다르다. 앞에서 밝혔듯이, 당시 글을 빈 두루마리에 옮겨 적지 않고 사람들이 쓴 글들을 하나씩 별도로 연결해 나가면서 두루마리로 제작했다. 필자는 앞에서 이미 글을 작성한 시기에 따른 순서를 밝힌 바 있다. 그런데 작성 시기와 표장表裝 시기가 일치할 수 없다는 점에 주의할 필요가 있다. 다시 말해, 글을 쓴 순서와 표장된 순서는 다르다. 원정도가 글을 받아온 순서 그대로 표장된 것일까? 필자가 화심畵心 뒤편으로 이어지는 두루마리를 검시한 결과, 의미 있는 일정한 분류 순서가 대략적이지만 어느 정도 드러났다. 첫 번째는 사람에 대한 송頌, 전傳, 묘지명墓誌銘, 묘갈墓碣, 찬贊, 위誄, 서序가 있다. 두번째는 초상에 대한 상기像記, 유상遺像 제사題詞, 상찬像贊, 세번째는 건축물에 대한 당기堂記, 당명堂銘, 누기樓記가 있다. 그 다음으로 시詩와 발跋이 있고 말미에 누시樓詩 한 편과 당기堂記 한 편이 있다.

42 〈장억낭 잠화도〉에 관한 깊이 있는 연구는 졸저《卷中小立亦百年: 明清女性畫像文本探論》221-308쪽에 있는 〈拂拭零篆讀豔歌:〈張憶娘簪花圖〉的百年閱讀〉 참고.

3) 문체의 속성

24편의 작품을 문체에 따라 구분하면 총 14개의 유형이 있는데 거의 모든 문체를 집대성했다고 볼 수 있다. 문체 자체의 특성에 대해서는 상세한 논의를 잠시 미루고, 문체사文體史의 관점에서 각 작품에서 보여지는 문체적 특성이 어떠한 지를 살펴보고자 한다. 《문심조룡》 정세定勢 편에서는 "찬讚, 송頌, 가歌, 시詩는 '청려淸麗'가 기준이 되고 … 사史, 논論, 서序, 기記는 '핵요核要'를 사표로 삼으며 잠箴, 명銘, 비碑, 뇌誄는 체제가 '굉심宏深'하다"[43]고 했다. 이 문체 분류 기준에 따라 14종 문체의 작품을 대략 세 가지로 나눌 수 있다.

① 찬讚, 송頌, 가歌, 시詩: 송頌 당명堂銘, 찬贊, 상찬像贊, 제사題詞, 시詩

② 사史, 논論, 서序, 기記: 전傳, 서序, 기記, 화기畵記, 발跋

③ 잠箴, 명銘, 비碑, 뇌誄: 묘지명墓誌銘, 갈碣 뇌誄

또 문장가의 관점에서 각 문체의 속성을 살펴볼 수 있는데 명대의 오눌吳訥은 《문장변체文章辨體》에서 유협의 분류를 한층 더 세분화했다.

> 形容盛德, 揚厲休功謂之頌……感傷事物, 託於文章謂之辭；程事較功, 考實定名謂之銘……猗籲抑揚, 永言謂之歌……吟詠情性, 合而言志謂之詩……諮而揚之者, 贊也……記者, 記其事也；紀者, 紀其實也……傳者, 傳而信者也；序者, 緒而陳者也；碑者, 披列事功而載之金石也；碣者, 揭其操行而立之墓隧也；誄者, 累其素履而質諸鬼神也；志者, 識其名係而埋之壙穴也。[44]
>
> 성덕을 형용하고 훌륭한 업적을 널리 알리는 것이 송頌이다. 사물에 대한 감상을 문장에 싣는 것을 사辭라 한다. 업적과 공로를 따지고 사실을 조사하여 정명定名하는 것을 명銘이라 한다. 감탄과 높낮이로 말을 읊는 것을 가歌라 한다. 감정을 읊고 합쳐서 뜻을 말하는 것을 것을 시詩라 한다. 감탄하고 칭찬하는 것을 찬贊이라 한다…… 기記는 그 일을 적는 것이다. 기紀는 그 내용을 적는 것이다……. 전傳은 믿을 만한 것을

43 오눌이《文章辨體》에서《文心雕龍》을 인용하여 부(賦)를 (讚)으로 주(注)를 기(記)로, 사(師)를 궤(軌)로 홍(弘)을 굉(宏)으로 고쳤다.《四庫全書存目叢書》(台南: 莊嚴文化事業有限公司, 1995) 集部 291冊〈諸儒總論作文法〉 3쪽에 수록. 王更生이 주를 달고 옮긴 유협의《文心雕龍讀本》(臺北: 文史哲出版社, 1984) 下冊 63쪽을 참고하라. "讚頌歌詩, 則羽儀乎清麗……史論序記, 則軌範於核要; 箴銘碑誄, 則體制於宏深."

44 오눌의《文章辨體》〈諸儒總論作文法〉 3쪽 참고.

전하는 것이다. 서序는 첫머리에 늘어놓는 것이다. 비碑는 업적과 공로를 열거하고 금석에 기록하는 것이다. 갈碣은 그 품행을 돌비석에 새겨 묘지 앞에 세우는 것이다. 뇌誄는 꾸밈없이 삶을 드러내어 뭇귀신들에게 바치는 것이다. 지志는 그 이름을 적어서 무덤에 묻는 것이다.

계속해서 논의를 이어가자. 첫번째 유형은 "성덕을 형용하고 훌륭한 업적을 널리 알리는形容盛德", "덕를 표창하고 드러내는褒德顯容" 송頌, "업적과 공로를 따지고 사실을 조사하여 정명하는程事較功, 考實定名", "공적과 미덕을 서술하는述其功美", "기록과 칭찬을 겸하고, 크고 윤택한 체제가 중요한銘兼褒贊, 體貴宏潤"하는 명銘, "감탄하고 칭찬하는諮而揚之" 또는 "애도하나 덕을 서술하지 않는哀人之沒而述德" 찬贊, "사물에 대한 감상 문장에 싣는感傷事物, 托于文章" 사辭, "감정을 읊고 합쳐서 뜻을 말하는猗籲抑揚, 吟詠情性"하는 시詩가 있는데, 대체적으로 《문심조룡》에서 분류한 '찬·송·시·가讚頌詩歌'에 포함시킬 수 있다. 이러한 문체는 "청려를 모범으로 삼아야한다羽儀乎清麗". 다시 말해, 문체에 청려하고 숭의한崇儀한 분위기가 있어야 한다.

두 번째 유형은 "일을 실마리로 믿을 만할 것을 전하는著事傳而信者" 전傳, "첫머리에 늘어놓는緒而陳者", "글쓴이의 뜻을 서술하고 그 말에 순서가 있는序作者之意, 其言次第有序" 서序 또는 발跋, "일을 "사건을 기록하고 사실을 적는記其事, 紀其實" 기記가 있으며 《문심조룡》에서 분류한 사·론·서·기史論序記와 같은 유형에 속한다. 이러한 글들은 문체적으로 "핵요의 원칙을 따라야軌范於核要"하며 구체적이고 간결하게 글을 써야 한다.

세 번째 유형은 "업적과 공로를 열거하고 금석에 기록하는披列事功而載之金石" 비碑, "그 이름을 적어서 무덤에 묻는識其名系而埋之壙穴" 지志, "그 품행을 돌비석에 새겨 묘지 앞에 세우는揭其操行而立之墓隧" 갈碣, "꾸밈없이 삶을 드러내어 뭇귀신들에게 바치는累其素履而質諸鬼神" 뇌誄가 있으며 문심조룡의 잠·명·비·뇌箴銘碑誄에 속한다. 이러한 글들은 문체적으로 "체제가 크고 깊어야 體制於宏深"하며 상세하고 구체적이면서도 간단명료하게 글을 써야 한다.

수많은 문체가 사용된 《원씨 정절당 화상 문한》에서 보이지 않는 유일한 문체는 죽은 사람과 직접 관련된 '애조哀吊'류의 글이다. 여기서 '애조'란 애사哀辭와 '조문吊文'을 합친 말이다. '애사'는 죽은 자에 대해 슬픔과 연민을 표현하고 추도하기 위한 글로서 주로 미성년자에게 바쳤다는 점에서 '뇌비誄碑'와 다르다. '조문吊文(제문祭文)'은 죽은 자를 애도하고 상제喪制를 위로하기 위한 글이다.

문인들이 개인 문집 편찬에 익숙했다는 점을 감안한다면, 《원씨 정절당 화상 문한》은 첫 페이지를 초상화로 꾸미고 다양한 문체의 글을 실은 문집으로 볼 수 있지 않을까? 문인들은 평생 정절을 지킨 한 어머니를 대상으로 글을 쓰고 그 어머니가 임종 전에 남긴 말 몇 마디를 역사로 기록했다. 그들이 전실典實, 아정雅正, 청려清麗, 포찬褒贊, 숭양崇揚, 준영雋永 등 전통적으로 내려온 여러 문체들을 엮어서 만들어낸 두루마리에서 맑고 우렁찬 문학의 목소리가 끊임없이 울린다.

5. 한유인에게 바치는 글쓴이들의 송가頌歌

오吳 지역 출신인 한유인은 어머니로부터 간단한 교육을 받고 여공만 익힌 평범한 집안의 여자로 하급 지방관리 원영도袁永滔의 측실로 들어갔다. 원영도는 봉직대부奉直大夫 후선지주候選知州였는데 《청사清史》에 기록이 전하지 않는다. 한유인은 19세에 출가한 이후 집안일과 살림을 돌보다가 남편이 죽은 후에는 수절을 하면서 아들을 양육하고 며느리에게 살림을 물려주었다. 글에 기록된 이야기들은 주로 26세에서 40세까지의 15년에 집중되어 있다. 한유인과 상황이 비슷했던 여자들은 수도 없이 많았지만 원씨 육준袁氏六俊을 둔 가문의 명성, 아들 원정도의 활발한 사교력, 조정에서 윤리적 본보기를 적극적으로 표창하던 청대의 시대적 분위기, 여성들의 글을 수집하여 역사로 남기고자 했던 문인들의 행동 덕분에 한유인은 기록으로 남을 수 있었다.

깊이 들여다보면, 한유인의 덕과 정절을 주제로 한 글쓰기 작업에 참여했던 글쓴이들은 각기 다른 목표를 가지고 시작했다는 점을 알 수 있다. 글쓰기의 대상은 한유인이라는 한 '여자', 또는 한유인의 '초상', 또는 한유인이 거처했던 '건물'이었다. 사람, 그림, 건물 각기 다른 대상을 두고 글을 썼기 때문에 필치도 달라질 수밖에 없었다. 또 문체마다 각기 다른 기능을 했는데 운문과 산문을 막론하고 여러 사람들이 쓴 다양한 형태의 작품들이 두루마리를 더욱 아름답고 풍부하게 만들고 있다. 말과 사실을 기록하고 주장을 밝히는 산문체는 세상에 강력하고 명징한 증거를 보여주고 있으며, 치밀한 선율과 리듬의 운문체는 두루마리를 펼칠 때마다 잔잔하게 흘러가는 물소리를 들려준다.

1) 사실과 기록의 산문체

글쓴이들은 한유인의 삶을 되돌아보고 중요한 사건을 기록한다는 점에서 대동소이한 필법을 보여주고 있다. 한유인은 지아비가 죽은 후 '정절'을 지킨 지어미로서 조정으로부터 정표旌表를 받았다. 산문체로 쓰여진 글들은 한유인의 '정절' 이미지를 부각하는데 중점을 뒀다.

기사체記事體의 글들은 한유인의 일생을 간결하고도 생생하게 기록했다. 또 전傳과 갈碣에서는 편폭의 길이를 불문하고 약속이나 한 듯 한유인이 생전에 나누었던 대화를 기록했는데 다음과 같다.

今年春孺人四十初度, 廷燽兄弟为孺人置酒称寿, 孺人转愀然曰：吾今有子已成家室, 吾之事殆矗毕矣, 惟速从先大夫于九原, 乃吾素志耳, 何稱慶爲? 越两月而孺人疾作遂以不起, 初度辞祝之言, 一若为之讖者, 吁! 此可以見孺人之素志先定, 之死靡佗者矣。(王鳴盛 《袁母韓孺人傳》)

금년 봄, 유인이 막 마흔이 되었다. 정도 형제가 유인의 생신을 축하하기 위해 주연을 열었다. 유인이 슬퍼하며 말했다. "이제 아들이 결혼을 하여 일가를 이루었으니 내 일도 거의 다 끝이 났다. 어서 빨리 돌아가신 아버지를 따라 구천으로 가고 싶은 것이 내 뜻인데 축하가 무슨 소용이냐." 두 달이 지난 후 유인은 몸져 누워 일어나지 못했다. 축하를 마다했던 것이 예언이 되었구나. 아, 유인의 뜻은 미리 정해져 있었다. 죽을 때도 그 충직한 절개가 변함이 없구나"(왕명성 〈원모한유인전〉)

孺人四十生辰, 廷燽, 廷檮謀所以爲孺人壽者, 孺人泣曰：古稱孀孀爲未亡人, 言當從夫而亡也。我昔以撫孤故未亡, 則家人雖視我尚存, 而我之自視, 久已亡矣。今日壽, 是逆吾志而增吾悲也, 奚可哉? (袁枚 《袁母韓孺人墓誌銘》)

유인의 마흔살 생일에 정유와 정도가 축수祝壽를 하자 유인이 눈물을 흘리며 말했다. "예전에 미망인을 '추상孀孀'[45]이라 했는데 지아비를 따라 죽어야 된다는 말이다. 나는 지난날 아이들 때문에 죽지 못했다. 가족들이 아직 살아있는 나를 보고 있지만 나는 내가 오래전에 이미 죽었다고 생각한다. 오늘 생일은 내 뜻에 어긋나고 내 슬픔을 더 크게 하니 어찌 받아들이겠냐?"(원매 〈원모 한유인 묘지명〉)

於是孺人年四十, 梼與嫡之子廷燽謀稱觴於室, 博一日歡。母聞嗚咽, 語梼曰：若尚以我為可生乎? 我自若父亡, 未嘗頃刻忘死也, 所以忍死至今者, 為若耳。今若幸成立, 與兄式好承先業, 我事畢矣, 可以踐夙誓報若父於地下矣, 尚何用生為? 語罷輒哭,

45 역주: 추상(孀孀)은 '과부' 라는 뜻이다.

未幾病, 病遂卒。(袁谷芳 《旌表貞節袁母韓孺人墓碣》)

유인이 마흔살이 되었을 때, 정도와 적자嫡子 정유가 집에서 술상을 차리고 잠시 흥겹게 놀았다. 모친이 듣고 흐느끼며 정도에게 말했다. "내가 아직 살아도 되느냐? 아버지 돌아가신 후로 잠시도 죽음을 잊은 적이 없지만 지금까지 죽지 않고 참아야 했다. 지금 다행히 성인이 되어 형과 함께 선조들의 사업을 잘 배워 계승하였으니 내 일은 끝이 났다. 이제 지하에 계신 아버지께 약조를 지켰노라 아뢸 수 있게 되었다. 이제 살아서 무엇 하겠느냐?" 그후 얼마 지나지 않아 병으로 생을 마쳤다. (원곡방 〈정표 정절 원모 한유인묘갈〉)

글쓴이들은 훗날 여인들의 작품을 책으로 엮게 될 그날을 준비하는 '구사씨'의 마음으로 기록의 책임을 다함으로써 여성사女性史의 한 자락을 지켜냈다. 글쓴이들이 현장을 재현하는 방식으로 한유인의 짧은 40년 인생을 기술한 '기사紀事'와 '재언載言' 형식은 유협이 《문심조룡》에서 사·론·서·기의 규범으로 제시한 '핵요核要'의 원칙에 부합한다. 또 "고인의 사람됨을 논할 때는 눈 앞에 아련하게 보이는 듯해야 하고, 애도를 표할 때는 마음이 상하도록 서글퍼야 한다."[46]라고 한 감·명·비·뇌 등 문체에도 부합한다. 이렇듯 여러 글쓴이들의 깊은 애도 덕분에 눈앞에 있는 듯 생생한 한유인의 모습을 만날 수 있는 것이다.

말과 사실을 충실하게 기록하는 산문체 가운데 '기記'와 '서序' 두 문체는 송대 이후 논설 기능을 했다. 양창림의 〈원모 한유인 절행서〉는 한유인의 수절이 얼마나 어려웠는가를 기술하고 있다. 왕창의 〈화상기〉와 노소문의 〈정절당기〉는 초상의 제작과 생신 주연酒宴에 관한 이야기를 다루고 있다. 이 모든 글들은 한 여성을 역사적 기록으로 남김으로써 '구사씨'를 대변하는 '기사紀事', '재언載言', '논설論說'의 취지를 보여준다.

2) 칭송과 찬양의 운문체

글쓴이들은 기사, 재언, 논설의 산문체뿐만 아니라 운율성을 갖춘 다양한 운문체를 통해서도 한유인이라는 존경스러운 한 여성을 송양頌揚함으로써 여성사를 빛냈다. 시의 체제를 살펴보면, 삼언체로 된 고광욱의 〈죽백루시〉를 제외한 나머지 대부분은 오언체나 칠언체다. 소범邵颿의 〈오애시烏哀詩〉, 모조의 구가, 팽계풍의 〈원모 유인 유상 제사〉는 초사체를 사용했으

46 "論其人也, 曖乎若可覿, 道其哀也, 淒焉如可傷。"

며 양복길의 〈죽백루기〉는 사륙변체四六騈體를 사용했다. 장원익蔣元益의 8장9구 〈정문송旌門頌〉, 원매의 〈원모 한유인 묘지명〉, 양동서梁同書의 〈절모 원유인찬節母袁孺人贊〉, 왕문치王文治의 〈원모 한유인뇌〉, 왕량汪亮의 〈상찬像贊〉, 전대흔의 〈정절당명貞節堂銘〉 등 사언 찬체四言贊體는 다수가 선택한 가장 일반적인 운문체 형식이다.

기능적으로 봤을 때 '찬贊'체는 칭송과 찬양이 중심이 되기 때문에 "성덕을 형용하고 훌륭한 업적을 널리 알리는形容盛德, 揚厲休功" 송체訟體와 거의 같다고 할 수 있다. 서사증徐師曾이 '찬'체의 연원을 밝힌 바 있다.

> 按字書雲 讚稱美也, 字本作讚。昔漢司馬相如初讚荊軻, 其詞雖亡, 而後人祖之著作甚眾。唐時至用以試士, 則其為世所尚久矣。
>
> 자서에 따르면 찬贊은 좋은 것을 칭송하는 것으로 글자는 본래 찬讚을 썼다. 전한의 사마상여가 처음으로 형가의 찬贊을 지었다. 그 글은 이미 사라졌으나 후인들이 그것을 시초로 본따 쓴 글들이 수없이 많다. 당나라 때는 과거시험에도 사용되어 대를 이어 오랫동안 숭상되었다.[47]

서한에서는 역사 인물을 평가할 때 칭송의 말은 화려한 곤룡포보다 낫고 비판의 말은 도끼보다 무섭다고 한 《춘추》의 정신을 계승하였다. 이러한 정신을 가장 잘 보여주는 것은 《태사공서太史公書》[48]인데 사마상여가 형가를 찬양했던 것 역시 이 정신에 따른 것일 수밖에 없다.

사서史書의 전통에서 비롯된 '찬'체는 청신하고 화려한 언어를 사용해야 하며 사언四言 운문 형식을 취한다. 남조시대 양나라 임방任昉은 "찬은 사적을 밝히고 감탄하는 것으로 문체를 완성한다. 네 글자가 하나의 구를 이루고, 몇 개의 운이 한 장을 이룬다."[49]라고 했다. 명대의 서사증도 유협을 인용하여 "찬의 요체는 길지 않고 짧게 4자구와 몇 개의 운으로 마무리하는 것으로 송頌의 한 갈래인가?"[50] 라고 했다. 정리하면 '찬'은 내용적으로는 칭송하고 찬양하는 것이 정통이며, 형식적으로는 반복되는 몇 개의 운에서 운율이 생겨나는 사언구 운문이다.

한유인의 문한에 실린 운문체 글들은 다양한 심상을 활용하여 한유인에 대한 찬사를 보

47 徐師曾, 《文體明辨》, 四庫全書存目叢書 集部 312冊 卷48 129쪽. "贊者, 明事而嗟歎以助辭也。四字為句, 數韻成章。"
48 역주: 사마천이 자신이 지은 《사기》에 스스로 붙였던 이름.
49 任昉 撰, 陳懋仁 注, 《文章緣起注》, 百部叢書 24 《學海類編》 第135本, 11쪽.
50 徐師曾, 《文體明辨》 〈贊〉 按語. "讚之為體, 促而不曠, 結言於四字之句, 盤桓乎數韻之辭, 其頌家之細條乎?"

낸다. 또 전체적으로 질서정연한 형태 속에서 문장 길이가 다른 삼언시·오언시·칠언시 등의 시체詩體, 사언명체四言銘體, '혜兮'자가 들어간 7자/6자 대구對句의 초사체, 4자/6자 대구의 변체騈體가 사용되었다. 여기서 다양한 리듬과 장단의 차이, 탄력적인 운의 변화, 각종 운문체 형식의 반복과 변화가 다채로운 공연처럼 펼쳐지면서 한유인에 대한 송가頌歌가 울려 퍼진다. 숙연하고 침통한 비문碑文이 되었어야 할 두루마리에서 들려오는 조화로운 선율과 천상의 노래를 통해 죽은 자는 고독하지 않으며 살아남은 자는 크나큰 위로를 받게 된다.

3) 연민과 애정의 표현

두루마리에 실린 글들은 하나 같이 짙은 서정의 빛을 드리우고 있다. 양창림楊昌霖은 〈원모 한유인 절행서袁母韓孺人節行序〉에서 한유인의 수절이 얼마나 어려웠던가를 다음과 같이 밝히고 있다.

> 殉夫难乎? 抑抚孤难乎? 曰：抚孤难。捐躯断脰之奇行, 世艳称之, 而感槩激发于一时, 遂能播芳馨, 炜彤管。若夫鞠数尺之孤, 后顾遥遥之岁月, 扰扰万绪如猬毛而起, 而卒茹荼集蓼, 恩勤闵鬻, 以溃于成。故曰难也。
>
> 지아비를 따라 죽는 것이 어려운가? 아비 없는 자식을 키우는 것이 어려운가? 이르기를, 아비 없는 자식을 키우는 것이 더 어렵다. 육체를 버리고 목숨을 바치는 기행은 일시에 세인들의 칭송과 감탄을 불러일으키고 아름다운 명성을 퍼뜨려 여인을 빛낸다. 그러나 아비 없는 자식을 기르고 돌보는 길고 긴 세월 동안에는 수만가지 일이 고슴도치의 털처럼 어지럽게 생겨난다. 씀바귀와 여뀌풀을 뜯어먹는 온갖 고난 속에서도 자애와 근면으로 자식을 어른으로 길러냈다. 그래서 어렵다고 하는 것이다.

남편을 따라 죽은 데는 폭발하는 순간의 용기가 필요하며 세상 사람들의 찬사를 쉽게 얻어낼 수 있다. 반면 홀로 아이들을 양육하기 위해서는 끝없이 길고 긴 세월과 맞닥뜨려야 한다. 또 아이들을 제대로 된 인물로 키울 수 있을 지도 알 수 없다. 그래서 양창림은 혼자서 아이를 키우는 일을 가장 큰 시련이라고 보았다. 수절의 어려움을 부각하기 위해 양창림은 과부가 된 유인이 비 내리는 밤 아이들을 공부시키는 장면을 생생하게 그려냈다.

> 方孺人之撫乂凱也, 雨夜課讀, 一燈螢然, 血點淚痕, 交垂胸臆, 亦謂為母之道應 如是耳。卒之有子克家業, 然能自樹立, 如嚴霜下零, 木葉盡脫, 俄而暖律轉萬卉, 髣如涉

> 大海, 顚頓於洪波巨浪中, 其究也, 風正潮平, 瞬息千里。於戲! 孺人一弱女子耳, 所為乃若是。
>
> 유인이 우개를 키울 때 비오는 밤 글 공부를 하니 희미한 등불 하나, 핏방울 같은 눈물이 가슴을 타고 흘러내리네. 이것이 어머니의 길이로구나. 아들이 가업을 이루고 스스로 일어서자 죽음을 맞이하였네. 서리를 맞은 나뭇잎이 남김없이 떨어지고 별안간 따뜻한 날씨에 온갖 꽃이 피어나네. 망망대해를 건너다 거센 파도에 쓰러지듯 그 끝에는 바람도 물결도 잦아들고 순식간에 천리를 나아가네. 오호라! 유인은 일개 연약한 여자로서 이 같은 일을 해냈다네.

글에서 울리는 양창림의 목소리에는 유인에 대한 연민의 정이 담겨 있다. 이처럼 죽은 이의 마음 깊은 곳으로 찾아가는 서정적 목소리는 반복되는 운문체 속에서 아낌없이 표현된다. 사륙 변려문체로 된 양복길楊複吉의 〈죽백루기竹柏樓記〉를 보자.

> …… 無何而桑戶返眞, 蓉城赴召; 鳳吹簫而先去, 鶴集柱以無期。侶散文鴛, 夜台永隔; 歌成黃鵠, 宵幙徒懸。太君, 悲鸞鏡之塵封, 痛燕梁之泥落。歸於其室, 矢同穴而摧心; 死也靡他, 向斯樓而托跡。
>
> 상호桑戶[51]는 참된 곳으로 돌아가고, 용성蓉城[52]의 부름에 응하여 가네. 봉황은 피리를 불며 떠나가고, 백학은 다시 돌아올 기약 없네. 원앙은 짝을 잃어버리고, 무덤은 영원히 막혀버렸네. 황곡가를 부르며 돌아가는데, 밤의 장막 드리웠네. 태부인, 흙속에 묻힌 거울을 슬퍼하고, 들보에서 떨어지는 제비 진흙을 아파하네. 그 집으로 돌아가, 지아비를 따라 무덤으로 가니 가슴이 무너지는 구나. 가셨구나 떠나셨구나, 그 집에 몸을 맡기시네.

양복길은 신화와 전고를 바탕으로 남편을 여의고 홀로 남게 된 유인이 남편을 따라 죽으려는 장면을 그리고 뒤이어 독수공방의 처량함과 쓸쓸함을 그렸다.

51 역주: 《장자》 내편 〈대종사〉에 자상호의 죽음과 관련된 이야기가 있다.

52 역주: 오늘날 용성(蓉城)은 후촉의 마지막 황제가 부용(芙蓉)을 심었던 성도(成都)를 부르는 이름이다. 이 시에서는 서왕모의 전설과 관련이 있을 것으로 추정한다. 옥황상제의 부인 서왕모는 성도 부근으로 추정되는 곤륜산 정상에 거처했으며 그곳에 '요지(瑤池)' 라는 연못이 있었다.

嗟乎! 蕭蕭四壁, 未分鄰女之光; 寂寂一椽, 非為仙人所好。雲浮西北, 罨鴛瓦而蒼涼; 日出東南, 映蠡窗而黯淡。齊女門邊之月, 夜照啼痕; 吳娃宮畔之霜, 秋吹鬢影。淒清幽幌, 時篝半炧之燈; 冷落承塵, 每系獨歸之縷。遶砌則蛩吟自苦, 向隅而鮫淚常揮。頻年蓼味荼香, 春光忍見幾載。梨花榆火, 寒食傷神。

오호통재라! 쓸쓸한 사방의 벽은 여인과 빛을 나누지 아니하고, 외로운 서까래는 선인仙人이 좋아하지 않는다네. 북서쪽을 떠도는 구름, 처량한 원앙기와를 뒤덮으니, 동남쪽 해 낡은창 비추어도 그대로 어둡구나. 가을 매미 문 앞에서 울고, 달빛은 눈물 자욱 비추네. 오왜의 궁전 앞 연못에 서리 내리고, 가을 바람 귀밑머리 스치네. 어둡고 쓸쓸한 장막 안에서 등롱불 반쯤 타오르고, 차갑게 드리운 승진, 가닥가닥 실오리에 묶였네. 섬돌 위 귀뚜라미 저홀로 슬피 울고, 모퉁이마다 눈물방울 반짝이네. 해마다 씀바귀와 여뀌풀 뜯으며, 몇번의 봄을 견뎠던가. 배꽃 피는 한식寒食 무렵, 상심의 이별을 맞이하네.

양복길은 벽, 서까래, 기와, 창, 문, 어두운 장막, 승진(천장), 등불, 실 등 죽백루 내의 사물들과 구름, 해, 달, 서리, 섬돌, 모퉁이 등 죽백루 바깥 풍경들을 그려낸다. 집 안팎의 모든 사물들이 봄을 기다리는 유인의 끝없는 시름에 쓰디쓴 눈물을 흘리는 듯하다. 정情과 경景이 어우러진 양복길의 글은 한유인의 가련하고 처량한 운명을 물질적인 누각으로까지 확장했다.

사자구로 된 명銘·찬贊·송頌·뢰誄, 오언시·칠언시, 사륙 변려문, 초사체 등 모든 문체들이 읊을 수 있는 운문으로서의 기능을 발휘했다. 정교하고 가지런한 대구對句에서 나오는 지적인 언어, 자유로우면서도 조화로운 리듬과 운율, 서사와 서정의 교차를 통해 시련의 삶을 살다 간 유인에 대한 연민, 그녀의 굳은 절개와 품격에 대한 존경이 묻어나온다.

6. 공간의 확장

두루마리에 표장된 24편의 글은 모두 손으로 직접 쓴 것들이기 때문에 《원씨 정절당 문한》은 진귀한 수초본 모음으로 볼 수도 있지만 최종적인 형태는 아니다.

첫째, 그림 두루마리에서 제발題跋은 우선적으로 '타미拖尾'에 두는데, 대부분 수정을 거친 후 글쓴이들의 개별 시문집에 포함되어 '인쇄본'으로도 간행된다. 이 두루마리의 특이한 점은, 두루마리에 실린 친필들이 사후에 목각본으로 전환되어 책의 지면紙面으로도 만들어졌지만 또 다른 입체적인 매체로 만들어지기도 했다는 점이다. 예를 들어, 장원익蔣元益이 글을 쓰고, 강성江聲이 글씨를 쓴 〈원절부한씨정문송병서袁節婦韓氏旌門頌並序〉를 보면, "정문송 8장8구를 지어 그 아들 정도에게 주니 돌에 새겨 끝없이 퍼트렸다."[53]는 내용이 있다. 이에 따르면 정문旌門에 대한 송사頌辭를 여문閭門에 소전체로 새겨 오랜 세월 널리 전했다.

둘째, 원매의 〈원모한유인묘지명〉은 "유인의 무덤에 부장되었고祔葬孺人', 원곡방의 〈정표정절원모 한유인 묘갈旌表貞節袁母韓孺人墓碣〉은 묘비에 새겨졌다. 왕치문의 〈원모 한유인뇌〉는 비갈과 나란히 함께 세워졌다. 결국 '문한'에 실린 여러 글들이 한유인의 무덤으로까지 공간을 확장했다.

한유인이 기거했던 죽백루와 정절당에 대한 글도 있다. 노문초盧文弨는 〈정절당기〉에서 "그 아들 정도가 어머니의 일을 아뢰자, 관에서 조정에 정려를 요청하여 정절당을 꾸밈으로써 군주의 은혜를 기리고 모친의 정절을 널리 알렸다."[54]라고 기술했으며 전대흔은 〈정절당명 병서〉에서 다음과 같이 밝혔다.

> 奉直大夫袁柳邨先生之次配韓孺人, 以節行奉詔旌門閭, 其子廷檮, 承慈母訓誨, 感朝廷恩渥, 爰作新堂, 顏之曰：貞節。翰林侍讀學士 餘姚 盧公文弨 既為文記之, 而廷檮後請餘作銘, 刻之堂側。
>
> 봉직대부 원유촌 선생의 후처 한유인은 황제로부터 정려문을 하사 받았고 그 아들 정도는 자애로운 어머니의 가르침과 황제의 은택으로 집을 새로 꾸미고 '정절당'이라 하였다. 한림 시독 학사 노문초 공이 정절당기를 지었고, 정도가 훗날 나에게 명銘을 부탁하여 정절당 옆쪽에 새겼다.

노문초와 전대흔의 글에 따르면, 원씨 집안에서 요청한 정려가 받아들여져 여문에 '정절' 두 글자를 새겼으며 한유인이 거처하던 곳을 이 두 글자로 새롭게 단장하여 정절당이라고 부르게 된 것이다. 전대흔의 글은 정절당 옆에도 새겨졌다. 한유인은 15년 가량 '죽백루'에 거처했는데 이에 양복길이 〈죽백루기〉에서 다음과 같이 밝혔다.

53 "爰作旌門頌八章八句, 授其子廷檮, 使鑱諸樂石, 傳示無極。"

54 "今子廷梼既狀其母之事實, 由所司以貞節得請旌於朝, 乃即以貞節顏其堂, 志君恩, 彰母節也。"

令子又愷…… 爰繪圖以章德, 更即畵以名樓…… 從此竹貞其節, 永斑湘女之痕; 柏泛其舟, 式著共姜之志。構堂不墜, 金石同垂…… 先成是記, 省識探微。妙筆圖披, 而遺跡常留。

아들 우개가……. 그림을 그려 어머니의 덕을 알리고, 그림을 당堂 이름으로 삼았다……. 이로써 대나무는 굳은 절개로 상녀湘女[55]의 흔적을 영원히 새기고, 잣나무 배는 공강共姜[56]의 굳은 의지를 드러내는 것이다. 당실이 사라지지 않고 금석과 같이 후세에 전해진다….. 기記를 써서 사실을 알린다. 묘필妙筆로 그림을 그려 그 흔적을 영원히 남긴다.

원정도는 정절루를 그림으로 제작하여 한유인의 미덕을 기리고 널리 알렸다.

두루마리 타미拖尾에 있는 글들의 목적과 기능은 화용론적 맥락 속에서 한유인의 정절과 사적을 찬양하는 것이다. 이에 따라 비단으로 장황된 2차원적 두루마리가 3차원 공간으로 옮겨질 수 있었다. 여문의 문미門楣, 무덤의 안과 밖, 대청과 누각으로 공간이 확장되면서 두루마리 평면 위로 입체적인 패루牌樓가 세워졌다.

7. 맺음말

정려旌閭 요청, 그림 제작, 명문銘文과 시문詩文 청탁의 과정을 거쳐 완성된《원씨 정절당 화상 문한》은 유일본唯一本이자 수초본手抄本으로서 소장가들로부터 그 가치를 인정받는 귀한 자료다. 40세의 나이로 짧은 인생을 마감한 한 평범한 여성을 위해 수많은 이들이 다양한 형식의 담론을 펼쳤다. 한유인은 서사와 논평, 시와 노래를 통해 끊임없이 이야기되었고 최고의 운문과 산문으로 애도되고 칭송되었다. 전실典實, 아정雅正, 청려淸麗, 포찬褒贊, 숭양崇揚, 준영雋永의 문학적 숨결 속에서 그녀를 향한 노래가 울려퍼진다.

화용론적 차원에서《원씨 정절당 화상 문한》은 한유인의 단정하고 꼿꼿한 초상화가 그려진 평면 위에 그녀가 15년 간 수절하며 자식들을 키워낸 죽백루와 정절당을 세우고 40년

55 역주: 상녀는 순임금의 두 부인 아황과 여영을 가리킨다. 순임금이 죽은 후 두 부인은 상강에 투신했다.

56 역주: 위나라 세자 공백의 처 공강은 공백이 죽은 후 모친이 공강을 재가시키려고 하자 백주시(柏舟詩)를 지어서 수절의 의지를 밝혔다.

삶의 전기를 구축함으로써 원영도袁永滔 집안의 분위기를 우회적으로 보여준다. 여기서 가장 중요한 것은 두루마리를 기획한 사람이 원정도라는 사실이다. 한 효자의 뜻과 의지, 글쓰기에 참여한 모든 이들, 건륭 후기 한림원의 관원들, 작품 감상을 즐기는 서화 소장가들을 핵심으로 한 문인들이 그 효심을 소중히 여기고 온전하게 지켜냈다. 죽은 이가 사라지고 없는데 어찌 산 자들의 슬픔과 아쉬움이 없었겠는가? 사람들은 글과 그림으로 지난날의 회한을 달래고 마음의 상처를 치료했다. 그들은 무의식 속에서 공유하는 정서 구조와 집단 정체성이 있었기에 자식으로서의 슬픔과 아픔을 공감하고 위로할 수 있었다.

사진정謝振定은 〈증원자수계이거서당서贈袁子壽階移居西塘序〉에서 이렇게 밝혔다:

> 余过大江南, 获交二孝子焉, 皆节母之后, 能事贤友仁, 以显其亲者。一为吴县袁子寿阶, 一为萧山汪子龙庄。龙庄少孤, 二母鞠之有成, 所居建双节堂, 遍求天下巨公名士之诗若文, 至五百余家, 刊传之, 行于世, 一时翕然称其孝。及寿阶刊有 《霜哺遗音》, 出其卷帙之富不逮汪, 而词旨精美或过之。
>
> 나는 강남으로 건너가서 두 효자를 사귀었는데 정절을 지킨 어머니의 아들로 현명하고 어진 자들을 사귐으로써 그 부모의 명예를 드높이는 이들이었다. 한 명은 오현의 원수계袁壽階요, 한 명은 소산蕭山의 왕용장汪龍莊[57]이다. 용장은 어려서 부친을 여의고 두 어머니가 그를 길렀다. 이에 쌍절당雙節堂을 짓고 오백여 명에 달하는 천하의 거공명사巨公名士들에게 시문을 청탁한 후 그것을 간행하여 세상에 전했다. 일시에 그 효성에 대한 찬사가 쏟아졌다. 수계는《상포유음》을 간행했다. 그 편폭이 왕용장에 미치지 못하나 글의 아름다움은 그를 넘어선다.

사진정은 효행과 관련한 또 하나의 사례를 언급했다. 왕용장汪龍莊은 5백여 명에게 시를 청탁할 정도로 엄청난 규모로 일을 진행했다. 사씨는 왕용장과 원정도를 비교하며 원씨의 것은 규모가 왕용장에 미치지 못하지만 글이 훨씬 아름답다고 평가했다. 또 다음과 같이 밝혔다.

> 《霜哺遺音》者, 壽階為其母韓太孺人苦節, 乞言之所裒而輯也。余與壽階游, 每言及太孺人, 有淒然之色, 間出其先世手跡。自有明來, 如謝湖, 胥台諸公之簡牘, 及當

57 역주: 용장(龍莊)은 왕휘조(汪輝祖, 1731-1807)의 호다.

時名流記, 序, 志, 銘投贈之篇什, 積成若干冊, 彪彪麟麟, 侔於宗器。歷數百年弗敢遺, 且有增焉。此又汪氏之所未逮者…… 壽階上承世德, 績學有聲, 乃能得賢士大夫之贈言, 以表其節, 以光於奕葉。此太孺人之志也, 非太孺人, 無以成壽階之賢; 非壽階, 無以彰太孺人之德。誦昔人春暉寸草之詩, 其為報也, 有令人油然生感者矣。

《상포유음》은 수계가 힘겹게 수절을 행한 한유인을 위해 청탁한 글을 엮어서 만든 것이다. 수계가 나를 만나 한유인에 대해 이야기할 때 몹시 슬픈 빛을 내보이며 선조들이 직접 쓴 글들을 꺼냈다. 명대부터 사호공謝湖公 서태공胥台公 등 여러 공들의 간독簡牘, 당시의 유명인사들이 쓴 기, 서, 지, 명, 시문 등을 몇 권의 책으로 엮었다. 그 문채文彩가 종묘제사에 사용하는 기물처럼 아름답고 빛났다. 수백 년이 지나도 없어지지 않고 오히려 늘어나고 있다. 이 점에서 왕씨의 것이 미치지 못한다……. 수계는 선조의 덕을 입고 학문을 쌓아 어진 사대부들의 글을 보태 모친의 정절을 드높이고 대대손손 빛냈다. 이 태유인의 뜻은, 태유인이 아니었다면 수계가 어진 사람이 될 수 없었고, 수계가 없었다면 유인의 덕을 드러낼 수 없었다. 봄햇살 같은 양친의 사랑과 어린풀 같은 자녀들의 효심을 노래로 보답하니 사람들이 절로 감동하는구나.

사진정은 어머니, 아들, 가풍, 심지어는 사회상과 시대상이 어우러져 서로를 비추며 완성되는 두루마리의 다중적 맥락과 힘에 대해서는 언급하지 않았다. 초상화와 시문이 결합된 대형 텍스트로서 《원씨정절당화상문한》은 자애로운 어머니에게 아들 원정도가 바치는 헌사 또는 건륭 후기 한림원을 중심으로 한 고관과 명사들이 원씨 가문에 바치는 헌사라고 볼 수도 있다. 그러나 그보다는 수많은 사람들이 두루마리라는 물질적이고 평면적인 플랫폼 위에서 글쓰기를 통해 공동으로 쌓아 올린 입체적인 패루로서 청사靑史에 바치는 영원불멸의 찬사라고 보는 것이 합당할 것이다.

An Examination on the Portrait of Koumei by Fan Qi and Wu Hong

번기樊圻와 오굉吳宏의 《구미상寇湄像》 그림과 글 해설

양둔야오楊敦堯

1. 서문

여회余懷는 강희 32년(1695)에 펴낸 《판교잡기板橋雜記》 서문에서 의도적인 질문과 답변 형식을 빌려 글을 쓰게 된 취지를 다음과 같이 밝혔다.

> 或問余曰：“《板橋雜記》 何為而作也?” 餘應之曰：“有為而作也。” 或者又曰：“一代之興衰, 千秋之感慨, 其可歌可錄者何限, 而子唯狹邪之是述, 艷冶之是傳, 不已荒乎?” 餘乃聽然而笑曰：“此即一代之興衰, 千秋之感慨所繫也……效東京夢華之錄, 標崖公蜆門之名, 豈徒狹邪之是述, 艷冶之是傳也哉?
>
> 누군가 내게 물었다. “《판교잡기》는 무엇하러 썼는가?” 내가 대답했다. “뜻한 바가 있어 썼습니다.” 그는 또 물었다. “한 시대의 흥망성쇠나 천추의 감개 중에 노래하고 기록할 만한 것이 끝도 없을 터인데 하필 화류항 이야기나 여색의 아름다움 따위나 전하다니 헛되지 않소?” 내가 듣고 웃으며 말했다. “이것이야말로 한 시대의 흥망성쇠이자 천추의 감개와 관련된 것입니다. (중략) 《동경몽화록》을 본떠 지난날 황제의 총애를 받았던 옛 명성을 기록해두고자 합니다. 그러니 어찌 화류항 이야기나 여

색의 아름다움 따위나 전하는 것이겠습니까!"[1]

명청이 교체되는 시대의 격변 속에서 문인들은 금릉의 '역사적 기억'을 매개로 각자의 감회를 풀어냈는데 대부분 금릉을 테마로 추모와 이별을 노래한 작품들이었다. 예를 들면, 전겸익의 연작시 〈금릉잡제金陵雜題〉가 있고, 왕사진王士禛도 금릉을 회고하는 여러 편의 시를 남겼다. 이러한 작품들은 석양 아래 시들어가는 진회강의 꽃과 버드나무, 무너진 담장 등을 소재로 지난 날을 회상하며 현재의 고통을 노래하는 애가哀歌다.

頓老琵琶舊典型, 檀槽生澀響零丁。 南巡法曲誰人問？ 頭白周郎掩淚聽。[2]
돈노頓老의 비파는 지나간 본보기라, 자단목 비파 소리 거칠고 쓸쓸하게 울리네.
남순법곡南巡法曲 이제 누가 듣겠는가? 백발의 주랑周郞만이 눈물을 삼키며 듣고 있네.[3]

舊院風流數頓楊, 梨園往事淚沾裳。 樽前白髮談天寶, 零落人間脫十娘。[4]
구원의 풍류라면 돈문과 양옥향을 손꼽았지, 이원의 지난 일들 생각하면 눈물이 옷깃을 적신다
술잔 앞에 백발로 천보연간(화려했던 시절)을 얘기하나니, 초라한 인간 세상의 탈십낭이로다.[5]

위 시구에서 보듯, 문인들의 작품 속에서 금릉의 화려한 시절은 흔적도 없이 사라지고 없다. 무너진 폐허가 슬픔을 불러 일으킬 뿐이다. 고독과 쓸쓸함 속에서 노래는 끝이 나고 남겨진 여음이 온 몸을 휘감고 돌며 떨쳐버릴 수 없는 감상과 악몽 같은 기억만 남긴다.

혼란과 격변 속에서 무력감에 빠져 있던 문인들은 진회강을 테마로 청루 가기歌妓들의 박복한 운명에 자신들의 막다른 처지를 빗댈 수밖에 없었다. 이 점은 오매촌吳梅村의 〈원원곡圓圓

1 역주: 이 장에 나오는 모든 《판교잡기》의 번역은 이민숙·이주해·박계화·정민경《우초신지4》, 서울: 소명출판, 2011, 422-89쪽)의 번역을 참고하여 맥락에 맞게 고쳐서 사용하거나 그대로 인용했다. 역자들에게 깊은 감사의 뜻을 전한다.

2 錢謙益, 〈金陵雜題〉, 《錢牧齋全集》, 上海: 上海古籍出版社, 2003년, 8권, 417쪽.

3 역주: 비파로 명성을 드날렸던 기녀 돈노가 노년에 비파를 연주하는 쓸쓸한 모습을 그리고 있다. 주랑(周郞)은 돈노의 비파 소리를 좋아했던 소흥 사람 조석규周錫圭를 가리키나 전겸익 자신의 모습이기도 하다.

4 王士禛, 〈秦淮雜詩二十首〉, 《王士禛全集·一》, 濟南: 齊魯書社, 2007년, 10권, 298-301쪽.

5 역주: 심경호 교수의 번역을 그대로 인용했다. 〈왕사진의 신운(神韻)〉, 《유심(唯心)》, 통권 55호(2012. 03/04), 355-76쪽.

曲〉과 〈여도사 변옥경의 탄금가를 듣다聽女道士卞玉京彈琴歌〉, 전기체로 고미顧媚와의 인연을 기록한 공정자龔鼎孳의 《백문류白門柳》, 모양冒襄이 동소완董小宛을 위해 쓴 《영매암억어影梅庵憶語》, 공상임孔尚任의 희곡 《도화선桃花扇》 등의 작품을 통해 확인할 수 있다. 문인들의 이상이 투영된 작품 속에서 청루의 가기들은 애국적이고 영웅적인 모습으로 그려졌다. 그리고 이를 통해 전기적 색채의 명기 이미지가 만들어졌으며 이른바 '진회팔염秦淮八豔'이라는 말까지 생겨났다.

관련된 분야에서 수많은 논의가 이루어지면서 상당한 성과가 있었는데, 왕홍친王鴻泰은 문화 현상과 사회 현상의 측면에서 기방의 긍정적 의의를 주장하는 일련의 논문을 발표했다. 그에 따르면 기방은 문인들이 예술적 재능을 펼치면서 "스스로의 존재감과 가치를 증명하는 자기 표현의 장"이었으며 "고급 기방은 일반적인 사교 장소에서 중요한 예술의 장으로 한 걸음 더 발전했다."[6] 일본 학자 오키 야스시大木康는 《판교잡기板橋雜記》 등 청대 초기의 회고懷古 문학을 통해 당시의 특수한 시공간적 환경 속의 문화를 해독했다.[7] 리샤오티李孝悌는 《도화선桃花扇》과 《판교잡기》를 통해 17세기 금릉성의 환락과 유흥을 고찰하면서 당시 문인들이 왕조의 몰락과 함께 강렬한 회한의 감정과 균열감을 느꼈다고 밝혔다.[8]

이 글에서 논의하게 될 번기樊圻와 오굉吳宏의 공동작 〈구백문 소영 도축寇白門小影圖軸〉(이하 〈구미상〉)과 관련하여, 스쇼우첸石守謙은 시대의 격변에 따른 영향을 전체적으로 서술한 후 금릉에서 유행했던 회고적·복고적 화풍 간의 관계를 논의했다. 그는 〈구미상〉과 오위吳偉의 〈무릉춘도武陵春圖〉와 비교하면서 "오위의 흐르는 듯한 백묘법으로 그린 곱고 아름다운 자태의 인물이 오굉의 고목 아래에 놓임으로써 그림 전체가 쓸쓸하고 처연한 분위기로 뒤바뀐다. 이것은 문인들이 어지러운 세상과 나라를 걱정하는 스스로의 마음을 기녀를 통해 표현했던 당시의 경향을 보여준다."고 했다.[9] 왕정화王正華는 진홍수陳洪綬의 말기 인물화 연구에서 여인과 기물을 통해 강남 문화를 추억했던 당시의 시대적 환경을 논의했다.[10] 쑨디챵孫帝强은 젠더적 관점에서 번기와 오굉의 공동작 〈구미상〉에 나타나는 디아스포라적 정서를 밝히면서 그림 속 구미의 태도와 인격에서 디아스포라 신분에 대한 문인 자신들의 긍정과 기대가 엿보

6 王鴻泰, 〈俠少之遊—明清士人的城市交遊與尚俠風氣〉, 李孝悌 編, 《中國的城市生活》, 144쪽. 〈青樓：中國文化的後花園〉, 《當代》 137期(1999.01), 27-28쪽.

7 大木康 著, 辛如意 譯, 《風月秦淮: 中國遊裡空間》, 臺北: 聯經出版事業有限公司, 2007년.

8 李孝悌, 〈桃花扇底送南朝—斷裂的逸樂〉, 《新史學》 17권 3기(2006. 09), 1-59쪽.

9 石守謙, 〈由奇趣到復古—十七世紀金陵繪畫的一個切面〉, 《故宮學術季刊》 15권 4기(1998. 여름), 47쪽.

10 王正華, 〈女人, 物品與感官慾望—陳洪綬晚期人物畫中江南文化的呈現〉, 《近代中國婦女史研究》 10期(2002. 12), 51-57쪽.

인다고 했다.[11] 서로 다른 관점에서 다양한 문화현상을 고찰한 여러 학자들의 연구가 이 글에 중요한 배경과 시사점을 제공했다.

초상화는 주로 실존 인물을 그리는 인물화로서, 최초의 초상화는 실물이 아닌 문헌 기록을 통해 확인할 수 있을 뿐이다. 선진시대 류향劉向의 《설원說苑》과 서한시대 류흠劉歆의 《서경잡기西京雜記》에서 초상화의 존재가 확인된다. 현존하는 초기 초상화는 송대의 제후들과 유명 문인들을 그린 초상화가 일부 있지만 초상화가 본격적으로 성행한 것은 명청 양대에 이르러서다. 초상화는 중국화에서 인물화로 분류되기는 하지만 원대 왕역王繹의 《사상비결寫像秘訣》, 명대 왕기王圻와 왕사의王思義가 엮은 《삼재도회三才圖會》에 나오는 '상법 11등像法十一等'을 볼 때 독자적인 계통을 이루고 있었을 가능성이 매우 높다. 초상화는 기능적으로 다른 인물화와는 달리 특정의 '상주像主'가 있다. 또 실제 인물과 사건에 상상력을 결합하여 제작되며 신념과 가치관이 반영되기도 한다. 문인들의 네트워크 안에서 초상화에는 많은 제발題跋이 더해졌는데, 이러한 현상은 원림園林과 정원을 소재로 하는 '별호도別號圖'[12]처럼 유명한 문사文士들에게 그림의 제작 과정을 담은 시문을 부탁하여 기록으로 남긴 결과이기도 하다. 부탁을 한 사람이나 부탁을 받은 화가, 서예가, 문인 모두 뜻을 함께 하는 당시의 명사들이었다. 또 시간이 흘러가면서 후인들이 그들을 칭송하고 찬양하는 제영題詠을 덧붙이기도 했다. 이 모두가 문인들의 사교활동에서 생겨난 산물이다.

문인들의 초상화 제작도 아주 오래 전부터 성행했다. 원대에 조맹부趙孟頫가 자화상 〈자사소상도自寫小像圖〉(고궁박물관 소장)를 그렸고, 산수화가 예찬倪瓚도 왕역王繹과 함께 〈양죽서소상楊竹西小像〉(고궁박물관 소장)을 그리는 등 여러 초상화 제작에 참여했다. 명청 양대에 이르러 초상화가 더욱 성행했는데, 이에 대해 연구자들은 '자아의식'과 '개인주의'의 각성이라는 관점에서 자신의 절개와 의지를 드러내기 위한 목적이었다고 분석했다.[13] 문인들의 초상화 외에도 여성 초상화에도 영향이 미쳤다. 이와 관련하여 마오원팡毛文芳이 젠더적 관점에서 명청시기 문인과 여성 초상화에 있는 제영의 내용과 그 의미를 고찰함으로써 풍성한 성과를 거뒀다.

11 孫帝強,《明遺民人物畫之身分認同—以諸葛亮, 陶潛, 寇湄的圖像符碼為研究中心》, 中央大學藝術學研究所 2014년 석사학위 논문.

12 역주: 별호도는 자신의 별호를 붙인 원림을 기념하기 위해서 그리는 그림을 가리킨다. 직업화가나 문인화가를 원림에 초청해서 그리는 경우가 많았다.

13 Wm. Theodore de Bary, "Individualism and Humanitariantism" , in Self and Society in Ming Thought, Columbia University Press, 1970, pp.145-225.

명청 시기에 청루의 기녀들은 야사와 일문逸聞, 잡기雜記, 유명 문인들의 제영題詠 등을 통해 애국적 '협녀俠女'로 일대 변신을 했다. 당시 진회강 유역에서 명성을 떨쳤던 유여시, 고미, 진원원, 이향군 등이 남긴 회화나 서예 작품 다수에 남성 문인들의 제영이 있다. 문인들은 제영을 매개로 그녀들과 작품을 주고받으며 교류했다. 이 과정에서 그녀들을 상상할 수 있는 수많은 자료들이 축적되었고, 시간과 공간을 오가는 동안 남성주의 관점의 '응시'가 이루어졌다. 이외에 기녀가 화가를 청해 자신의 초상화를 제작한 후 문인에게 제영을 부탁하는 경우도 있었는데, 원매의 《수원시화隨園詩話》에도 관련 일화가 실려 있다.[14]

> 吳雲巖殿撰, 在潮州眷一妓。妓持紙乞詩, 吳書一絕雲："濤箋親捧剪輕霞, 小立當筵蹙錦靴。休訝老坡難忍俊, 多因無奈海棠花。"此妓聲價頓增, 人呼狀元嫂。
>
> 오운암 전찬殿撰이 한 기녀에게 도움을 줬다. 기녀가 종이를 찾아와 시를 부탁했는데 오 전찬이 "한 자락 노을을 잘라 만든 고운 설도전薛濤箋[15]을 들고 그녀가 몸소 찾아왔다하네, 잠시 술자리에 들렀다 급하게 비단장화 당겨신고 일어섰네. 소동파가 웃음을 참지 못한다고 괴이쩍다 하지 마오. 해당화 때문에 어쩔 수 없어서일 터이니."라고 절구를 하나 써줬다. 이 기녀의 명성이 순식간에 드높아져 사람들이 '장원수狀元嫂'라고 불렀다.

자신의 초상화를 구실로 유명인들에게 제영을 부탁하는 기녀들은 첫째는 유명 문인들과 친교를 맺기 위해서였고, 둘째는 자신의 가치를 높이기 위해서였다. 또 이 과정에서 다른 사람 특히 문인의 인정을 받고 있다는 사실도 널리 알릴 수 있었다. 이에 대해 원매는 다음과 같이 이의를 제기했다.

> 古無小照, 起於漢武梁祠畫古賢烈女之像。 而今則庸夫俗子, 皆有一《行樂圖》矣…… 索題者, 累百盈千, 餘不得已, 隨手應酬。 嘗口號雲：別號稱非古, 題圖詩不存。[16]
>
> 예전에는 본시 초상화가 없었는데, 한대에 새겨진 무량사의 고현과 열녀상에서 초

14 袁枚 著, 顧學頡 校點,《隨園詩話》7권, 北京: 人民文學出版社, 2006년, 233쪽.

15 역주: 설도전(薛濤箋)은 기녀 설도(薛濤)가 꽃잎을 붙여서 만든 종이 전(箋)을 가리킨다. 시나 편지를 쓸 때 주로 사용했다.

16 袁枚 著, 顧學頡 校點,《隨園詩話》7권, 231쪽.

상화가 생겨났다. 오늘날에는 평범한 사람들까지도 행락도를 소유하고 있다.……
제시를 청하는 자들이 수없이 찾아와 하는 수 없이 손 가는 대로 응해주며, "별호는 비고非古, 제화시는 남기지 않는다."라고 말했다.

이외에도 원매는 청루 기녀들의 초상화가 범람하는 풍조에 대해 "근자에 사대부들이 노래와 춤이 있는 자리에 가기만 하면 제시를 바친다."[17]며 유감을 표하기도 있다. 개인적인 불만에 불과할 수도 있지만 당시 문인들과 청루 문화 간의 의존 관계를 보여주는 방증이 될 수 있다.

2. 진회강의 역사적 이미지와 관계망

여섯 왕조의 도성이었던 금릉은 흥망성쇠가 반복되는 역사적 배경 속에서 수많은 회한의 정서와 사연들을 남겼다. 이 때문에 옛 역사를 회고하는 수많은 작품이 태어나게 되었는데, 표면적으로는 지나간 왕조를 노래하는 듯하지만 실제로는 옛일을 빌려 현실을 한탄하는 것들이었다. 당나라 시인 유우석劉禹錫의 〈금릉회고金陵懷古〉를 보자.

潮滿冶城渚, 日斜征虜亭。 蔡州新草綠, 幕府舊煙青。
興廢由人事, 山川空地形。 後庭花一曲, 幽怨不堪聽。
야성 모래톱에 밀물 차오르고, 정로정에 해가 기운다.
채주에는 초록이 새롭고 막부산은 푸른 안개 여전하네
나라의 흥망은 사람의 일이라, 험한 산천도 소용이 없구나.
들려오는 망국의 노래[18], 깊은 원한에 차마 들을 수가 없네.

유우석은 자연 풍광에 망국의 한이라는 역사적 경험을 담았다. 시인이 그려낸 '금릉'은 남송에 대한 그리움을 노래한 오격吳激의 〈남조는 예부터 상심의 땅이었다네南朝自古傷心地〉의

17 袁枚 著, 顧學頡 校點,《隨園詩話》9권, 806쪽. "近日士大夫凡遇歌場舞席, 有所題贈。"
18 역주: 원문의 '후정화(後庭花)'는 진나라 후주(後主)가 지은 악곡 〈옥수후정화(玉樹後庭花)〉가 옥수와 후정화 두 개의 곡으로 나뉜 것이다. 후주가 주색에 빠져 방탕한 생활을 일삼다가 나라를 망쳤다는 내용이다.

기억을 떠올리게 한다. 역대 유명 문인들이 즐겨 읊으면서 널리 전파된 경물시, 서정시, 기행시, 회고시 등등에서 나타나는 금릉과 관련된 역사적 기억과 상상은 특정 시공간 하에서 역사적 반추를 불러 일으키면서 집단적 '역사기억'을 구축했다. 이를 통해 볼 때 '진회 이미지' 역시 역사기억의 산물로서 나라를 잃어버린 명나라 유민들이 감정을 풀어낼 수 있는 거대한 공간이 되었다. 회화사를 연구하는 연구자들은 명청이 교체되는 시대의 격변이라는 관점에서 화가에게 변화와 상실의 '디아스포라 신분'을 부여하고 모든 작품에 '유의미한 형식'이 숨겨져 있는 것으로 보았다. 그런데 '디아스포라 의식'은 어떠한 상황에서 문인과 화가의 서정을 촉발하는 지, 그 형성의 배경과 현상은 또 무엇인지에 관한 논의가 필요하다.

여회는《판교잡기》에서 당시 진회의 풍광을 다음과 같이 그리고 있다.

秦淮燈船之盛, 天下所無。 兩岸河房, 雕欄畵檻, 綺窗絲障, 十里珠簾。 主稱既醉, 客曰未晞。 遊楫往來, 指目曰：某名姬在某河房, 以得魁首者為勝。 薄暮須臾, 燈船畢集, 火龍蜿蜒, 光耀天地, 揚槌擊鼓, 蹋頓波心。 自聚寶門水關至通濟門水關, 喧闐達旦。 桃葉渡口, 爭渡者喧聲不絕。 余作《秦淮燈船曲》中有雲：遙指鐘山樹色開, 六朝芳草向瓊台。 一圍燈火從天降, 萬片珊瑚駕海來。 又雲：夢裡春紅十丈長, 隔簾偷襲海南香。 西霞飛出銅龍館, 幾隊娥眉一樣妝。 又雲：弦仙管玻璃杯, 火龍蜿蜒波崔嵬。 雲連金闕天門迥, 星舞銀城雪窖開。 皆實錄也。 嗟乎, 可複見乎![19]

진회강의 등선燈船은 그 호화로움이 천하에 비길 데가 없다. 물가 양쪽에 늘어선 집들, 화려한 조각 난간, 아름다운 창문과 비단 휘장, 십리도 넘게 이어진 주렴. 주인은 취했다 하는데 손님은 아직 술이 남았다 한다. 놀잇배를 타고 오가다 어느 한 곳을 가리키며 저 집에 있는 아무개 명기가 최고이니 먼저 얻어내는 자가 이긴다며 내기를 건다. 어슴푸레 저녁이 찾아 들고 등선들도 모여든다. 구불구불한 화룡火龍이 천지를 훤하게 비추고 둥둥둥 북소리에 강물이 요동치는 듯하다. 취보문 수관水關에서 통제문 수관까지, 밤새도록 노니는 소리로 떠들썩하다. 도엽 나루 어귀에는 서로 건너겠다며 아우성치는 소리가 끊이지 않는다. 내가 지은〈진회등선곡秦淮燈船曲〉에 이런 구절이 있다. "아득히 보이는 종산鍾山에 초록이 선명하고, 육조의 방초 경대瓊臺를 향했네. 빙 둘러선 등불들이 하늘에서 내려오고 만 조각 산호가 파도를 타고 오네."

19 余懷,《板橋雜記》, 3권, 10쪽.

또 이런 구절도 있다. "꿈속의 붉은 봄꽃들 열 장丈이나 이어지고, 주렴 사이로 해남향海南香 몰래 스며드네. 서쪽 하늘의 노을 동룡관銅龍館 밖으로 날아가고, 몇 무리의 미녀들 똑같은 모습으로 단장하였네." 그리고 또 이런 구절도 있다. "신선의 악기와 유리 술잔, 화룡은 구불구불하고 물결은 드높구나. 구름에 닿을 듯한 금궐金闕 아득하게 먼 천문天門, 별들이 춤추는 은성銀城 맑은 못이 열렸네." 이것들은 모두 실제를 기록한 것이다 아, 다시 볼 수 있으려나!

문인들은 화려한 시절의 기억 속에 고국에 대한 그리움을 담았다. 주량공周亮工은 〈배에서 호원윤과 진회의 전성기를 말하며 원윤의 시를 차운하다舟中與胡元潤談秦淮盛時事次元潤韻〉에서 당시 문인들이 진회에서 노닐던 풍광을 노래하며 자신의 심정을 밝혔다.

紅兒家近古青溪, 作意相尋路已迷。
渡口桃花新燕語, 門前楊柳舊烏啼。
畫船人過簾波動, 翠幔歌輕扇影低。
明月欲隨流水去, 簫聲只在板橋西。
홍아의 집은 옛 청계 부근에 있어, 맘먹고 찾아 가다가 길을 잃었네.
복사꽃 핀 나루터에 새로 찾아온 제비가 지저귀고, 대문 앞 버드나무에 지난날 그 새가 울부짖네.
놀잇배에 사람들 오가고 주렴이 물결처럼 일렁이네, 푸른 휘장에 노래소리 가볍고 부채 그림자 낮게 드리우네.
밝은 달은 흐르는 물을 따라 가고자 하나, 피리소리 판교 서쪽에만 머무네.

위 시에서 '명월明月'은 명나라를 암시하는 쌍관어雙關語로 이해되는데[20] 흐르는 물을 따라 간다는 것은 세월의 무정함을 탄식하는 것이다. 1661년 봄, 공무차 금릉에 간 왕사정은 전겸익, 오기吳綺 등과 함께 진회강 석패가石貝街에 있던 정계丁繼의 집 '요적보邀笛步'에서 묵었다. 그때 정계가 정계가 들려준 진회의 옛 이야기들을 바탕으로 〈진회잡시秦淮雜詩〉 20수를 지었다.

20 일(日), 월(月), 주(朱), 홍(紅), 적(赤), 단(丹), 화(花), 남경(南京), 강남(江南) 등 청대 시가에 나타난 특수 이미지들에 관한 주저제(朱則傑)의 연구가 있다. 朱則傑, 〈'明' 與'清' : 清代詩歌中的一組特殊意象〉,《浙江社會科學》 2001년 3기, 144-148쪽을 참고할 것.

왕사정은《어양산인漁洋山人 자전연보自傳年譜》에서 다음과 같이 밝혔다.

> 山人至金陵, 館於布衣丁繼之家。丁故居秦淮, 距邀笛不數弓, 山人往來賦詩其間。丁年七十有八, 為人少習聲伎, 與歙縣潘景升, 福清林茂之遊最稔, 數出入南曲中, 及見馬湘蘭, 沙宛在之屬。因為山人縷述曲中遺事, 娓娓不倦。山人輒撫掌稱善, 掇拾其語, 入《秦淮雜詩》中。詩益流麗悱惻, 可詠可誦。又屬好手書《青溪遺事》一冊, 陽羨陳其年維崧為題詩。山人復成小詞八闋, 摹畫坊曲瑣事, 盡態極妍。諸名士和者甚眾。每讞事畢, 輒肩輿往烏龍潭, 靈谷, 瓦官諸室, 城南高座, 長干諸古刹, 探幽訪古, 而公事未嘗廢也。吳祭酒梅村嘗以山人擬劉穆之。
>
> 산인山人은 금릉에 갔을 때 정계의 집에 머물렀다. 정계의 옛집은 진회강 부근의 요적보인데 그와 시를 주고받으며 교류했다. 정계는 나이가 78세로 어릴 때부터 춤과 노래를 배운 가기였다. 흡현歙县의 반경승潘景升과 복청福清의 임무지林茂之와 잘 알고 지냈다. 여러 차례 남곡南曲을 출입하며 마상란, 사완재沙宛在 등을 만났다. 남곡의 지난 일들은 몇 번이나 들어도 지루하지 않았다. 산인은 매번 박수를 치며 좋아했다. 그 이야기들을 모아〈진회잡시〉에 담았는데 아름답고 슬퍼 읽고 읊조릴 만하다. 또 여럿이 모여 손으로 그림을 그려《청계유사》1책을 만들었는데 양이陽羡의 진기년(진유숭)이 제시를 쓰고 산인이 소사小詞 팔결八闋을 보탰다. 방곡坊曲의 소소한 일상을 그림으로 그렸는데 그 자태와 용모가 극히 아름답다. 여러 명사들이 모여들었다. 일이 끝나면 오룡담, 영곡사, 와궁사, 도성 남쪽의 고좌사 등 여러 승경과 고적을 탐방했다. 그러나 공무도 등한시하지 않았다. 제주祭酒 오매촌이 산인을 두고 유목지劉穆之를 닮았다고 했다.

왕사정은 시에 역사적 사실을 담았는데,《백문집白門集》서문에 "모두 진회에서 벌어진 일을 노래한 작품들이라 편명에 '진회'를 사용했다."라는 기록이 있다. 진유숭陳維崧이 보살만菩薩蠻에 붙인 사詞〈청계유사 화책에 추정촌, 팽금속, 동이녕, 왕완정, 동문우와 함께 8수를 쓰다題青溪遺事畫冊, 同鄒程村, 彭金粟, 王阮亭, 董文友賦八首》는 제목에서부터 당시 추정촌鄒程村 팽금속彭金粟 동이녕董以甯 등이 함께 시 모임을 가졌다는 사실을 확인시켜 준다. "두 줄로 선 관리들 신선처럼 아름답고 앞을 다투어 애끊는 구절 써내려가네"[21]라고 한 진유숭의 시구는 사람들이 화첩《청계유사青溪遺事》에 제시를 쓰는 장면을 그리고 있다. 당시 문인들의 시 모임에는 화가들도 참석하여 흥을 보탰다. 오늘날 전해지는 '금릉실경도金陵實景圖' 관련 화책 중 일부는 상술한 것처럼 문인들과 화가들의 모임을 통해 만들어진 것으로 추정된다. 예를 들어, 화가 호옥곤胡玉昆이 1660년 그린《금릉12경도책金陵十二景圖冊》은 수장인收藏印을 보면 절친한 벗이었던 주량공周亮工을 위해 만든 것으로 추정된다.[22] 화가는 명나라 멸망이후 금릉의 처연한 아름다움을 포착하여 그림을 보는 사람들에게 흥망성쇠에 대한 자신의 감회와 당시 상황을 전하고자 했다.

3. 〈구미상〉 그림 해설과 '박명薄命' 코드의 구축

남경박물관에 소장된 번기와 오굉의 공동작〈구미상〉은 가로 80cm, 세로 273cm 크기의 지본紙本 수묵화로 1651년에 완성되었다. 화면은 근거리에서 구도를 잡은 단순한 구성이다. 나무 아래 앉은 인물이 조용히 시냇물을 마주하고 있는데 마치 고요한 바람소리나 물소리를 듣고 있는 듯하다. 뒤쪽으로는 드넓은 수역水域이 펼쳐지는데 맞은편이 보이지 않을 정도로 아득하다. 시각적 각도와 구도 구성에 있어서 화면의 대부분을 차지하고 있는 것은 산수 풍경이다. 인물은 비율적으로 큰 면적을 차지하고 있지 않지만 일반적인 산수화에서는 더 작은 크기로 인물을 배치한다. 인물의 크기와 제발의 내용을 통해 이 그림 족자에서 인물이 차지하는 중요성을 알 수 있다.

그림 위에 오굉의 제지題識가 있는데, "校書寇白門湄小影, 鐘山圻金溪宏合作。時辛卯秋杪, 寓石城龍潭朱園碧天無際之堂。(교서 구백문미 소영, 종산 번기 금계 오굉 합작. 시 신묘 늦가을, 석성 용담 주원 벽천 무제지당에 머무르다)"라고 적고 있다. 낙관은 백문白文 방인方印 "번기지인樊圻之印"과 '회공會公', 주문朱文 방인 '오굉吳宏', 백문 방인 '원도遠度' 등 인기印記가 있다. 또 제지의 '미湄' 위에 백문 방인 '湄'가 있는데, 구미가 직접 찍었다고 보는 것이 합리적인 판단일 것이다. 또 정팽丁澎의 〈석성 구백문의 현삭가를 듣다聽石城寇白弦索歌〉에서 "스스로 말하기를 진

21 "兩行小吏豔神仙, 爭寫君侯斷腸句。"

22 강희 8년(1669) 주량공의 연회에 참석하기 위해 주량공의 친교 네트워크 중 일부가 남경에 모였다. 주량공은《독화록(讀畫錄)》에서 호옥곤과의 우정을 밝히고 그를 위해 지은 시 14수를 실었다. 이를 통해 두 사람의 밀접한 관계를 확인할 수 있다.

회에서 나고 자라 강물을 낀 붉은 대문집에서 살았다네."[23]라고 한 구절 통해 판단컨대 구미의 집에서 모임을 가졌을 것이다.[24]

화가의 풍격과 '시각 경험'의 관점에서 봤을 때, 주인공(감상의 주요 대상)을 그린 것은 번기이며 배경으로 분위기를 살린 것은 오굉이다. 번기는 부드럽고 섬세한 백묘법으로 인물을 그렸는데, 문인 화가들의 그림에서 자주 나타나는 기법이다. 색을 칠하지 않고 담묵과 세필만으로 윤곽선을 그린 것은 유사묘遊絲描 기법과 비슷하다. 선이 가늘고 부드러운 동시에 힘이 있고 유창하다. 화사畵史의 기록을 살펴보면, 다수가 이공린李公麟이 창시한 기법으로 원대 때부터 문인 초상화에서 많이 사용되었다. 안면부에 약간의 선염渲染 기법을 사용하기도 했다.

화면 속 구미의 형상은 세필을 사용했다. 뒤쪽으로 틀어 올린 쪽머리에 머리장식이 이마를 가리고 있다. 머리카락은 붓으로 실처럼 가늘게 그리고 담묵으로 선염했다. 옷차림은 담아淡雅하면서도 소박하다. 고개를 살짝 든 상태에서 있으며 앞쪽으로 시선을 향하고 있다. 왼손으로 무릎을 살짝 누른 채 오른손을 살짝 위로 들고 있다. 여회가 《판교잡기》에서 다음과 같이 묘사한 남곡 여인들의 모습이 떠오른다.

> 南曲衣裳裝束, 四方取以為式, 大約以淡雅樸素為主, 不以鮮華綺麗為工也……衫之短長, 袖之大小, 隨時變易, 見者謂是時世妝也。
>
> 남곡의 의상과 꾸밈은 사방에서 본보기로 삼았다. 대체로 담아하고 소박한데 곱고 화려한 것은 좋지 않게 보았다. (중략) 적삼 길이와 소매 너비는 시대에 따라 달라졌는데 사람들이 '시세장時世妝'이라 불렀다.

오굉이 그린 배경을 보면, 큰 나무 아래 기대어 앉은 구미가 있고 그 주위를 맑은 시냇물이 감싸고 흐른다. 산수와 경물의 묵색이 농담濃淡과 허실虛失의 변화를 보여주면서 공간의 깊이를 표현하고 있다. 광대하고 심오한 경계를 다뤘던 송나라 사람들의 이법理法에서 깊은 영향을 받았다. 이 작품에 사용된 준법皴法은 직필直筆로 강건한 윤곽선을 그렸던 다른 작품들과 달리 온윤溫潤하다. 높고 깎아지른 듯한 화법의 산과 바위는 난시준亂柴皴을 위주로 소부벽준小斧劈皴을 곁들였다. 붓으로 높고 가파르게 그린 나무는 묵색이 촉촉하게 윤기있고 가지와 잎이

23 "自言生長秦淮裡, 家住朱門夾流水。"

24 丁澎, 〈聽石城寇白門弦索歌〉, 《扶荔堂詩集選》, 《清代詩文集彙編·七八》, 上海: 上海古籍出版社, 2011년, 369-370쪽.

어지럽게 엇갈려 있다. 대부분 직필을 사용한 굳건한 선으로 윤곽을 그려 필세에 힘이 넘친다. 정교하고 맑고 선염이 짙고 울창한 느낌을 준다. 오굉의 화풍이 가진 특징 덕분에 작품에서 깊고 그윽한 의경이 펼쳐진다.

여회의 《판교잡기》 여품麗品 편에서 이십낭李十娘이 거주하는 곳을 다음과 같이 묘사했다.

> 所居曲房密室, 帷帳尊彝, 楚楚有致。中構長軒, 軒左種老梅一樹, 花時香雪霏拂幾榻。軒右種梧桐二株, 巨竹十數竿。晨夕洗桐拭竹, 翠色可餐。入其室者, 疑非人境。
>
> 그녀가 거하는 내실은 휘장이며 술잔이며 하나같이 정갈하고 운치가 있었다. 중간에 긴 난간을 설치하고 난간 왼쪽에 오래된 매화나무 한 그루를 심어 놓았는데, 꽃이 필 때면 향기가 안석案席과 침상까지 몰려왔다. 난간 오른쪽에는 오동나무 두 그루와 큰 대나무 수십 그루가 서있었다. 아침저녁으로 오동나무와 대나무를 씻고 닦아서 먹어도 될 것처럼 파릇파릇했다. 그곳에 들어간 사람들이 인간세상이 아니라고 의심할 정도였다.

여회가 묘사한 청루의 정원에는 문인의 고상하고 여유로운 미학관이 담겨 있다. 매화와 대나무를 묘사한 부분에서 오굉이 그린 〈구미상〉의 배경이 떠오른다.

그림 위에 여회가 쓴 제발이 있고 화폭 바깥 상하단 격수隔水 부분에는 건륭, 가경 이래의 여러 문사들이 쓴 제영題詠이 있다. 또 민화閔華, 이방담李方湛, 배경복裴景福, 진감秦淦, 진통리秦通理 등의 소장자를 거쳤다.

배경복의 《장도각서화록壯陶閣書畵錄》에 〈구미상〉에 관한 기록이 있는데 이렇게 묘사하고 있다.

> 墨筆老梅槎枒, 繁花如雪。白門淡裝坐樹下, 叢竹中作拭淚狀, 寒溪淺草, 景物蕭瑟, 令人生銅駝荊棘之感覺。[25]
>
> 묵필로 그린 매화나무 고목에 눈 같은 꽃이 활짝 피어 있다. 백문白門이 소박한 차림으로 나무 아래 앉아 있다. 대나무 덤불에서 눈물을 훔치는 모습이다. 차가운 시냇

25 裴景福, 〈明樊圻吳宏合作寇白門小影立軸〉, 《壯陶閣書畵錄》, 北京: 學院出版社, 2006년, 13권, 445쪽. "墨筆老梅槎枒, 繁花如雪。白門淡裝坐樹下, 叢竹中作拭淚狀, 寒溪淺草, 景物蕭瑟, 令人生銅駝荊棘之感覺。"

물과 물에 젖은 풀, 쓸쓸한 경물들이 구리 낙타가 가시덤불에 묻힌 황폐한 후원을 연상시킨다.

오늘날의 시각적 관점에서 보더라도 배경복이 구미상을 본 후에 느낀 바와 같이, 눈물을 훔치는 듯한 형상拭淚狀'은 구미가 처해 있던 형편을 고백하고 있는 듯하다. 문학적 또는 미학적 관점에서는 '박명薄命' 코드가 숨겨져 있다. 여회가 제발에서 "날마다 문인들과 교류하며 술에 취하면 노래를 하다가 눈물을 흘리기도 했다"[26]라고 한 내용 등에서 봤을 때, 과거에 익숙하게 알려진 사실 외에 이 작품에 또 다른 무언가가 있는 것은 아닌지 고찰할 필요가 있다.

1) 미지(未知)의 여협(女俠): 구미와 문인들(구축자)

도종의陶宗儀가 엮고 전여성田汝成이 증보한 《명기전名妓傳》을 보면, 역대 명기들이 역사적으로 명성을 떨칠 수 있었던 것은 문인들과의 예술적 관계 때문이라는 사실을 알 수 있다. 구미도 예외가 아니었다. 그녀의 명성도 당시의 여타 다른 명기들처럼 문인들의 글에서 비롯되었다.

구미(1627-57년 추정)에 대한 정보는 문사들의 시문을 통해서 파악할 수 있을 뿐 남아있는 자료가 많지 않다. 매촌梅村 오위업吳偉業, 전겸익, 방문方文, 여회, 진유숭 등 이름난 문사들이 구미를 주인공으로 시를 지었는데 다음과 같은 사례들이 있다.

오매촌은 1653년 구미를 만나 《구백문에게 6수를 바치다贈寇白門六首》[27]를 짓고[28] 전문前文에서 "백문은 보국공의 희첩이었다. 보국공이 북경에 갔을 때 백문은 풀려나 남경으로 돌아왔다. 진회에서 만나게 되니 영락한 감이 유별하다. 즉흥에서 시를 지어 바친다."[29]라고 밝혔다. 시는 아래와 같다.

南内無人吹洞簫, 莫愁湖畔馬蹄驕。 殿前伐盡靈和柳, 誰與蕭娘鬥舞腰?

남내궁南內宮에서는 아무도 퉁소를 불지 않고, 막수호莫愁湖에 말발굽소리 요란하네.

26 "日與文人騷客相往還, 酒酣耳熟, 或歌或哭。"

27 역주: 이 시는 옛 전고와 역사를 바탕으로 구백문의 일생을 노래하면서 구백문이 반청복명 운동에 뜻을 두었음을 암시하고 있다. 서시, 막수, 요낭, 홍불녀, 설아 같은 옛 미인은 구백문을, 주공(범려)과 통후는 주국필을, 구천은 남명(南明)의 홍광제를 비유한다. 장간長干은 남경을 가리킨다.

28 이 시가 지어진 연도에 관해서 두 가지 주장이 있다. 馮其庸와 葉君遠(《吳梅村年譜》, 北京, 文化藝術出版社, 2007)은 《매촌가장고(梅村家藏稿)》 8권을 바탕으로 1653년 작품이라고 보고 있다. 둘째는 정목형(程穆衡)이 "임신년 말부터 계사년 늦가을(起壬辰尽癸巳秋末)"에 포함시킨 사실을 근거로 하면 1655~56년 작품이다.

29 "白門故保國朱公所畜姬也。保國北行, 白門被放, 仍返南中。秦淮相遇, 殊有淪落之感。口占贈之。"

영화전靈和殿 앞 버드나무 다 잘라냈으니, 누가 소낭蕭娘과 춤을 겨루겠는가?

朱公轉徙致千金, 一舸西施計自深。 今日只因勾踐死, 難將紅粉結同心。

주공朱公이 먼 곳으로 떠나와 천금을 부르니, 서시西施가 배를 타고 스스로 깊은물에 빠지는 계략을 꾸몄네.

오늘 마침내 구천句踐이 죽고 말았으니, 아름다운 이와 마음을 함께 할 수 없구나.

同時姊妹入奚官, 挏酒黃羊去住難。 細馬馱來紗罩眼, 鱸魚時節到長幹。

자매들이 동시에 해관奚官에 들어가고, 동마주挏馬酒와 황양黃羊은 거취가 어려워졌네.

작은말 짐바리에 비단천 눈을 가리고, 농어철에 장간長干으로 돌아왔네.

重點盧家薄薄妝, 夜深羞過大功坊。 中山內宴香車入, 寶髻雲鬟列幾行。

등불에 둘러싸여 옅은 화장을 하고 노씨 저택으로 가네, 깊은밤 부끄러움으로 대공방大功坊을 지나가네.

중산왕 내연內宴에 화려한 수레 모여들고, 구름머리 틀어 올린 여인들 몇 줄이나 늘어섰던가.

曾見通侯退直遲, 縣官今日選蛾眉。 窈娘何處雷塘火, 漂泊楊家有雪兒。

퇴청이 늦어진 통후通侯를 보았네, 오늘 조정에서 눈썹 고운 미녀를 골랐다네.

요낭窈娘은 어디에 있는가 뇌당雷塘의 수양제가 불호령을 하네, 양소부 홍불녀는 강호를 떠돌고, 설아雪兒는 노래하네.

舊宮門外落花飛, 俠少同遊並馬歸。 此地故人騶唱入, 沉香火暖護朝衣。

옛 궁궐 앞 낙화 분분한데, 젊은 협객들과 어울려 말을 타고 돌아오네.

이곳은 말 탄 시종이 물렀거라 갈도喝道하던 곳, 침향불이 조복朝服을 따스하게 지켜주네.

오매촌의 시는 여섯 수 모두 쇠락한 구미의 인생유전에 관한 내용이지만 제2수에서는

"서시가 배를 타고 스스로 깊은물에 빠지는 계략를 꾸몄네"[30]라며 주국필을 따라 북경에 갔던 구미가 남경에 돌아온 사실을 비유했다. 이에 대해 정목형程穆衡이 1655-56년경에 '극유의極有意'라고 후주後註를 달았다.[31] 구미가 유여시처럼 반청복명 활동에 참여했다는 근거 자료는 없지만 오매촌 등의 유명 문인들로부터 추종을 받았던 데는 원인이 있을 수밖에 없다. 또 정팽丁澎은 〈석성 구백의 현삭가를 듣다聽石城寇白弦索歌〉에서 이렇게 노래했다.

教坊新翻十二部, 樂器特數箏琵琶。 金陵寇姬好指手, 亂撥驚風吹落花。

교방教坊에서 새롭게 열두 곡을 꾸미고, 악기는 특별히 쟁과 비파가 꼽혔네.

금릉의 구희寇姬는 손가락을 잘 써서, 거센 바람을 몰고 꽃잎을 마구 흔들어 떨구네.

自言生長秦淮里, 家住朱門夾流水。 掛壁湘弦鵾管長, 文窗晝鎖鴛鴦綺。

스스로 말하길 진회에서 나고 자라 강물을 낀 붉은 대문집에 살았다하네.

상군湘君의 거문고와 생황은 벽에 걸어두고, 꽃살문은 낮에도 원앙비단이 걸려있네.

崑崙琵琶李☒笛, 手揣心摩窮此技。 春江三月可憐時, 油壁青驄夾道馳。

강곤륜康昆侖의 비파 이모李謨의 피리, 손으로 헤아리고 마음으로 어루만지니 궁극의 기예로다.

춘강삼월 가련한 시절, 청총마青驄馬와 유벽거油壁車가 좁은길을 달려가네.

燈前含笑嬌無語, 月下聽歌出每遲。 妝成自惜千金意, 盡日樓邊折花戲。

등불 앞 고운 미소 말이 없고, 달빛 아래 늦도록 노래를 듣네.

곱게 단장한 얼굴로 천금 같은 정을 슬퍼하고, 종일토록 누각 옆에서 꽃을 꺾으며 탄식하네.

停鞭爱看張公子, 挾彈從游竇車騎。 侯家邸第填朱輪, 鬥量明珠不計身。

걸음을 멈추고 장공자張公子를 바라보네, 거기車騎 장군 두헌竇憲 활을 끼고 나들이 나왔네.

30 "一舸西施計自深。"

31 程穆衡 原箋, 楊學沆 補注,《吳梅村詩集箋注》, 上海: 上海古籍出版社, 1983년, 5권, 349쪽.

고관대작의 저택에 붉은 수레 가득하고, 아름다운 명주明珠들 헤아릴 수 없네.

舞袖長回趙李座, 歌管時傾鄂度春。 黃塵碧海多烽鏑, 粉壁雕簾芳寂寂。

춤추는 긴소매 가기歌妓의 자리로 돌아가고, 노래소리 악기소리 속에 나라는 기울고 봄은 지나간다.

뒤집어진 세상 봉홧불 타오르고 화살촉 날아다니는데, 하얀벽에 주렴 드리운 침실 향기롭고 고요하다.

金縷能牽李錡愁, 絳帷永抱韋郎感。 代馬長嘶踏錦花, 月明夜夜聞悲笳。

금빛옷金縷衣이 이기李錡의 시름을 불러올 수 있나, 붉은 휘장이 위랑韋郎의 마음을 영원히 되돌릴 수 있나.

대마代馬는 긴 울음을 울며 목화꽃 즈려밟고, 명월月明은 밤마다 서글픈 갈피리 소리 듣고 있네.

隴頭風咽蔡女弄, 虎撥塵封穆護沙。 都下喧傳禁中曲, 玉手搊來弦柱促。

변경의 바람소리 채녀蔡女를 울리고, 먼지 쌓인 호발사虎撥思[32] 목호사穆護砂를 연주한다.

도성의 궁궐에 곡조가 크게 울려퍼지고, 섬섬옥수 안족雁足을 들고 현을 타네.

五弦趙璧為弟子, 二十五聲隨調續。 綠腰軟舞銀甲紅, 金絲瓊柱相磨瓏。

오현금을 타는 조벽의 제자로다, 스물다섯 음률이 가락을 따라 이어지네.

아름다운 여인 녹요춤綠腰을 추고 은골무로 현을 타네, 금줄과 안족雁足 서로 어루만지며 옥 같은 소리를 내네.

出破入破少嬋媛, 大遍小遍無雷同。 此曲傳言玉宸殿, 回波簇拍紛難見。

아름다운 미녀들의 춤과 노래 이어지고, 대편 소편 어느 하나 같은 것이 없네.

이 곡은 옥신전玉宸殿의 이야기요, 회파回波와 족박簇拍 어지러이 뒤섞이네.

32 역주: 호발사(虎撥思)는 돌궐어 'qobuz' 을 음역한 '火不思' 의 다른 이름이다. 몽골의 현악기로 원대에 유입되어 청대에 성행했다.

錚錚細作金鐵鳴, 絲絲散亂如飛霞。 翻聲息變涼州徹, 前若驚鴻後啼鳴。

쟁쟁 금붙이 쇠붙이 소리 울리고, 가닥가닥 어지러이 노을처럼 흩어진다.

소리와 숨을 가다듬으며 양주곡을 마치니, 앞에서는 기러기가 울고 뒤에서는 새가 우는듯하더라.

羅襪偷彈塞上塵, 綠鬢猶裹沙場雪。 十載關山得此聲, 遷客愁聞淚嗚咽。

비단버선 연주소리 변방에 먼지 일으키고, 흑단같은 검은머리 전장의 흰눈 감싸네.

십년만에 들어보는 관산월關山月, 귀양온 나그네 시름에 잠겨 눈물로 흐느낀다.

曲終酒閙鐘漏稀, 寒風白月吹滿衣。 長安城高蘆管急, 怪爾征人歸不歸。

곡이 끝나자 떠들썩한 술상에 물시계소리 희미하고, 시린바람 하얀달빛 옷자락 가득 펄럭인다.

높은 장안성에 갈피리 소리 조급하게 울리는데, 원정 나간 이는 대체 돌아오는가 마는가.

위 시는 구미의 운명과 예술적 재능에 대한 동정同情의 마음을 담고 있는데, 시 뒷편에 오매촌이 "낮게 맴도는 처량한 음조가 비파행과 장한가의 뒤를 잇는다. 누가 이 같은 곡조를 만들 수 있겠는가"[33]라는 평을 남겼다. 방문方文은 1655년 겨울에 이염자李念慈, 장수창張水蒼과 함께 구미의 집으로 찾아가 삼절시 〈장수창, 이기첨과 구백문의 서재에서 술을 마시며 바치다偕張水蒼李屺瞻飲寇白門齋頭有贈〉을 지었는데 다음과 같다.

我別秦淮十二霜, 六朝金粉不聞香。 舊人猶有白門在, 燈下相逢欲斷腸。

一到南中便問君, 知君避俗遠塵氛。 此番不見幽人去, 慚愧秋江與暮雲。

張生圖晤甚艱難, 此夕相期分外歡。 只當論詩良友宅, 不應概作女郎看。[34]

진회를 떠난 지 12년, 육조六朝 금분金粉의 향기는 사라지고 없네.

옛 사람은 오직 백문白門만이 남아, 등불 아래 다시 만나니 애가 끊어질 듯하다.

33 "低迴宛轉, 音調淒清, 《琵琶》, 《長恨》而後, 誰能作此聲調!"

34 方文, 〈偕張水蒼李屺瞻飲寇白門齋頭有贈〉, 《嵞山集》, 22권, 上海: 上海古籍出版社, 1979년, 17-18쪽.

남중에 오자마자 그대 소식 물으니, 속세의 먼지를 피해 떠났다 하네.
이번에 그대를 만나지 않으면, 부끄러운 마음 가을강과 저녁구름이 되리.
장생張生이 만남을 도모하기란 몹시 어려우니, 오늘 저녁 약조 유별한 기쁨을 주네.
좋은 벗의 집에서 함께 시를 논할 뿐이니, 여랑女郎으로 보아서는 안되리라.

위 시 역시 구미에 대한 감개를 노래하며 그녀를 여랑女郎으로만 바라봐서는 안 될 것이라고 말하고 있다. 진유숭은 《부인집婦人集》에서 구미를 다음과 같이 그렸다.

寇白門, 南院教坊中女也。朱保國公娶姬時, 令甲士五十, 俱執絳紗燈, 照耀如同白晝。國初籍沒諸勳衛, 朱(國弼)盡室入燕都, 次第賣歌姬自給, 姬(寇白門)度亦在所遣中。一日謂朱曰："公若賣妾, 計所得不過數百金, 徒令妾落沙吒利之手。且妾固未暇即死, 尚能持我公陰事, 不若使妾南歸, 一月之間, 當得萬金以報。" 公度無可奈何, 縱之歸, 越月果得萬金。[35]

구백문은 남원南院 교방教坊의 여인이다. 보국공이 희첩으로 들일 때 갑사甲士 50명에게 명하여 비단 등롱을 대낮처럼 환하게 밝혔다. 개국 초에 여러 훈위勳衛들을 삭탈관직하니, 주국필 일가는 연경으로 옮겨갔다. 순서대로 집안의 가희歌姬들을 팔아 생활했는데 희첩(구백문)도 그 안에 있었다. 하루는 보국공에게 말했다. "첩을 팔아서 버는 돈은 수백금에도 미치지 않을 것이고 결국 남의 여인을 빼앗는 '사타리'들의 손에 소첩을 넘겨주게 될 것입니다. 또 소첩은 그 자리에서 자결할 겨를도 없어 공의 비밀을 지킬 수도 없습니다. 아니면, 첩을 남쪽으로 보내 주신다면 한 달 안에 만금으로 갚아드리겠습니다." 보국공은 구백문을 보내 줄 수밖에 없었고 과연 한달이 지나 만금을 받을 수 있었다.

위 글 뒤에 모양冒襄이 "구백문은 풀려난 후 다시 악적樂籍으로 되돌아갈 수밖에 없었다. 제주 오매촌이 시를 지어 바치니 강주의 백거이가 탄식을 하는구나."[36]라고 주를 달았다.

이상과 같이 동시대 문사들이 남긴 기록들을 통해 구미의 전기적인 인생 전반부를 대략

35 陳維崧,《婦人集》,《筆記小說大觀・五編》, 第五冊, 2권, 臺北: 新興書局, 1974년, 16쪽.

36 "按姬出後, 复流落樂籍中。吳祭酒作詩贈之, 有江州白傅之嘆。"

적으로 파악할 수 있었다. 그러나 기록이 가장 온전한 것은 여회의《판교잡기》여품편에 있는 '주시 명기 부견珠市名妓附見'이다.

寇湄, 字白門。 錢牧齋詩雲 : "寇家姊妹總芳菲, 十八年來花事迷。 今日秦淮恐相值, 防他紅淚一沾衣。" 則寇家多佳麗, 白門其一也。 白門娟娟靜美, 跌宕風流, 能度曲, 善畵蘭, 粗知拈韻, 能吟詩, 然滑易不能竟學, 年十八九時為保國公購之, 貯以金屋, 如李掌武之謝秋娘也。 甲申三月, 京師陷, 保國公生降, 家口沒入官。 白門以千金予保國贖身, 匹馬短衣, 從一婢南歸。 歸為女俠, 築園亭, 結賓客, 日與文人騷客相往還, 酒酣以往, 或歌或哭, 亦自歎美人之遲暮, 嗟紅豆之飄零也。 既從揚州某孝廉, 不得志, 復還金陵。 老矣, 猶日與諸少年伍。 臥病時, 召所歡韓生來, 綢繆悲泣, 欲留之同寢。 韓生以他故辭, 執手不忍別。 至夜, 聞韓生在婢房笑語, 奮身起喚婢, 自棰數十, 咄咄罵韓生負心禽獸行, 欲噛其肉。 病逾劇, 醫藥罔效, 遂以死。 蒙叟《金陵雜題》有雲 : "叢殘紅粉念君恩, 女俠誰知寇白門? 黃土蓋棺心未死, 香丸一縷是芳魂。"

구미는 자가 백문이다. 목재 전겸익이 시에서 "구가네 딸들은 하나같이 어여뻤건만, 열여덟이 되도록 꽃을 피우지 못했네. 오늘 혹여 진회에서 마주쳐 붉은 눈물에 옷이나 적시지 말아야 할 텐데."라고 했다. 구씨 집안의 여자들은 대부분 아름다웠는데, 백문도 그중 하나다. 백문은 곱고 아름다우면서 질탕한 풍류도 알았다. 곡조曲調도 알고 난도 잘 쳤으며 운을 따 시도 대충 짓고 읊을 줄도 알았지만 겉만 배웠을 뿐 끝까지 다 배우지는 못했다. 열여덟 열아홉 무렵에 보국공이 사들여 좋은집에 들이니, 이장무李掌武의 사추낭謝秋娘이 된 것이다. 갑신년 삼월 도성이 함락되었을 때, 보국공은 살아서 투항하고 식솔들은 모두 관노가 되었다. 백문은 이때 보국공에게 천금을 주고 풀려나 단기필마로 하녀 한 명을 데리고 금릉으로 돌아왔다. 이후 여협女俠으로 돌아와 정원에 정자를 짓고 빈객들과 어울리며 날마다 문인들과 왕래했는데, 술에 취하면 노래를 하다가 눈물을 흘리기도 했다. 또 미인의 말년과 사그라드는 연정을 한탄했다. 얼마 뒤 양주揚州의 한 효렴孝廉에게 시집을 갔으나 여의치않아 금릉으로 되돌아왔다. 늙어서도 날마다 젊은이들과 어울렸다. 병석에 누워 좋아하던 한생韓生을 불러들여 매달려 울면서 동침을 원했다. 한생이 핑계를 대며 거절해도 손을 붙잡고 보내지 못했다. 밤이 되어 한생이 하녀 방에서 웃고 떠드는 소리가 들리자 자리에서 벌떡 일어나 하녀를 불러 직접 수십 대를 때렸다. 한생에게는 은혜를 저버리는 금수와 같다고 욕을 퍼부었는데, 마치 살점을 뜯어먹을 기세였다 그 후 병이 더욱 심해져 의원의 약으로도 효험을 보지 못하고 결국 죽음에 이르렀다. 몽수 전겸익이 〈금릉잡제〉에서 "수많은 미인들이 군은君恩을 그렸건만, 여협 구백문을 아는 자 그 누구인가? 누런 흙이 관을 덮었어도 마음은 아직 죽지 않았네, 한 줄기 희미한 향이 미인의 혼이라네."

위 글에서 보듯 여회는 구미의 처량한 말년을 기록하는데 치중했다. 또 글 앞뒤에 각각 전겸익의 시를 인용하여 지난 날에 대한 미련과 현실의 아픔을 보여주고 있다. 전겸익의 연작시 《금릉잡제金陵雜題》는 병신년부터 정유년(1656-57) 까지의 작품인데, 1655년 가을과 겨울은 구미가 방문 등의 명사들과 함께 술을 즐기던 때였다. 따라서 구미는 1656년과 1657년 사이에 사망했을 것으로 추정된다. 이를 바탕으로 추산할 경우, 그녀는 1644년에서 1645년 무렵, 18세 또는 19세 때 보국공의 첩으로 들어갔다. 그렇다면 그녀는 1627년에서 1628년 숭정 초년에 태어나 서른 한두살의 나이로 생을 마감했을 것이다.

이외에 청말 양수옥楊漱玉이 《옥대화사玉臺畫史》에 실은 심춘택沈春澤의 시 〈추운밤 술에 취해 난을 그리는 구백문을 보았네寒夜醉後看寇五姬畫蘭〉에서는 이렇게 노래하고 있다.

詩畫亦常事, 疑信何參差? 昨宵水閣中, 酒深燈短時。 看子停銀觥, 支頤如有思。 開箑滁香豪, 墨花生幾枝。 纖指過寒箋, 殘墨成冰澌。 綴以竹石情, 洗卻兒女姿。 此時衆信堅, 吾復轉疑之。 安得手與心, 出奇能若斯。 相顧各歎息, 歌子明月詩。

시화詩畫는 다 같은 것일 뿐 무슨 차이가 있을까 의구심을 품었다네.
지난밤 수각水閣에서 술에 취해 등불 심지가 짧게 타들어갈 제.
은술잔을 내린 그대를 보니 턱을 괴고 생각에 잠긴 듯하였네.
부채를 펼치고 향기로운 붓을 씻으니, 묵화는 얼마나 피었을까.
섬섬옥수 차가운 종이를 스치고, 잔묵殘墨 얼음이 되어 흘러가네.
죽석竹石으로 정을 엮고 남녀의 흔적을 씻어버렸네.
이제 사람들은 굳게 믿으리, 나는 의심하는 마음을 바꿨네.
어찌 손과 마음에서 저토록 뛰어난 그림이 나올 수 있는가.
마주보고 서로 탄식하며, 그대의 명월시를 노래했네.

진인각陳寅恪은 "하동군 및 동시대의 명기들은 시화에 능해 오월 지역의 여러 당파와 빈번하게 교류했다. 남녀지간의 정과 함께 시문을 통한 정이 글로 기록되어 전해지면서 고금의 이야기거리로 회자되고 있다. 그 원인을 추정해보면, 그녀들의 천부적인 자질과 지혜, 배움을 향한 겸허한 자세 덕택이었겠지만 폐쇄된 규방에 있지 않았기 때문에 예법의 구속을 받지 않고 시대의 명사들과 자유롭게 교류하면서 영향을 받을 수 있었던 까닭일 것이다."[37]라고 밝혔는데 당시의 시류와 현상을 확인할 수 있다. 구미의 인생 전반부에 해당하는 전기적 스토리는 유명 문인들이 구축한 이미지를 통해 후세에 전해질 수 있었다.

오굉의 제지에 있는 '미湄'자나 '湄'자 인장 등을 통해 〈구미상〉은 상주像主 본인이 종이를 들고 찾아가 부탁한 작품임을 알 수 있다. 이처럼 당시 청루에서 화가에게 초상 제작을 의뢰하는 문화가 성행했다. 그림에서 눈물을 훔치는 이미지는 자신의 처지에 대한 구미의 고백을 방불케 한다. 이같은 '박명' 코드는 구미가 보여주고자 했던 자아 이미지일까 아니면 화가의 의도일까?

2) 화가의 의도

하나의 초상화를 복수의 화가가 공동으로 제작하는 방식은 당시 문인들의 네트워크에서 매우 흔한 창작 방식이었다. 이어李漁는 〈번기와 오굉에게 보내다寄樊會公吳遠度〉에서 이렇게 노래했다.

> 不見江南顧虎頭, 千岩萬壑為誰幽。 滄洲滿壁當年事, 煙雲懷人此地愁。
> 猿鶴有家爭咫尺, 燕鴻無計共春秋。 何當拋卻登山屐, 只向高齋作臥遊。[38]
> 강남에 고개지顧愷之 보이지 아니한데, 천암만학千巖萬壑은 누굴 위해 저리도 깊은가.
> 만벽滿壁에 창주滄洲를 그리던 지난날을 그리워하며, 안개 내린 이곳에서 슬퍼하네.
> 원숭이와 두루미는 지척에서 집안싸움을 하고, 제비와 기러기는 계절을 함께 하지 않네.
> 언제쯤 산을 오르는 나막신을 벗어 던지고, 고재高齋를 바라보며 와유臥遊를 하려나.

이어의 시 제목에서 번기와 오굉의 친밀한 관계를 추측할 수 있다. 이어는 육유가 〈소충

37 陳寅恪, 《柳如是別傳》, 제3장 75쪽. "河東君及其同時名姝, 多善吟詠, 工書畵, 與吳越黨社勝流交遊, 以男女之情兼 詩文之誼, 記載流傳, 今古樂道。 推其原故, 雖由於諸人天資明慧, 虛心向學所使然, 但亦因其非閨房之 閉處, 無禮法之拘束, 遂得從容與一時名士往來, 受其影響, 有以致之也。"

38 李漁, 〈寄樊會公、吳遠度〉, 《國朝金陵詩征》(朱緒曾 編, 清光緒十三年 刻本), 41권.

정訴衷情〉에서 "마음은 천산에 가있으나 몸은 물가에서 늙어가네"[39]라고 노래한 구절을 전고로 활용하여 고국을 그리워하는 두 사람의 마음을 형용했다.

화사畵史에서 번기에 대한 기록은 주량공周亮工[40]의 《독화록讀畵錄》 오자원吳子遠(오핑) 편에서 찾아볼 수 있다. 1669년 주량공이 관직에서 파면되었을 때, "백하白下(남경)의 여러 공들을 두루 청하여 모임을 가졌는데 빠진 사람이 없을 정도로 수십 년 이래 가장 성대한 모임이었다."[41] 당시 번기樊圻의 문하생 황유태黃俞邰도 참석했는데 번기와 그 형 번은樊沂[42]을 칭송하는 〈장가長歌〉를 지었다.

> 徐熙花鳥昉仕女, 兩樊異代稱同科。美人生俏寫齋壁, 至今想象顰青娥。
>
> 서희徐熙는 화조도, 주방周昉은 사녀화라. 후세에 번씨 형제가 어깨를 나란히 견주네.
>
> 서재 벽에 그린 아름다운 미인, 지금까지도 그 미간과 눈썹 생각나네.

황유태의 시에 주량공이 작은 글씨로 "회공이 나에게 등불 아래 미인을 그려줬는데, 절세의 걸작이다"[43]라고 극찬하는 주注를 남겼다. 이 외에 방문方文도 시를 남겼다.

> 繪事江東有八家, 君工人物更修姱。奈何不把青銅鏡, 自寫眞形對雨花。[44]
>
> 그림은 강동에 여덟 사람이 있지만 인물은 군께서 더 아름답게 그린다오.
>
> 스스로의 참모습을 그릴진데 어찌하여 청동거울을 들지 않고 비에 젖은 꽃을 바라보는가.

방문의 시를 통해서도 당시 인물화로 명성을 누렸던 번기가 사녀도에도 뛰어났다는 사실을 확인할 수 있다. 그러나 오늘날까지 전해지는 번기의 인물화는 결코 많지 않다. 〈구미상〉 외에 남아있는 작품은 〈세동도洗桐圖〉(청도시박물관 소장), 〈산수도〉(제남시 박물관 소

39 "心在天山, 身老滄洲"

40 역주: 명말청초의 문인 주량공(周亮工, 1612-72)은 당시 영향력 있는 서화 감상가이자 소장가로서 많은 서화가들과 폭넓게 교제하며 지원을 아끼지 않았다.

41 "歲暮遍邀白下諸公, 為大會, 詞人高士, 無不畢集, 數十年未有之勝事也。"

42 역주: '圻'와 '沂'은 '경기 기/지경 은', '물 이름 기, 지경 은'으로 한자 독음이 같다. 두 형제를 구분하여 동생(樊圻, 1616-1694)는 '번기'로 형 樊沂(생몰 미상)은 '번은'으로 읽고자 한다.

43 "會公為餘寫籠燈美人, 妙絕一世。"

44 方文, 〈題樊會公小像〉,《嵞山集》, 5권, 1쪽.

장), 〈호가십팔박도胡笳十八拍圖〉 등에 불과하다

주량공이 《독화록》에 남긴 기록에 따르면, 번기와 그의 형 번은은 진회 청루 근처에 있던 회광사回光寺 옆에서 살았다. 번기는 〈청계유방도青溪游舫圖〉(남경박물관 소장) 등에서 보듯 주변 풍경을 주요 소재로 사용했다. 또 청계[45]에 머물던 당시의 상황을 시로 남기기도 했다.

> 一曲青溪卜築宜, 柴扉臨水影參差。 雲森蕭寺穿芒屩, 雨漲長橋理釣絲。
> 詩境老尋斜日里, 睡鄉春去落花時。 可憐江令繁華歇, 剩有荒畦發兔葵。[46]
> 청계가 굽어 흐르는 아름다운 집터, 사립문 앞 물그림자 들쭉날쭉 어른댄다.
> 운림의 불사佛寺에서 짚신을 신고, 빗물 불어난 장교에서 낚싯줄을 만진다.
> 시의 경계는 언제나 석양 속을 헤매고, 꿈 속에서 봄은 가고 꽃잎이 떨어진다.
> 가련한 강엄江淹 화려한 시절은 갔지만, 거친 밭고랑에서 바람꽃이 피어나리.

번기와 구미가 같은 지역에 살고 있었기 때문에 구미가 번기에게 초상화를 부탁하는 것은 매우 자연스런 일이었음을 알 수 있다.

그런데 번기가 그림을 그릴 때 가졌던 창작 의도는 번기 자신이 처해 있었던 상황과 상당한 관련성이 있다. 논자들은 범기에 대해 디아스포라적 화가라고 말한다. 주량공은 〈번회공, 우신, 욕은에게與樊會公, 又新, 浴沂〉[47]에서 이렇게 노래했다.

> 兄弟東園戶自封, 不較人世見全龍。 疎燈夢穩長橋雨, 破硯欹磨近寺鐘。
> 白墮荒唐胸五嶽, 青來迢遞筆三峰。 北山雲樹蕭條盡, 老去朝朝拜廢松。
> 형제는 동원東園에서 스스로 은거하며, 세상에 모습을 드러내고 다투지 않았다네.
> 성근 불빛 꿈에 잠기면 장교에 비 내리고, 깨진 벼루 비스듬 기울이면 불사의 종소리 다가오네.
> 백타술은 터무니없어도 가슴에 오악을 품었으니, 아득하게 먼 곳을 바라보며 삼봉을 그리네.
> 운림 북산의 나무 한없이 쓸쓸하고, 아침마다 황폐한 소나무를 찾아가 절을 올리네.

45 역주: 남경 자금산(紫金山) 서남쪽에서 발원하여 진회강으로 흘러 들어가는 시내.

46 樊圻, 〈青溪草堂〉, 朱緒曾, 《國朝金陵詩征》, (청) 광서11, 4권, 18쪽.

47 역주: 會公은 번기(樊圻)의 자(字), 우신 又新은 번신(樊新, 1595-1674 이후)의 자, 욕은(浴沂)은 번은 樊沂의 자다.

왕사정王士禎도 남경에 머물 때 번기의 그림에 여러 차례 감상을 밝히는 다음과 같은 시를 남겼다.

> 蘆荻無花秋水長, 澹雲微雨似瀟湘。 雁聲搖落孤舟遠, 何處青山是岳陽。[48]
>
> 갈대꽃 억새꽃 지고 길게 흘러가는 가을 강물, 옅은 구름에 가는비 내리니 소수와 상강을 닮았네.
>
> 기러기 울음 흔들리며 떨어지고 외로운 배 멀어져만 가는데, 어느 청산이 악양岳陽이던가.

> 曾經草鞵夾, 望見清涼山。 秋雨暗江浦, 數帆煙際還。
>
> 披圖思建業, 欲往路間關。 因送江南客, 題詩慰別顏。[49]
>
> 예전에 짚신을 신고 멀리 청량산을 바라 보았다네.
>
> 가을비 내리는 어두운 강포에 돛단배들 안개속에 돌아왔다네.
>
> 그림을 펼치고 남경[50]을 생각하니 험난한 길을 향해 떠나고 싶네.
>
> 강남의 손님을 떠나보내매 시를 지어 이별의 얼굴을 위로하네.

두 편의 시 모두에서 번기의 작품 속 상황을 읽을 수 있다. 예를 들어, 첫 번째 시에 나오는 '소상瀟湘' 이미지에는 좌천과 타향살이라는 문학적 내포가 있다. 두 번째 시에서는 "그림을 펼치고 남경을 생각하니 험난한 길을 향해 떠나고 싶네"[51]라고 노래했다. 이와 같이 번기의 작품에는 슬픔과 그리움의 정서가 담겨 있다. 어떤 연구자는 당시의 은거 및 디아스포라 문화와의 관련성을 논하면서 번기가 금릉의 경치를 그릴 때 소외를 의미하는 특정의 시각적 코드를 장치함으로써 역사적이고 정서적인 소외를 암시했다고 주장했다. 또 이 때문에 잃어버린 왕조에 대한 그리움이 담긴 디아스포라적 의경에 부합한다고 보았다.[52]

한편, 오굉의 필묵은 짙푸른 그윽한 의경으로 주량공, 후방역侯方域, 송완宋琬, 송락宋犖 등

48 王士禎, 〈樊圻畵〉《漁洋精華錄》5권, 臺北: 世界書局, 1981년, 16쪽.

49 王士禎, 〈樊圻畵〉《漁洋精華錄》6권, 臺北: 世界書局, 9쪽.

50 역주: 원시(原詩)에 있는 '건업(建業)' 은 삼국시대 동오의 도성으로서 지금의 남경이다.

51 "披圖思建業, 欲往路間關。"

52 Richard Vinograd, "FanCh' I(1616-after1694): Place-Makingand the Semiotics of sight in Seventeenth Century Nanching" ,《臺灣大學美術史研究集刊》14기(2003), 129-157쪽.

당시의 유명 문사들로부터 찬사를 받으며 북송 때의 범관范寬에 견주어졌다. 장경張庚은 오굉을 칭송하는 전백령錢柏齡의 시를 인용했다.

吳君潑墨雄江東, 氣格部落丹青中。得名海內三十載, 素髯欲改朱顏紅。[53]

오군의 발묵은 강동의 으뜸이라, 기운과 풍격이 그림 속에 담겨 있다오.

나라 안에서 서른해 동안 명성을 누리니, 백발이 다시 붉은빛 얼굴을 되찾으려 하네.

오굉도 지역적으로 진회와 밀접한 관련이 있는데 모산茅山 부근에 있는 운림雲林과 백마白馬 사이에 거주한 적이 있다. 주량공은 오굉에 대해 "나와 마찬가지로 운림과 백마 사이에서 살았다. 진회에서 나고 자라 어린 시절부터 그림을 잘 그렸다. 스스로 길을 개척하였으며 다른 사람의 울타리에 기대지 않았다. "[54]라고 밝히며 아래와 같은 시를 덧붙였다.

幕外青霞自卷舒, 依君只似住村墟。枯桐已碎猶為客, 妙畫通神獨示予。

過雨閒拖花外杖, 臨風對展柳陰書。深卮莫戀青溪好, 白馬雲林舊有居。"[55]

장막밖 푸른 구름 스스로 거뒀다 펼쳤다, 마을에는 오직 그대만이 살고 있는듯.

거문고는 부숴졌으나 객들은 그대로이고 신묘한 그림만이 미리 알려 보여주네.

비온 후 한가하게 지팡이 짚고 꽃길 너머 나가고 바람을 맞으며 우거진 버들 그리네

깊은 술잔 아쉽지 않고 맑은 개울이 좋아 오래전부터 백마와 운림에서 살았다네.

오굉은 오관오吳冠五에게 보낸 서한에서 "천지간에 얼어 죽어도 두렵지 않은 여휘지의 쌀통이 있고[56] 불에 타죽어도 나오지 않은 개지추[57]가 있다. 황금 축대도 흙더미에 불과하다."[58] 라고 자신의 뜻을 밝혔다. 장페이더姜斐德(Alfreda Murck)는 오굉의 작품 테마와 관련하여 오굉이 진회의 명기들, 남경의 옛터, 묘지 등과 같은 소재를 이용해 무너져 내린 명나라에 대한

53 張庚, 《國朝畫徵錄》, 《畫史叢書·三》 卷上, 11쪽.

54 "與予同家云林白馬間。生長於秦淮, 幼好繪事, 自闢一徑, 不肯寄人籬落。"

55 周亮工, 〈吳遠度〉, 《讀畫錄》, 《畫史叢書·四》 3권, 2076쪽.

56 역주: 도종의(陶宗儀)의 《남촌철경록(南村輟耕錄)》 은일(隱逸) 편에 원말명초의 은사(隱士) 여휘지의 부인이 추위를 피하기 위해 쌀통에 들어가 있었다는 고사가 나온다.

57 역주: 춘추시대의 은사 개자추(介子推).

58 周亮工, 《尺牘新鈔》, 朱天曙 編校整理 《周亮工全集》 6권, 南京: 鳳凰出版社, 2008년, 472쪽. "天地間有凍不怕之呂米桶, 燒不死之介之推, 黃金台土阜而已。"

감개를 표현했다고 보았다.[59]

지금까지의 논의를 정리하면, 화가 자신이 명나라 유민으로서 지조와 절개를 가지고 있었기 때문에 같은 처지에 있었던 문인들과 함께 서로를 투사하며 내면 깊숙한 감정의 에너지를 분출했다. 이 과정에서 '금릉 이미지'는 다양한 형식으로 관련된 사람과 사건, 사물들의 의미를 구축해냈다. 작품을 보는 사람은 "끝나지 않은 여섯 왕조가 먼산에서 푸르게 빛나는 듯한 꿈결같은 환상"[60]에 빠지게 되고 고금에 대한 그리움과 슬픔이 엮이면서 기억의 공간이 만들어졌다. 따라서 번기 역시 작품을 구상할 때 특별한 의도를 가지고 있었다고 볼 수 있다. 번기는 의도적으로 '박명' 코드를 삽입하고 구미의 전기적 삶을 그림으로써 자신의 상실감을 담아냈다. 한편, 오굉의 산수화 풍격은 심오하고 환상적인 분위기를 강조함으로써 작품을 보는 사람들에게 더 큰 상상의 공간을 만들어주고 있다.

3) 감상자들의 제발(題跋)

그림에 딸린 제발을 바탕으로 정리하면, 〈구미상〉은 세 시기에 걸친 300년에 가까운 시간동안 유통되고 전파되어 왔다. 그림 소유자가 벗들에게 그림의 제시를 부탁하면서 〈구미상〉은 하나의 '문화 독본讀本'이 되어 갔다. 사람들은 명청 시기 문인과 명사들의 시문詩文에서 소재를 취하고 자신의 역사관을 바탕으로 구미를 위한 글을 남겼다. 이 가운데 가장 유명한 것은 역시 여회의 제발이다.[61] 여회의 제발은 그가 훗날 펴낸 《판교잡기》에 실려 있는 글과 유사하다. 그러나 연도를 표시하는 낙관이 없어서 그의 제발이 쓰여진 시기는 알 수 없다.[62] 여회는 제발에서 전겸익이 1656년 봄에 지은 시[63]를 인용했다. 반면, "누런흙이 구미의 관을 덮었다黃土蓋棺"라는 구절이 포함된 1657년 시[64]는 인용하지 않았다. 이 점을 근거로 하면, 여회가 제발을 쓸 당시와 전겸익이 1657년 시를 쓰기 전까지는 구미가 생존해 있지 않았을까? 또 하나의 실마리가 있다면, 1656년 봄 금릉의 유명 배우이자 청객淸客이었던 정계丁繼의 집에 머

59 姜斐德, 〈對淸朝征服的反應: 吳宏與孔尚任〉 李季主 編, 《盛事華章—中國: 1662-1796》, 北京: 紫禁城出版社, 2007년, 358-371쪽.

60 "忽見圖畵如夢裡, 遠山未了六朝青。"

61 역주: 〈구미상〉 왼편 여백에 위치한 제발.

62 많은 논자들이 이 작품을 논할 때 여회가 친필로 쓴 작품이라는 사실을 의심하지 않는다. 그런데 현재 확인할 수 있는 여회의 필적은 매우 드물다. 지금까지 남아있는 것은 척독《偶過琴川奉訪, 石谷道兄山館留贈呈正》과《玉琴齋詞》 수고(手稿) 뿐이기 때문에 체계적인 필체 분석이 불가능하다. 따라서 현재로서는 여회의 친필인지 단정할 수 없다.

63 "〈병신년 봄 진회에서 요양을 하며 정가의 수가에서 두 달 동안 머물렀다 떠나기 전 절구 30구를 남기다. 시를 쓴 순서는 정할 수 없다.丙申春就醫秦淮, 寓丁家水閣, 浹兩月, 臨行作絶句三十首留別, 留題不複論次〉"

64 "〈금릉잡제절구 25수, 을춘년 작품에 이어 金陵雜題絶句二十五首繼乙未春留題之作〉"

물고 있던 전겸익이 여회에게 〈진회 정가수각에서 시를 남기다留題秦淮丁家水閣〉를 지어 보내며 동봉한 서신에서 "여담심餘澹心이 채시采詩를 하니 근작近作을 골랐다……서신과 함께 담심에게 보내니 백문과 여러 벗들이 모두 모여 즐기기를 바란다."[65]는 말을 했다. 이를 통해 여회와 전겸익이 시문을 주고받으며 교류하는 사이였다는 사실을 알 수 있다. 전겸익이 〈금릉잡제〉 제15수 뒤에 직접 남긴 주석(담심이 채시의 역을 맡았다澹心方有採詩之役)과 관련해서 판단하면, 당시 여회는 전겸익이 1656년 봄에 쓴 〈금릉잡제〉를 읽고 제발에 인용했을 것이다.

또 진인각陳寅恪의 연구에 따르면, 전겸익은 황육기黃毓祺[66] 사건에 휘말려 수감되었다가 출옥한 후 1656년 3월경 유여시와 함께 금릉 진회에 있는 정계의 집에 머물렀다. 진인각은 전겸익이 요양차 금릉에 오래 머물게 된 데에는 분명 다른 사람에게 알릴 수 없는 숨겨진 사정이 있었을 것이며 요양은 핑계에 불과했다고 밝혔다. 또 끝부분에서 강한 '복명' 의도가 있었음을 주장하며 "복명의 뜻을 가진 사람들과 왕래한 것은 정성공鄭成功의 남경 공략을 위한 준비였을 것"이라고 했다.[67]

여회가 제발을 쓴 장소는 '진회 수각水閣'인데 연도를 표시하는 낙관도 없고 검인기鈐印記도 없다. 상식적으로 추론하면 자신의 집이 아닌 바깥에서 불시에 부탁을 받았을 것이다. 그러나 신중하게 선택된 자구와 글씨체를 보면, 생각 없이 함부로 수락한 작품은 아닐 것이다. 그렇다면 여회의 제발은 1656년에서 1657년 사이에 〈구미상〉을 감상하면서 남긴 것이라고 판단할 수 있을까? 장소는 또 정계의 수각이 아니었을까? 여회의 《판교잡기》에도 정계에 대한 이야기가 있는데 정계를 명말청초 남경지역 청객의 대표 인물로 꼽았다. 유명한 정계의 '하방河房'은 진회교 도엽桃葉 나루 남쪽 기슭(오늘날의 이섭교 서쪽)에 있었다. 맞은편에는 청계와 진회가 만나는 합수목이 있었는데 속칭 '정자렴丁字簾'이라 했다. 또 여러 문사들이 정계의 수각에 대해 격조 있고 위치가 좋아서 문인들이 즐겨 찾는 훌륭한 모임 장소라고 격찬하는 시를 남겼다. 이후 공상임孔尚任의 《도화선桃花扇》에서 주요 무대 가운데 하나로 정계의 수각이 등장하는데 지세가 높아 진회강의 경치를 조망할 수 있다고 했다.

여회의 서정적이고 전기적인 텍스트가 초상화에 들어간 후부터 초상화를 보는 사람들은 더욱 풍부한 인식과 이해를 가질 수 있었다. 그림을 볼 때 텍스트가 있으면 텍스트가 그림을 압도하고 감상자들의 마음을 쉽게 선점한다. 초상화 바깥 테두리 표구 부분에 14인의 제발이

65 "餘澹心采詩, 來索近作……書一通寄澹心, 傳示白門諸友, 共一哄堂耳。"

66 역주: 황육기(黃毓祺, 1579-1649), 명말의 반청운동가.

67 陳寅恪, 《柳如是別傳》, 北京: 三聯書店, 2001년, 1127쪽. "與有志復明諸人相往還, 當為接應鄭延平攻取南都之預備。"

있는데, 대부분 건륭, 가경 연간에 양주, 진강鎮江, 소주, 소흥 등지에서 활동하던 명사들이 쓴 것이다. 시간적으로 봤을 때, 상단과 하단의 격수隔水 부분에서 두 명의 수장가 민화閔華와 이방담李方湛의 흔적이 확인된다. 상단 격수에는 민화가 건륭 연간에 오석기吳錫麒, 강립江立, 비융費融, 오균吳均, 주방애朱方藹, 오사기吳士歧 등에게서 받은 제발이 있다. 이들은 대부분 양주에서 활동했는데 이두李鬥의 《양주화방록揚州畫舫錄》에 활동 기록이 있다.

제발에서 오석기吳錫麒는 "그림을 보니, 석양에 기대어 마음속 깊은 한 하소연하기 어려워畫圖瞥見, 倚夕陽, 難訴幽怨", 강립江立은 "작은 등불 묵흔과 그림자小燈墨痕留影", 비융費融은 "그림에 아름다운 자태가 남아, 명인과 함께 전해지는圖留韻態, 傳伴名人"라고 했다. 이 같은 제발 내용을 봤을 때, 감상자들은 그림 속 인물에 관심의 초점을 맞췄다. 그러나 '그리움과 슬픔이 가득하다紅豆愁滿', '정처없이 떠돌다飄零難定', '여인의 눈물이 옷섶을 적시다粉淚漬單襟', '마음 속 한을 털어놓을 수 없다難訴幽怨', '화려한 꿈이 깨지다繁華夢破', '처량한 화장幽淒妝淡' 등의 표현은 여회나 전겸익과 관련된 것이 많다. "목옹(전겸익)의 단구와 여회의 일생기는 청루의 일편단심을 적었다"[68]라고 한 민화閔華, "몽수(전겸익)가 제사를 짓고 여회가 붓으로 썼다. 백문의 지난 일은 일찍이 들은 바 있지만 어느 누가 이보다 더 잘 전하겠는가?"[69]라고 한 주방애朱方藹, "처량하게 고국에 묻는다. 장판교 머리에서 누가 제일이던가, 담심이 묘필로 기록했다."[70]라고 한 서명가徐鳴珂, "시름에 겨워 매촌의 곡을 부른다. 올림머리 받쳐든 등불 앞 눈물자국"[71]라고 한 호벽성胡璧城 등등의 구절을 보면 감상자들은 그림 속 구미의 형상을 보고 있었지만, 그들의 눈앞에는 명말 문사들의 그림자가 어른댔다. 심지어는 여주인공 자체를 초월한 듯했다. 이것은 회화를 감상하는 전통과 관련이 있다. 그것은 곧 시각성이 배제된 그림읽기 '독讀' 화畵다.

하단 격수에 있는 제발은 대부분 이방담李方湛이 가경 연간에 받은 것이다. 연경延慶, 장감張鑒, 완형阮亨, 대광증戴光曾 등 절강성 동쪽 소흥 일대에서 활동했던 문사들과 양주의 서명가徐鳴珂, 소주의 곽린郭麐 등이 제발을 썼다. 이들은 그림 속 구미 형상과 구미의 사연에는 관심을 두지 않고 있다. 구미를 매개로 청계의 지난일青溪舊事, 진회의 버드나무秦淮疏柳, 쓸쓸한 구원舊院淒涼, 정계의 수각水閣丁家, 장판교長板橋頭 등등 '진회 이미지'를 떠올리고 있을 뿐이다. 심지어 머나먼 시절의 고미顧媚, 이향군李香君, 변옥경卞玉京, 막수莫愁, 장억낭張憶娘 등을 떠올기기도 한다.

68 "牧翁斷句餘生紀, 為寫青樓一片心。"
69 "蒙叟題詞, 余家紀筆, 白門往事曾聞得, 阿誰寫此更流傳。"
70 "淒涼問故國, 長板橋頭誰第一, 曾記澹心妙筆。"
71 "愁來一唱梅村曲, 擁髻鐙前有淚痕。"

제발을 쓴 인사들 대다수는 청대 건륭과 가경 연간에 활동했는데, 그들은 양주와 소주 일대 청루의 아름다운 여인들이 전국적인 명성을 떨치던 시공간 속에 있었다. 서가徐珂가《청패류초清稗類鈔》에서 "옛날 가인들은 대개 연나라와 조나라에서 나왔는데 사실상 기녀에 대한 말이다. 최근에는 양자강 유역의 강소성에서 많이 나오는데 소주, 양주, 청강 곳곳에 있다."[72]라고 했다. 소주의 기녀들은 명말청초 진회강 명기들의 명성에는 미치지 못하지만 시, 노래, 연주 등 재색을 겸비한 경우가 적지 않았다. 당시《청니연화기青泥蓮花記》와《판교잡기板橋雜記》를 모방해《오문화방록吳門畫舫錄》,《오문화방속록吳門畫舫續錄》과 같은 '향염총서香豔叢書'가 나왔는데 소주 가기들의 이름, 용모, 특기, 관련 일화를 사실적으로 기록했다. 소주 일대의 청루 문화와 청루를 둘러싼 문인들의 풍속을 엿볼 수 있다.

《오문화방록》은 서계산인西溪山人이 가경 10년(1805) 경에 완성했다. 다섯 사람이 서문을 썼는데 그 중의 한 명인 오석기는《오문화방록》을 매정조梅鼎祚의《청니연화기》나 여회의《판교잡기》의 후속작으로 보고 문인들의 기방 출입과 청루 필기를 긍정했다.

> 此梅鼎祚《青泥蓮花記》, 余懷《板橋雜記》之續也。然而煙花之錄, 拾自隋遺; 教坊之記, 昉於唐作。一則見收於史, 一則並附於經。似乎結想螓蛾, 馳音桑濮, 偶然陶寫, 何礙風雅? 若夫僕者, 綺語之債, 已懺於心, 縮屋之貞, 可信於友…… 貴賤何常? 作飛花墜地之觀…… 遊戲之文章作幻泡之譬喻。當此風花易過, 水月重來…… 即色即空, 我聞如是而已。
>
> 이것은 매정조의《청니연화기》와 여회의《판교잡기》를 잇는 속편이다. 연화烟花에 대한 기록은 〈수유록隋遺錄〉에서 가져왔고, 교방教坊에 대한 기록은 당작唐作에서 시작됐다. 하나는 사서에 실려 있고, 하나는 경서에 나란히 붙어 있다. 진아螓蛾를 잊지 못하고 상복桑濮의 소문을 전하며 어쩌다 글로 쓰는 것이 어찌 풍아風雅에 거리끼겠는가? 그런데 복자僕者는 '기어의 빚綺語之債'을 마음 속으로 회개하였으며 '축옥의 정조縮屋之貞'로 벗의 신임을 얻을 수 있었다…… 귀천이 어찌 일정하겠는가? 땅에 떨어지는 꽃잎을 보고……유희의 문장으로 환상과 물거품에 비유한다. 바람에 꽃은 쉽게 지고 물 위에 달은 다시 뜬다……색즉시공이니, 나는 이렇게 들었을 뿐이다.

72 徐珂,《清稗類鈔》, 北京: 中華書局, 1986년, 11책 5,159쪽. "古之佳人, 大抵出於燕趙, 實指妓女而言。晩近以來, 則以揚子江流域之江蘇為多, 蘇州, 揚州, 清江皆有之。"

곽린도 흥망성쇠와 사라져가는 가인佳人의 이야기를 걱정하며 서문에서 다음과 같이 밝혔다.

花月新聞, 水天閒話, 煙花南部之錄, 胭脂北裡之記, 莫不副在縹緹, 傳諸苕玉。 揆其用意, 略有二端：東城父老, 曾見開寶之繁華; 南內王孫, 猶有承平之故態。 世易時移, 哀來樂往。 十二樓臺, 故釘已失; 二八反覆運算, 昔夢宛然。 勾闌打野, 亦入武林之遺事; 瑤光奪婿, 並載洛陽之伽藍。 意等夢華, 流分野史。 此其一也。 其或才人失職, 蕩子中年, 有離騷佚女之幽情, 作醇酒婦人之生活, 崎崟可笑, 憔悴自傷。 牧之豪宕, 感杜秋而命篇; 少陵老大, 為公孫而隕涕。 張泌無聊, 妝樓輯記; 龜蒙有託, 侍兒錄名。 一宵璧月, 遂有篇章; 十里珠簾, 任傳薄倖。 又其一也。

꽃과 달의 새로운 소식, 물과 달의 뒷 이야기들, 연화 남부의 기록, 연지 북리의 기록, 하나 같이 책으로 엮여 뭇 기녀들의 이야기를 전하고 있다. 그 뜻을 헤아려보면 두 개의 시초가 있다. 개원·천보 연간의 화려함을 지켜본 동성東城의 노부老夫요, 태평성대의 옛 행태를 그대로 가지고 있었던 궁궐의 왕손王孫이다. 세상과 시대는 바뀌고 슬픔과 기쁨은 오고 간다. 높은 누대도 사라지고 사람도 바뀌었지만 지난날의 꿈은 생생하다. 기원과 무림의 이야기가 유사遺事에 실려 있고, 요광사의 음란한 이야기가 낙양가람기에 실려 있으니 동경몽화록처럼 야사로 분류된다. 이 책도 그 하나다. 재인才人은 그 직분을 못하고 탕자蕩子는 중년이 되었다. 이소離騷 일녀逸女의 그윽한 정, 주지육림의 생활은 고매한 사람도 좋아하여 초췌하게 몸이 상한다. 호탕한 두목杜牧은 두추낭을 기리며 시를 지었고 노년의 두보는 공손대낭公孫大娘을 위해 눈물을 흘렸다. 장필張泌은 무료함에 〈장루기妝樓記〉를 썼으며, 육구몽陸龜蒙은 부탁을 받고《소명록小名錄》을 썼다. 하루 저녁 옥벽玉璧 같은 달에도 시詩가 무수하게 뒤따르고, 십리 주렴에서 풍류객의 이야기가 끝없이 전해진다. 이 책도 그 하나다.

곽린은《오문화방록》을《연화남부록》이나《북리지北里志》에 견주며, 옛 전적을 근거로 청루의 풍류를 그리워하고 나라와 도성이 기울더라도 미인을 탐하게 되는 인지상정을 논했다. 또 곽린은《오문화방록》을《낙양가람기洛陽伽藍記》처럼 전해 들은 옛 이야기들을 엮고 그 내력을 상세히 기술했다고 밝히며 경서와 사서의 곡필曲筆, 역사기록의 오류를 바로잡은 책으로 평가했다. 문인들의 시각에서 재자박명과 미인박명은 동의어였다. 기방과 기녀를 소재로한 필기류 문학은 좌절한 문인들의 이러한 심리적 바탕 위에 구축된 것이다.

이 같은 당시의 사회적 분위기 속에서 〈구미상〉은 성령파性靈派 문인이었던 오석기와 곽린의 네트워크 안에서 전해졌다. 이를 통해 '여협' 구미의 전기와 명성이 널리 전파될 수 있었고 '진회팔염秦淮八豔'에 구미의 이름이 오를 수 있었을 것이다. '진회팔염'은 뒤늦게 나온 개념으로 청나라 광서18년(1892) 장경기張景祁가 편찬하고 섭연란葉衍蘭이 그림을 그린 《진회팔염도영秦淮八豔圖詠》에서 처음 등장했다. 진회팔염은 마상란馬湘蘭, 변옥경卞玉京, 이향군李香君, 유여시柳如是, 동소완董小宛, 고횡파顧橫波, 구백문寇白門, 진원원陳圓圓이 포함된다. 이 명기들의 이름이 백년이 넘는 시간동안 전해져 오는 것은 어느 정도 문인들이 남긴 글 덕분은 아닐까? 예를 들어, 유여시는 전겸인과 연을 맺었고, 이향군은 후방역侯方域과의 사랑 이야기가 공상임의 희곡 《도화선桃花扇》을 통해 널리 전해졌다. 또 진원원은 《창상염滄桑豔》과 〈원원곡圓圓曲〉을 통해 알려졌고, 동소완과 모양冒襄, 고횡파와 공정자龔鼎孳, 마상란과 왕치등王稺登, 변옥경과 오위업吳偉業의 사례처럼 모두가 동림당 출신의 남편을 두었다. 예술과 사랑을 매개로 한 명사名士와 명원名媛의 만남이 오랜 명성의 배경이 되었을 것이다. 그런데 구미의 경우는 유명한 문인과 정혼이나 결혼을 한 적이 없다. 그 이유를 여회가 《판교잡기》의 '주시명기부견珠市名妓附見'에서 "주시는 내교內橋 옆에 있는데 구불구불한 골목에 좁고 누추한 집들이 모여 있었다. 간혹 미인도 있었으나 안타깝게도 장소 때문에 구원에 비할 수는 없었다."[73]라고 기술한 점에서 약간의 실마리를 찾아볼 수 있다. 한편, 〈구미상〉은 건륭 시기 양주, 소주 등지에서 전해졌는데 명사들의 감상과 글쓰기를 통해 더 많이 전파된 것은 아닐까? 청말민초清末民初 때 당운해唐芸海가 유여시 초상에 쓴 제시에서 여러 명기들을 언급하면서 아래과 같이 밝혔는데[74] 이를 통해 남경으로 귀환한 후 천금으로 은혜를 갚은 구미의 '여협' 이미지가 역사의 한 페이지에 새겨졌다는 사실을 알 수 있다.

> …… 君不見卞玉京, 獨居學寫法華經。又不見寇白門, 南歸飄泊一身存。市隱園中誇顧媚, 桃花扇底識香君。絕代蛾眉各遭遇, 他年詞客傷心賦。同是迦陵傳里人, 點綴興亡話南渡 ……
>
> ……그대는 홀로 법화경을 필사하던 변옥경을 만나지 못했소. 또 남경으로 돌아와 혈혈단신 떠돌던 구백문도 만나지 못했소. '시은원市隱園'에서는 고미를 찬양하고 '도

73 "珠市, 在內橋旁, 曲巷逶迤, 屋宇湫隘, 然其中時有麗人, 惜限於地, 不敢與舊院頡頏。"

74 范景中·周書田,《柳如是事輯》, 杭州: 中國美術學院出版社, 2002년, 191-92쪽.

화선'에서는 이향군의 이야기를 알렸소. 절세미인들의 처지를 지난날의 사객詞客들이 상심부傷心賦로 지었다오. 마찬가지로 '가릉전迦陵傳'에 나오는 인물이 흥망성쇠의 이야기를 장식하며 남쪽으로 건너와……

청말민초清末民初에는 〈구미상〉을 배경복裴景福이 소장하고 있었는데 그는 앞선 사람들이 구축해 놓은 이미지 외에 주관적이고 직관적인 바라보기를 통해 '대상'에 대한 인식을 확장했다. 1917년의 어느 가을밤, 배경복은 "밤중에 어양의 시를 읊고夜誦漁洋書詩" 화후기畵後記에 필적을 남겼다.

龍旂豹尾急傳呼, 詔幸昌平出上都。 復土重增新宿衛, 期門先召大句臚。[75]
天壽蒼涼石獸陳, 荒原驚見翠華春。 君王淚灑思陵樹, 玉盌金鳧感侍臣。
용기龍旂와 표미豹尾가 급히 전하노라, 황제께서 상도上都에서 창평昌平으로 행차하신다.
복토覆土를 다시 하고 숙위宿衛를 새롭게 늘리라, 기문期門이 먼저 큰 소리로 전한다.
처량한 천수산에 돌짐승 늘어섰고, 황량한 들판에 황제의 푸른 깃발 봄이 온 듯 놀랍구나.
군왕의 눈물 사릉思陵의 나무를 적시고, 옥완玉椀과 금부金鳧 신하들을 울리네.

왕사정의 위 시는 진회의 청루 문화와는 아무런 관련이 없다. 당시 외부의 침입과 불안정한 시국에 대한 탄식일 것이다.

정리하면, 서로 다른 세대를 살았던 문인들의 글쓰기 속에서 여성의 형상은 이미지가 구축되거나 해체될 수 있는 객체였으며 일종의 상징과 은유의 코드로서 서로 다른 이데올로기들이 서로를 언급하고 참조하는 반복과 변주의 공간이기도 했다. 후인들이 제시를 남기는 문화 현상, 그림 속의 여주인공, 각기 다른 시간 속에서의 유통과 전파, 남성 문인들의 바라보기 또는 응시를 통해 초상화 너머의 내용과 테마가 끊임없이 확장되어 갔다.

75 역주: 원문에 별도의 설명이 없으나 왕사정의 〈紀事二首〉로 추정된다. 제1수는 명나라가 멸망한 직후 청나라 순치제가 명13릉 참배를 위해 능행(陵幸)에 나서는 장면을 그리고 있다. 제2수는 제사를 올리는 장면이다. 용기(龍旂)와 표미(豹尾)는 황제의 수레에 달린 장식이며, 옥완(玉椀)과 금부(金鳧)는 무덤 안에 있어야 할 부장품(副葬品)-이다.

구영仇英의 〈도의도擣衣圖〉

The Laundrywoman by Qiu Ying

명明 Ming
족자軸 Hanging scroll
지본紙本, 묵필墨筆 ink on paper
가로Width 28cm, 세로Height 95.2cm

이 그림은 명 4대가 중 인물화에 가장 뛰어났던 구영이 백묘법으로 그린 사생 작품이다. 한 여인이 다듬돌 앞에서 무릎을 세우고 바닥에 앉아 있다. 방망이를 든 모습이 다듬이질 중간에 잠시 휴식을 취하고 있는 듯하다. 얼굴은 먼 곳을 바라보고 있다. 생각에 잠긴 듯한 표정이 온화하고 섬세하다. 오동나무 배경이 가을밤의 스산함과 쓸쓸함을 보태고 있다. (차오칭)

제지(題識) 仇英實父.

검인(鈐印) 仇英(주문), 實父(백문), 十洲(주문)

제발(題跋) 寒衣擣盡淚痕長, 八月陰山早見霜. 恨卻此身空顧影, 不隨孤夢到遼陽. 空閨秋夜思難平, 萬里心旌曳月明. 最解容華易銷歇, 百年離恨入砧聲. 虛岩山人周詩.

검인(鈐印) 倦源漁客(주문)

제발(題跋) 梧桐一葉落, 閨人千里心. 從知邊候早, 乘月弄秋砧. 華陽皇甫衝.

검인(鈐印) 子浚之印(주문), 皇甫長公(주문).

제발(題跋) 桐葉秋風金井聲, 露華含月玉階清. 寸心自逐雙題斷, 欲寄關山無限情. 百泉汸.

검인(鈐印) 百泉山人(백문)

제발(題跋) 庭樹初殘鴻雁秋, 離人終歲寄邊州. 時將輕素臨霜月, 一夜砧聲萬里秋. 皇甫濂.

검인(鈐印) 逍遙綜琴書(주문)

제발(題跋) 染汗雙題擣素秋, 桐華含露玉階幽. 無情唯有關山月, 夜夜城南照獨愁. 士雅山人黃姬水.

검인(鈐印) 志淳(주문), 黃姬水(백문)

감장인(鑑藏印) 虛齋至精之品(주문)

당인唐寅, 〈이단단 낙적도李端端落籍圖〉

명明 Ming
족자軸 Hanging scroll
지본紙本, 설색設色 ink and color on paper
가로Width 57.3cm, 세로Height 122.8cm
Ms. Li Duanduan by Tang Yin

그림 속 다섯 명의 인물 가운데 중앙에 남자가 있다. 여덟 팔자 모양으로 콧수염을 기른 남자는 당건을 쓴 채 의자에 앉아 있다. 얼굴 표정과 앉은 자세 곳곳에서 선비의 기품이 드러난다. 옆에는 거문고와 서화 도구가 놓인 탁자가 있고 탁자 양측에 하녀가 한 명씩 서 있다. 화면 왼쪽에는 선비를 찾아온 여인이 손에 흰 모란꽃을 들고 서있다. 표정이 편안하고 대범하다. 그녀의 우아한 자태와 일거수일투족 하나하나가 매혹적이다. 뒤쪽에는 몸종이 시중을 들고 있다. 네 명의 여인이 달을 둘러싼 별들처럼 남자 주인공을 에워싸고 있다. 산수화 병풍도 주인 남자의 지위를 부각하고 있다. 이 그림의 남자 주인공은 당나라 시인 최애崔涯와 그의 시에 감동한 이단단의 이야기를 소재로 하고 있다. (루샨샨)

제지(題識) 善和坊里李端端, 信是能行白牡丹. 誰信揚州金滿市, 胭脂價到屬窮酸. 唐寅畵並題.

검인(鈐印) 吳趨(주문), 唐伯虎(주문), 唐居士(주문)

감장인(鑑藏印) 震澤徐氏考藏印(주문), 麓民珍玩(백문), 藏於藜光閣(주문), 吳湖帆珍藏印(주문), 吳湖帆潘靜淑珍藏印(주문), 梅景書屋(주문), 梅景書屋秘笈(주문), 雙修閣圖書記(주문)

善和坊裏李端端信是
能行白牡丹誰信揚州金
滿市臙脂價到屬窮酸
唐寅畫并題

〈주부인 소상朱夫人小像〉
Portrait of Mrs. Zhu

명明 Ming
족자軸 Hanging scroll
견본絹本 ink and color on silk
가로Width 78.2cm, 세로Height 136.2cm

견본에 그린 이 초상화는 낙관은 없지만 복식과 인물 표현 양식을 통해 명대 화가의 작품으로 추정할 수 있다. 그림 속 여성은 머리에 화려한 관을 쓰고 있으며 단정하고 근엄한 모습이다. 섬세하고 반듯한 필법과 맑고 깨끗한 설색이 자주 나타나는 조종화祖宗畵 화법이다. (루샨샨)

번기樊圻와 오굉吳宏의 〈구미상寇湄像〉
Portrait of Kou Mei by Fan Qi and Wu Hong

청(1651년) 清 Qing (AD 1651)
족자軸 Hanging scroll
지본紙本, 묵필墨筆 ink on paper
가로Width 60.6cm, 세로Height 79.2cm

다양한 화면과 상황을 그린 이 두루마리 그림은 각기 다른 자세의 인물 묘사가 섬세하고 설색이 정교하다. 다양한 소재와 기법에 능했던 화가 양진의 실력이 충분히 드러나는 작품이라 할 수 있다. 연꽃놀이를 하는 장면, 나란히 앉아 그림을 감상하는 장면, 집안에서 바느질하는 장면, 정원에서 풍경을 즐기며 노는 장면, 야외에서 차를 즐기는 장면, 조용히 대화를 나누는 장면 등등 청대 초기 규방 생활을 생생하고 치밀하게 묘사했다. 이어지는 장면 장면마다 세심한 관찰과 합리적인 구도가 돋보인다. (광어우)

제지(題識) 校書寇白門湄小影. 鐘山圻, 金溪宏合作. 時辛卯秋杪, 寓石城龍潭朱園碧天無際之堂.

검인(鈐印) 湄(백문), 樊圻之印(백문), 會公(주문), 吳宏(주문), 遠度(백문)

제발(題跋) 寇湄, 字白門, 娟娟靜美, 跌宕風流, 能度曲, 善畵蘭,粗知拈韻, 能吟詩, 然滑易不能竟學, 十八九時為保國公購之, 貯以金屋, 若李掌武之謝秋娘也. 甲申三月, 京師陷, 保國公生降, 家口沒入官, 白門以千金予保國贖身, 匹馬短衣從一婢而歸, 歸為女俠, 築園亭, 結賓客, 日與文人騷客相往還, 酒酣耳熱, 或歌或哭, 自嘆美人之暮, 嗟紅豆之飄零也. 錢牧齋詩雲:“寇家姊妹總芳菲, 十八年來花事迷. 今日秦淮恐相值, 防他紅淚一沾衣.” 則寇家多佳麗, 白門其一也. 三山餘澹心書於秦淮水閣.

제발(題跋) 悵銀雲寫影, 爵月描眉, 前夢逐波遠. 一片蒼苔冷, 欄杆外, 空留香印深淺. 畵圖瞥見, 倚夕陽, 難訴幽怨. 莫垂柳, 多是凝情處, 美人淚曾濺. 閑了青羅團扇. 便黃金能贖, 身世都換. 匹馬天涯路, 吹芳草東風, 容易春晚. 銅仙故苑, 想著時紅豆愁滿. 問俠骨誰尋, 大半蝶衣零亂. 玉井先生屬題《寇校書小影》, 調寄《眉嫵》. 谷人吳錫麒.

검인(鈐印) 錫麒(백문)

제발(題跋) 千金一曲度瓊簫, 身在侯門寵不驕. 輸與吾家狂祭酒, 當筵曾見舞弓腰. 贖身傾篋出黃金, 紅粉飄零怅爾深. 年少紛紛輕薄子, 阿誰可結歲寒心. 條桑懶出賽蠶官, 世外瑤華一見難. 往事閒尋春夢斷, 無言小立玉欄干. 修蛾淡掃卸濃妝, 靜志偏能禮自防. 銀硯墨花香午夜, 砑光箋寫十三行. 揮金結客妙當時, 跌宕風流冠掃眉. 管彤他年傳女俠, 豪情羨殺五陵兒. 故宮回首劫灰飛, 千里關河匹馬歸. 悟得榮華如草露, 空箱常疊縷金衣. 和家梅村先生贈詩原韻. 梅查吳均題.

검인(鈐印) 吳公三印(백문)

제발(題跋) 白板門荒, 青溪人杳, 小幀墨痕留影. 碧天無際畵堂東, 澹娟娟, 樹涼風靜. 芳菲乍冷, 悵紅豆, 飄零難定. 想當時, 有黃金作屋, 伊誰堪並. 而今省, 馬上弓彎, 幸踏南歸鐙. 行藏渾似謝秋娘, 話章台, 後先相映. 珠衣綉領. 恐吹起, 餘香還剩. 問朱園, 何處頹廊斷井. 調《西子妝》, 題《白門小像》, 請玉井先生正定. 雲溪江立拜稿.

검인(鈐印) 玉屏道人(주문)

제발(題跋) 蒙叟題詞, 余家紀筆. 白門往事曾聞得. 阿誰寫此更流傳, 百年竟爾親顏色. 朱邸名姬, 青樓豔質. 圖中何故偏蕭瑟? □金贖後返江南, 須知盡是愁時節. 調寄《踏莎行》, 春橋朱方藹題.

검인(鈐印) 方藹(주문)

제발(題跋) 豔質春初寵侯門, 歡頓換愁新. 繁華夢破, 幽淒妝淡, 俠脫千金. 秦淮歸坐林陰悄, 粉淚漬單襟. 憐教墨妙, 圖留韻態, 傳伴名人. 調寄《眼兒媚》, 請玉井老先生郢正. 由拳城草亭費融稿.

검인(鈐印) 費融(백문)

제발(題跋) 千古秦淮水一涯, 板橋殘柳剩棲鴉. 寇家姊妹風流甚, 不見丹青並蒂花. 想得初辭冀北時, 歸裝結束小腰肢. 輸他廄吏曾親見, 翠袖搖鞭駿馬馳. 樂耕吳士岐題.

검인(鈐印) 鳳山(주백문)

제발(題跋) 掃盡輕煙淡粉痕, 板橋舊跡黯銷魂. 何人剩此春風筆, 省識當年寇白門. 身世沉淪感不任, 蛾眉好是贖黃金. 牧翁斷句餘生紀, 為寫青樓一片心. 百年俠骨葬空山, 誰灑鵑花淚點. 合把芳名齊葛嫩, 一為死節一生還. 玉井閔華題.

검인(鈐印) 廉風(백문), 玉井(백문)

제발(題跋) 手致千金解報恩, 白門憔悴怆朱門. 愁來一唱梅村曲, 擁鬟燈前有淚痕. 才出侯門又唱歌, 尊前感舊涕滂沱. 圓圓削髮河東死, 總覺風塵俠骨多. 伯謙, 仲若世丈先生教削. 乙未孟培培, 璧城燈下寫記, 時客淮上節署.

검인(鈐印) 胡璧城印(백문)

제발(題跋) 嘆橫波片玉, 等話三災, 怎及個人遠. 一樣蟾蜍淚, 風煙後, 誰描蛾子清淺? 寫生若見. 倚樹根, 閑著愁怨. 數青鏤, 舊日簪花夢, 憶娘墨同濺. (怎字訛寫, 系『不』字.)依約年時桃扇, 絮香君情緒, 桑海俄換. 掌武非前壘, 歌金縷, 當筵花笑香晚. 南朝舊院, 恁百般, 聲咽河滿. 問白下朝雲, 早報埭雞鳴亂. 剩秦淮疏柳, 也蹙雙蛾, 遺恨莫愁遠. 蝶夢韓憑錯, 輕煙散, 天教紫玉緣淺. 驚鴻瞥見. 欠玉京, 焦尾彈怨. 笑紅豆, 高跋尚書履, 恐它淚珠濺. 休問銖衣哥扇, 抱剛腸俠骨, 竿木頻換. 舊燕盧家憶, 崎嶇路, 細馬馱卿歸晚. 邗江勸客, 賺月明, 西湖光滿. 怕妒影眉娘, 照水黛痕淩亂. (白樓姬人號眉生, 故及之.) 調寄《眉嫵》二闋, 題《寇白門小影》, 和谷人祭酒韻, 為白樓仁弟作. 時嘉慶九年仲冬月, 遲悔生廷慶書於歷經國蒙山講舍.

검인(鈐印) 廷慶(백문), 舊史氏(백문)

제발(題跋) 記青溪舊事, 桃葉風情, 一夢東京遠. 水閣丁家在, 鈿轅到, 雙蛾鏡裡猶淺. 梅根冶畔. 罷素箏, 無端哀怨. 看描出, 箱底石榴裙, 秋風淚珠濺. 休道阿龍紈扇. 嘆紅妝季布, 一斛誰換. 細馬長千里, 鱸魚美, 歸來又值秋晚. 卞沙老去, 舊院門, 衰草填滿. 問疏柳板橋, 誰禁絮風撩亂. 調倚《眉嫵》, 次谷人祭酒韻, 白樓仁兄正指. 烏程張鑒填.

검인(鈐印) 鑒印(주문), 秋水氏(주문)

제발(題跋) 淒涼問故國, 長板橋頭誰第一. 曾記澹心妙筆, 嘆匹馬南歸, 舞衣空疊. 柔腸俠骨, 又夢雲飛去無跡. 驚鴻杳, 雪泥小影, 約略見顏色. 珍惜百年詞客, 有多少青衫揾濕. 商邱聞說近日, 扇底桃花飄零非昔.(李香君小照舊藏商邱陳中丞家, 今未知歸何處). 畵圖閑省識, 聽細雨, 春寒測測. 同心處, 蘭芬清供, 旅邸話晨夕. 丙寅春仲, 白樓大兄攜此幀來邗上, 時與餘同寓志館, 以素蘭作供, 為譜《霓裳中序第一》. 竹芗徐鳴珂.

검인(鈐印) 鳴珂(백문)

제발(題跋) 綠水無波柳絮飛, 秦淮春暖啟瓊扉. 誰教舊苑淒涼后, 匹馬單衣薊北歸. 春風畵閣燕來時, 應悔陽臺夢醒遲. 管領東南觴詠地, 敢將歌泣使人知. 白樓先生正之, 梅男的總統[梅]深圳市男子阮亨.

검인(鈐印) 梅課程(주문)

제발(題跋) 當年歌哭向何人, 匹馬歸來剩此身. 莫怪容顏憔悴甚, 好花經雨不成春. 俠骨柔腸空復情, 千金能贖一身輕. 飄零紅粉知多少, 猶幸披圖識姓名. 戴光曾題.

검인(鈐印) 戴光曾(백문)

제발(題跋) 柔腸俠骨好腰身, 不枿朱家有替人. 舊侶叢殘多入道, 神仙容易見揚塵. 腰間寶玦王孫淚, 馬上桃花白下春. 欲問煙花南部錄, 歌詞香試與喚眞眞. 郭麟.

검인(鈐印) 臣麟私印(백문)

감장인(鑑藏印) 明尚居士鑒賞(주문), 梁溪秦清曾藏(주문), 頤梅廬秦通理藏書畵印(주문), 裴伯謙審定書畵印(주문), 城南心賞(주문)

手致千金解報恩白门憔悴愴朱门愁來一唱梅村曲擁髻鐙前有淚痕
絕出虎門又唱歌尊前出舊蒂傍池園々削髮河東死縱教鬢風塵俠骨多
伯雄
仲蒼 世丈先生 教削 己未孟陬 皇城鐙下寫記時客淮上芾署

양진楊晉 〈호가豪家 오락도娛樂圖〉 두루마리
Leisure Time of Aristocratic Families by Yang Jin

청(1688年) 清 Qing (AD 1688)
Handscroll
견본絹本, 설색設色 ink and color on silk
가로Width 1207.5cm, 세로Height 56.7cm

이 두루마리는 복잡한 화면과 다양한 장면이 이어진다. 서로 다른 각 인물의 자태가 섬세하게 묘사되었고 설색이 정교하다. 다양한 소재와 기법에 두루 뛰어난 화가 양진楊晉의 기량을 충분히 보여준다. 청대 초기 대저택 내의 규중 생활을 섬세하고 생생하게 묘사했다. 연꽃을 따고 그것을 바라보는 사람들, 나란히 그림을 보는 두 여인, 누각에서 바느질하는 여인, 정원에서 거닐며 풍경을 감상하는 사람들, 바깥에서 차를 즐기는 사람들, 조용히 앉아서 대화를 나누는 두 여인 등등. 연속적으로 이어지는 각 장면마다 세심한 관찰과 합리적인 배치가 돋보인다.(팡어우)

제지(題識) 歲次戊辰嘉平, 虞山楊晉寫.

검인(鈐印) 楊晉之印(주백문), 子鶴氏(주문)

육담용陸淡容, 〈원절모 한유인 소영袁節母韓孺人小影〉
Portrait of Yuan Tingtao's Mother by Lu Danrong

청(1790년) 清 Qing (AD 1790)
권卷
견본絹本, 설색設色 Handscroll, ink and color on silk
가로 1,938cm, 세로Height 45cm

송릉여사松陵女史 육담용陸淡容은 사료로 남아있는 정보가 극도로 제한적이라 현재 우리가 파악할 수 있는 사실은 그녀의 또 다른 이름이 육수매陸修梅라는 것과 송강(오늘날의 상해) 사람이라는 것뿐이다. 그림의 화면을 보면, 초상화 기법이 고상하고 함축적이고 신중한 표현으로 절제력이 뛰어난다. 상주像主인 한유인은 강소성 오현의 유명한 장서가 원정도의 어머니다. 건륭 7년(1742)에 태어나 건륭 46년(1781)년에 작고였으며 지역에서 두루 존경받는 덕 있는 절부節婦였다. 손성연孫星衍이 정절당기貞節堂記에 한유인의 생평을 기록해 놓았다. 초상화 기법은 원대에 최초로 전문적 논의가 이루어졌다. 도종의陶宗儀가 엮은 《철경록輟耕錄》에 왕탁의 〈사상비결寫像秘訣〉이 실려 있는데, 그 안에 있는 채회법彩繪法의 내용이 초상화 기법에 많은 영향을 끼치고 강남 채회파彩繪派의 체계적인 발전을 이끌었다. 육담용의 이 작품은 기법적으로 '사람의 형상뿐만 아니라 정신까지도 그려내야 한다'는 강남의 전통 화법을 벗어나지 않았다. 한유인은 이마에 당시 오송지역 노부인들이 하던 검은 머리띠 장식을 하고 단정하게 앉아있다. 얼굴 표정에서는 서릿발 같은 위엄이 느껴진다. 노부인의 성격이 여화가의 붓끝에서 남김 없이 표현되었다. (차오칭)

제지(題識) 松陵女史陸淡容寫.
검인(鈐印) 淡容(주문), 陸氏修梅(백문)
제첨題簽 **袁氏貞節堂畵象文翰. 竹汀居士題簽.**
검인(鈐印) 臣大昕(주문), 辛楣(주문)
제발(題跋) **袁節母韓孺人小影. 吳門女士丁愫書, 時年七十有五.**
검인(鈐印) **仲(주문), 蘭(주문)**

貞節堂

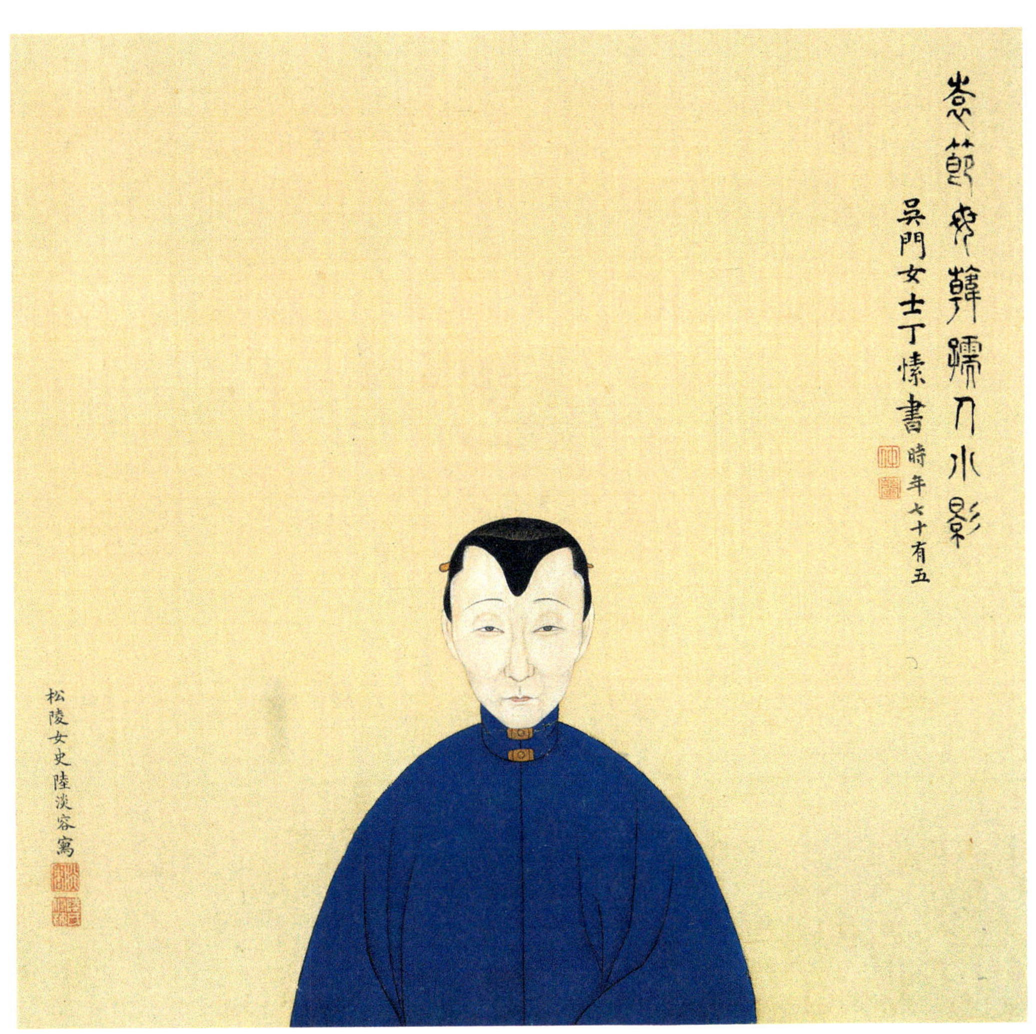
時年七十有五
松陵女史陸淡容寫

고춘복顧春福 〈주숙진 소영朱淑貞小影〉 책冊

청(1876년) 清 Qing (AD 1876)
지본紙本, 설색設色 Ink and color on paper
가로Width 25cm, 세로Height 30.4cm
Portrait of Zhu Shuzhen by Gu Chunfu

주숙진朱淑貞, 호는 유서거사幽棲居士다. 남송의 여류시인으로 당송 이래 가장 많은 작품이 전해지는 여류작가 중 한 사람이다. '천고의 제1 재녀千古第一才女'라는 평가를 받은 이청조李清照와 이름을 나란히 한다. 부유한 관료 집안 출신으로 가정형편이 좋았다. 어린 시절부터 기민하고 총명했으며 책을 잘 읽었다. 시화에 능통했으며 음율도 아는 미모와 재능을 겸비한 재원이었다. 주숙진은 평탄하지 않은 결혼 생활로 정신적으로 기댈 곳이 없어 시름과 근심이 많았다. 그래서 그녀는 그리움과 아픔을 표현하는 수많은 작품을 통해 감정을 발산했다. 제화시에 따르면 화가는 주숙진을 원형으로 외로움과 슬픔에 빠진 월하미인의 처연한 모습을 그렸다. 옷 주름이 섬세하고 아름답고, 나무와 돌 배경이 간결하고 편안하다. 전체적으로 조형이 섬세하고 색상이 청아하다. 전형적인 '개파改派' 사녀화 화풍이다. (루샨샨)

제지(題識) 朱淑貞小影. 藕絲衫子不禁秋, 桃葉眉尖易覺愁. 記得新詞留宛轉, 月明猶在柳梢頭. 丙子嘉平寫於五湖客館之夢薌草堂, 奉贈水如仁丈清賞, 夢香仙史並題.

검인(鈐印) 顧(주문), 春福(백문)

감장인(鑒藏印) 曹詒谷(주문), 義莊藏(주문), 風流惹恨多(백문)

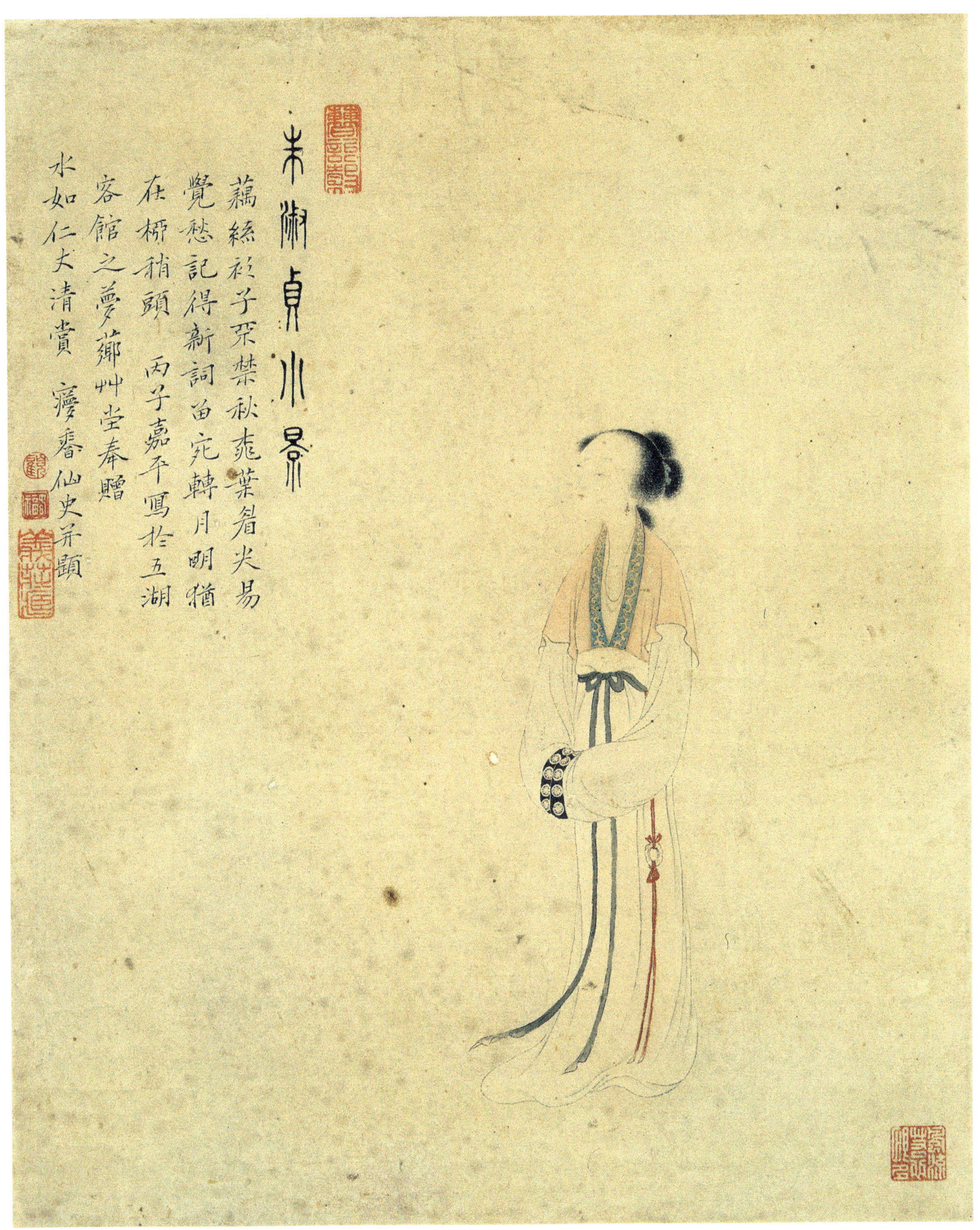

사복沙馥, 〈기성야과도機聲夜課圖〉
Mother Weaving, Son Reading by Sha Fu

청(1879년) 清 Qing (AD 1879)
두루마리卷 Handscroll
지본紙本, 설색設色 ink and color on paper
가로Width 134.6cm, 세로Height 65.8cm

제지(題識) 光緒己卯臘月中浣, 沙馥補圖.
검인鈐印) 山春所作(주문)

청대의 희곡 작가 장사전蔣士銓이 〈명기야과도기鳴機夜課圖記〉에서 기록한 그 어머니 종씨鐘氏의 근면하고 현명한 일생을 화가 사복沙馥이 그림으로 그린 작품이다. 사복은 어머니 종씨의 요구에 따라 직조기 소리를 들으며 책을 읽는 내용으로 자애로운 어머니와 효성스러운 아들의 가을밤 정경을 묘사했다. 마당에 키 큰 오동나무가 한 그루 서있고 나무 그림자가 처마 위로 얼룩처럼 드리워져 있다. 안채에 놓인 직조기 앞에서 어머니 종씨가 베를 짜고 며느리가 어깨 너머로 배우고 있다. 계단 아래는 푸른 파초잎이 가산假山을 둘러싸고 있다. 가산 틈에 있는 꽃과 난초 화분이 차가운 가을 바람과 맑은 달빛 아래 끊임없이 흔들리는 듯하다. 안채 옆에 있는 글방에서는 장사전이 부지런히 책을 읽고 있다. 장사전은 잠시 창가에 기대어 무언가 생각에 빠진 듯하다. 화면 좌측 파초나무 뒤쪽에서는 촛대를 든 시동 아동阿同과 시녀 아소阿昭가 소곤소곤 이야기를 나누고 있다. (루샨샨)

개기改琦, 〈도미춘거도酴醾春去圖〉
Portrait of Li Qingzhao by Gai Qi

청清 Qing
축軸 Hanging scroll
견본絹本, 설색設色 ink and color on silk
가로Width 29.1cm, 세로Height 62cm

제화시에 따르면, 이 작품은 개기改琦가 당인唐寅의 사녀 인물화를 임모한 것으로 슬픔에 젖은 이청조의 모습이다. 그림 속 여인은 저고리와 치마, 긴 배자를 입고 있다. 살짝 고개를 움츠린 채산딸기나무 꽃향기를 맡고 있는 모습이 생각에 잠긴 듯하다. 가는 선으로 얼굴을 구륵하고 검은머리칼 사이로 보석 머리꽂이 장식을 몇 개 그려 넣었다. 화려한 비단옷은 아니지만 아름답고 우아한 기품이 풍기고, 아름다운 묘령의 젊은 여인에게서 처연한 슬픔과 우울이 묻어난다.

개기改琦는 청대 화가로 자는 백온伯韞, 호는 향백香白, 칠향七薌, 옥호산인玉壺山人, 옥호외사玉壺外史, 옥호선수玉壺仙叟 등을 썼다. 회족으로 선조가 서역인이었다. 송강(오늘날의 상해시) 사람이다. 화암華嵒을 본받았으며 난엽묘蘭葉描 기법을 즐겨 사용했다. 사녀의 옷주름이 섬세하고 아름다우며 나무와 돌 배경이 간결하고 편안하다. 섬세한 조형과 청아한 색채로 사녀화의 새로운 양식을 개척하여 당시 '개파改派' 라고 일컬어졌다. (루샨샨)

제지(題識) 懶緒春雲翠袖單, 酴醾開後百花殘. 美人最與春關切, 折得花枝仔細看. 六人(如)居士酴醾春去圖. 泖東七薌改琦摹.
검인(鈐印) 聽雨詞人(백문)

嬾綰春雲翠袖單酴醾開後百花殘美人家与春闌切折得
花枝仔細看
六如居士酴醾春去圖
澥東七薌改琦摹

비단욱費丹旭, 〈사녀도〉, 4폭 병풍

4-piece screen set with beautiful ladies by Fei Danxu

청清 Qing
지본紙本, 설색設色 Ink and color on paper
가로Width(each) 29.1cm, 세로Height 107cm (1폭)

비단욱費丹旭(1802-1850), 자는 자초子苕, 호는 효류曉樓, 만호晩號 우옹偶翁, 호주湖州 사람이다. 어린 시절 가문의 영향으로 강소, 절강, 복건 일대의 산수를 유람했다. 인물화에 특히 뛰어났으나 화훼나 산수도 그렸다. 거울에 비친 상을 가져온 듯한 사녀화에 풍경을 보조적으로 사용했다. 화풍이 윤택하고 깨끗한 느낌과 시원하고 자연스러운 느낌을 주는 한편 부드러운 느낌도 있다. 유려한 용필用筆이 경쾌하면서도 대범하다. 많은 추종자들이 생겨나 '비파費派'라고 불렸다. (루샨샨)

강기(姜夔)의 〈암향소영(暗香疏影)〉을 바탕으로 매화나무 아래서 고개를 살짝 뒤로 젖힌 아름다운 여인의 형상을 생생하게 그려냈다.

제1폭
제지(題識) 籬角黃昏, 無言自倚修竹. 白石老仙句. 癸巳冬日子苕費丹旭寫.
검인(鈐印) 子苕(주문)

제2폭
제지(題識) 簾捲西風, 人比黃花瘦. 易安居士句. 曉樓作.
검인(鈐印) 費丹旭印(백문), 子苕(주문)

제3폭
제지(題識) 杏花疏影里, 吹笛到天明. 陳簡齋句. 曉樓費丹旭寫. 鈐印 曉樓書畵(백문)

제4폭
제지(題識) 小舟夜悄, 波明香遠, 渾不見, 花開處. 樂笑翁句. 曉樓.
검인(鈐印) 丹旭之印(백문)

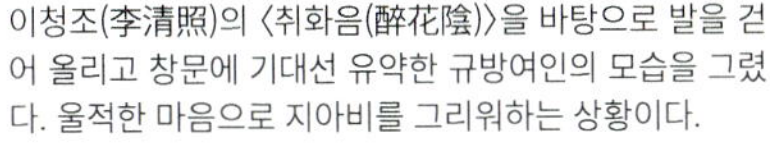

이청조(李淸照)의 〈취화음(醉花陰)〉을 바탕으로 발을 걷어 올리고 창문에 기대선 유약한 규방여인의 모습을 그렸다. 울적한 마음으로 지아비를 그리워하는 상황이다.

진여의(陳與義)의 〈임강선(臨江仙)〉을 바탕으로 살구꽃 아래 앉은 인물과 맑고 고요한 풍경을 그렸다. 측면으로 머리를 틀어 올리고 옥색 옷을 입은 한 젊은 여인이 다리를 꼰 채 돌 위에 앉아 피리를 불고 있다. 밝고 가벼운 여인의 표정에서 그윽한 피리소리가 들려오는 듯하다. 자유롭고 생생한 느낌에 편안함이 넘치는 풍경이다.

장염(張炎)의 〈수룡음(水龍吟)·백련(白蓮)〉을 바탕으로 그린 그림이다. 고즈넉한 여름날 밤 작은 쪽배가 호수 위에서 흔들린다. 뱃머리에 꿇어앉아 연꽃을 따는 여인이 가볍게 노를 저으며 앞으로 나아간다. 호수의 물빛과 밝은 달빛이 서로를 비추고 코끝에서 은은한 향기가 맴돈다. 연잎에 가린 연꽃이 보일 듯 말 듯 아련하다. 유유자적하는 아름다운 운치가 넘친다.

주서周序, 〈동소완상董小宛像〉
Portrait of Dong Xiaowan by Zhou Xu

청清 Qing
족자軸 Hanging scroll
지본紙本, 설색設色 ink and color on paper
가로Width 35.2cm, 세로Height 93cm

동소완董小宛, 이름은 백白, 자字는 소완 또는 청련青蓮이며 강소성 소주 사람이다. 조용한 성정에 산과 물을 좋아하여 한 번 가면 아쉬워하며 떠나지 않으려 했다. 부모와 헤어져 가난으로 인해 청루에 들어갔다. 동소완은 기예가 출중했다. 시화에도 능했으며 특히 거문고에 뛰어나 16세 때부터 명성을 드날렸다. 유여시 등과 함께 '진회팔염'으로 꼽힌다. 훗날 우연히 소주 반당半塘에서 향시에 낙방한 모양冒襄과 만났는데 두 사람은 한 눈에 마음을 빼앗긴다. 이때부터 동소완의 운명이 바뀌었다. 여러 차례 애쓴 끝에 기적에서 빠져나와 모양의 애첩이 되었다. 문인 집안으로 들어가 이후 우아한 예술적인 삶을 시작한다. 두 사람과 관련된 이야기가 널리 퍼지고 동소완의 맑고 부드러운 형상도 미인의 원형으로 화가들의 모델이 되었다. 주서周序가 그린 동소완의 초상은 소운종蕭雲從의 원작을 임모한 것이다. 그림 속 동소완은 손에 꽃을 든 채 고개를 숙여 향기를 맡고 있다. 버들 같은 눈썹, 살구 같은 눈, 앵두 같은 작은 입술에 얼굴은 풍만하게 표현되었다. 사의적으로 표현된 옷 주름에서 단정하고 장중한 자태가 드러난다. (루샨샨)

제지(題識) 臨董小宛小象, 野橋屬琴生周序.

검인(鈐印) 序原名鳴(백문), 琴生仿古(백문)

제발(題跋) 射雉山頭一笑年, 相思千里草芊芊. 偷將樂府竊名姓, 親擊雲璈第幾仙. 珍珠無價玉無瑕, 小字貪看問妾家. 尋 到白堤呼出見, 月明殘雪映梅花. 鈿轂春郊門畫裙, 捲簾都道 不如君. 白門移得絲絲柳, 黃海歸來步步雲. 京江話舊木蘭 舟, 憶得郎來系紫騮. 殘酒未醒驚睡起, 曲欄無語笑凝眸. 青絲濯濯額黃懸, 巧樣新妝恰自然. 入手三盤幾梳掠, 便攜 明鏡出花前. 念家山破定風波, 郎按新詞妾唱歌. 恨殺南朝阮 司馬, 累儂夫婿病愁多. 亂梳雲髻下妝樓, 盡室倉黃過渡頭. 鈿合金釵渾拋卻, 高家兵馬在揚州. 江城細雨碧桃村, 寒 食東風杜宇魂. 欲吊薛濤憐夢斷, 墓門深更阻侯門. 錄吳梅 村題句, 麓樵姚功立.

검인(鈐印) 功立之印(백문), 麓樵(백문)

제발(題跋) 是圖原本為蕭尺木作, 題句亦吳梅村墨蹟, 余於庚申 秋得之白門珠市, 今春偶置行 籠攜游東亭, 琴生借臨數過, 此幅頗得其概, 野橋居士 愛而珍之, 宜矣. 甲戌中秋芝泉淩 霄識.

검인(鈐印) 江東淩霄(백문)

臨董小宛小象楚橋屬琴生周序
是圖原本為蕭尺木作題句亦吳梅村墨跡余
於庚申秋得之白门珠市今春偶置行篋携遊
東亭琴生借臨數過此幅頗得其髣 楚橋
居士愛而珍之宜矣甲戌中秋芝泉淩霄識

장부동張溥東, 〈괴횡파소상顧橫波小像〉

Portrait of Gu Hengbo by Zhang Pudong

청清 Qing
두루마리卷 Handscroll
지본紙本, 설색設色 ink and color on paper
가로Width 119cm, 세로Height 25.5cm

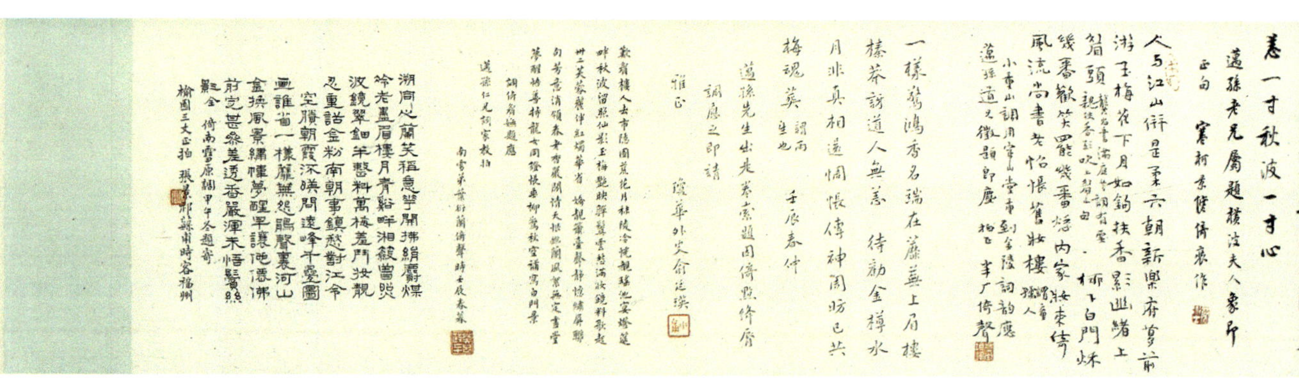

고미顧媚(1619-1664)는 오늘날의 남경인 상원上元 사람으로 고미顧眉라고도 한다. 자는 미생眉生, 호는 횡파橫波, 만호晩號는 지주智珠, 선재군善才君 등을 사용했다. '횡파 부인'으로 불렸으며 진회팔염秦淮八艶 가운데 가장 독보적인 위치에 있었다. 기적에서 나온 이후의 삶도 원만하고 순탄했다. 공정자龔鼎孳(1615-1673)와 결혼한 후 서선지徐善持로 개명했다. 문사文史에 통달하였으며 시화에도 뛰어났다. 산수화에 뛰어났는데 특히 난을 잘 그렸다. 젊은 시절 부채에 그린 난화도蘭花圖 등은 현재까지도 박물관에 소장되어 있다. 남편 공정자는 타고난 성품이 활달하고 호방하였으며 재물을 돌보듯이 했다. 결혼 후 고미의 현명한 내조를 받게 된 공정자는 재물을 더욱 가볍게 여기고 사람과 인재를 아끼면서 명성이 더 높아졌다. 고미도 '일품부인一品夫人'에 봉해졌다. 첫머리에 나오는 심경수沈景修의 제문에 따르면 이 작품은 허증許增의 요청으로 화공 장포동張浦東이 여화가 김예영金禮嬴의 그림을 모사한 것으로 판단된다.(차오칭)

眉樓遺馥

昔金雲门女史曾
摹横波夫人小象
今邁孫復倩畫工
重臨摹本屬張雨生

제지(題識) 顧橫波夫人小影. 乙卯春日雲門女史臨. 辛卯花朝張 溥東於虎林廙廬為榆園主人許邁孫重摹.

검인(鈐印) 雨生(주문) 題跋 眉樓遺馥. 昔金雲門女史曾摹橫波夫人小象, 今邁孫 復請畫工重臨摹本, 屬張雨生補圖, 予為題其卷首. 秀水沈 景修.

검인(鈐印) 秀水(주문), 汲民(백문)

제발(題跋) 擁髻添香畫閣深, 玉梅花下夜停琴. 六朝流水渾無恙, 一寸秋波一寸心. 邁孫老兄屬題橫波夫人象, 即正句. 寒 柯景修倚裝作.

검인(鈐印) 沈(주문), 蒙道士(백문)

제발(題跋) 人與江山並是柔. 六朝新樂府, 夢前遊. 玉梅花下月如鉤. 扶香影, 幽緒上眉頭. (龔尚書《滿庭芳詞》有:"要親扶香影, 吹上眉山" 句.) 柳下白門秋. 幾番歡笑罷, 幾番愁. 內家妝束倚風流. 尚書老, 怊悵舊妝樓.(謂童孺人.)《小重山》調, 用定山堂重到金陵詞韻應邁孫道兄徵題, 即塵指正. 半廠倚聲.

검인(鈐印) 半廠(주문), 複堂填詞(백문)

제발(題跋) 一樣驚鴻, 香名端在蘼蕪上. 眉樓榛莽, 訝道人無恙. 待勸金樽, 水月非眞相. 還惆悵, 傳神周昉, 已共梅魂葬.(謂雨生也.)壬辰春仲, 邁孫先生出是卷索題, 因倚《點絳脣》調應之, 即請 雅正. 瓊華外史俞廷瑛.

검인(鈐印) 小甫(주문)

제발(題跋) 嘆眉樓人去, 市隱園荒, 花月秣陵冷. 恍睹瑤池 宴, 燈筵畔, 秋波留照仙影. 玉梅豔映, 韡鬟雲, 愁滿妝 鏡. 料歌起, 卅二芙蓉麗, 伴紅燭華省. 嬌靚簫臺聲靜. 憶繡屏聯句, 芳意消領. 春老香嚴閣, 情天恨, 幽蘭風 絮無定. 畫堂夢醒, 悟善持, 龍女同證. 悵垂柳驚秋, 空補寫白門景. 調倚《眉嫵》, 題應邁孫仁兄詞家教指. 南 雪弟葉衍蘭倚聲, 時壬辰春暮.

검인(鈐印) 癸巳政年(백문)

제발(題跋) 溯同心蘭笑, 稱意花開, 拂絹麝煤冷. 老盡眉樓月, 清溪畔, 湘奩曾照波鏡. 翠鈿半整, 料萬梅, 羞門妝靚. 忍重話, 金粉南朝事, 鎮愁對江令. 空剩朝霞流映. 問遠峯千 疊, 圖畫誰省. 一樣蘼蕪怨, 鵑聲裏, 河山金換風景. 繡幃夢醒, 早讓他, 仙佛前定. 甚參差透香, 嚴渾未悟鬢絲. 影全. 倚南雪原調, 甲午冬題寄榆園三丈正指, 張景祁繁甫時 客福州.

검인(鈐印) 意雲(백문)

호준성胡駿聲, 〈소청상小青像〉

Portrait of Xiao Qing by Hu Junsheng

청清 Qing
책冊
지본紙本, 설색設色 Ink and color on paper
가로Width 15cm, 세로Height 23.2cm

광릉廣陵 사람 소청은 측실로 시집을 간 후 사납고 거친 본부인에 의해 서호의 별장에 유폐되었다. 사람들의 관심에서 멀어져 외로움에 시달리던 소청은 결국 자신의 청춘을 감상하고 예찬하는 상황에 이르게 된다. 늘상 호숫가에 머물며 자신의 그림자에 빠져들었으며 죽기 전에는 화가를 청해 초상화를 남겼다. "봄날의 호수에 비치는 여윈 그림자, 그대는 나를 가여워하고 나는 그대를 가여워하네.瘦影自臨春水照, 卿須憐我我憐卿"라고 노래한 그녀의 시는 그 처연한 아름다움에 많은 후인들이 애송했다. 청초 이래 열명이 넘는 극작가들이 18세에 요절한 소청의 비극적인 삶을 새롭게 각색했고 화가들도 풍부한 상상력으로 자신이 생각하는 '소청'의 형상을 만들어냈다. (차오칭)

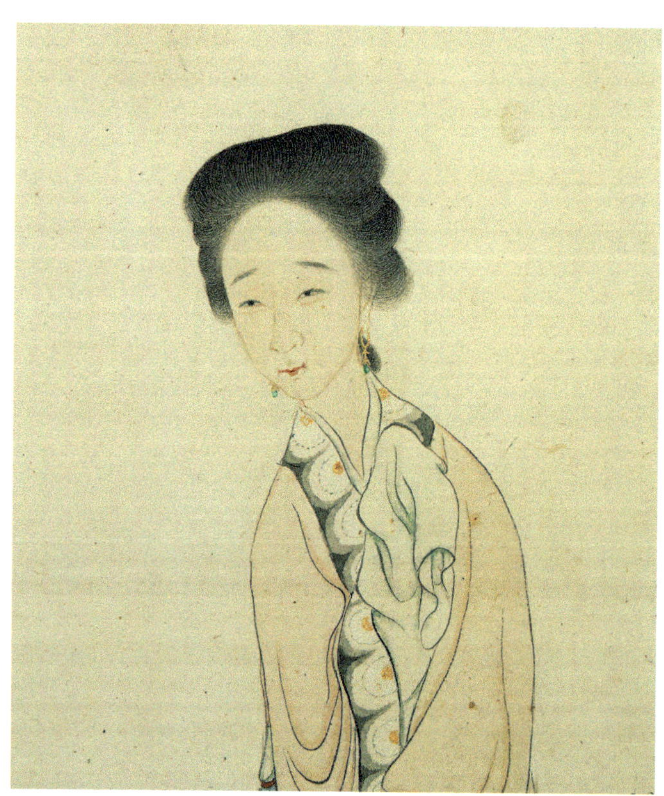

제발(題跋) 小青者, 廣陵人也, 為武林某生姬, 與生同姓, 故諱之, 僅以小青字雲. 姬生而穎異, 十歲, 遇一老尼授心經, 一再過, 復之不失一字. 尼曰:"兒早慧薄福, 願乞為佛弟子. 即不爾, 毋令識字." 家人以為妄, 嗤之. 姬風期異艷而嫻於儀則, 母故女塾師, 隨就學, 游廣陵諸名家, 遂精涉諸伎, 妙解聲律. 諸名家女或宴集茗戰手語, 眾偶紛然, 姬酬酢應變, 悉出意表, 人人唯恐失姬. 年十六, 歸生, (生), 豪公子也, 性憨佻不韻. 婦尤奇妒, 姬曲意下之, 終不解. 一日, 從游天竺, 婦問曰:"吾聞西方佛無量, 而世多專禮大士者何?" 姬曰:"殆大士慈悲耳!" 婦意諷己, 笑曰:"吾當慈悲汝!"乃徙之孤山別業, 誡曰:"非吾命而郎至者, 不得入;非吾命而郎以書至, 亦不得與通." 姬念婦所為將媒孽己, 乃深自斂所長. 婦或出遊, 呼與俱, 兩堤多游冶少年, 挾彈馳騎, 群女如雲皆擾擾, 姬淡然凝坐而已. 婦戚屬某夫人者, 才且賢, 嘗就姬學弈, 絕愛憐之. 因數舉巨觥觴婦, 瞷婦醉, 攜姬登船樓. 眺望久之, 撫姬徐曰:"兒何太自苦! 不聞章台柳亦嘗倚樓盼韓郎走馬乎?"姬曰:"賈平章劍鋒可畏也!"夫人笑曰:"子誤矣! 平章劍鈍, 女平章乃可畏耳!"頃之又曰:"子容儀才技皆非宜墮此者, 吾當脫子." 姬曰:"夫人休矣! 妾幼夢折一花, 隨風片片墮水中, 命也! 使弗能受又有他念, 必更墮落, 再辱奚為? 徒為人指名耳!" 夫人嘆曰:"子言是, 吾不強子. 雖然, 子亦宜自愛. 彼甘言或以問遺至者, 尤宜慎. 即旦夕所需, 第告我無害."因相顧泣下沾衣, 輒別去. 夫人每於宗戚間語及之, 無不咨嗟歎息者云. 姬又工詩詞, 幽憤感惻恆致辭吟詠. 某夫人嗣從宦遠出, 姬益廖次數, 遂感疾. 婦命醫來, 且使婢以葯至, 姬陽稱謝, 婢出擲葯. 嘆曰:"吾即不欲生, 當以清淨歸耳. 豈能為一杯鴆盡耶!" 然病益不支, 水粒俱絕, 日飲梨汁盞許, 獨日明妝冶服, 擁被危坐, 雖數暈數醒, 終不蓬首偃側. 一日, 忽語老嫗曰:"傳語郎幸覓一良畫師來." 至, 命繪像. 繪成, 攬鏡熟視曰:"得吾形, 未盡吾神也." 易一圖, 曰:"神是矣, 未盡吾態也!" 乃從容語笑, 使畫者在其旁, 세로 其想像. 久之圖成, 曰:"可矣!" 取供榻前, 小學生香, 設梨酒奠之, 曰:"小青, 小青, 此中豈有汝分耶?"撫幾而泣, 淚雨潸潸下, 一慟而絕. 時萬曆壬子, 年甫十八耳. 日暮, 生踉蹌來, 見小青容色如生, 長號頓足至嘔血升餘. 徐撿得詩一卷, 遺像一幅, 又一椷寄某夫人者. 啟視之, 敘致惋痛, 後書一絕句, 生痛呼曰:"吾負汝! 吾負汝!" 婦聞是指必須使用, 趨索圖, 乃以前圖進, 焚之; 又索詩, 亦焚之. 及再檢其稿, 零散俱盡, 獨姬病亟時, 以花鈿數事贈嫗小女, 里以二紙皆其詩草, 得九絕句, 一詞, 一古詩, 並所寄某夫人書, 合十二篇. 右小青傳不知何人所為, 詞未雅潔. 秉齋三兄年大人出此圖冊屬書, 爰略刪潤之俾成體爾, 所載詩詞及書宜另書之, 亦體然也. 庚戌小春, 懺庵居士並識.

검인(鈐印) 定父(백문)

제발(題跋) 舊里夢虹橋, 芳名指柳梢. 病秋波, 淚滿冰綃. 零落花鈿無覓處, 梅嶼冷, 斷紅飄. 香土問誰澆, 梨花撲酒瓢. 黯孤山, 從此無聊. 多少遊春湖上女, 偏只解, 倚郎嬌.《唐多令》為秉齋年三兄屬, 稚秋外史潘遵祁駢.

검인(鈐印) 十萬金鈴護落花(주문)

제발(題跋) 柳宿光中署小名, 梅花觀裡認前身. 畫圖留視分明在, 誰是西河作誄人. 鶴怨鵑啼宿草灰, 孤山孤絕月徘徊. 殘鐺冷盡哀梨汁, 一盞寒泉配食來. 細字蠶眠舊稿焚, 咳蘭唾蕙拾余芬. 妙山樓集流傳少, 我更傷心吊紫雲. (小青女弟紫雲為會稽馬髦伯姬, 亦早世, 著有《妙山樓集》.)壬寅中春應味根三兄同年雅屬, 即請正題. 寶笙弟潘希甫草.

검인(鈐印) 酒愁清愁花消英氣(백문)

제발(題跋) 人間天上, 偏小青二字, 最難除懺. (有謂小青非必實有其人, 合此二字乃情字耳.) 絮果蘭因何處證, 大抵朝雲易散. 桃葉渡頭, 莫愁湖畔, 憶把真真喚. 狂風吹緊, 優曇花只一現. 悽絕補被孤眠, 倩人寫照, 垂死魂猶戀. 底事鶬鶊難療妒, 集付洪爐烈焰. 鬌垂髫, 嬌痴忍淚, 重畫春風面. 海棠庵主, 一時絲繡庭遍. 調寄《百字令》. 餘不解填詞, 味根三兄同年以胡君衕難香所繪《小青像》屬題, 試譜此闋, 知不足, 供方家一笑也. 楞弟錢福元並識.

검인(鈐印) 福元(백문), 侖仙(주문), 戊戌翰林(주문)

제발(題跋) 踏盡六橋春, 草沒女郎墳. 多謝海棠庵主, 重與貌真真. 小立乍含顰. 應未減, 爾日風神. 鬖雲淚雨畫中見, 汝猶自銷魂. 調寄《繡帶兒》, 題為秉齋世三兄大雅之屬, 即希顧誤. 祖庚弟翁同書倚聲.

검인(鈐印) 祖庚文字因緣(주문)

제발(題跋) 華位數綺劫, 悵石尤風橫. 短了殘春小桃命. 偕頹波綠慘, 斜照紅酸, 描寫出, 一片離魂倩影. 幽窗人獨自, 夕汐朝潮, 淚雨難晴玉台鏡. 癡願卜他生. 並蒂蓮胎, 稽首向, 慈雲三請. 剩幾紙焚餘斷腸詞, 料鬼唱秋墳, 病鵑愁聽. 右調《洞仙歌》, 題奉秉齋三兄年大人雅屬, 即希正指. 乙卯七月七日顧文彬倚聲.

검인鈐印 **子山(주문)**

제발(題跋) 清才旖旎浣仙霞, 妾命緣何薄似紗. 芳草無情孤月冷, 香魂終古伴梅花. 午夜冷寒釵二百年, 春風人面早成煙. 多情倘向圖中喚, 定有娟娟到眼前. 福慧兼收自古難, 才人當日嫁邯鄲. 好花長被風姨妒, 回首孤山不忍看. 秉齋世叔年大人屬題, 即請雅正. 姪袁績懋.

검인(鈐印) 厚安翰墨(백문)

제발(題跋) 天涯恨事, 只調人鸚鵡, 慧心能說. 生長揚州明月地, 記否紅橋金閬. 蓮葉能參, 柳枝生性, 歡愛同心結. 誰知孤負, 斷腸惟有啼血. 猶記西子湖頭, 孤山石畔, 墓草青青穴. 千古美人魂葬處, 也似玉鉤凄絕. 石恨三生, 妝留半面, 誓與王孫玦. 桃花潭水, 多情猶畫衣襭. 壬子春仲, 秉齋三兄大人出小青畫冊屬題, 因填念奴嬌一闋, 率爾操摺妳, 不自知其工拙也. 弟彥樹.

검인(鈐印) 彥樹(백문), 夢悟(주문)

제발(題跋) 幽蘭弱絮認風姿, 想見挑燈聽雨時. 悽絕孤山芳草路, 斷腸心事月明知. 六橋煙月正黃昏, 梨汁澆殘冷墓門. 記取春風人面在, 梅花香逕與招魂. 錦怨珠啼恨渺綿, 才人廝養總堪憐. 憑君留得崔徽卷, 好共焚餘草並傳. 秉齋姻三兄大人屬題, 即正. 心薌蔣德馨.

검인(鈐印) 心香(주문)

제발(題跋) 螢碧支檠, 蟫紅走帙, 冷倚夜窗盲雨. 傷心人吊牡丹亭, 警飛花, 夢痕何處. 離魂倩女. 剩描取, 春風娟楚. 奈焚灰, 又同拋仙劫, 零鈿殘句. 哀鵑訴. 玉隕香薶, 蘇小墳頭土. 淚和梨汁有誰澆, 配寒泉, 一杯千古. 崔徽在否? 算重認, 當年眉嫵. 替慈雲, 自祝蓮胎更苦. 右調《西子妝》, 題《小青象》, 奉秉齋三兄大人政指. 瘦羊居士潘鐘瑞按譜.

검인(鈐印) 潘鐘瑞麟生信印長壽(백문)

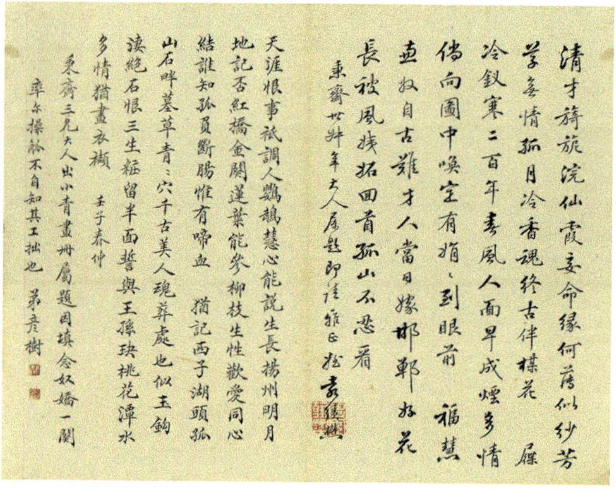

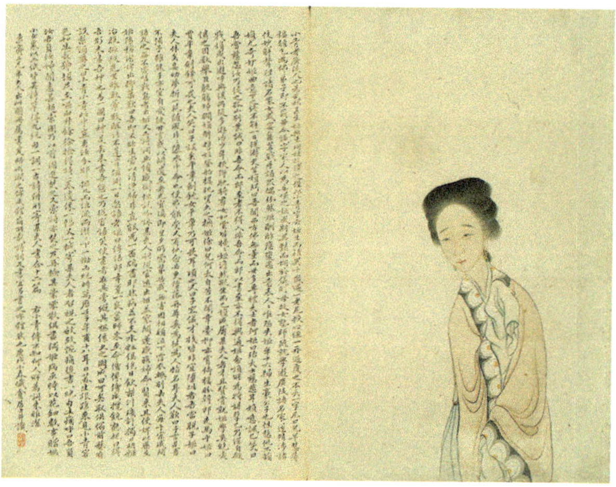

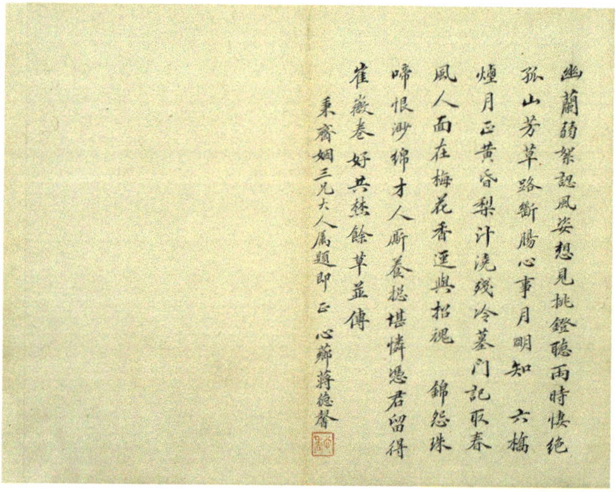

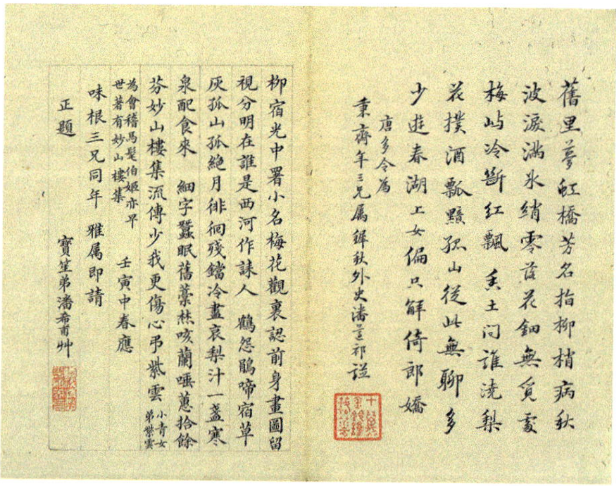

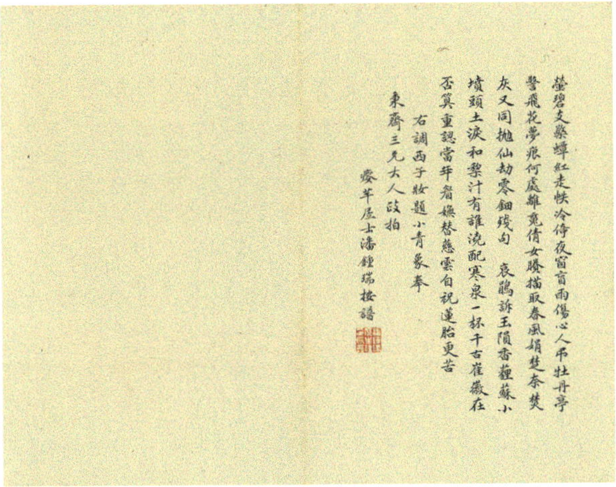

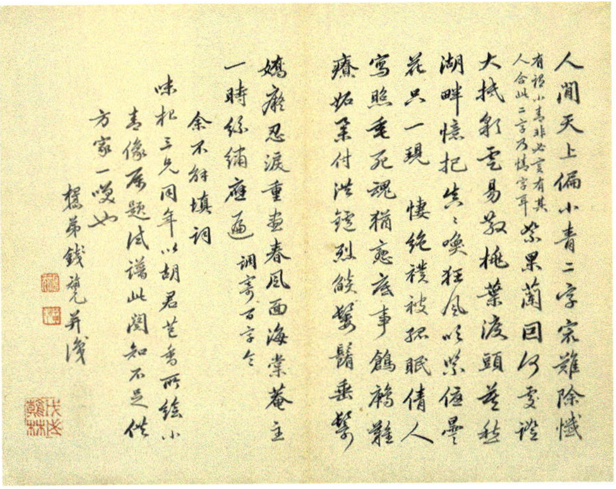

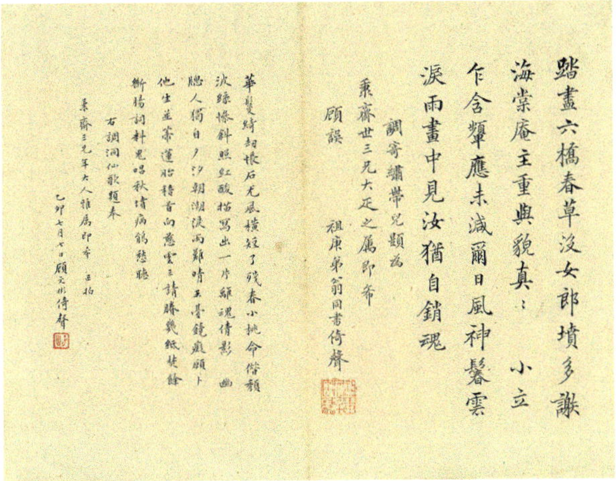

윤원尹沅과 임이任頤의 〈이선 채상도季仙采桑圖〉
Jixian picking mulberry leaves by Yin Yuan and Ren Yi

청(1893년) 清 Qing (AD 1893)
축軸 Hanging scroll
지본紙本, 설색設色 ink and color on paper
가로Width 54.8cm, 세로Height 133.9cm

이 작품은 윤원尹沅이 인물을 그리고 임이任頤가 배경을 그린 그림에 오창석吳昌碩이 제발을 쓴 공동작이다. 상주像主는 오창석의 처 시주施酒(자字 이선季仙)로 쉰 살 무렵의 일상을 담았다.

어린 시절부터 글을 배운 귀안歸安(오늘날의 절강성 호주湖州) 출신의 시주는 오창석과 1872년 결혼을 했으나 줄곧 친정에서 지냈다. 10년 후에 비로소 오창석의 형편이 나아져 두 사람이 함께 지낼 수 있었다. 두 사람은 소주로 건너가 객지생활을 했다. 해파海派의 수장 임이는 설명이 필요 없을 정도로 널리 알려진 화가다. 윤원(1836-1899)은 자字는 지향芷薌, 호는 여생麗生으로 소주동묘陳墓 사람이다. 부친 윤전尹銓은 초상화 및 사녀화에 뛰어났다. 윤원도 부친의 영향으로 초상화를 특히 잘 그렸는데 당시 초상을 의뢰하는 사람들이 수없이 많았다. 윤원은 정교하고 치밀하게 그린 안면부에서 골격 구조와 미우眉宇의 특징에 집중했다. 겹겹으로 바림질을 하여 입체감이 뛰어나다. 생생한 묘사로 부인의 모습이 마치 살아있는 듯하다. 옷과 장신구는 사의적 필법으로 그렸으며 몇 번의 붓질만으로도 인물의 자태를 남김없이 보여주고 있다. 증경曾鯨(1568-1650)의 파신파 화법 인물과 거침없이 자유로운 해파海派의 배경에 이선 부인과 동향인 서예가 양현 楊峴(1819-1896)의 시찬詩贊, 오창석의 정중한 제시가 더해진 이 작품은 고생스럽게 집안일을 해나가는 아내에게 보내는 찬사다. 두 부부의 두터운 정과 사랑을 늘낄 수 있다. (차오칭)

제지(題識) 尹沅寫照.

검인(鈐印) 伯年(주문)

제지(題識) 光緒癸巳, 山陰任頤寫圖.

검인(鈐印) 吳俊(주문)

제발(題跋) 群布不完頭不梳, 攜筐桑葉采扶疏. 豳風圖裡勞人在 , 夫婿偷閒靜讀書. 新絲價好話前村, 蠶月人家笑語溫. 識 素工夫還仗汝, 女兒新婦共黃昏. 季仙夫人正題, 癸巳三月, 俊卿.

검인(鈐印) 吳俊(주문)

제발(題跋) 孟光合是梁鴻婦, 辛苦齑鹽過一生. 稍喜佳兒見頭角 , 劇憐夫子太聲名. 故園花木經春長, 海上桑麻到眼驚. 手 把剪刀向前去, 養蠶時節趁清明. 昌碩屬題季仙賢妹玉照, 七十五歲孱叟楊峴稿.

제발(題跋) 老庸(주문)

명대의 직금織錦 고명誥命

Brocade imperial order

명(1481년) 明 Ming (AD 1481)
가로Width 29.5cm 세로Length 318.5cm

고명誥命은 중국 황제가 제후나 관원에게 주던 전용문서로 고서誥書라고도 했다. 보통 삼색 또는오색의 모시실로 직조했다. 관원의 품계에 따라 봉증의 범위와 족자 수, 도안이 달라졌다. 고명의 작성은 한림원에서 했는데 고정된 양식에 따라 변려문駢儷文을 사용해서 품계별로 자구를 증감했다. 수여는 내각에서 했다. 이 고명은 성화成化 17년 도찰원都察院 우검도어사右僉都御史 진굉秦紘을 중헌대부中憲大夫에 봉하고 그 부인 유씨를 공인恭人에 봉한다는 내용이다. 검인은 '제고지보制誥之寶'다. (양하이타오)

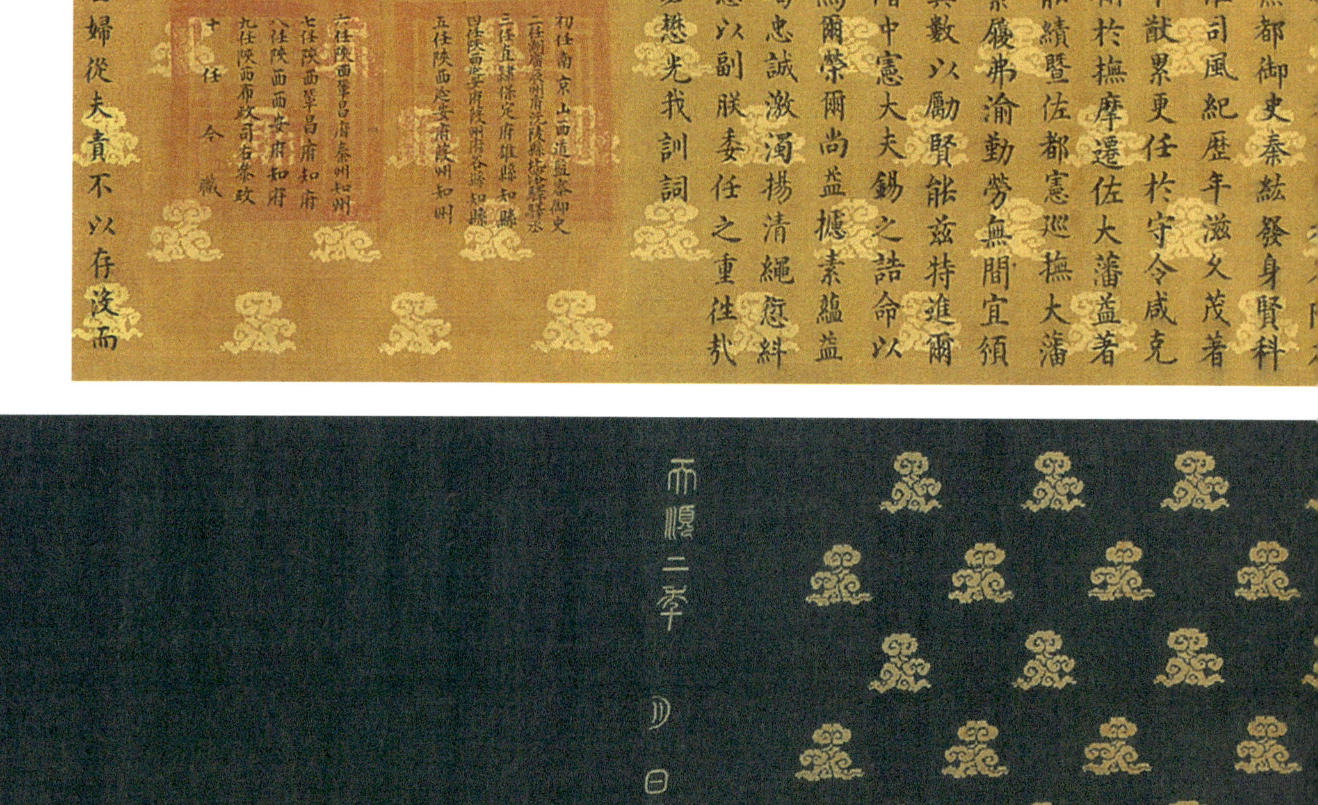

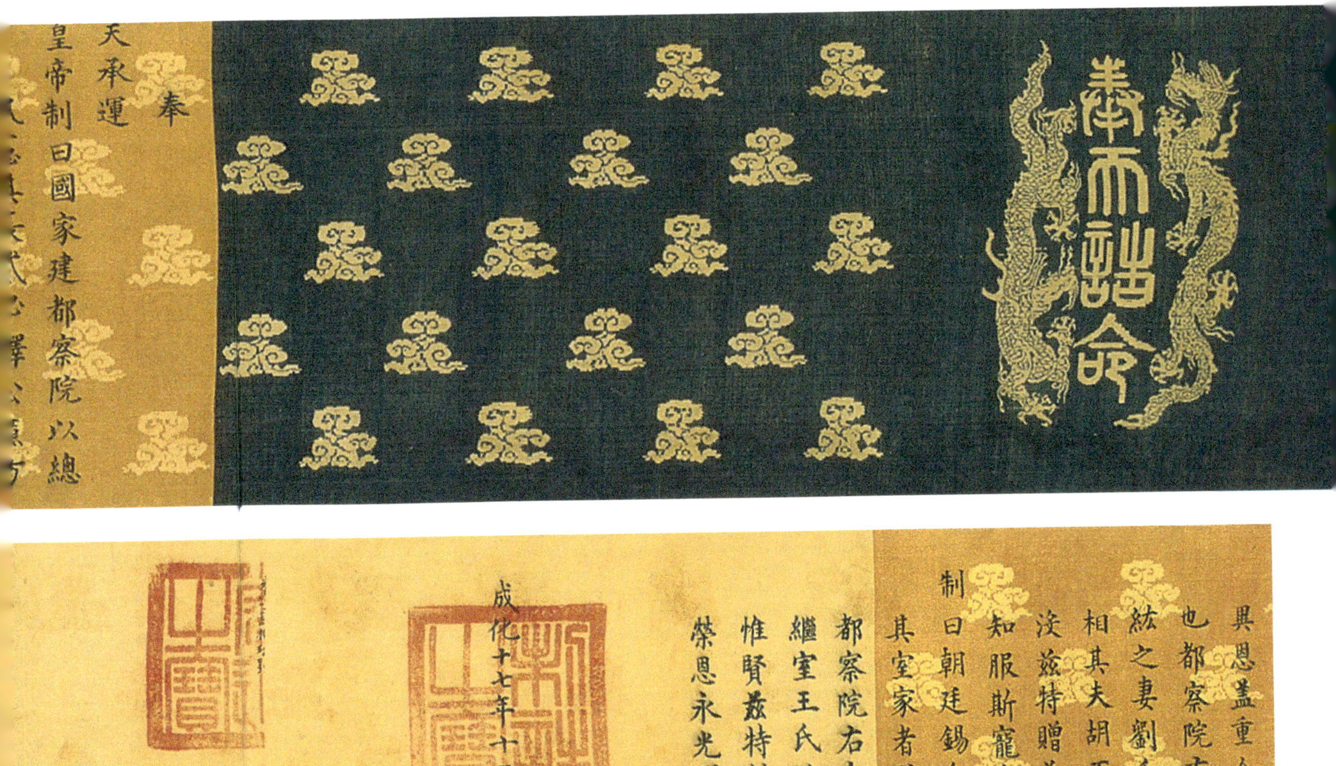

奉天誥命

奉
天承運
皇帝制曰國家建都察院以總

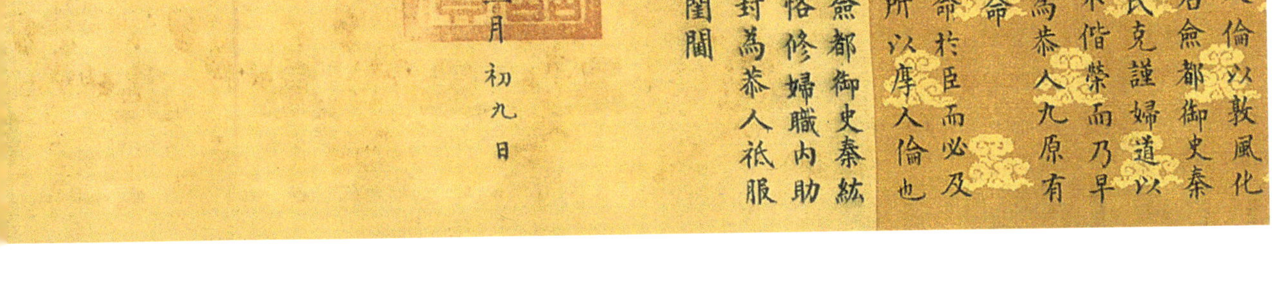

異恩蓋重人倫以敦風化
也都察院右僉都御史秦
紘之妻劉氏克謹婦道以
相其夫胡不偕榮而乃早
沒兹特贈為恭人九原有
知服斯寵命
制曰朝廷錫命於臣而必及
其室家者所以厚人倫也
都察院右僉都御史秦紘
繼室王氏恪修婦職內助
惟賢兹特封為恭人祗服
榮恩永光閨闈

成化十七年十二月 初九日

화석和碩 지친왕智親王의 계복진繼福晉 동가씨佟佳氏 금책金冊

Imperial award to the wife of the Prince of the First Rank

청清 Qing

가로Width 10.4cm, 세로Length 22.8cm

이 금책은 가경 18년(1813년) 가경제가 차자 면녕綿寧을 지친왕으로 책봉할 때 지친왕의 계복진繼福晉 동가씨佟佳氏에게 내린 금책이다. 청대 만주족 황실에서는 친왕과 군왕의 처첩을 '복진'이라고 했다. 금책은 동가씨에 대해 "천성이 곧고 어질며 선하고 참되다. 상서로운 귀족의 후예다. 내칙을 받들어 왕실에 어긋남이 없고 아녀자로서의 직분을 다한다. 지아비를 도와 화목을 구하고 왕실을 평안하고 아름답게 한다. 賦性端良, 秉性 室以柔嘉。"라며 계복진으로서의 지위와 역할을 공식적으로 인정하고 있다.(차오칭)

奉
天承運
皇帝制曰朝倚宗親之輔爰啟藩封邦崇雝肅之風
必敦壼教既宜家而備美應從爵以分榮咨爾
和碩智親王繼福晉佟佳氏賦性端良秉心淑
愼發祥華胄奉內則以無違作配王宮供婦職
而咸盡既相夫以雍肅復宜室以柔嘉是用封
爾為和碩智親王繼福晉錫之金册貴極笄珈
光生褕翟詩稱窈窕乃克著乎令儀易表安貞
宜益隆夫順德修齊無斁福祿攸同欽哉
嘉慶十八年十二月
六
日

문화와
역사를
담 다
0 5 8

중국 옛 여성들의 인생과 예술

초판 1쇄 발행 2023년 11월 10일

엮은이 남경박물관
옮긴이 김보경 · 황지연
펴낸이 홍종화

주간 조승연
편집·디자인 오경희 · 조정화 · 오성현 · 신나래
박선주 · 이효진 · 정성희
관리 박정대

펴낸곳 민속원
창업 홍기원
출판등록 제1990-000045호
주소 서울시 마포구 토정로 25길 41(대흥동 337-25)
전화 02) 804-3320, 805-3320, 806-3320(代)
팩스 02) 802-3346
이메일 minsok1@chollian.net, minsokwon@naver.com
홈페이지 www.minsokwon.com

ISBN 978-89-285-1897-5
SET 978-89-285-1054-2 04600